美好與醜惡的文化論述

先秦兩漢觀人、論相中的禮儀、性別與身體觀

林素娟 著

臺灣 學七書局 印行

謹以此書紀念並感謝為學過程中的諸多因緣：

　　特別感謝中正大學　賴錫三教授的鞭策與扶持，在夫妻的患難與共，以及論學之樂中，一再使我經歷學術視域的開顯、辯證和互文，體會此過程的艱辛與莊嚴，並保持著熱情的動能。

　　另外，對於與此書相關的情感、人事因緣，以及國科會研究計劃案（95-2411-H-006-003、99-2410-H-006-089）之補助，亦一併致謝。

美好與醜惡的文化論述
——先秦兩漢觀人、論相中的禮儀、性別與身體觀

目　　次

緒　論

一、研究視域的提出

何謂美？什麼樣的身體形象與特質在文化論述中被視為美、好？何種形象與特質的身體被視為醜、惡？各歷史脈絡、地域下的人如何思考並型塑身體的形象，此種身體教育與政教又有何種複雜的關係？❶美的鑑賞與身體之好惡評價與身體觀、觀看的方式密切

* 　本書為國科會補助計劃 NSC 95-2411-H-006-003 春秋至漢代女子的容禮教育及德色關係──禮教規訓下的女性身體觀之部分研究成果。

❶　本文作者關懷禮儀與教化課題，對於禮儀如何型塑個人以及倫理關係，以及身心在禮儀教化下的薰習轉變一直保持高度關注。本論文從觀人角度著眼，並將此觀人置於教化的脈絡下，希望能分析觀人以及人物之評論對於身心教化的意義。此議題實延續作者《空間、身體與禮教規訓──探討秦漢之際的婦女禮儀教育》（臺北：臺灣學生書局，2007 年）一書對禮教與身心規訓之思索。至於政教層面對於禮教推行具有重大影響，此部分作者亦已撰作多篇期刊論文，如〈喪禮飲食的象徵、通過意涵及教化功能──以禮書及漢代為背景〉，《漢學研究》27 卷 4 期（2009 年 12 月），頁 1-34。〈飲食禮儀的身心過渡意涵及文化象徵意義──以三禮齋戒祭祖為核心進行探究〉，《中國文哲研究集刊》32 期（2008 年 3 月），頁 171-216。〈漢代感生神話的詮釋與建構所傳達的宇宙觀及政教上的意義〉，《成大中文學報》……以進行探討。本論文有關觀人、擇才與政教關係，實延續作者探討禮教推行與社

相關。然而身體與觀看均在文化脈絡下而有所開顯與遮蔽。每一觀看均牽涉焦點、「前見」與視域的整合❷，因此觀看實是一詮釋活動，應置於其文化脈絡、視角、詮釋的位置……以進行理解❸。美

　　會、政治、文化層面關係之延續，希望能彰顯禮儀推行與實踐所具有的身心以及政教上的豐富面向。

❷ 任何觀看不能免於觀看者的「前理解」、預設，若無「前理解」、預設，觀看即無意義。此預設與前見可能在詮釋的活動中限制意義的脈絡，但預設亦可在詮釋的過程發生改變，而使意義產生新的融合現象。因此觀看活動均為文化脈絡下的詮釋行為，是觀看者之前理解與自身性情、經歷以及他人視域的複雜整合過程。如 Gadamer 指出：「在意義的統一體被明確地確定之前，各種相互競爭的籌劃可以彼此同時出現，解釋開始於前把握，而前把握可以被更合適的把握所代替；正是這種不斷進行的新籌劃過程構成了理解和解釋的意義運動。誰試圖去理解，誰就面臨了那種並不是由事情本身而來的前見解的干擾……這裡除了肯定某種前見解被作了出來之外，不存在任何其他的『客觀性』。」有關「詮釋」之課題，不只於語言學與文本的閱讀，觀人論事亦然。詳參漢斯─格奧爾格‧加達默爾（Hans-Georg Gadamer）原著，洪漢鼎譯，《真理與方法：哲學詮釋的基本特徵》（臺北：時報文化出版公司，1993 年），〈一種詮釋學經驗理論的基本特徵〉，頁 354。帕瑪（Richard E. Palmer）著，嚴平譯，《詮釋學》（臺北：桂冠圖書公司，1992年）。以及洪漢鼎著，《當代哲學詮釋學導論》（臺北：五南圖書公司，2008 年）。博藍尼（Michael Polanyi）、浦洛施（Harry Prosch）撰，彭淮棟譯，《意義》（臺北：聯經出版事業公司，1984 年）有關支援意識的探討及對意義詮釋及理解。有關歷史詮釋等問題，詳參海登‧懷特（Hayden White）著，陳永國、張萬娟譯，《後現代歷史敘事學》（北京：中國社會科學出版社，2003 年）。

❸ 觀看透露主體之位置，以及主體所處的關係網絡，牽涉複雜的觀看者位置及性別問題，如約翰‧柏格（Berger, John）著，吳莉君譯，《觀看的方式》（臺北：麥田出版社，2005 年），即從影像、繪畫等角度分析觀看中的性別及認同等問題。

好與醜惡原無本質不變的形象，即使已內化為本能好惡反應之對美醜的態度，亦不離文化的型塑以及價值的判斷。觀看與感知均以身體為基礎，透過身體感知，以隱喻、認知世界❹。但身體之感知亦難逃於文化脈絡之型塑，甚至身體感與認同亦應置於文化型塑的脈絡下進行理解❺。於是對身體之教育與型塑，乃至身體美之評點與鑑賞，關係著身體感、認知及文化之重要議題。但不同時代、不同風土、不同政治社會背景、文化脈絡、社會階層、性別，乃至於不同的論述視域均可能對身體美有不同的界義和體會。不同的視域對美的界義不只可能不同，彼此間甚至可能有極大的落差和矛盾。對於人物美感的鑑賞及體貌的實踐反映出個人教養、家國背景及整體

---

❹　隱喻是感知世界的方式，並型塑思考模式，無處不在的隱喻將暗示並型塑思考。但隱喻往往以身體作為感知世界的基礎，身體之感知受限於文化脈絡，而隱喻透過一個約定俗成或較具體之事物作為來源域，去映射一個較模糊的目標域時，此跨域理解的過程亦已牽涉到前理解等因素。觀看及聽覺等感官又受到文化脈絡的影響，形成瀰天蓋地的思維方式與意識型態。有關隱喻之力量與特質，詳參雷可夫（George Lakoff）、詹森（Mark Johnson）著，周世箴譯注，《我們賴以生存的譬喻》（臺北：聯經出版事業公司，2006 年）、鄧育仁，〈生活處境中的隱喻〉，《歐美研究》35 卷 1 期（2005 年 3 月），頁 97-140。

❺　身體的感知，即使類於本能，亦難脫離於文化脈絡的薰染與暗示與詮釋，因此如疾病、養生、修煉之身體感，亦應帶入文化論述的視域。相關論文詳參 Kleinman, Arthur 著，張珣譯，〈文化建構病痛經驗與行為：中國文化內的情感與症狀〉，《思與言》37 卷 1 期（1999 年 3 月），頁 241-271。張珣，〈文化建構性別、身體與食物：以當歸為例〉，《考古人類學刊》67 期（2007 年），頁 71-116。又如余舜德，〈文化感知身體的方式：人類學冷熱醫學研究的重新思考〉，《臺灣人類學刊》1 卷 1 期（2003 年 6 月），頁 105-146。

時代的文化與品味；同時在政教上以及個人、家族的倫理關係脈絡上更發揮著重要的影響力。本論文將聚焦於先秦至漢代禮儀與觀人等角度，探討其於身體教養、擇才、德色關係……等議題上的思考與呈現。

觀人與身體教育在政教以及德性修養上一直居於重要位置。從德性修養角度來看，心與身關係密切，此於儒學傳統中，尤其《孟子》及其後學最為顯豁。在強調養氣、存心、踐形，並透過工夫的實踐以達致踐形的德性全體朗現狀態，此時心身並非處於二元，形體的徵兆與顯現均為精神所流貫，人身之氣化與宇宙浩然之氣為一。此時無內外、主客、身心之別，❻因此觀身體之氣象亦即觀德性之顯現。孟子於觀人上提出知言與觀眸子等說法，亦在身體與精神非二元及非主客二分的脈絡下得其瞭解。更擴充來說，身體除了是自然之氣的身體外，亦是心氣化的身體，因此自然宇宙間的氣化流行、變化互動，將一體呈顯於身體上，當人能踐形，將與宇宙之氣化流行一體而共感，呈現出全幅朗現的德性身體。也正因為如此，有其內必形於外，甚至身體亦不是外，而實是情感與知覺自

---

❻ 有關儒家身體觀與踐形問題，可詳參楊儒賓，《儒家身體觀》（臺北：中央研究院中國文哲研究所，2003 年），有關〈論孟子的踐形觀〉，頁 129-172、〈《管子》〈心術下〉、〈內業〉兩篇的精氣說與全心論〉，頁 211-251、〈德之行與德之氣——帛書《五行篇》、《德聖篇》論道德心性與形體的關聯〉，頁 287-288。楊儒賓編，《中國古代思想中的氣論及身體觀》（臺北：巨流圖書公司，1997 年）。黃俊傑，〈馬王堆帛書《五行篇》「形於內」的意涵〉，收於《中國古代思想中的氣論及身體觀》、〈荀子非孟的思想史背景——論「思孟五行說」的思想內涵〉，《國立臺灣大學歷史系學報》15 期（1990 年）。

身❼。有關德性的身體部分學者已有不少精彩的論述，本文將在此基礎上，思考德性的身體觀對於秦漢之禮儀、政教、觀人、擢才的影響。

　　若從政教的角度來看，因為個人的生命經驗、氣質、心性狀態均會反映在身體、神色及言行上，可以說教養與經歷將銘刻於身體上，使其成為被文化與記憶銘刻的身體。因此，觀人之氣象、身體形貌，往往能呈現其階級、教養、生活方式乃至信念與習癖。❽先秦至漢代觀人與擢才和政教論述密切相關，禮教是否型塑出威儀之身體，內心情意之造作如何，都將在觀人時被品評。尤其漢代初年

---

❼　身心並非主客之二元，身體亦絕非只是「客體」，人存在於身體對世界的敞
　　開與感知。詳參莫里斯・梅洛－龐蒂（Maurice Merleau-Ponty）著，姜志輝
　　譯，《知覺現象學》（北京：商務印書館，2001 年）。梅洛－龐蒂（Maurice
　　Merleau-Ponty）著，龔卓軍譯，《眼與心：身體現象學大師梅洛龐蒂的最後
　　書寫》（臺北：典藏藝術家庭公司，2007 年），頁 74 指出：「應該讓科學
　　的思維──凌越式的思維、對象一般論的思維──重回對身體來說已先行的
　　『有』處，重回其位所，亦即在生命中可感的、已成形的世界土壤裡。而我
　　們的身體，指的不是那種可能的身體──亦即可以視之為一具訊息機器的身
　　體，而是被我稱之為『我的』的當下身體……透過我的身體，必須與相連的
　　身體相互喚醒，所謂『他人』，不僅是動物學者所稱的同類，而是纏繞著
　　我、被我所纏繞的他人，我與他們一同交纏出一個單一、當下和現實的大寫
　　存有。」此種體驗的身體是在世存有的具體落實處。
❽　身體實是教化與文化再複製的重心，透過不斷的教養，型塑身體的習性，此
　　習性亦決定身體的感知與癖好乃至信念，此處所謂信念指滲入身體甚深處習
　　焉不察的習癖。此種習癖形成了符號、象徵與資本，從而不斷複製文化與社
　　會階級。詳參皮埃爾・布迪厄（Pierre Bourdieu）著，蔣梓驊譯，《實踐感》
　　（南京：譯林出版社，2003 年）、《國家精英：名牌大學與群體精神》（北
　　京：商務印書館，2004 年）。

論禮延續荀學論禮精神的影響下，對容儀十分關注，觀人亦往往聚焦於威儀容禮，並將身體高度象徵化❾。在尊經的傳統下，當士人努力踐履文化、經籍之教訓時，在不斷實踐中，將之化為身體的記憶和信念；亦在不斷的教養和踐履中，使自身具備文化、象徵等資本，以融入於士人階層。❿因此在士人履行儀典的身體實踐時，實是處於被高度觀看和品評的位置，體貌言行密切關係個人及家國之聲譽，同時往往具備高度的表演性質⓫。在高度象徵化的互動中，禮儀與身心進行複雜的交融和辯證，禮教透過不斷的儀式實踐滲入執禮者之身心，而執禮者之身體實踐亦展現出禮教的精神與特色。⓬統治者往往透過對於禮儀的踐履及容儀態度，以擢才取士，並藉

---

❾ 本部分探討禮儀教化下的身體，主要仍以儒家以及經師論述為核心，法家有關君臣關係、身體規訓、秦漢氣化論下黃老神仙家有關治國治身之術，由於牽涉複雜，為使論述主線清楚，避免龐雜，將另文處理。而儒家所論身體於政教上所隱喻的君臣關係，以及治國之道，可參看黃俊傑，《東亞儒學史的新視野》（臺北：臺灣大學出版中心，2004 年）。

❿ 有關資本及信念，詳參布迪厄，《實踐感》，前揭書。

⓫ 士人於行儀式及觀人、品鑑時具有高度被觀看及表演的特質，透過高度的臺前身體表演，一次一次深化禮教的規訓。社會人格、自我的建立與臺前的表演密不可分，有關臺前的儀式表演與身體教育及自我型塑的關係，詳參高夫曼（Erving Goffman）著，徐江敏、李姚軍譯，《日常生活中的自我表演》（臺北：桂冠圖書公司，2004 年）。又如米德認為人的自我於社會的互動中被型塑，離開了社會互動的脈絡，自我的型塑與意義的認定，將發生困難。詳參，米德（George Herbert Mead）著，胡榮、王小章譯，《心靈、自我與社會》（臺北：桂冠圖書公司，1995 年）。

⓬ 文明的進程即是高度的身體教養與象徵化的過程，詳參埃利亞斯（Elias, Norbert）著，王佩莉、袁志英譯，《文明的進程：文明的社會起源和心理起源的研究》（北京：三聯書店，1998 年），對於西方身體教養的建立與文明的關係有生動而細膩的記述和分析。

此形成對身體規訓的整體氛圍。在此氛圍下，士人不只是透過被觀看和品評，以尋求入仕和認同，亦透過自我觀看，以型塑價值感與成就功名。❸於此，禮教不只規訓身體，亦規訓和型塑性情，故而內在的情意造作亦將外顯於身體，觀言行、觀眸子、觀神色、氣質、威儀，可以瞭解人物的性情與內在狀態。於此脈絡下，觀身體、容儀、神氣成為政教的重心，於人才的拔擢上、士風的呈現和演變上，以及所反映出的身體觀和社會文化思潮等層面均具有重要意義。

　　除了在儀式及容禮層面觀人，先秦至漢代還流行相術之觀人。此處所謂相術指透過形體、骨相以論斷吉凶禍福等方術。此相人術上與原始思維相承，下與數術相繼。秦漢以後觀人與相術二者在士人生活中難以斷然劃分，甚至在陰陽五行觀興盛後，氣化的身體觀在符應陰陽五行的背景下，所衍生出的醫書對人五臟、形貌等理解，還與相術頗有密切關係。醫書開展出的身體文化論述著墨於大小宇宙的相感、相滲，血氣、性情和自然的關係❹；此與著重於禮文、儀式、政教層面的禮儀身體頗有不同。但二者亦非可截然劃分，尤其在氣化宇宙論下，宇宙與身體均為氣之所聚，流行變化、

---

❸　此種文化銘刻的身體，亦具有高度的權力問題涵攝其中，如傅柯論微觀權力，其無所不在對身體進行規訓和控制，而控制身體實也是心靈的控制和改造。詳參傅柯（Michel Foucault）著，劉北成、楊遠嬰譯，《規訓與懲罰——監獄的誕生》（臺北：桂冠圖書公司，2003 年）。

❹　有關氣化的身體，以及氣如何賦形為五臟、經絡，詳參石田秀實，《氣‧流動的身體》（臺北：武陵出版社，1996 年）。蔡璧名，《身體與自然——以《黃帝內經素問》為中心論古代思想傳統中的身體觀》（臺北：臺灣大學出版委員會，1997 年）。

相應相感，故而在政教層面以符應神聖宇宙韻律為基礎。**⓯**在成德與踐形的工夫上，聖人之身體亦絕不只停留在社會、政治等倫理脈絡，而更有宇宙之向度。**⓰**由德性、威儀、數術的身體觀既差異又融合的複雜關係，可以見出身體論述的豐富性與複雜性。

前文提及從禮文、儀式、德性、宇宙性的身體的角度來看身體之品評與身體觀。值得關注的是，性別的不同，其所型塑的身體觀、身體感亦極不同。在先秦至漢代士人如何思考女性身體？若從禮教、醫書、相術、產育、房中、民歌、詩詞等不同層面來看，其對何種女體視為美、好？又何種女體為醜、惡？亦往往呈現出極為

⓯ 至於《莊子》等道家文獻透過支離與醜惡的身體，以對比於儒家禮儀規範的身體，支離、醜怪、與光怪陸離的身體正是對禮儀身體的諷刺與挑戰，此支離與醜怪身體卻往往保有天機，具備「大德」，反觀進退一成規一成矩的身體是受到種種規範與約束，而無法體會氣化流行之逍遙的身體。莊子透過對身體的思考以對威儀、容禮的身體進行反省、顛覆與救贖。如〈人間世〉中的支離疏，以及〈德充符〉中諸種醜怪的身體的寫作策略，均可看出其顛覆身體作為禮教的核心地位的努力。透過支離、醜怪、光怪陸離的身體，以顛覆被禮教高度規訓的身體，解構身體高度秩序所帶來的權力及規訓等問題。《莊子》對禮教身體的解構還牽涉身體與氣的關係，以及身體宇宙性等課題，但因為本論文將焦點集中於政教及相關的身體，故而對於道家身體此部仍無法進行全面性的探討，所幸已有不少研究成果可以參考。張亨，〈莊子哲學與神話思想——道家思想溯源〉，收入《思文之際論集：儒道思想的現代詮釋》（臺北：允晨文化公司，1997 年），頁 101-149。楊儒賓，〈道家的原始樂園思想〉，《漢學研究》，1996 年 3 月。賴錫三，〈道家的神話哲學之系統詮釋——意識的「起源、發展」與「回歸、圓融」〉，《清華學報》新 34 卷 2 期（2004 年 12 月），頁 327-382。

⓰ 於此部分學者已有精彩、深刻的闡發，詳參楊儒賓，《儒家身體觀》、《中國古代的氣論及身體觀》，前揭書。

值得深思的差異。經傳、史書、民俗書中，對女體的美惡往往有不同的形容和褒貶之詞。若從德性角度，則德與色的關係即成關注焦點。若從房中及男性養生角度，則氣之採補成為關懷議題。從房中角度思考何種女體為好？何種女體為惡？則與德性角度有極大的差異。若從產育角度，雖與房中角度有所關聯，但又有不同。如房中術中從採補角度所評斷之好女、惡女，與《太平經》論及生育而謂之女體好、惡標準即不盡相同。而儒家、禮教對女體的好、惡，往往自德性及倫理脈絡著眼，則婦女的生育、婦道、母職等均被考慮在內。又如道教中女體之修煉，從精氣之盈虧角度進行思考，亦展現出不同於以上的女體觀。⓱至於民風、民歌所呈現的庶民女體美之角度，又與貴族階級有雅俗之異，此種差異不但關係階級及教養等層面，甚至還可能與文類的差異有所關聯。

　　若從撰作角度來看，不同的文類或文體往往傳達不同的風格，如詩言志、文載道，民歌質樸，賦作呈現士人種種迂迴的心理轉折與情志。也在不同風格，不同撰作階級以及不同撰作訴求下，使得作品所傳達的女體美呈現不同風貌。經籍、史書所記的烈女、賢婦

⓱　至於由氣與性別的角度論身體，如道教由精氣的虧漏與否探討婦女身體以及修煉工夫，如斬赤龍等相關議題，由於牽涉頗為複雜，本論文無法進行系統性的探討。相關論述詳參張珣，〈幾種道經中女人身體描述之初探〉，《思與言》35 卷 2 期（1997 年 6 月），頁 235-265。林富士，〈中國早期道士的醫療活及其醫術考釋：以漢魏晉南北朝時期的「傳記」資料為主的初步探討〉，《中央研究院歷史語言研究所集刊》，第 70 本第 1 分（1992 年）、〈略論早期道教與中術的關係〉，《中央研究院歷史語究所集刊》，第 72 本第 2 分（2001 年）。

形象，其與樂府民歌中的好女固然極為不同。⑱但就經所指導之原則和論析，與史傳中對於何種婦女值得讚揚、入傳，其間亦傳達出許多可堪玩味的時代與地域的差異。也就是說，入於史傳中之婦女如何進入詮釋的脈絡，被以何種形象詮釋和「記憶」⑲，反映一個時代的文化氛圍與觀點，而此文化氛圍與觀點往往可以豐富經籍所提點之原則。至於樂府民歌中傳達的女性形象，則一方面承襲古風，另一方面又與宮廷及文人之作呈現雅俗之別。在俗之中，禮教雖仍發揮影響力，但承自古風的豐沛生命力仍源源不絕。以國風中桑林、桑中之作為例，其所傳達的豐產儀典，在小序中往往轉從道德角度進行詮釋，此時德色關係往往最為凸顯。民歌中對於桑林的豐產儀典的精神所有繼承，亦有所轉化，其呈現之風格又與創作自文人的桑林、神女賦作傳達出不同的情貌。在詩之雅正、民歌之活潑、士人桑林賦作所反應的情志脈絡中，對於桑林女、神女有不同的評價以及風貌，反應出文類不同，其所呈現對女體美及形貌的思考亦將有所差異。

　　以此來看，身體的文化論述影響深遠，所關涉層面亦極為豐

---

⑱　如劉靜貞，〈歐陽修筆下的宋代女性——對象、文類與書寫期待〉，《臺大歷史學報》32 期（2003 年 12 月），頁 57-76。即透過同一作者於不同文類寫作中所反映的女性形象有極大的差異，反映出作者於撰作、取材及編織、詮釋女性形象時，受到所處的社會文化背景，以及各文類之書寫期待不同所影響。

⑲　每一個時代如何「記憶」與詮釋歷史人物，反應了此時代的價值觀以及生存的課題。有關歷史的「記憶」問題，詳參哈布瓦赫（Maurice Halbwachs）著，畢然、郭金華譯，《論集體記憶》（上海：上海人民出版社，2002年）。

富，道德的、宇宙性的、古宗教思維的、性別的、不同文類所反映的身體論述，既有差異又複雜交融，呈現出豐富而多元的景觀。本論文將身體論述及美感等評價置於文化的脈絡中，試圖呈現其複雜與多元性，以此瞭解文化論述形成的背景與脈絡，以及此種背景與脈絡如何型塑身體與觀看。

　　本論文所欲探討之主題已如上述。至於探討方式上，由於觀人與人物的評論，牽涉到歷史時空、文化脈絡、政教，甚至社會經濟等複雜層面。時空、文化脈絡、社會政經等情況不同，對於人物的觀看，身體的評論亦會有所差異，因此本論文將透過經書理解理想身體的典範形象為何，此典範亦將在思想史中，因諸多因素而發生變化。除了經籍的典範教育外，本論文將透過史的層面，理解經籍理想在不同階級、社會脈絡下，政教推行將呈現何種複雜而豐富的景觀，以呈現大小傳統的關係，以及政教推行的狀況。至於方術層面，反映有別於經史的文化及思想、宇宙觀層面，但其又漸滲透經籍之教，也反映出本論文區分德性的身體、容禮的身體、方術的身體、美學欣趣的身體……只為了討論議題上的權宜與方便，在具體的實踐上，則呈現複雜的融合狀態。在複雜的融合中，何種觀點與角度受到重視或不斷進行詮釋，則因文化、政經、教化、階級……等脈絡不同而有差異。細部就典籍的運用來看，由經的層面而言，本研究將深入禮經、《春秋》經傳等重要文獻中，探究先秦至漢代有關禮的思想、性質及其演變。並對經生有關身體教育與規範等主張；及其主張之歧異處進行深入分析及瞭解。子書中儒家典籍與本議題關係頗深，如前已提及《孟子》及其後學對身體觀及觀人等主張。又如《荀子》對於禮的精神及性質的看法，影響漢代頗深。漢

代以後思考禮儀、教化等層面的課題，與本研究關係密切。醫書論著中深刻反映了身體與自然宇宙之氣的密切關係，同時又受到陰陽、五行數術思想的影響，對於身體、情性和宇宙時氣的關係有詳細的探討，成為德性、數術……等的身體觀的基礎。除此而外，房中、養生、產育部分論及之好女、惡女的觀點，其所反映的身體觀、性別觀，以及於家族倫理的關係，於身體論述多有啟發。至於史的層面，就士人行禮與觀人來看，史書提供豐富的圖象，反映其時行禮、觀人的重要事蹟，一方面可與經籍進行印證，另一方面亦可探討大小傳統的關係。並可透過人物被記載、評點與詮釋等狀況，呈現文化脈絡下身體與品評的複雜性。以婦女之被「觀看」與評點的角度來說，亦可從史料中找到極多的故事與線索。如史書及《列女傳》所記載的典範性婦女形象為何？不同時代，其典範形象發生何種改變？如劉向《列女傳》、班昭《女誡》、後漢書《列女傳》在婦女之體貌、有德婦女之認定與詮釋上，態度即有差異，著重點亦有不同。此種差異牽涉撰史者所處的文化氛圍、歷史脈絡、階級、性別、示教對象以及個人情性……的差異，因此對於婦女體貌、女德之見解亦有所不同。此外，法令與風俗可以反映其時生活的狀況，亦反映觀看與品評深受複雜因素的影響，難以從某一特定立場單薄立論。甚至文類不同，其風格、取材往往有異，如經史之教往往從道德、禮教、政治等層面著眼，其與樂府民歌風貌頗為不同。但民風、民歌在士人的詮釋和論述下，亦漸染道德、禮教之色彩。士人之詩歌、賦作中，除了延續原始風俗及其遺緒外，往往進行道德化的改寫和詮釋，使得其詮釋與創作呈現極為豐富的意涵。必須一提的是，現代學科的視野及研究成果，如身體論述、文化論

述、性別論述、詮釋學、社會學……於身體與性別研究、觀看的反
省，對本文的視域開啟和整合提供了多方思索和啟發，如何以此視
野在傳統研究中作恰當的理解和開發，是本文所關懷和努力的課
題。

二、章節構想

　　由於本論文觸及身體教育、品評與政教、德性等關係，因此德
性及禮儀教化具有十分重要的核心地位。本論文第一章即先從德性
與禮儀教化等角度對身體的教育與型塑進行思考。首先探討「禮」
之精神與性質的演變。先秦禮儀的實踐與國家儀典、階級教養密切
相關。春秋時期，對於身體的教育思索上，多從國家、政教，以及
社會化身體角度著眼，身體的威儀展現為討論的重點。此種論禮之
方式影響《荀子》及漢代論禮之精神頗深。因此本論文先由此部分
入手，進行探討。春秋中後期，對於禮的真精神的思考，禮與儀的
區分，以及德性的自覺逐漸發展成熟，修身、德性與身體的關係、
德性氣象成為關注的焦點。德性身體雖是容禮身體的自覺與深化，
但與容禮的身體並不矛盾，甚至往往相得益彰。此部分與《荀子》
論禮之精神頗有不同，但對於漢代觀人、論人亦影響深遠，故於第
二部分進行分析。至漢代後承荀學論禮之路數，並特別重視容禮，
此與統治者希望以禮進行身體的規訓與教化有重要關係。漢代尊經
風氣下，將士人通經、習禮與仕途密切相關。威儀、容禮成為階級
尊貴及博學之士的象徵，亦成為性情與教養的表徵。在此背景下，
觀人往往與禮密切相關，同時又連結國家的察舉制度，成為士人習
尚的焦點。本論文第一章即透過禮之思想的演變與政教背景的關

係，探討先秦至漢代從禮與德性之角度，如何型塑身體，以及於觀人、識人的重要啟發。由於貴族階級的身體具有高度的符號與象徵性，對於此種符號與象徵性的追求，於禮教推行密切相關。士人亦極力展現此種高度象徵的身體，以尋求認同與名利。於是舉止投足、儀式行禮往往具有高度的表演性質。亦由於察舉制度，孝為入仕的重要條件，但如何呈現孝行，於生活日用較難創造焦點，但於喪禮中，則是儀式與象徵運用的高潮。於是本章並透過喪禮時的身體形象與士人對於其中的人物品評，探討其時代對於禮的思索及人物品評之習尚。並以此說明，觀人、識人與政治、教化、士人德性踐履間複雜的關係。

　　前文已提及，先秦時期由德性角度論述的身體，並不只停留於儀文、容禮、倫理、政教層次，還有宇宙性的向度。從政教層面來看，統治者之神聖性以及政教的律則是在符應宇宙之規律中呈現。宇宙與人相感相應之關係，以氣為其基礎。在氣論思想盛行下，身體為氣之所化，氣、身、心流行變化，並非主客、內外之分劃，而是一體之流行。天人一體流行、非主客關係的信仰和論述在先秦時即已流行，至陰陽五行觀盛行後，逐漸轉化為數之相應。於是舉度必應天數，五臟、五官與自然宇宙之氣密切關聯，而又呈現於形、氣、色上。於是行不應天數、意念造作均會呈顯於身體及神氣上，成為觀人、觀氣的跡與兆。於觀典禮、威儀時，亦由於典禮已被高度象徵化，並符應天地之數，故而典禮之實踐亦是天人溝通的神聖時刻。也正由於氣與身體觀關係密切，因此本論文第二章即先透過自然氣化的身體所展現的身體觀及身體圖式，理解其於觀人、論身體時所具有的重要基礎與意義。

　　論觀人觀氣的跡與兆，便無法略過相術，尤其漢代以後觀人相術往往揉合原始思維、數術身體觀而對擇才與論人造成深遠影響。相術與原始宇宙觀密切相關，其於先秦時已十分發達。但先秦儒者從德性之踐履、禮義的角度著眼，對於相術並不熱中；甚至還頗有批評。如《荀子》因當時相術發達的風氣，特別撰作〈非相〉以對當時相術傳統進行批判。至西漢士人著重透過陰陽災異觀國運，對個人之容體的觀察，仍置於國家政教的脈絡進行論述；察舉賢良方正焦點亦在容禮、經學、德性與賢行。士人仍強調學，強調政教對人的影響，以及觀人、擇才對政教的重要意義。因為原始儒家對觀人多採德性化的身體及觀威儀容禮的角度，而較不從方術等層面著眼，因此此處亦將相術與前章禮教及德性角度觀人進行區分，以釐清脈絡。相術廣為士人所接受，並且成為察舉制度重要的關鍵，還屬東漢時期。此時士人轉向為個體觀相，這當然與其整體時代氛圍密切相關。此時在陰陽氣化的身體以及星氣感生、用氣為性等主張下，觀人與相術逐漸融合，逐漸為士人採納，士人觀人往往合而用之，甚至在東漢中期以後已成為察舉取士的重要內容，舉荐者往往憑一面的直觀，對被選者的才具做出決斷。觀人與相術在漢末至魏晉逐漸合流而大行。本章將細部探討相術的性質及其演變，並分析其於漢代政教及觀人的影響，如其時對異人、異相的看法，受命說的運用與影響。並探討傳統相術與識人術合流，對識人及人物品評造成的影響。

　　前文之焦點多集中於士人，其成德之教與政治、倫理、教化之關係，以及從成德與政教等角度的觀人、相人。此類角度雖也有部分能共通於婦女之身體與品評，然而身體既為文化所浸染和型塑，

不同的性別，在文化脈絡下亦將開顯不同的面向和風格。如果說士人著重成德之教，其開顯之身體觀深具宇宙性、社會性、政教向度，則婦人之身體之評述，往往著眼於家族倫理位置中如何盡分，以使家族結構能穩定維持。於是本論文後三章，由德性、數術、產育、房中等角度，探討有關女體的文化論述。從德性之角度來看，「色」與德的關係被視為核心。婦女所具有的美色對其自身的德性影響，乃至於與男子的互動關係，在德與色的問題的思考中為關注的焦點。雖然婦人被視為「以色事人者」，在婚嫁的條件中「男富女美」往往為關注焦點，但婦人之美色對其自身的德性乃至於對男性之成德，卻往往被認為帶有負面的效應。早在孔子喟嘆「吾未見好德如好色者也」（《論語·子罕》），已點出其中張力。色對德本身所帶來的誘惑性和毀滅性也一直為人所警惕、戒鑑。就男性角度來說，美色是一種誘惑和試探，足以使其「失德」；就女性角度來說，美色亦帶來異性的追求，使其「天生麗質難自棄」，導致自矜自持或失於男女之防，同樣引生失德的後果。對於美色的恐懼推至極至，則有所謂的尤物、禍水、妖異一類的說法，三代之滅亡往往歸咎於此等絕色女子，《國語·晉語》中史蘇的談話，以及《左傳》中叔向之母親對夏姬的評論，均為此種說法的代表。本論文第三章將深入美色與禍水等說法中，進一步探討德色的衝突問題，同時對於史傳中被視為禍水的婦女，其形象的建構與詮釋，其中所欲傳達教化的理念和目的進行分析。除此而外，本章亦將透過劉向《列女傳》中對婦女德性與容貌的關係、班昭女誡中提及婦女容貌問題，以及禮書中所提及婦容的問題，探討婦女身體教育中，對容色所持的態度；並對於史傳中婦容與婦德的關係作進一步的探討。

美色既具誘惑性，具有導致失德乃至於毀滅的隱憂，在此教化背景下，引生出毀形以守貞等想法。本章並將透過《列女傳》等女子教育書籍，及史傳中女子毀形的記載深入探究此問題。既然容貌、盛妝在德性的角度下被視為不祥並評價為「惡色」，真正的美色在於以德潤身，那麼何種德性的婦女形象值得歌頌？即為應該進一步追問的議題。史書、《列女傳》有關先秦至漢代賢婦人的記載，反映出何種女體形象及對女德的思考，而此種典範形象與當時文化、社會的關係為何？女性的典範形象如何在歷史的記載與詮釋中被建構，成為應進一步瞭解的課題。

前面章節從數術及醫書等角度探討士人的身體論述，若著眼於婦女，又將何呈現何種景觀？本論文第四章即探討方術、醫書中對女體的好、惡的思考。對比於士人，婦女身體之論述常被置於產育等脈絡，如何養生、月水問題，及產育照護成為焦點。若從房中、採補角度來看，女子成為被採補的對象，於是何種女體為好女？何種女體形象又為惡女？其與產育的角度，雖有部分相互融攝，但又有極大的差異。由史書記載來看，皇室後宮對於好女之採擇，與相術、產育、房中、家世、性情……均密切相關。而各個部分既相融又差異，成為複雜、豐富的女體論述。

前面章節從德性、方術、養生、產育、政教等角度對身體之好惡進行討論。然而尚有一部分有待進一步析論，即：民風、歌詩中對於女體美的呈現與評價所反映的德色關係與士人心理等問題。此角度一方面可以探討大、小傳統間的關係與互動，另一方面對於民俗及古宗教觀如何在禮教及社會、倫理的脈絡下發生轉變，能呈現其歷程及複雜性，並且能展現不同文類的風格差異，以及此差異在

女體美的議題上的思考。因此本論文第五章探討詩、賦中的桑中女、神女所反映的德色、政教議題。從國風、樂府中的桑中游女及採桑女形象的呈現，及其與先秦禮儀及神話中的豐產儀式的關係進行析論。並進一步探討先秦桑中女形象至漢代士人的詮釋風格，以及漢代士人的桑中女及採桑作中進行何種轉化等問題。桑中女的德性化，與漢代的士風及政教背景密切相關。然而古宗教中桑中女的形象並未因此而消失，於樂府及賦作中仍不斷出現；雖然樂府與賦作中的桑中女及神女都充滿了強烈德色鬥爭的色彩。樂府民歌與賦作二者又因文類的不同而有所差異，賦作中由於是士人情志的表達以及諷諫的訴求、君臣關係曲折心理等反映，因此儘管多有情色想像，但較樂府風格之桑中女的歡快明利，又多了更多心境的轉折及士人情志的發抒，對於德色之辯證亦更幽微而複雜。

第一章　先秦至漢代禮儀論述中
有關身體的教育與政教議題

第一節　從禮教、德性的角度思考身體

　　對於身體的思考與評點，與發言及觀看的角度有密切的關係。先秦時期士人思考身體往往由威儀的角度進行審美，並密切關係於政教議題。此由先秦如《左傳》等相關文獻，可以窺其大要。春秋時期對於禮本質及德性自覺逐漸成熟，儒家角度思考身體，不但能融攝禮教之身體論述，同時轉出德性身體的向度。對於德性身體的關注，同時包含了身體的社會性、倫理性及宇宙性向度。即身體不只是社會性的人文化成的產物，同時又具有深刻的宇宙性的深度，如孟子以及思孟學派對於德性身體的宇宙性與氣化、踐形的層面的深刻思考與論述。至於荀子則直接承繼政教角度論禮儀與教養，強調禮制與外王之教，希望以禮達到「正身安國」的結果，對於禮儀身體的論述與關注頗為顯題。荀子關於禮制的思考，影響漢代頗深。漢代以後，士人思考禮儀的身體頗重視容禮層面，並十分關懷禮儀與政教的關係，實承繼著《左傳》、《荀子》等論禮之精神而

來。此部分不但影響禮制之論述，亦影響人才的擢舉與觀人等層面。漢代雖較從政教角度論禮容，但容禮身體與德性的身體二者，非但不相互矛盾，甚至往往相得益彰。著重德性的身體乃至踐形、慎獨、宇宙性的身體向度並沒有消失，其時觀人、擢才，以及氣化身體觀之論述，往往啟發於孟子及思孟學派所論說道德化的身體。因此本章一方面對於禮儀觀的演變脈絡進行分析，另一方面對於威儀、容禮與政教的關係進行理解。同時就禮儀與德性身體於觀人、評點、禮制上的運用進行析論，以釐清禮儀身體的演變脈絡與其深刻豐富的意涵。

一、與政教密切相關的威儀之禮

　　若論「禮」之義涵，各時代皆有與其社會及文化脈絡相應之詮解與體會，由於文化氛圍不同，故對於何謂「禮」之詮解與體會亦各不同。漢代以後重視威儀與容禮的傳統可以上溯至先秦，先秦時期貴族重視威儀，威儀不但與權力密切相關，還牽涉到事神、階級、教養等諸多層面。禮為國家的大經大法，社會秩序之分明皆可由此得其精要。而威儀的重要性與禮儀所賦予的神聖性密切相關，行禮儀式的神聖性則由事神等宗教性而被賦予。禮的神聖性與事神密切相關，此由「禮」字之古義，以及先秦文獻脈絡中禮之原始意涵與宗教、祭祀密切相關可以得其精神梗概。如《說文解字》提及「禮」之本義為「事神致福」。徐灝《說文解字注箋》亦提及：「禮之名起於事神，引申為凡禮儀之偁」。❶而王國維《觀堂集

---

❶　許慎，《說文解字注》（臺北：天工書局，1987 年），〈禮〉，頁 2。徐

林‧釋豐》亦謂：

> 古者行禮以玉，故《說文》曰：豐，行禮之器。其說古矣。
> 惟許君不知玨字即玨字，象二玉在器之形⋯⋯盛玉以奉神
> 人之器謂之豐若豐，推之而奉神人之酒醴亦謂之醴，又推之
> 而奉神人之事通謂之禮。

「禮」字之本義與祀神密切相關，又可於《尚書》中諸多提及
「禮」字往往與宗教事神之脈絡有關得其證明❷。周代立國後由於
人文精神逐漸發揚，專指祭神之種種儀節漸擴大而指人之行事儀
節，此一過程實牽涉到周初特有之存在處境，徐復觀先生於此有詳
細的探討。❸

瀬，《說文解字注箋》（臺北：廣文書局，1972 年），頁 27。

❷　如孔穎達，《尚書正義》（臺北：藝文印書館，2001 年，以下簡稱《尚
　　書》），卷十三〈金縢〉，頁 189：「我國家禮亦宜之」、卷十五〈洛
　　誥〉，頁 226：「王肇稱殷禮，祀于新邑，咸秩無文」，頁 228：「惇宗將
　　禮，稱秩元祀，咸秩無文」，頁 229：「四方迪亂，未定于宗禮」。卷十六
　　〈君奭篇〉，頁 246：「率惟茲有陳，保乂有殷，故殷禮陟配天，多歷年
　　所」，均具有濃厚事神的宗教脈絡。有關此部分，詳參徐復觀，《中國人性
　　論史》（臺北：臺灣商務印書館，1988 年），第三章，頁 42。

❸　徐復觀，《中國人性論史》認為周初建國由於環境之險峻，於是產生了憂患
　　意識與「敬」德的精神性，由此開啟周代重視人文精神的文化傳統。徐復觀
　　指出「禮」原表祭祀的儀節，「彝」表法典規範、生活威儀。春秋時期禮的
　　觀念擴大，除祭祀儀節外，亦溶入「彝」之觀念，即生活之種種威儀與規
　　範。詳參徐復觀，《中國人性論史》，第三章〈以禮為中心的人文世紀之出
　　現，及宗教之人文化〉，頁 36-62。

由於「禮」之本義原指事神儀式之種種儀節，逐漸擴展到指生活中種種儀式，在階級之別的原則下，行儀典的權力均由在位者所掌握，使「儀典」成為與神聖權力溝通和賦權的象徵。執禮者透過事神的專注與得體而顯現其治道及權力的莊嚴性。著重於典禮意涵的「禮」於是成為貴族階級身分之象徵，並以茲區分社會之各階層。於是「禮」之精神從社會階層的角度來理解，便是「別異」。階級不同，其所行禮之禮器、服飾、器數……均有一定之規定，不得任意踰越。透過封建之「禮」以區別尊尊、親親之差異，而達到倫理名分清楚，各階層皆各得其所之目的。❹禮書頗多論禮時強調階級之別的部分，因為在封建社會中「禮」具有重要別異功能，以維持社會秩序之穩定，於此脈絡下禮儀特重名分。❺也正因此季氏

---

❹ 沈文倬之〈略論禮典的實行和《儀禮》書本的撰作〉一文認為「禮」與階級社會密切相關。常金倉以此區別「禮」與「俗」，認為「禮」之本質在於其具有嚴格的等級精神，並具有統一性及穩定性。徐復觀先生於《中國經學史的基礎》（臺北：臺灣學生書局，1990 年），頁 13 亦云：「禮是規範貴族各種行為的合理形式，即是所謂「儀」。這本是適應以宗法為骨幹的封建政治的要求而建立而發展、積累起來，並由周室之史所掌管，隨周室勢力的擴大，而得到共同承認的。」詳參沈文倬，《宗周禮樂文明考論》（杭州：浙江大學出版社，1999 年），頁 1-54。常金倉，《周代禮俗研究》（臺北：文津出版社，1993 年）。

❺ 如孔穎達，《禮記注疏》（臺北：藝文印書館，2001 年，以下簡稱《禮記》），卷三〈曲禮〉，頁 55 有「禮不下庶人、刑不上大夫」之記載，對「禮不下庶人，刑不上大夫」之理解向來眾說紛紜，或認為庶人有禮，而從文句段落加以理解，並舉出《禮記》篇章中庶人亦備禮之證明。又或謂庶人階級無別設相應之禮，以士人之禮為禮。或謂庶人無禮唯其遽於事而不及備物。若從封建時期禮之功用與特性進行理解，則庶人不具實行儀典之權利與義務，亦無充分之財物以備禮。

舞八佾而孔子申討之，以其破壞封建之禮的秩序與別異的精神。❻

　　在封建社會中「禮」既已規劃出各階層之權利與義務，以此安定社會秩序。違禮現象實象徵著對此一秩序之破壞，禮之遵行與否關係到社稷國家之安定、存亡與禍福。因此禮實為治國之大經大法。在《左傳》中於此部分有許多著墨❼，如《左傳·隱公十一年》提及禮的重要功能為：「經國家，定社稷，序民人，利後嗣者也。」，又如《左傳·莊公二十三年》認為禮的功能可以「整民」，並從：「訓上下之則，制財用之節，朝以正班爵之義，帥長幼之序」等統治角度著眼；對於不守禮者，則「征伐以討其不然」。其時雖未強調戰國以後的「法」精神❽，但「禮」的精神實已包含了社會規範層面。

　　從典禮儀節角度理解「禮」較重於形式之意涵，但在春秋時期，違禮事件頻傳，使得「禮」儀僵化，偽詐的情況受到關注。士人君子對於「禮」之精神產生更高的自覺，不再只滿足於形式上的行禮如儀。《左傳》中已有分析「禮」、「儀」之別的呼聲，如《左傳·襄公二十四年》穆叔透過立德、立功、立言而論不朽，將貴族階級的祿位傳承摒除於外。〈昭公五年〉女叔齊將行禮時儀節

---

❻　邢昺，《論語注疏》（臺北：藝文印書館，2001 年，以下簡稱《論語》），卷三〈八佾〉，頁 25。

❼　關於此部分在《左傳》中記載甚多，為免行文累贅，故不一一列舉。

❽　春秋末年由於社會的變動，禮制崩壞，於是逐漸醞釀出鑄刑書、刑鼎等需要，然其時士人多認為不可取。至戰國以後法家等統治術盛行，春秋中期以前強調的禮為最高的律則，發生違禮情況時由貴族透過成例定罪的傳統逐漸式微。有關春秋時期法的精神及演變，詳參瞿同祖，《中國法律與中國社會》（臺北：里仁書局，1984 年）。

無過失界定為「儀」，以別於「守其國，行其政令，無失其民」的
「禮之本」。〈昭公二十五年〉簡子問揖讓進退之節，君子認為此
只是「儀」而非是「禮」，並細部就天、地、人之理想狀態的實現
詮釋「禮」，希望能「協于天地之性」，使庶民得以生、得以治，
使得君臣、夫婦、父子、兄弟、姑姊、甥舅，昏媾，都得其理序。
對於「禮」與「儀」的分別實是思想史上的一大進步，使「禮」由
著重形式義、外鑠義而逐漸轉向精神之自覺與自我要求。如前文提
及不朽之定義由世俗之俸祿而轉向精神層面的德行言功。或更明白
指出徒具典禮儀式並非知禮、合禮，而將合「禮」與否指向禮之真
精神。典禮儀式之實行與否固然重要，但在二者之權衡下自屬於
末。將「禮」提升到天地之經緯，人倫之上下之分際，其功能是使
物物各得其所，而不失其度，不再只硜硜於郊勞贈賄是否完全合於
節度等形式儀文。「禮」的思想經過如此的反省與超越，漸脫離早
期重形式外鑠之義而更重於人之自覺與反省；但仍與家國之治理密
切相關。距離孔子提出仁，孟子提出心性論及工夫論，以言四端、
養氣與踐形，透過形－氣－志，以言德性通透的身體、宇宙性的身
體有所差異，更與思孟學派所論的內聖工夫有質的差異。❾

　　「禮」既已成社會運行之基礎，破壞此基礎者則有危及社稷安
定之虞，以合禮與否預示吉凶禍福之說亦以此得到根據。如《左
傳·宣公十二年》楚國伐鄭，而晉師欲救鄭，士會即由君子小人是

---

❾　有關踐形的身體，詳參楊儒賓，《儒家身體觀》（臺北：中央研究院文哲
　　所，1996 年），〈論孟子的踐形觀〉、〈知言、踐形與聖人〉，頁 129-
　　172、173-210。

否「物有服章，貴有常尊，賤有等威」，來論斷「禮」是否被奉行。如果社會秩序安定，貴賤均有所屬，則象徵「德立、刑行、政成、事時、典從、禮順」，立國基礎穩固。對「禮」之違背亦意味著社會穩定性動搖，同時預示著國族敗亡的凶與禍。《左傳》之篇章中即有許多關於此類之記載，透過此等怖懼之心理，亦可對「禮」之遵循產生規範作用。除了維護禮儀的順利進行，針對行禮者的神態、舉止如禮與否以評論吉凶禍福，亦開顯和影響了後代以威儀、容禮觀人及人物評論的風氣，如《左傳·定公十五年》子貢透過邾隱公執禮時「執玉高，其容仰」，魯公「受玉卑，其容俯」，而論斷二人皆有敗亡之徵兆。因為：「高、仰，驕也」、「卑、俯，替也」，由此推斷驕者必生禍亂，卑者難免於疾禍。子貢觀人論吉凶的標準是禮，透過行禮時之威儀，執禮者之態度，論斷執禮者之心性、教養及行事風格，也在此基礎上論斷吉凶。又如《左傳·成公十三年》記周王室大臣成肅公受祭肉時，態度輕慢而不恭敬，周卿劉康公即論斷其國祚不長，劉康公將觀「動作禮義威儀之則」提升至觀天命的高度，於執禮敦篤、敬誠與否，能知統治者是否能謹守天命。執禮惰是棄天命的象徵。再如《左傳·襄公三十一年》北宮文子觀楚國令公子圍（楚康王之弟）的威儀，知道他有篡位之志，同時也預言其將不得善終。主要因為威儀能使君臣上下均安守其分際，如此可以達到「守其官職，保族宜家」的功效。《左傳·昭公十一年》周大夫單成公在戚地會見晉韓宣子時，目光向下、說話遲緩，有失禮儀，叔向即以此預測單成公死期不遠，亦因為會朝之言語、容貌、衣著均具有「昭事序」、「道容貌」，安定封建秩序的功效。看似外在的容禮實為心性之展現，言語、視

線、容貌反映之氣的狀態，眼光流轉能透露心性的狀態，動作行止能透露心思是否安定在其位。因此觀容禮而能知其心性，如若容禮錯亂，則象徵心思散亂，「其心必異」，如此的執政者將使國家難以長治久安。以此推斷之吉凶，實以「禮」為基礎，與民間流傳相術觀吉凶有極大不同。❿

二、德性的身體與踐形

容禮及威儀雖亦強調執禮者的精神狀態和容色的表現，但為畢竟較著重外鑠的教養，雖然可由不斷的身體訓練和複製而成為習性⓫，但在過程中往往仍有禮儀之形式與其內在精神是否相符等爭議，又有自覺與否的疑慮。不若儒學傳統中強調心性道德的修養達到圓滿時，自然能由內充盈於外，成就德性的身體與氣象來得順

---

❿　相術在先秦時已頗為盛行，從人之形體外貌來論斷人之吉凶，至戰國時荀子為此還特別作〈非相篇〉斥責當時透過「相人之形狀顏色而知其吉凶妖祥」的風氣並不可取，認為是「學者不道」。荀子從禮與教化的角度著眼，認為：「相形不如論心，論心不如擇術」，因為：「形不勝心，心不勝術；術正而心順之，則形相雖惡而心術善，無害為君子也。形相善而心術惡，無害為小人也。」將相與德性和教養分開，並從禮及道德角度來認定吉凶，指出：「君子之謂吉，小人之謂凶。故長短、小大、善惡形相，非吉凶也。」荀子的態度可與儒家尊德性傳統相承，但側重在禮儀的教養。詳參王先謙，《荀子集解》（北京：中華書局，1996 年），卷三〈非相〉，頁 72-73。

⓫　布爾迪厄認為國家精英的教育，乃是透過不斷的身體教育，使之內化成為身體的習性，以複製貴族階級的身體符碼，此種身體具有高度的象徵性，舉手投足均顯露和複製其所屬身分階級的文化和教養。詳參布迪厄（Pierre Bourdieu）著，蔣梓驊譯，《實踐感》（南京：譯林出版社，2003 年）、《國家精英：名牌大學與群體精神》（北京：商務印書館，2004 年）。

成。孔孟欲透過道德心的自覺挺拔，以自主自律的實踐人之所以為
人之所當行。故「禮」之意涵在此時已有重大之扭轉，所謂「禮」
不再只是外在之典禮儀式，而實是人之道德主體所展現合於本心的
行為。典禮儀式之形式在權衡之下反成為末，道德本心之彰顯才是
本。故孔子言：「禮，與其奢也，寧儉。喪，與其易也，寧戚。」
❷又「祭如在，祭神如神在。子曰：吾不與祭，如不祭。」❸，正
是對禮之基礎的自覺。「禮」不再只是外在的行為規範，道德主體
之不安不忍的仁心發顯才是根本❹。孟子由此而言性善、四端，以
此為向善的可能性與根本。故曰：「仁義禮智非外鑠我也，我固有
之也，弗思耳矣」。然孔、孟亦並非不重視外在形式儀節，只是一
切外在行為均是由內發顯，必先對自身之道德主體有一親切認識，
而以此做擴充涵養工夫。在尊德性的傳統中❺，身體為德行所薰

---

❷　見於《論語》，卷三〈八佾〉，頁 26。

❸　見於《論語》，卷三〈八佾〉，頁 28。

❹　《禮記》，卷五十一〈孔子閒居〉，頁 860-861，透過孔子之言而提出「三
　　無」之說：「無聲之樂，無體之禮，無服之喪」，認為：「無聲之樂，氣志
　　不違。無體之禮，威儀遲遲。無服之喪，內恕孔悲。」對於禮之本及基礎有
　　更進一步的反省，禮並非只著眼於外在形式，以及身體所展現之威儀，而是
　　「行之在心，外無形狀」，若能得到威儀之真精神，才能「威儀翼翼」、
　　「上下和同」、「日就月將」、「施及四海」。

❺　孔孟將「禮」視為內在道德主體之直接呈顯，故既是本體又是工夫。並透過
　　道德之實踐以安立人之價值，從而與封建時代經過自然血統、社會階級等方
　　式以決定人之身分有根本上的不同。故孔子分別君子、小人以德；孟子區分
　　天爵與人爵，義命分立，均為道德人格之實踐樹立不可磨滅的價值。此乃人
　　文精神發揚之成果，「禮」之意涵與價值大不同於前代之意義。故徐復觀謂
　　「此時的禮，自然擺脫它得以成立的歷史條件的拘限，而成為人類普遍理性

染，甚至就是德性的彰顯❻。

容體為內在德性之彰顯，故如曾子指出：君子所貴乎道者有三，分別是「動容貌」、「正顏色」、「出辭氣」。容貌威儀、顏色矜莊、辭氣順當，為君子所努力的目標❼。此處所謂「道」，鄭玄認為指「禮」，但此處之「禮」並非形式義，威儀、顏色、辭氣絕非只是外在之體貌，而是內在狀態之呈現，亦是心性工夫的成果。反之「巧言」、「令色」、「足恭」亦可藉外顯之言行推斷其人之性情、德性。德性的身體既可感天動地，亦可以感染滲透於人。反過來說，若外在行事不如禮，則一方面顯現內在的不合禮，另一方面不如禮之行將會使得內在精純之氣受到污染和散佚。如《國語·周語下》穆公所言：

> 若視聽不和，而有震眩，則味入不精，不精則氣佚，氣佚則不和。於是乎有狂悖之言，有眩惑之明，有轉易之名，有過慝之度。❽

表現的形式。」詳參《中國經學史的基礎》，頁 17。

❻ 有關儒家的身體觀，詳參楊儒賓，《儒家身體觀》（臺北：中央研究院文哲所，1996 年），〈儒家身體觀的原型〉，頁 27-83 將儒家身體觀的原型分為二源三派，所謂二源為氣化的身體及社會化的身體，氣化的身體又可分為強調心性論的心氣化的身體觀，以孟子踐形觀為代表，以及自然氣化的身體觀，強調自然與人身同為氣化的產物。至於社會化的身體，則以禮義與威儀的身體為呈現，強調身體的文化和社會的建構，以荀子為代表。

❼ 《論語》，卷八〈泰伯〉，頁 70。

❽ 上海師範大學古籍整理組校點，《國語》（臺北：里仁書局，1981 年），卷三〈周語下〉，頁 125。

過當之行將導致精氣散亂，可以得知禮儀的身體絕非只是外在儀典的形式，其以精氣為基礎，而達致身心一如的體現。孟子由此而言知言、養氣、察言、觀色等主張，對德性化的身體進行評論。《孟子·盡心》提及聞人之聲可以判斷其人性格、德性，如他到齊國見齊王之子，聞其「聲氣高涼，不與人同」評論道：「居移氣，養移體」。又如《孟子·公孫丑》主張：「詖辭知其所蔽，淫辭知其所陷，邪辭知其所離，遁辭知其所窮。」，人的語言、意志、與內部之氣一體呈現，難以割裂。當聖人體道，能與宇宙之氣冥然而同化，與天地同流，而臻於聖境時，浩然之氣將使身體成為聖化的身體，言語成為聖化的言語，具有強烈氣之感通，超越個體之有限性，而達於普遍性。此時聖人可以穿透生命共同氣之底層，也因氣之感通、同體而講知言。因此精神及生命狀態蘊涵於身體與語言的表現中，當身心狀態得其充盡，語言亦不只是符號的能指與所指的活動，而是意義的體現。「所以孟子看待語言，就像他看待身體的展現一樣，認為原則上都是可以徹上徹下的。」❶❾唯體道者言語方能金聲玉振，同時在氣的感通基礎上，聽人言語時亦能「聞聲知情」。儒家身體觀之言氣，強調心與形、神不二，透過德性之踐履，德純於中，心、形不虧，能體現宇宙之氣流行的豐沛和奧秘。

　　貌、色、言所以為內在德性的彰顯，實還牽涉氣與身心之工夫等課題。孟子於觀人、養氣、知言等問題有深刻、精微的論述。帛書《德行》《五行》等又將道德實踐意識化與精神化，重視「心」之地位，「心」乃為道德價值之基礎，其與德性價值之宇宙相貫

---

❶❾　《儒家身體觀》，頁188。

通，並在此基礎上，將「心」分為「中心」與「外心」，「中心」指德性全然朗現的狀態，而「外心」則為禮教規訓下之狀態。強調「思」與「慎獨」之工夫，將孟子學說導向內聖、反思之路。[20]《管子》〈心術〉、〈內業〉更提及充塞宇宙間具有普遍性的心中之心，以及全形。在以心統心並達到充盡時，身心統一而同流，此時的身體為德性化的身體，透過精氣的基礎而使身心一如，並與宇宙、天道相冥合。也在此基礎上聖人的身體必有不同的氣象，身體美由德性的角度著眼，而工夫實踐則集中於心與氣。《管子》提及「氣者身之充」、「充不美則心不得」，如何得於心呢？若由心之逸失來看，由於「憂、樂、喜、怒、欲、利」等嗜欲充溢[21]，使得氣為之失和、虧耗（充不美），造成「心」失落了，得於心之工夫則要反其道而行。此如《韓非》理解老子之德時，強調：「神不淫於外則身全，身全之謂德」[22]，以身全為神不外馳、耗損，能處於豐盈生機的狀態。由此來看，《管子·內業》所論之身體為氣之所化，心亦為氣化之精純者，故「心靜氣理」、「脩心靜音」，道乃

---

[20] 有關此部分詳參黃俊傑，〈孟子後學對心身關係的看法——以馬王堆漢墓帛書《五行篇》為中心〉，《清華學報》20 卷 1 期（1990 年 6 月），頁 55-81。

[21] 黎翔鳳，《管子校注》（北京：中華書局，2006 年，以下簡稱《管子》），卷十三〈心術〉，頁 759：「嗜欲充益，目不見色，耳不聞聲」。《管子》，卷十六〈內業〉，頁 931-936 論及「心之刑」，以情欲之虧耗為心之失落的主因。

[22] 陳奇猷，《韓非子集釋》（高雄：復文圖書公司，1991 年），卷六〈解老〉，頁 326。

「可止」、「可得」。❷身與心並非主客的關係，而是「我心治，官乃治，我心安，官乃安」，論之極至，「心以藏心，心之中又有心焉」，此心通達宇宙之氣，其德性至精至粹則為宇宙氣化流行之道體：

> 精存自生，其外安榮，內藏以為泉原，浩然和平，以為氣淵。淵之不涸，四體乃固；泉之不竭，九竅遂通。乃能窮天地，被四海，中無惑意，外無邪菑。心全於中，形全於外，不逢天菑，不遇人害，謂之聖人。人能正靜，皮膚裕寬，耳目聰明，筋信而骨強。乃能戴大圜而履大方。❷

生命、魂魄、精神、身體均為氣之所化，其與天地之氣息息相關，既受天地之氣的感通與影響，同時內在之平和、精純（心全）亦將使得五臟之氣飽滿平和，彰顯於身體即為形全：九竅通明、皮膚裕寬，耳目聰明，筋信而骨強，精氣飽滿平和的身體。此與天地之氣相交相遊的身心，即是天地平和之氣的精純展現，故而如氣淵、泉

---

❷　《管子》，卷十六〈內業〉935。論《管子》〈內業〉有將之視為儒家主張之展現，亦有將之視為道家立場的展現。前者如楊儒賓，《儒家身體觀》，後者如杜正勝認為道家強調「氣」，而儒家強調「心」，並認為此則強調「氣」為道家立場的展現。又如甘懷真，〈魏晉時期的安靜觀念——兼論古代威儀觀的發展〉，《臺大歷史學報》20 期（1996 年 11 月），頁 407-463，亦採此態度。然而儒家是否不強調氣？而何謂心？其與氣的關係如何？恐怕仍值得深究。詳參《從眉壽到長生——醫療文化與中國古代生命觀》（臺北：三民書局，2005 年），頁 95-105。

❷　《管子》，卷十六〈內業〉，頁 938-939。

水之不涸、不竭，充塞於天地四海，於此亦可言「中無惑意」，外則無邪菑，當心、形全具的身體體現時，其彰顯了氣之平和飽滿生生不息的宇宙，於是有不逢天菑、人害的神秘經驗。強調「心以藏心，心之中又有心焉」以及內心、慎獨，是心性體驗高度內在化的展現，同時《五行篇》、《德聖篇》承繼孟子的道德哲學而深化發展，透過對心及氣的深度工夫，而成就道德之氣的擴充至盡，於此精氣化的身體與宇宙之氣冥然為一，天道體現於心性之修養上。《管子》〈心術下〉、〈內業〉則透過「內靜外敬」工夫體會全心境界，當體驗「全心」境界時，身體之氣已非一般氣質之性，而是轉化為與存在同流的精氣流行狀態，此時即心是氣、即身是氣，於此經驗擴充精氣而能萬物畢得的宇宙性身心狀態。㉕此種詮釋路數

㉕　《管子》〈心術〉、〈內業〉、帛書《德行》《五行》於內聖的工夫中詮釋外王問題，思孟後學，更為強調形氣之地位，仁、義、禮、智、聖均為氣所引生，為孟子論氣及四端說的進一步深化和發展。相關論述詳參蔣年豐，〈從思孟後學與荀子對「內聖外王」的詮釋論形氣的角色與義涵〉，《中國古代思想中的氣論及身體觀》（臺北：巨流圖書公司，1997 年），頁 370-392。黃俊傑，〈孟子後學對心身關係的看法——以馬王堆漢墓帛書《五行篇》為中心〉，前揭文、〈荀子非孟的思想史背景——論「思孟五行說」的思想內涵〉，《國立臺灣大學歷史系系學報》15 期（1990 年）。楊儒賓，《儒家身體觀》，〈《管子》〈心術下〉、〈內業〉兩篇的精氣說與全心論〉，頁 211-251、〈德之行與德之氣——帛書《五行篇》、《德聖篇》論道德心性與形體的關聯〉，頁 287-288：「人的身心結構體中原有諸德之氣——如仁氣、義氣、禮氣、聖氣——從內往外滲透。這種先天的道德之氣是與先驗的道德意識一齊呈現的，或者我們該說：是一體的兩面。這些道德之氣隨著道德意識之擴充，它們會逐漸轉化原有的生理結構，使之同一。及乎終極，所有的生理現象都是精神的面相，這也就是孟子所說的踐形。」

與《左傳》等強調威儀及國家體制，以及《荀子》等強調客觀之禮制所具有的教化、外王之功效者有極大的差異。

三、荀學主張下的禮義與象徵的身體

㈠化性起偽的禮義身體

孔孟論「禮」由道德之實踐以安立人之莊嚴與價值著眼，有別於荀子論「禮」強調禮義法度對性情與欲望調節之重要性。荀子從經驗角度論順人之性將引生爭奪、犯分等惡果，故以性情為惡，心體亦只是「虛壹而靜」的虛靈觀照之知慮，無法自主於道德實踐。於此強調禮義師法之規約。故荀子論「禮」特重於「分」與「養」，欲透過「分」與「養」使國家達於秩序：

> 禮起於何也？曰：人生而有欲，欲而不得，則不能無求。求
> 而無度量分界，則不能不爭；爭則亂，亂則窮。先王惡其亂
> 也，故制禮義以分之，以養人之欲，給人之求。使欲必不窮
> 乎物，物必不屈於欲。兩者相持而長，是禮之所起也。❷❻

荀子認為「禮」為先王所制，以達到各安其分，皆得其養的功效。

---

❷❻　《荀子集解》，卷十三〈禮論〉，頁 346。就孔孟對於欲望的態度來看，
　　「食色性也」，食與色往往並舉，就人求生存及繁衍之本能來說，原本不
　　惡，然而一意追求口體之養則會引生種種德性上的缺失。因此儒家強調好德
　　不好色，希望「禮義之悅我心，猶芻豢之悅我口」，小體之養不但不會成為
　　成德路上的阻礙，反而化為對生命的滋養。《論語》〈子罕〉，頁 80。《孟
　　子》，卷十一〈告子〉，頁 196。

而何謂「分」呢？即是依人我關係、才德、身分決定其親疏尊卑，
❷使人因無盡欲求而引起的爭奪可以依階級、倫理等差異而得到合
理分配。此如〈榮辱篇〉所謂先王制禮：「使有貴賤之等，長幼之
差，知愚能不能之分，皆使人載其事，而各得其宜。」，達到「群
居和一之道」的結果。荀子論禮亦承繼《左傳》以來從國家政教角
度著眼之路數，著重理性的客觀架構❷，希望透過聖王之禮義法度
涵養知慮，達到如〈修身〉所謂：「知慮漸深，則一之以易良」的
功效。荀子著重禮義師法，透過聖王相續形成的名言制度，作為社
會生活的語言規則，著重於歷史意識與社會規範，強調正名，對於
亂名現象表達極深對聖王師法之教受到破壞的憂慮。透過正名，以
積習於人文化成之禮樂，並透過心之選擇，以化性起偽。❷如此特
重於禮義、師法、聖王、賢君等外王之教，其形式義，外在規範義
較強。❸荀子學說著重於社會自我及文化層面的論說，對於禮義、

---

❷ 可參見李滌生，《荀子集釋》（臺北：臺灣學生書局，1988 年），頁 418。
李滌生注曰：「即是按人倫關係，規定其親疏尊卑；按個人才德，決定其地
位職業。同時按其身分，規定其物質享受。」
❷ 有關荀子論禮法思想與《左傳》中論禮法之關係，詳參張亨，〈荀子禮法思
想試論〉，《臺大中文學報》2 期（1988 年），頁 71-72。
❷ 有關荀子對語言的態度及其與師法之關係，可參考伍振勳，〈從語言、社會
面向解讀荀子的「化性起偽」說〉，《漢學研究》26 卷 1 期（2008 年 3
月），頁 35-66。
❸ 蔣年豐以「在內聖的脈絡中解決外王問題」、「在立外王中成就內聖」來探
討思孟學派與荀子學說的差異，依荀子學說，人的性情結構與國家的政教結
構有其相似性的同構，透過禮樂教化，不但可以正身，同時可以安國。於此
「荀子則主張人應規規然循禮，由身洞知國政而落實天道；在思孟學派，身
全然地被浩氣化了，在荀子，身（連帶著國）全然地被禮制化了。」至於

名言從社會角度思考和推廣提供了重要的指引。

　　戰國時上承重威儀的傳統，並影響漢代重容禮風氣者，以荀子主張為代表。荀子所主張之心性論與孟子及其後學有極大的不同，更強調禮義的身體在社會中的展現，尊崇禮義和師法，工夫論由禮義師法而真積力久，如《荀子》〈勸學〉提及：

> 學惡乎始？惡乎終？其數則始乎誦經，終乎讀禮；其義則始乎為士，終乎為聖人。
>
> 君子之學也，入乎耳，箸乎心，布乎四體，形乎動靜，端而言，蝡而動，一可以為法則。小人之學也，入乎耳，出乎口，口耳之間，則四寸耳，曷足以美七尺之軀哉！古之學者為己，今之學者為人。君子之學也，以美其身；小人之學也，以為禽犢。

所謂的「美其身」是由禮義所浸潤的身體，最終希望達致「身禮一體」，由自然氣性之身體轉化為禮義的身體。此時的存在狀態已通過血氣及欲望的節制和裁剪，呈現視聽言動均合於禮義的存在。禮義經過長期積累，內化為身心的習性，成為即身即禮的存在，同時在社會的互動中成就禮儀的身體❸。雖然荀子的心性論與孟子有質

　　《荀子》批評思孟學派「僻違而無類，幽隱而無說，閉約而無解」亦可由其中得其脈絡。有關荀子學說與對思孟學派的批評，詳參〈從思孟後學與荀子對「內聖外王」的詮釋論形氣的角色與義涵〉，頁 391。並詳參黃俊傑，〈荀非孟的思想史背景──論「思孟五行說」的思想內涵〉，前揭文。

❸　荀子主張自我與社會的關係，可由米德及伊利亞斯論自我之型構及主體與社

的差異，對於天、氣等形上思維的把握亦明顯不同。使其禮義成為
「偽」的存在，也使其在功夫逕路上較為曲折，不若孟子由盡心、
知性而知天的路數順成。這也使得荀學及工夫論於學者多有批評，
不視為正宗㉜。

　　荀子重禮義、師法，透過心的統攝作用而認知禮義，而使身循
禮而行。但禮義師法畢竟於外，而不由內發，因此後天的裁剪及學
特別被強調，希望透過真積力久而「化性起偽」，使之成為第二天
性。但禮義非由心中所生，多少帶有他律道德的隱憂，同時聖人亦
與凡人均是透過積漸成德，自然的身體基礎亦皆相同，如此聖人只

會互動關係得到啟發。米德認為人的自我於社會的互動中被型塑，離開了社
會互動的脈絡，自我的型塑與意義的認定，將發生困難。詳參米德（George
Herbert Mead）著，胡榮、王小章譯，《心靈、自我與社會》（臺北：桂冠圖
書公司，1995 年）。伊利亞斯認為文明的進程即是高度的身體教養與象徵
化，而禮儀是在群體生活中不斷進行互動演繹生長。規則雖具有一定程定的
穩定性，但並非一成不變的規約，仍在互動中不斷的被豐富和改變。個人與
社會並非內與外、制約與被制約者的關係，而處於動態、發展的歷程。伊利
亞斯以遊戲規則作比喻，遊戲規則為參與遊戲者所互動出的共同認定的原
則，但仍在不斷的遊戲實踐中被改動，以適應具體的實存情境。規則本身既
型塑了遊戲者的身體，同時亦在參與遊戲的主體互動間不斷的生長。而遊戲
主體的內容也在遊戲實踐中被型塑。在此過程社會學中，可以發現結構化的
動力，以及強制的力量。詳參埃利亞斯（Elias, Norbert）著，王佩莉、袁志英
譯，《文明的進程：文明的社會起源和心理起源的研究》（北京：三聯書
店，1998 年），頁 1-48。

㉜　如宋明理學言及工夫時多由孟子著眼，對荀學及其工夫則認為不順當。牟宗
三亦認為荀子道德理論於本源上不夠通透，詳參牟宗三，《荀學大略》（臺
北：中央文物供應社，1953 年）、《心體與性體》（臺北：正中書局，1970
年）、《名家與荀子》（臺北：臺灣學生書局，1979 年）。

能透過無終食之間違背禮義的工夫，使得自然身體在真積力久下而入於化。但自然的身體無可解消，在終極處總仍難免有微細的不穩定和緊張感。㉝然而置於漢代國家統治的背景下，荀學主張頗有其相映背景而受關注，漢代推行禮教、成德走荀學路數亦有脈絡可循。㉞

(二)禮與法禁

漢代論禮多承荀子路數，此與荀子強調師法、尊君隆禮有密切關係。荀子就其被定位為儒家而言自然對儒家之基本精神與主張有所承續，如其在政治上主張德治民本，主張愛民與養民，主張以禮教民，均為儒門共法。荀子與孔孟雖均主張以「禮」教民、愛民，然而其所謂之「禮」卻有極大之不同。孔孟修身工夫首重養氣、求放心，以彰顯仁心、善性。而荀子所主張之「禮」則是以人之性惡為其基礎，重視「化性起偽」之工夫。「禮」既為先王所制定以明分、養欲避免紛爭，則「禮」的性質不免有外在的強制規範性存在，其性質與「法」（法禁）亦有相通之處。故《荀子》篇章中有

㉝　以現今對國家機器、體制暴力、權力的高度反省下，身體的禮教規訓會帶有的權力及控制問題，如傅柯論微觀權力，其無所不在對身體進行規訓和控制，而控制身體實也是心靈的控制和改造，荀學在此亦難逃此反省。詳參傅柯（Michel Foucault）著，劉北成、楊遠嬰譯，《規訓與懲罰——監獄的誕生》（臺北：桂冠圖書公司，2003 年）。

㉞　荀子學說將性情與家國之對應，「知慮－知意－血氣」與「聖王－吏士－農工商」對應，使得聖王地位提高至知慮之心的象徵地位，強調尊君隆禮，在上位者「居如大神，動如天帝」（〈正論篇〉）此或可理解漢代以後統治者為何喜從《荀子》論禮著眼，以便利其教化與統治。詳參〈從思孟後學與荀子對「內聖外王」的詮釋論形氣的角色與義涵〉，頁 389-391。

許多禮法連言者，如〈彊國篇〉提及：「隆禮尊賢而王，重法愛民而霸」、〈性惡篇〉主張：「聖人化性而起偽，偽起而生禮義，禮義生而制法度」、〈君道篇〉：「隆禮至法，則國有常」、〈成相篇〉主張治道之大經大法在「禮與刑」，透過「明德慎罰」，而安定天下。此處「法」當指法度，「禮」既是為明分而設，故乃是一套外在的規範與法度，用以維持社會之秩序，故〈王制〉曰：「先王惡其亂也，故制禮義以分之」、「王者之人飾動以禮義」、「修禮者王」。「制」、「飾」、「修」，均從外在之規範著眼。由於法禁之推行以刑為其手段，乃使荀子政治主張由德治愛民之初衷起，卻呈現重賞刑為特色。《荀子》篇章中強調賞罰與律法之文句俯拾皆是，如：

> 使天下生民之屬，皆知己之所願欲之舉在是于也，故其賞行；皆知己之所畏恐之舉在是于也，故其罰威。賞行罰威，則賢者可得而進也，不肖者可得而退也，能不能可得而官也。㉟

> 百官則將齊其制度，重其官秩，若是，則百吏莫不畏法而遵繩矣。……百吏畏法循繩，然後國常不亂。㊱

在位者當為人民制定「禮義」以約範其行為，若違背「禮義」則以

㉟　《荀子集解》，卷六〈富國篇〉，頁 186-187。
㊱　《荀子集解》，卷七〈王霸篇〉，頁 227-229。

刑罰待之。〈正論篇〉又謂「治則刑重，亂則刑輕」之道理，漸於慶賞，嚴於刑罰，以使人民避害而趨利，此種主張已與法家主張有相近之處。荀子主張尊君，透過君王的象徵性，以營造其神聖氣氛，君王處於上位而飾盛，極口耳聲色之能，百官則「齊其制度，重其官秩」以使百姓「畏法而遵繩」。則荀子所謂之「禮」側重於制度面，亦極明顯。

　　荀子從經驗立場說性惡，並強調禮義師法之主張，應與其處於封建崩壞的時代有密切的關係。處於穩定之封建社會，主要以「禮」來維持各階層之權利義務，至孔孟而臻於一成熟之狀態。由道德心所自發的合理行為（禮），在封建體制崩壞之戰國時期，總顯緩不濟急。於此迫切感中，一個明文客觀的「法」（法禁）的要求，便應時而生。荀子正處於封建制度崩壞，「禮」的精神崩解的時期，此時期明文的法典應社會之實際需要而產生，並逐漸取代禮而成為社會規範的重要部分。此過程於《左傳》所錄春秋末晉鑄刑鼎，鄭鑄刑書的事件有詳細記載。當明文法應時代之要求而興起，成為社會新的規範方式，對於當時統治者造成極大的衝擊。[37]因為「貴賤不愆」為封建社會穩定的基礎，而法律的公開化將造成「民知爭端矣，將棄禮而徵於書」的後果。基於此種考量，舊有之封建社會的統治者對明文法的制定抱持疑懼的態度，因其動搖了封建社會的整套運作方式，而階級的動搖，更加深封建體制的崩潰。荀子身處於社會結構劇烈轉變的時期，除了承續儒家根本的德治、愛民

---

[37]　相關記載詳參《左傳》，卷四十三〈昭公六年〉，頁 749-751、卷五十三〈昭公二十九年〉，頁 920。

的主張外，並針對時代之迫切課題，而對孔孟論道德、禮、心性之教進行重大扭轉，其重申禮之重要性，強調外王、特重實用，亦與回應其時代課題密切相關，其主張對漢代統治術多有影響。

第二節　漢代論禮之精神及與荀學論禮的關係

　　漢初開國由於天下尚百廢待舉，頗需要強有力的統治，但亡秦的教訓在前，純用刑法統治帶來的弊病令士人心生警策，因此如何避免純用刑法統治所帶來的弊病，即成關注焦點。其時治理天下仍承繼秦法之精神，論禮融合了先秦的禮法觀念，荀子的主張頗具有影響力。由於荀子論「禮」不同於孔孟，其以人性惡為其理論基礎，道德實踐落於禮義、師法的規約，故外在規範義較強。將「禮」落於外在規約，為求其推行之效果，重視賞罰乃成不可避免之勢。漢人遵循荀子論禮，一方面可以避免純用法家所帶來的弊病，另一方面又不完全否棄刑法的精神，同時在論禮時，對於君主的權威性、階級的鞏固、儀式的實行、容禮的教化均有助益。以下略舉漢初制禮、論禮者如叔孫通、賈誼、司馬遷等主張為例，以見漢初論禮特色。

　　漢初叔孫通制禮的原則是「古禮與秦儀雜就之」，可見此時論禮落在儀文，同時具有法家統治的精神揉雜其中。叔孫通制禮成果展現於統治之門面的朝儀上，於長樂宮建成時，諸侯群臣皆於歲首（十月）入宮朝見皇帝，並依據尊卑而於行禮之先後、方位、朝向……有詳細的規定：

先平明，謁者治禮，引以次入殿門。廷中陳車騎步卒衛宮，設兵張旗志。傳言「趨」。殿下郎中俠陛，陛數百人。功臣列侯諸將軍軍吏以次陳西方，東鄉；文官丞相以下陳東方，西鄉。大行設九賓，臚傳。於是皇帝輦出房，百官執職傳警。引諸侯王以下至吏六百石以次奉賀。自諸侯王以下莫不振恐肅敬。至禮畢，復置法酒。諸侍坐殿上皆伏抑首，以尊卑次起上壽。❸

文武百官依身分尊卑依序進入，武官立於西，面向東，文官立於朝堂之東方，面向西。❸所立方位具有高度身分的象徵性及尊卑意涵。典禮中一再區隔尊卑及與禮者身分高低，使身分之別嚴謹。叔孫通所立制度對漢代禮儀影響深遠，故《史記》將其與力主定都長安而立下百世基業的功臣劉敬合傳。司馬遷並指出：漢代的禮儀制度「皆叔孫生為太常所論著也」。太史公於傳記末並點出叔孫通「希世度務，制禮進退，與時變化」，認為其是「漢家儒宗」。一方面可以看出叔孫通制禮對於漢王朝統治的重要性，另一方面亦可見出太史公對其制禮的推崇。

---

❸　司馬遷著，司馬貞索隱、張守節正義、裴駰集解，《史記三家注》（臺北：鼎文書局，1979 年，以下簡稱《史記》），卷九十九〈叔孫通列傳〉，頁2723。

❸　所立的方位具有濃厚的象徵性，有關於朝堂上之立位，詳參葉國良，〈從名物制度之學看經典詮釋〉，《人文學報》20、21 期合刊（88 年 12 月至 89 年6 月），頁 1-20。彭美玲，《古代禮俗左右之辨研究——以三禮為中心》（臺北：文津出版社，1997 年）。

　　承繼叔孫通制禮而對漢代論禮發生深刻影響的，要屬賈誼。賈
誼論「禮」具有重要象徵意義，賈誼為文帝時博士，初時頗受重
視，累官至太中大夫，提出「改正朔，易服色，法制度，定官名，
興禮樂」等主張，十分得到文帝賞識，當時「諸律令所更定」往往
有賈誼的影子。❹也因此賈誼對禮的主張，頗能反映漢初士人對禮
的態度。賈誼將「禮」應用到經濟生活上，重視「禮」之「分」，
亦特別注意階級之別，並以皇帝為政治之中心，賦予以其絕對的統
治權力。如《新書》〈階級〉透過堂陛之分：「天子如堂，群臣如
陛，眾庶如地」，希望達到「等級分明」，各階級透過禮儀制度而
階級嚴明的功效。在此階級圖式中「天子加焉，故其尊不可及
也」。❹此與《荀子》之重視倫理之分際，尊君思想若合符節。
《新書》之〈禮篇〉最能表達賈誼對禮之主張，此篇論禮的精神，
其中透露許多值得探討的訊息。如賈誼論禮主要從名分著眼，禮之
實踐於社會及人倫日用中呈現，著重於社會性及倫理性的面向。因
此強調：「主主臣臣，禮之正也；威德在君，禮之分也；尊卑大
小，彊弱有位，禮之數也」、「禮者所以守尊卑之經，彊弱之稱者
也」。當尊卑、大小、彊弱都能各得其正時，才能達到「君惠臣
忠，父慈子孝，兄愛弟敬，夫和妻柔，姑慈婦聽」人倫秩序分明的
禮儀境界。此與《荀子》〈禮論〉強調「制禮義以分之」，以別貴

---

❹　　詳參《史記》，卷八十四〈屈原賈生列傳〉，頁 2492，有關賈誼在漢初制禮
　　　及儒家法家化等問題，詳參林聰舜，《西漢前期思想與法家的關係》（臺
　　　北：大安出版社，1991 年）。

❹　　閻振益、鐘夏校注，《新書校注》（北京：中華書局，2000 年），卷二〈階
　　　級〉，頁 79-80。

賤，並於喪祭等人倫日用之間展現禮的差等精神，在社會性及倫理性中彰顯並貞定禮，精神一致。其次，雖強調禮的別異精神，但亦要求在上位者能夠「恤下」而愛民：「禮，國有飢人，人主不殮。國有凍人，人主不裘，報囚之日，人主不舉樂」，達到「憂民之憂」、「樂民之樂」的仁政。亦與荀子愛民主張精神一致。第三，禮為養民之道也。強調對於自然「取之有時，用之有節」，不竭盡自然的生命力及地力：「不以火田，不靡、不卵、不刳胎、不殀夭」❷，與荀子不違天時，制天、用天的想法亦相應。由於重視禮於社會、倫理關係中之實踐，因此對於身體在群體中的高度象徵性極為重視。賈誼特別撰作〈容經〉對身體的儀文有詳細的解說與規範（詳後文）。總體來看，賈誼將「禮」運用到經濟生活上，重於「禮」之規範性、倫理義涵，以作為社會規約教化的標準，並且特重於君主之統治權力，與荀子論「禮」精神相承。

另外，《史記》〈禮書〉亦頗能表達其對「禮」之思想與主張，其於篇章中不僅在文句上多採荀子之言，且在主張上亦是承於荀子路數，試看其開宗明義曰：

> 觀三代損益，乃知緣人情而制禮，依人性而作儀，其所由來尚矣。人道經緯萬端，規矩無所不貫，誘進以仁義，束縛以刑罰，故德厚者位尊，祿重者寵榮，所以總一海內，而整齊萬民也……是以君臣朝廷尊卑貴賤之序，下及黎庶，車輿、衣服、宮室、飲食、嫁娶、喪祭之分，事有宜適，物有節

---

❷　《新書校注》，卷六〈禮〉，頁216。

文。

承荀子之路將禮視為合於人情的外在規範，用以「整齊萬民」。透過文飾、典禮來區分尊卑、貴賤，透過仁義來「誘進」百姓向善，違禮者則以刑罰「束縛」之，以充分達到規範的效果。當禮能確實施行時，尊卑貴賤均能得其秩序，而萬民的行事皆能和其節度。〈禮書〉對「禮」之起源與性質之理解亦承襲於荀子：

> 禮由人起，人生有欲，欲而不得則不能無忿，忿而無度量則爭，爭則亂，先王惡其亂，故制禮義以養人之欲，給人之求，使欲不窮於物，物不屈於欲，二者相待而長，是禮之所起也，故禮者，養也，……君子既得其養，又好其辨也，所謂辨者，貴賤有等，長少有差，貧富輕重皆有稱也。❹

觀此段論禮之起源明顯承《荀子》〈禮論〉篇，論禮由人欲而導致爭奪著眼，文句亦多相同。〈禮書〉又提及「以財物為用，以貴賤為文，以多少為異，以隆殺為要」對「禮」之起源完全以荀子性惡，息爭、明分、止亂來進行說明。

大儒董仲舒論禮，如提及：「天地之生萬物也以養人，故其可適者以養身體，其可威者以為容服，禮之所為興也。」❹由物之養

---

❹　《史記》，卷二十三〈禮書〉，頁 1161。

❹　蘇輿，《春秋繁露義證》（北京：中華書局，2007 年），卷六〈服制像〉，頁 151。

人，由象徵性的容服所營造的統治權力、國家治理等角度著眼論禮，仍是承繼《荀子》論禮之路數。其他篇章如〈深察名號〉篇強調正名為治道之本。論性情強調循天之道，天道有陰陽，故身有「貪仁之性」，又由於陽善陰惡，故主性善情惡，但天道之陰無可去除，故人之情欲亦不可滅絕，且「性情相與為一瞑」，於是強調「不損其欲而輟其情以應天」之「禁」與「教」。❹其與《荀子》所論性惡及制天、用天雖不相同，但強調「禁」與「教」則態度一致。故董仲舒曾以大儒身分「作書美孫卿」，亦可見其論禮、論政教上推崇《荀子》之態度。❹

　　總之在漢代初期知識分子由於對亡秦的反省，故體會「禮」之重要，認為徒「法」不得為治，須以「禮」為本，以規範人民之行為，並以刑來輔助制裁之，使人民得其治理。對「禮」之認識由荀子之明分止亂著眼，禮為外在的規範，對道德主體的認識不顯，但強調君主須愛民，則是傳統儒家之主張。

第三節　漢代士人對威儀、容禮之主張

　　由前文所述已能看出，由於承荀子路數論禮，以及帝國的統治需要，漢代士人極重禮之別異，同時對於行禮時階級之區分、各階級象徵性的威儀十分關注。其時詮釋禮經亦往往從容禮的角度著

---

❹　《春秋繁露義證》，卷十〈深察名號〉，頁 284-310。
❹　《春秋繁露義證》，卷十〈深察名號〉，頁 301，蘇輿義證引劉向《荀子序》，並認為「向意謂董先生言王道，羞五伯，與荀卿同。」

眼，如《漢書・儒林傳》提及：「魯高堂生傳士禮十七篇，而魯徐生善為頌。孝文時，徐生以頌為禮官大夫」。傳至徐生之孫時「襄，其資性善為頌，不能通經……襄亦以頌為大夫」。此段文獻透露諸多訊息：1.此時提士禮十七篇而特別講頌，可見十七篇與頌關係密切。❹ 2.所謂頌者指威儀之事，即為容禮。3.善容禮者未必須要通經。東漢衛宏指出：「徐氏後有張氏，不知經，但能盤辟為禮容。天下郡國有容史，皆詣魯學之」❹。不通經而習於容禮者亦受到士人之尊崇。4.就統治者的角度來看，十分在意容禮，因此即使不能通經，而善為容者，依然能任大夫，並為諸郡國統治者尊崇。統治者重視容儀並非特例，早在叔孫通制禮，所著重者即為朝儀。〈儒林傳〉中提及王式的學生唐生、褚生「應博士弟子選，詣博士，摳衣登堂，頌禮甚嚴，試誦說，有法」引起在坐諸博士的讚嘆。二人並因「頌禮甚嚴」而被立為博士。事實上，〈儒林傳〉早已提及武帝時曾下令「太常擇民年十八以上儀狀端正者，補博士弟子」，儀狀端正與容禮有密切關係。5.未央殿前有曲臺，后倉說禮於曲臺，故《漢書・藝文志》有：「曲臺后倉九篇」。〈儒林傳〉謂：「倉說禮數萬言，號曰后氏曲臺記」，服虔認為曲禮是因后倉「在曲臺校書著記」而得名。❹曲禮與容禮有密切關係，正如孔穎

---

❹　學者指出漢初無儀禮之名，而有容禮之稱。詳參〔清〕凌揚藻，《蠡勺編》（北京：中華書局，1985 年），卷五〈漢初無儀禮之名〉，頁 86。

❹　衛宏撰，孫星衍校，《漢舊遺》（臺北：臺灣商務印書館，1965 年）〈補遺〉，頁 23。

❹　班固著，顏師古注，《漢書》（臺北：鼎文書局，1979 年），卷八十八〈儒林傳〉，頁 3615。

達所謂：「曲禮見於威儀則曰儀禮」、「經禮三百，威儀三千，是二禮互而相通，皆有曲稱也。」❺⓪亦可見禮經與容禮的密切相關。

　　漢代士人論禮往往聚焦於容禮與國家秩序的關係。容禮與威儀所傳達的象徵身分為國家政教關懷的核心。衣著、髮飾、行止……均是階級身分與名分的象徵，差異的符號象徵著身分階級的不同，建構出秩序分明的倫理關係，因此容禮的失序即權力的失序。如賈誼《新書·服疑篇》：

> 高下異，則名號異，則權力異，則事勢異，則旗章疑，則符瑞異，則禮寵異，則秩祿異，則冠履異，則衣帶異，則環佩異，則車馬異，則妻妾異，則澤厚異，則宮室異，則床席異，則器皿異，則飲食異，則祭祀異，則死喪異。❺①

象徵的身分建立在整套符號的差異性上。以服飾來說，除了華麗、美感、暖身外，還象徵階級權力。服裝的神秘性既是統治權力的象徵，因此服制對社會秩序的維護有重要功能。董仲舒即認為：「其可威者，以為容服，禮之所為興也」❺②。透「染五采，飾文章」等象徵性，以使得「貴貴尊賢」、「明別上下之倫」。❺③事實上透過衣服之文飾以別貴賤、尊卑，是漢代時普遍的看法。如《春秋繁露·服制》：

---

❺⓪　《禮記》，卷一〈曲禮〉，頁 11，孔疏。

❺①　《新書校注》，卷一〈服疑〉，頁 53。

❺②　《春秋繁露義證》，卷六〈服制像〉，頁 151。

❺③　《春秋繁露義證》，卷八〈度制〉，頁 232。

> 率得十六萬國，三分之，則各度爵而制服，量祿而用財……
> 雖有賢才美體，無其爵不敢服其服；雖有富家多貲，無其祿
> 不敢用其財。天子服有文章，不得以燕公于朝；將軍大夫不
> 得以燕；將軍大夫以朝官吏；命士止於帶緣。散民不敢服雜
> 采，百工商賈不敢服狐貉，刑餘戮民不敢服絲玄纁乘馬，謂
> 之服制。❸

也正因為服飾象徵著身分及教養，於政教上關係重大，因此教化上
往往對服飾有詳細規範，違反此規範者往往受到指責，嚴重者還有
刑法懲治。

　　服制除了別尊卑及階級外，亦因社會身分、所學及生命狀態不
同而有差異。因此儒者著儒服，軍旅之人著軍旅之服；就儒者來
說，祭祀儀式之法服與平日之燕服亦不相同。如魯哀公問孔子有關
擇才問題，孔子提及儒者「居今之俗，服古之服」，楊倞的註解
是：「言服被於外，亦所以制其心也」❺，衣服不只是外在身分的
符號標幟，同時也是內在生命狀態的彰顯；若更深入來說，衣服可
以滲透、催化和促成身心狀態的改變。因此如《史記·仲尼弟子列
傳》所載子路好勇力，性情伉直，其衣著為「冠雄雞，佩豭豚」，
雄雞、公豬皆是勇力的象徵，子路佩戴此二物除了炫耀和宣誓自身

---

❸　《春秋繁露義證》，卷七〈服制〉，頁 221-225。其他如《新書校注》，卷一
　　〈服疑〉，頁 53 強調：「制服之道……以等上下而差貴賤。」陳立，《白虎
　　通疏證》（北京：中華書局，1997 年），卷九〈衣裳〉，頁 432：「聖人所
　　以制衣服何？以絺綌蔽形，表德勸善，別尊卑也。」
❺　《大戴禮記匯校集解》，卷一〈哀公問五義〉，頁 42、48。

之性情勇力外，恐怕也想透過此二者以滲透加乘其勇力。❺而受到孔子誘導後的子路，則著儒服以求委質門下，服飾之改變，在此具有重要的向道及生命狀態改變的意義。服裝的神秘性在生命通過儀式中十分顯豁。如冠禮中的三加禮，透過衣著的改變和授予，使得將成年者由象徵童子的采衣而至玄端、玄冠，由玄端、皮弁服、爵弁服的賜予，象徵受禮者得到治人、軍事、祭祀等權力。❺7均顯現衣著冠帶不只規範形軀，並與內在生命狀態關係密切。也正因為如此，象徵要回復周文的儒者，服古之服；而民間性格及原始生命力較強的墨者，服裘褐為衣，以跂蹻為服。❺8至於女性，為規範其性情，於衣著、質料、顏色有詳細規範，如蔡邕對婦女之衣裳有所規範：

　　禮，女始行服纁。纁，絳也。絳，正色也。紅紫不以為褻

---

❺6　公雞、公豬、公狗往往象徵男性勇力及生殖力，馬繼興，《馬王堆古醫書考釋》（長沙：湖南科學技術出版社，1992 年）中求子、補氣、壯陽往往透過公雞與狗，如《雜療方》，頁 757，取狗肝浸醋以為壯陽方，或《雜療方》，頁 760 取犬骨炙烤後和以薑桂，以為壯陽方。或如《胎產書》，頁 809 為求產男，故食狗陰，均可為例。再如《養生方》，頁 667、693 取雄雞製壯陽、補氣之藥。《左傳》，卷五十六〈定公十四年〉，頁 984，提及衛侯夫人南子與宋朝之姦情，為野人所訕笑，並以「艾豭」稱宋朝，豭為公豬，此處隱喻男性情欲無節。

❺7　《禮記》，卷六十一〈冠義〉，頁 998-999 之三加禮服冠具有濃厚象徵意涵。又可參考楊寬，《西周史》（臺北：臺灣商務印書館，1999 年）〈冠禮新探〉，頁 737-756。

❺8　郭慶藩，《莊子集釋》（臺北：木鐸出版社，1983 年），卷十下〈天下篇〉，頁 1077。

> 服，紺綠不以為上服。繒貴厚而色尚深，為其堅紉也。而今
> 之務在奢麗。志好美飾，帛必薄細，采必輕淺。或一朝之
> 晏，再三易衣。從慶移坐，不因故服。❺⑨

對於衣服之質材、顏色，以及不同性質之衣料所作衣裳的內外、上
下、尊卑、穿著之場合皆有所規範。並對於時風飾盛華服的侈麗之
風進行批評。與男性較不同的是，女性之衣著往往與主內、性柔、
守貞等象徵密切相關，如《禮記・內則》：「男鞶革，女鞶絲」，
依孔疏引服虔、杜預之說認為鞶為大帶❻⓪，男女所用之帶材質不
同，皮革堅韌而絲柔順，以此束身，象徵男女用以「束身」的性
情、德性要求不同，亦反映出希望透過衣裳以感應、互滲穿衣者的
生命狀態。

衣服具有薰染、轉化內在狀態的重要力量，除了於通過儀式中
特別鮮明外，於祭祀儀式中所著的法服最為凸顯。儀式中的法服，
其製作過程如奉蠶種及獻繭、製衣的過程均經過審慎的安排，以袚
除不祥，並溝通神明。如《禮記・祭義》提及天子、諸侯有公桑、
蠶室，以供給祭服。蠶室以棘牆與外界區隔，防止外界的侵擾。從
養蠶、取絲至製作祭服的過程，不論時間、空間、接觸的人物等均
須潔淨而充滿神聖性❻①。於特定的季節、方位、良辰吉日進行桑蠶

---

❺⑨　嚴可均校輯，《全上古三代秦漢三國六朝文》（北京：中華書局，1999
　　年），卷七十四〈全後漢文・蔡邕・女誡〉，787。

❻⓪　《禮記》，卷二十八〈內則〉，頁 538，鄭注、孔疏。

❻①　《禮記》，卷四十八〈祭義〉，頁 819，指出公桑、蠶室「築宮仞有三尺，
　　棘牆而外閉之」，蠶室以棘牆與外界區隔，防止外界的侵擾。奉蠶種的時節

禮，並須占卜後宮之吉人來養蠶，參與桑蠶者須穿著法服，夫人須於獻繭時穿著法服並以少牢祭祀蠶神後，才占卜選出後宮吉祥婦女進行取絲工作。唯有在處處謹慎與神聖氛圍中，所作成的衣裳才能在祭祀時成為法服，具有神秘的感應功能。神秘的法服能夠助成主祭者感天動地，得到來自神聖的祝福和權力的應許。

　　法服之神聖性往往透過法天地之圖式以賦予之。如《莊子・田子方》提及當時儒者之衣冠：「冠圜冠者，知天時，履句屨者，知地形，緩佩玦者事至而斷。」即是透過服裝之象徵，法天圓地方，並透過此種象徵圖式的穿著，使得性情亦受到滲透和浸染。在陰陽五行觀盛行後，天命的流行往往在陰陽五行及神秘之數中呈現，因此《春秋繁露・服制像》中還進一步將服裝與四象等宇宙圖式進行比附。並於行儀式時依方位不同而配合五方著五色之服。《漢書・丙吉傳》中提及當時朝臣認為：「春夏秋冬天子所服，當法天地之數，中得人和」均是將服飾從社會性、權力性、政治性向上推至符應宇宙圖式的神聖性（詳後文）。

　　除了衣著外，配戴之物亦多所講究，質材、形制均充滿象徵意涵。如玉玦形式斷缺不全，一方面可象徵絕決，另一方面亦可象徵絕斷。服玉玦者不斷透過此象徵，感染詢喚性情之決斷的特質。㉒

為「大昕之朝」，參與行禮者須著法服（「君皮弁素積」），同時必須經過占卜得吉（「卜三宮之夫人世婦之吉者」）。奉繭獻繭的過程須著禮服，並祭蠶神（「副褘而受之，因少牢以禮之」），其他如繰絲過程亦須擇良日、卜吉婦、祭祀的繁複過程，使得製衣過程充滿神聖、潔淨與神秘性。以此而成之祭服則滲透著宇宙神秘的力量。

㉒　玉之特質及其形式具有高度的隱喻，隱喻的特質往往透過較具體或具有共同

又如《說苑·修文》提及：「知天道者冠鉥，知地道者履蹻，能治煩決亂者佩觿，能射御者佩韘，能正三軍者笏」❻，透過不同之衣冠、配飾能彰顯其人的身心狀態與性情。

除了衣飾冠帶外，行禮的空間亦因階級不同而有差異，在此差異中，形成權力的象徵。《禮記·禮器》提及：

> 天子之堂九尺，諸侯七尺，大夫五尺，士三尺。❻

漢代時賈誼制禮亦善用階以營造階級象徵：

> 人主之尊，辟無異堂。階陛九級者，堂高大幾六尺矣。若堂無陛級者，堂高殆不過尺矣。天子如堂，群臣如陛，眾庶如地，此其辟也。故陛九級上，廉遠地則堂高，陛七級，廉近地則堂卑。高者難攀，卑者易陵，理勢然也。故古者聖王制為列等，內有公卿大夫士，外有公侯伯子男，然後有官師小

約定特質的來源域，以映射所欲傳達的目標域，在此映射的過程中將產生新的意義與質素，同時帶動整體存在的情感。如以玉的特質及形制隱喻人之情性，同時也透過隱喻的力量帶動身心情感的參與和實踐。有關隱喻之特質，以及其對身心實踐之意義，詳參鄧育仁，〈生活處境中的隱喻〉，《歐美研究》35 卷 1 期（2005 年 3 月），頁 97-140。〈隱喻與情理——孟學論辯放在西方哲學時〉，《清華學報》，38 卷 3 期（2008 年 9 月），頁 485-504。

❻ 劉向撰，向宗魯校證，《說苑校證》（北京：中華書局，2000 年），卷十九〈修文〉，頁 482。

❻ 《禮記》，卷二十三〈禮器〉，頁 455。

吏，施及庶人，等級分明，而天子加焉。故其尊不可及矣。❻❺

　　其他如空間之方位、內外、堂上、堂下、遠近、陰陽……均與階級、尊卑、長幼、性別等密切相關❻❻。可以說空間的分劃即是社會身分的表徵。其他如禮器、樂器的用度，亦依階級身分不同，天子、諸侯、大夫、士，分別有宮縣、軒縣、判縣、特縣之別。❻❼

　　透過衣、食、空間、行止……規範行禮者身體，成就美好的禮樂教化，是漢代制禮者的理想。因此對於行禮時的容貌、儀態多所講究，行禮的懈怠，如：「立而跛」、「坐而踑」、「禮怠懈」、「志驕傲」、「趨視數顧」、「容色不比」、「動靜不以度、」、「妄咳唾」、「疾言嗟」、「氣不順」❻❽，均被視為對禮儀的破

---

❻❺　《新書校注》，卷二〈階級〉，頁 79-80。事實上，早在《荀子》即已指出營造出貴族階層的神祕感，以及透過用物之質量的差異以營造權力的關係。如卷十三〈禮論〉，頁 358 透過尊卑之差等，使得禮儀之推行能達到：「上致其隆，下盡其殺，而中處其中」的原則。

❻❻　關於此詳參拙著《空間身體與禮教規訓——探討秦漢之際的婦女禮儀教育》（臺北：臺灣學生書局，2006 年），於第一章及第二章、第三章關於空間部分有詳細分析。尊卑、性別之不同，相應空間之陰陽亦不相同，如《春秋繁露義證》，卷四〈王道〉，頁 125-126：「古者人君立於陰，大夫立於陽，所以別位，明貴賤。」有關行禮之位置所反映的尊卑、陰陽等禮制議題，詳參葉國良，〈從名物制度之學看經典詮釋〉，《人文學報》20、21 期合刊（88 年 12 月至 89 年 6 月），頁 1-20。彭美玲，《古代禮俗左右之辨研究——以三禮為中心》（臺北：文津出版社，1997 年）。

❻❼　賈公彥，《周禮注疏》（臺北：藝文印書館，2001 年，以下簡稱《周禮》），卷二十三〈小胥〉，頁 353。

❻❽　《新書校注》，卷六〈容經〉，頁 228。

壞。《新書·禮篇》又提及：

> 古者聖王居有法則，動有文章，位執戒輔，鳴玉以行。鳴玉
> 者，佩玉也。上有雙珩，下有雙璜，衝牙蠙珠，以納其間，
> 琚瑀以雜之。行以采薺，趨以肆夏，步中規，折中矩。……
> 言接君臣、上下、父子、兄弟、內外、大小品事之各有容志
> 也。[69]

對於行禮時的舉止、神氣、身上之配飾等均有細微而嚴格的要求，
行禮懈怠，動靜不以度，均被嚴格禁止。

透過衣著、空間、禮器，以及身體的規訓、教養，使得階級之
別分明，各階級所應有的教養亦透過容禮的規範而滲透入執禮者的
身心之中。

第四節　禮儀與德性的身體
為內在性情與教養的表徵

儘管孟子及其後學在論心性時與荀子有重大的不同，在工夫實
踐上亦有重大的差異，但二者均重視身體所展現的德性或禮儀的面
向。孟子強調內在的德性將朗現於身體，形成德性的身體；而荀子
最重禮義，強調聖人的身體必是禮義彰顯的身體，於此論教養及國
家之治理。不同的是，《孟子》重視德性氣化的身體，而德性的身

---

[69]　《新書校注》，卷六〈容經〉，頁229。

體實是德行、中和之氣的直接顯現，此時已無外內之別，均為氣之體現。未有《荀子》可能發生內外不一、禮儀形式化，或引生象徵權力壟斷等危險。由於個人之德性將直接呈現於形貌及言行上，言語、容態為內在之氣的直接呈現，於是又有透過聽言觀行以識人之法。前文已提及聖人透過氣之感通而論知言，孟子強調觀眸子可以洞燭人內在之狀態與心念之變化：「胸中正，則眸子瞭焉；胸中不正，則眸子眊焉」、「聽其言也，觀其眸子，人焉廋哉。」⑰志一則動氣，目光之精神，正能顯示心氣之狀態。身體亦為精氣神之所化，故志一動氣之時，身體亦同時改變。此即觀「眸子」以知內在起心動念之妙處。

　　除了知言與觀眸子以外，身體的各部分均能反映身心的狀況，至於容貌、儀態當然亦為精氣之形象化，故《管子》指出：「全心在中」將「和於形容，見於膚色」⑰，正因為精氣流行將形於身，於此而言「形不正者德不來」：

　　　　形不正者德不來，中不精者心不治，正形飾德，萬物畢得。
　　　　翼然自來，神莫知其極。
　　　　專於意，一於心，耳目端，知遠之證。能專乎？能一乎？能
　　　　毋卜筮而知凶吉乎？能止乎？能已乎？能毋問於人而自得之
　　　　於己乎？故曰：思之，思之，不得，鬼神教之。非鬼神之力

---

⑰　趙岐注，孫奭疏，《孟子注疏》（臺北：藝文印書館，2001 年），卷七下
　　〈離婁下〉，頁 134。

⑰　《管子》，卷十六〈內業〉，頁 943。

也，其精氣之極也。❼

內與外、形與中並非能夠截然分劃，形既是「中」的表現，同時亦再次薰染感應「中」。心治與不治將於形中呈現，形為德性之氣所彰顯。管子〈內業〉、〈心術〉提及心中之心，強調道德的實踐及精、氣、神，心與體的關係不是內外的主客二分，而是氣之流動與擴充。❼透過德性之踐履，身體為德性所朗照，而呈現出聖人氣象。於此養形即養神，形神共養即治身。在此基礎上，形之言動、目光均可顯現精氣流行之狀態。

　　除了從德性身體之氣象以觀人、知言外，容禮與威儀不只與政治上的統治術及名分的維持密切相關，同時還將內化形塑身心，形成有諸內必形諸外的結果，於此亦可言觀人。此種強調由觀察體貌、行止而得知內在狀態，在儒家典籍中例子極多，如《禮記·樂記》：指出：「致禮以治躬則莊敬，莊敬則嚴威」，一旦威儀不莊嚴，則「易慢之心入之矣」，而心中一旦不和不樂，則「鄙詐之心入之矣」❼，威儀與內在關係密切。又如《大戴禮記·四代》中所謂：「貌色聲眾有美焉，必有美質在其中者矣；貌色聲眾有惡焉，必有惡質在其中者矣」❼執禮者容禮、儀狀將反映其內在狀態，而容禮儀狀之實踐又將調教身心，形成循環的實踐過程。如《禮記·

---

❼　《管子》，卷十三〈心術下〉，頁 778-780。

❼　楊儒賓，《儒家身體觀》，〈《管子》〈心術下〉、〈內業〉、〈心術〉兩篇的精氣說與全心論〉，頁 211-251。

❼　《禮記》，卷三十九〈樂記〉，頁 698-699。

❼　《大戴禮記解詁》（北京：中華書局，1998 年），卷九〈四代〉，頁 173。

文王世子》所謂「樂所以脩內也，禮所以脩外也，禮樂交錯於中，發形於外，是故其成也懌」，所謂「成」孔疏解為「威儀和美」、「內外有樂」、「外貌和美」❼❻。簡言之即是禮樂浸潤的身心，展現為威儀及禮樂之容色。以射禮來看，《禮記‧射義》提及：「故射者，進退周還必中禮，內志正，外體直，然後持弓矢審固。持弓矢審固，然後可以言中，此可以觀德行矣。」❼❼持弓是否審固，儀態是否如禮，不只是外在形體的照表操課，還牽涉內心之狀態，當內心狀態不平穩，呈現於形體上就會有細微的差異。當內心游疑反覆，身體的穩定度便會失去。精神與身體並非分割為二，而實是一。身體為精神化之身體，而精神亦透過形體得以彰顯。也正因為如此，《周禮‧鄉大夫》提及射禮時同時關注精神教養與身體規訓：

> 退而以鄉射之禮五物詢眾庶。一曰和，二曰容，三曰主皮，
> 四曰和容，五曰興舞。❼❽

鄭司農認為所謂和指「閨門之內行也」，容指「容貌」，主皮指「善射」。但「和」及「容」的解釋似乎過於固著，尤其將「容」解為「容貌」，雖可反映漢代重視執禮者之容貌等背景，但不免過於偏狹。鄭玄則將「和」及「容」分別訓解為六德及六行。馬融的

---

❼❻　《禮記》，卷二十〈文王世子〉，頁 397。

❼❼　《禮記》，卷六十二〈射義〉，頁 1014。

❼❽　《周禮》，卷十二〈鄉大夫〉，頁 181。

訓解可能更能反映射禮儀式所反映的身心共同均處於禮的狀態：

> 射有五善焉：一曰和，志體和；二曰和容，有容儀；三曰主
> 皮，能中質；四曰和頌，合雅頌；五曰興武，與舞同。言射
> 者不但以中皮為美，亦兼取和容也。㊾

射禮最重要的不是能否命中標的，而是透過行禮過程使身心能夠和
諧統一，容色與儀文能夠同時受到潤澤。同時在樂舞之中，透過音
樂及舞蹈的神秘性，使得身心在氣的流動氛圍中被滲透，在實踐中
成就禮樂儀文的身體。當禮樂儀文的身體被成就時，同時也就是內
心情志能得其中和之時，二者無可分割。㊿正如東漢經學大家鄭玄
在論威儀時提及：

> 人密審於威儀，抑抑然是其德必嚴正也。古之賢者道行心
> 平，可外占而知內，如宮室之制，內有繩直，則外有廉隅。㉛

㊾ 孫詒讓，《周禮正義》（北京：中華書局，1987 年），卷二十一〈地官·鄉
大夫〉，頁 851，孫詒讓正義引馬融說。

㊿ 樂舞除了具有教化的功能，在氣的基礎上，亦觸及感染性及薰陶。故如《荀
子·樂論》言及儒門之樂舞足以調和血氣，達到「不流」、「不息」的狀
態。《禮記·樂記》甚至將樂提升至宇宙流行的高度，樂教與氣之流行、創
造、感通……密切關係，成就與宇宙同流的價值宇宙，以此而言樂與身心之
關係。有關於儒門的樂教，詳參江文也著，楊儒賓譯，《孔子的樂論》（臺
北：喜馬拉雅研究發展基金會，2003 年）。

㉛ 孔穎達，《毛詩正義》（臺北：藝文印書館，2001 年，以下簡稱《毛詩》），
卷十八之一〈大雅·抑〉，頁 644：「抑抑威儀，維德之隅」，鄭箋。

　　因此威儀絕非只是外在形式之瑣碎儀文，是內在生命狀態、性情、德性的彰顯。由威儀可知德性與心性狀態。因此直至東漢，威儀均為士人所關注的核心議題。（詳後文）

　　在由外可占知內在的狀態下，對威儀、容禮的關注，發展為對於日常行止態度、容色的細密觀察。如《大戴禮記·文王官人》提出的觀人標準有「觀誠」、「考志」、「視中」、「觀色」、「觀隱」、「揆德」等六徵。此六徵都與觀人之行事態度、出處應對有關，觀臨事之言行、聲氣、喜怒之色，可以推測其人之性情和德性。而此種性情和德性的推測與用人息息相關。❽❷至《呂氏春秋·論人》更是細密的提及論人之法：於內為八觀六驗，於外為六戚、四隱。所謂八觀指的是觀人於通、貴、富、窮、賤的處境下，以及聽、止、習的狀態下，其應對之態度。所謂六驗則是透過喜、樂、怒、懼、哀、苦等情境下，徵驗被觀察者的德性與心行。另外，透過六戚、四隱等身邊至親交遊等考察，亦可得出其人品性的判斷。於是「人之情偽貪鄙美惡，無所失矣。」❽❸透過人之行止、應對、情感表達以觀人，而此觀人與當時貴族階級的文化教養及治人的需要密切相關。此層面在封建貴族的文化陶養下被強調和關注，並且也持續影響著漢代的觀人之法，在政教上運用廣泛。

　　漢代以後主要就容禮角度思考威儀，「形」成為精神所欲教化的對象。承《左傳》、《荀子》等路數，由行禮時舉止、容色是否

---

❽❷　《大戴禮記解詁》卷十〈文王官人〉，頁 187-198。《逸周書·官人》與此精神類同。

❽❸　陳奇猷，《呂氏春秋校釋》（臺北：華正書局，2004 年），卷三〈論人〉，頁 160。

如禮，觀察禮教是否得其成就。在觀容儀時，「目」仍為焦點。早在先秦，論威儀、容禮時已凸顯出對「目」的關注。如《國語·周語下》，對於晉厲公「視遠步高」，單襄公的評論是：

> 君子目以定體，足以從之，是以觀其容而知其心矣。目以處義，足以步目。今晉侯視遠而足高，目不在體，而足不步目，其心必異矣。目體不相從，何以能久？

單襄公還指出眼神能彰顯內心之狀態，並且能夠引領身體的行動。若是「視遠」或「目不在體」，則心志不在執禮之當下，故而禮儀徒然成為無神之僵化形式。「目體不相從」，使得行事失去禮義為之準則，將造成「日絕其義」的後果。如《淮南子·精神訓》：提及「夫孔竅者，精神之戶牖也。」《說苑》論形神關係時，亦提及眉睫與內在密切相關。漢代文獻最早詳論形神關係，以及人的形體如何表現內在精神的是賈誼，而「目」仍為其焦點：

> 道德施物，精微而為目。是故物之始形也，分先而為目，目成也形乃從。是以人及有因之在氣，莫精於目。目清而潤澤若濡，無塵穢雜焉，故能見也。由此觀之，目足以明道德之潤澤矣，故曰：「澤者，鑑也」、「生空竅，通之以道」。❽❹

賈誼論禮雖重於威儀、容禮，但觀容儀之身體，以審其德性時，實

---

❽❹　《新書校注》，卷八〈道德說〉，頁 325-326。

已融合了先秦至漢代以來氣與身體關係的思考。「目」為精神之孔
竅，眼神流轉是氣之流動，此氣流動實就是內在神明之彰顯，故而
目光所及，形體從之。目光清澈無雜，亦即內在清澈無雜的顯現。
因此「目」可以彰顯內在之道德。就如王充所謂「人心惠而目多
采」，並認為觀形體而知精神狀態，一如「望豐屋知名家，睹喬木
知舊都」一般，見其徵驗，而能知其本。❽「目」與精、氣、神之
關聯，在醫書中有許多論述，應是戰國至秦漢時透過精、氣等角
度，以理解精神與形體關係的重要思考（詳下章）。

　　強調有其內必形諸外，為漢代觀人時普遍之看法，此中同時包
含由威儀及德性氣象觀人的可能。❻但漢代觀人仍多由禮儀角度，
由外在之行止顯現內在的教養。❼如《韓詩外傳》透過孔子與顏淵
的對話凸顯了內在的質性必然會顯現在外在的形體上。文中述及孔

---

❽　黃暉校釋，《論衡校釋》（北京：中華書局，1996 年），卷二十〈佚文
　　篇〉，頁 868。

❻　漢代論禮循《荀子》路數，《荀子・修身篇》強調「治氣養心之術」，《荀
　　子・勸學》又強調：「君子之學入乎耳，箸乎心，布乎四體，形乎動靜」，
　　仍以氣為基礎，論有其內必彰顯於外。《荀子》雖於心性、工夫論上有別於
　　《孟子》，但亦能透過形體以觀血氣得知身心之狀況。有關荀子之身體觀以
　　及對氣與身心之觀點，詳參《儒家身體觀》，頁 67-80。朱曉海，〈荀學一個
　　側面──「氣」的初步摹寫〉，《中國古代思想中的氣論及身體觀》，頁
　　451-483。

❼　漢人論性情主要由氣化宇宙論著眼，論稟氣天生，故而強調聖賢之骨體形
　　貌，於政教上頗多運用。傳統儒家修身與道德實踐，強調人皆可為聖人之
　　路，於此較無真切把握。但於觀人上，亦強調聖賢與宇宙之氣同流，強調觀
　　眸子、有其內必形諸外，亦引《孟子》知言、觀眸子等文句，則《孟子》等
　　身體觀亦於漢人觀人之法及形式上有所影響與啟發。

子見客後，顏淵請問來客是否具備仁之德行，孔子回答是：「恨兮
其心，顙兮其口，仁則我不知也。」顏淵對此不以為然，認為美好
的玉石、珠寶儘管深藏山中水底，仍然不能遮掩其光華：

> 夫形體之包心也，閔閔乎其薄也。苟有溫良在其中，則眉睫
> 著之矣。疵瑕在其中，則眉睫亦不匿之。詩曰：「鼓鐘于
> 官，聲聞于外」言有諸中必形諸外也。⑧⑧

形體與心雖有內外之別，但內在之光華或疵瑕將透顯於外在之形
體，目為形神之孔竅，內在溫良，眉眼間亦會呈現溫良之精神。
《說苑》，卷八〈尊賢〉對儀節反應身心狀態亦有所說明：

> 眉睫之微，接而形乎色，聲音之風，感而動乎心。甯戚擊牛
> 角而商歌，桓公聞而舉之；鮑龍跪石而登嶷，孔子為之下
> 車；堯舜相見，不違桑陰；文王舉太公，不以日久。故賢聖
> 之接也，不待久而親；能者之相見也，不待試而知矣。故士
> 之接也，非必與之臨財分貨，乃知其廉，非必與之犯難涉
> 危，乃知其勇也。舉事決斷，是以知其勇也；取與有讓，是
> 以知其廉也。故見虎之尾，而知其大於狸也；見象之牙，而
> 知其大於牛也，一節見，則百節知矣。由此觀之，以所見可

---

⑧⑧　許維遹校釋，《韓詩外傳集釋》（北京：中華書局，2005 年），卷四，第三
　　十章，頁 161-162。

以占未發，觀小節固足以知大體矣。**❽❾**

此處所示知人之法在於觀小節，由待人接物時形於外的容色進行觀察，儘管只是十分細微的表情，或是接物時所流露出的氣質、神態、氣度均可推知其人之性情、能力，甚至運命。透過臨事時「舉事決斷」、「取舉有讓」能夠得知其勇與廉，甚至可以預見其未來臨大事的行事風格與結果。再如劉向《列女傳》中追述齊桓公欲伐衛，雖然嘴上不對衛姬承認，但衛姬透過觀色即已瞭然：

> 人君有三色：顯然喜樂，容貌淫樂者，鐘鼓酒食之色；寂然清靜，意氣沈抑者，喪禍之色；忿然充滿，手足矜動者，攻伐之色。今妾望君，舉趾高，色屬音揚，意在衛也。

衛姬透過舉止、容色、音調高低及頻率能推測桓公有攻伐之心。有趣的是，當齊桓被說服而不擬伐衛後，管仲則以其「恭而氣下，言則徐」推斷桓公「無伐國之志，是釋衛也」。容色、態度、聲氣及音聲之頻律與內在志意之氣動密切相關，故才動於志，則見於形。

桓譚更以火之燃燭，而比喻精神與形體的關係。**❾❾**身體可以透過精神而被照亮；儘管精神不能離體而存在，二者關係相依相持，但與孟子及思孟學派的身體觀有所差異。又如東漢末年的徐幹強

---

❽❾　《說苑校證》，卷八〈尊賢〉，頁 178-179。

❾❾　《全上古三代秦漢三國六朝文》之《全後漢文》，卷十四，〈桓譚《新論·祛蔽》〉，頁 544：「精神居形體，猶火之然燭矣。如善扶持，隨火而側之，可毋滅而竟燭。燭無火，亦不能獨行于虛空，又不能復然其地。」

調：「美在其中，而暢於四支。純粹內實，光輝外著。」**⑨** 也以表裏、內外來論述精神與形體的關係。由以上所引漢代文獻之形神關係來看，大多由以心治身，由外顯內著眼，與思孟強調德性之身體的踐形或醫書所謂身體為氣之所化，形體在氣之流動中互滲共感之說仍有差異。但不論形體與精神是一氣之所化的連動狀態，亦或是二者相依相持的關係，就觀容儀來說，均可透過體貌、容色、氣象之呈現而論其內在情志狀態與德性。

第五節　威儀堂堂的體貌與擢才

從政教角度來看，對容禮的關注，除了舉止如禮，還包括了對體貌的講求，統治階層以此形塑威儀堂堂的形象，並顯示稟氣不凡的神聖性。而此種神聖性與受命與權力論述密切相關。漢代的選材，在容禮及儀狀上多所講求。西漢初年劉邦在《求賢詔》中提及賢才的標準為：行、儀、年，所謂「行」為禮儀的實踐，「儀」為容禮、儀態的表現，突顯容禮、儀態的重要性。又如《漢書》〈儒林傳〉提及公孫弘上奏希望置博士官弟子五十人外，另補博士弟子，其條件除了須年滿十八歲外，首先即需具備「儀狀端正」等特點。**⑨** 至於太常弟子，往往從郡國縣官擇取具備好文學，敬長上，肅政教，順鄉里，出入不悖等特質者，學習六藝，若能通一藝以上，即補文學掌故缺。太常及文學掌故皆當熟習禮樂、典章制度，

---

⑨　徐幹，《中論》（臺北：世界書局，1975 年），卷上〈藝紀〉，18。

⑨　《漢書》，卷八十八〈儒林傳〉，頁 3594。

舉行祭典儀式，故極為重視容禮與體貌。選材時，容體、威儀為考慮重點。如班伯受《詩》於師丹，王鳳召見，因其「容貌甚麗，誦說有法」，符合儀狀端正又通經的特點，於是「拜中常侍」。又如公孫弘於對策時十分凸出，天子召見時，因其「容貌甚麗」，於是「拜為博士，待詔金馬門」❸。董賢，因其「為人美麗」，哀帝「悅其儀貌，拜為黃門郎」❹。其他如張蒼、陳平、車千秋、江充、王商、薛宣……均因其容貌、威儀之美而受賞識。東漢時期的觀人，容禮、儀態仍是重點，如朱勃「方衣領，能矩步，辭言嫺雅」馬援見而自嘆不如。❺衣著、回旋皆中規中矩，言談雅緻，為士人之威儀與教養。又如東漢初之朱暉，「性矜嚴，進止必以禮」使得「諸儒稱其高」。可見「諸儒」對於行止是否展現威儀，十分關切。❻也在此背景下，是否能具備威儀成為能否得到聲名的重要憑藉，鄭玄於是訓勉其子行「君子之道」，應特別注意：「敬慎威儀，以近有德」，如此才能「顯譽成於僚友」。❼如若「不修威儀」，則常為士人所非議，如桓譚「簡易不修威儀，而熹非毀俗儒」，而被士林「多見排抵」❽，可見桓譚眼中之「俗儒」，以修威儀為尚。第五倫因「少蘊藉，不修威儀」而被輕視。❾擇才亦與

---

❸　《漢書》，卷五十八〈公孫弘傳〉，頁 2617。

❹　《漢書》，卷九十三〈董賢傳〉，頁 3733。

❺　范曄，《後漢書》（臺北：鼎文書局，1978 年），卷二十四〈馬援列傳〉，頁 850。

❻　《後漢書》，卷四十三〈朱暉列傳〉，頁 1457。

❼　《後漢書》，卷三十五〈鄭玄列傳〉，頁 1210。

❽　《後漢書》，卷二十八上〈桓譚列傳〉，頁 955。

❾　《後漢書》，卷四十一〈第五倫列傳〉，頁 1401-1402。

威儀是否具足有密切的關係，如徐防，因「體貌矜嚴，占對可觀」，得到顯宗賞識，授予「尚書郎」。

　　察舉孝廉時，觀威儀、容禮為重點，如《後漢書》，卷四十四〈胡廣列傳〉：胡廣被舉為孝廉，乃是「真自于牖間密占察之」。《後漢書》，卷五十六〈种暠列傳〉記种暠舉孝廉亦與其「辭對有序」有密切關係。而周澤則因「性簡，忽威儀，頗失宰相之望」於是「復為太常」。⑩此種重視威儀、辭對的風氣，可以杜詩薦伏湛語作為註腳：「容貌堂堂，國之光暉。智略謀慮，朝之淵藪」。⑩士人的儀狀容貌為朝堂之重要象徵，儀狀固然與教養有密切的關係，但亦與體貌之形象有關，在漢代氣論及神聖血統觀下，體貌不凡即象徵著稟氣不凡，此稟氣不凡往往又與神聖權力的賦予密切相關。⑩無怪乎王商長八尺餘，「身體鴻大，容貌甚過絕人」，使得來朝的單于為之怯退，天子大悅，贊美其乃：「此真漢相矣」。此種在舉材上對於相貌的關注對於東漢察舉取士，以及魏晉的識人、相人，均影響深遠。

　　前文提及《漢書》，卷八十八〈儒林傳〉補博士弟子時要求「年十八以上，儀狀端正者」，儀狀端正除了容禮的教養外，相貌上的端正亦受到重視。細部來看漢人所認為的形體之美，端正、偉

---

⑩　《後漢書》，卷七十九下〈周澤列傳〉，頁 2579。

⑩　《後漢書》，卷二十六〈伏湛列傳〉，頁 896。

⑩　因此漢代統治者往往建構體貌不凡的論述，以論證其具有特殊稟氣與神聖血統，以為得到天命所賦予權力，進行背書。有關漢人稟氣觀與才性的關係以及特異相貌與稟氣關係，請參考拙作：〈漢代感生神話所傳達的宇宙觀及其在政教上的意義〉，《成大中文學報》28 期（2010 年 4 月），頁 35-82。

岸成為漢人十分欣賞的形象。西漢人才擢拔時，頗重視形貌偉壯、端正者，若有毀容、形殘之人，難以在官僚系統中獲取高位。而形貌偉岸者，在行禮時往往顯得儀態威嚴不凡。漢時對於長人有天賦異稟的想像，因此身長八尺以上，往往成為其特異稟賦的佐證。也正因為如此，史書中往往對士人之身高不厭其煩的進行記述，如《漢書‧東方朔傳》記載武帝初即位時，欲舉賢良方正、文學材力之士。東方朔毛遂自薦，特別標榜自己「長九尺三寸，目若懸珠，齒若編貝，勇若孟賁、捷若慶忌、廉若鮑叔、信若尾生」[103]可以看出當時對於形貌的看法：長人、目光有神、牙齒整潔的儀狀最為人所稱奇喜愛。又如《漢書‧車千秋》記載：「千秋長八尺餘，體貌甚麗，武帝見而說之……立拜千秋為大鴻臚。」[104]、再如江充因「為人魁岸，容貌甚壯」[105]而為武帝賞賜。《漢書‧陳平傳》記丞相陳平相貌「長大美色」，〈張蒼傳〉記秦代御史張蒼因攻南陽失敗，將被論斬，解衣時王陵見其「身長大，肥白如瓠」，而認為是「美士」，上報沛公，因此免於一死，後為丞相。可以看出當時認為身形「長大」、「肥」、「白」、「如瓠」者為美。又如《史記‧武帝本紀》記載漢武帝時方士欒大，武帝一見大喜，言其為人「長美」。再如李通之父，「身長九尺，容貌絕異」，性情嚴毅，為王莽宗卿師[106]、鄭玄「身長八尺，飲酒一斛，秀眉明目，容儀溫

[103]　《漢書》，卷六十五〈東方朔傳〉，頁 2841。

[104]　《漢書》，卷六十六〈車千秋傳〉，頁 2884。

[105]　《漢書》，卷四十五〈江充傳〉，頁 2176。

[106]　《後漢書》，卷十五〈李通列傳〉，頁 573。

偉」❶⓿⓻，賈逵「身長八尺二寸」、「性愷悌，多智思，俶儻有大節」❶⓿⓼、盧植「身長八尺二寸，音聲如鐘」、「性剛毅有大節，常懷濟世志，不好辭賦，能飲酒一石」❶⓿⓽。何熙，「身長八尺五寸，善為威容」，上朝時「音動左右」，和帝相當賞識其形容，因此官運順遂「擢為御史中丞，歷司隸校尉、大司農」❶❶⓿。傅燮「身長八尺，有威容」❶❶❶、趙壹「體貌魁梧，身長九尺，美須豪眉，望之甚偉，而恃才倨傲」❶❶❷。又如郭林宗「身長八尺，容貌魁偉」❶❶❸、徐防「體貌矜嚴，占對可觀，顯宗異之，特補尚書郎。」❶❶❹、臧洪「體貌魁梧，有異姿」，因而「舉孝廉、補即丘長」❶❶❺。《世說新語・容止》往往強調人物身形秀偉，來傳達其神氣、儀態的不凡，如嵇康「身長七尺八寸，風姿特秀」，並以劉伶，「身長六尺」評為貌甚醜頓❶❶❻，亦可看出其時觀人對身高的關注。漢代仕宦者強調其身形高大、偉岸、容儀不凡者比比皆是。反之，如《漢書》記霍光「長財七尺三寸」可見七尺三寸於當時的審美標準來說，不算修

---

❶⓿⓻　《後漢書》，卷三十五〈鄭玄列傳〉，頁 1211。

❶⓿⓼　《後漢書》，卷三十六〈賈逵列傳〉，頁 1235。

❶⓿⓽　《後漢書》，卷六十四〈盧植列傳〉，頁 2113。

❶❶⓿　《後漢書》，卷四十七〈和熙列傳〉，頁 1593。

❶❶❶　《後漢書》，卷五十八〈傅燮列傳〉，頁 1873。

❶❶❷　《後漢書》，卷八十下〈文苑列傳・趙壹〉，頁 2628。

❶❶❸　《後漢書》，卷六十八〈郭林宗列傳〉，頁 2225。

❶❶❹　《後漢書》，卷四十四〈徐防列傳〉，頁 1500。

❶❶❺　《後漢書》，卷五十八〈臧洪列傳〉，頁 1885。

❶❶❻　楊勇，《世說新語校箋》（臺北：正文書局，2000 年），〈容止〉，頁 552-556。

長。馮勤之祖父偃，「長不滿七尺，常自恥短陋」為了彌補此缺
憾，於是為兒子娶「長妻」。史書記載並強調馮勤家族「兄弟形皆
偉壯」，「有八子，皆為二千石」，可見仕途順遂與其「偉壯」可
能有所關係❼。學者考察漢時選官及丞相時，認為漢時丞相多儀表
堂堂、容貌壯偉。並指出：「兩漢用人對於威儀相當在意，而兩漢
史料中多言官吏容貌之美，其重點不止在強調美貌，更在顯示其威
儀」。使得「形貌與經術成了漢代政治社會流動的重要條件」。武
帝後，經學儒術興盛。形貌偉岸、美好者，往往致力於經術，望能
助益於仕途，❽亦可見威儀、容禮與為官、經術的結合。漢代威
儀、容禮的性質及與政治的關係，亦顯然可見。至東漢時身形偉岸
的長人仍常在觀人時被提及，對於聖賢的身形多所關注，但強調稟
氣厚薄，並進一步與其他神異稟賦結合；與西漢時重視威儀、容禮
的角度又有不同。（詳下章）

　　西漢從威儀容禮角度論相貌，除了身形偉岸受到注目和崇尚
外，對於體形壯碩者：「肥」亦頗有好感。〈張蒼傳〉記時人認為
張蒼為「美士」，其體形為「肥」。至於丞相陳平，史書一方面強
調其「長大美色」，另一方面又記載時人問其：「何食而肥若
是？」可見陳平體型亦極肥碩。漢代統治者取名，亦常用「肥」字
❾，如高祖八男，長庶為齊悼惠王肥，與其他名：如意、恒、恢、

---

❼　《後漢書》，卷二十六〈馮勤列傳〉，頁 909。

❽　祝平一，《漢代的相人術》（臺北：臺灣學生書局，1990 年），頁 124-
　　139。

❾　事實上早在先秦，統治者取名即用「肥」字，如《史記》，卷三十八〈宋微
　　子世家〉，頁 1630，提及宋共公太子名「肥」。《史記》，卷四十三〈趙世

友、長、建並觀，肥亦與其他名同屬正面意涵。除了身形肥碩外，鬚髮為生命氣力的象徵，因此鬚髮濃密者，被視為生命力豐茂者；反之，少鬚眉者被認為生命氣力不足。[120] 如漢高祖劉邦「隆準而龍顏，美須髯，左股有七十二黑子」[121]。東漢光武帝最顯著的特徵為「美須眉」。[122] 容貌為天命之印記，對於帝王容貌的追述儼然有極強的神話建構，並同時反應同時代之審美欣趣。高祖的龍顏、七十二黑子，可視為帝王神化的重要象徵[123]，而美鬚髯亦為其氣力豐厚的顯現。

史書建構帝王形體再現神聖宇宙之圖式，以及稟氣豐沛過人的形象。與此相反，在政治鬥爭中，處於弱勢者往往被醜化，從其形象中亦可反映其時之審美的標準及歷史書寫者的敘事角度。如《漢書》記昭帝死後無嗣，昌邑哀王劉賀幾乎一度有希望立為王，但最後失勢，而由武帝曾孫孝宣帝立為帝。宣帝心中對劉賀充滿忌憚，特別密派張敞陳報有關劉賀居處的情況，張敞揣摩上意，呈報劉賀的長相和性情為：

> 為人青黑色，小目，鼻末銳卑，少須眉，身體長大，疾痿，

家〉，頁 1803，記武靈王年少執政，決策時須先問先王貴臣「肥義」。

[120] 林富士，〈頭髮、疾病與醫療——以漢唐之間疾病為主的初步研究〉，《中央研究院歷史語言研究所集刊》17 卷 1 期（2000 年 3 月），頁 67-127。江紹原，《髮鬚爪：關於它們的迷信》（臺北：東方文化書局，1971 年）。

[121] 《史記》，卷八〈高祖本紀〉，頁 342。

[122] 《後漢書》，卷一上〈光武紀〉，頁 1。

[123] 統治者領有天命，其形體亦為天命之具象，因此具有諸多神秘性，此部分在緯書中尤其凸顯。歷史中建構的聖王不凡的體貌，同時反映其時的天命觀。

> 行步不便。衣短衣大絝，冠惠文冠，佩玉環，簪筆持牘趨
> 謁。……臣敞欲動觀其意，即以惡鳥感之，曰：「昌邑多
> 梟」……故王衣服言語跪起，清狂不惠。……其天資喜由亂
> 亡，終不見仁義。⓲

昌邑哀王劉賀曾被大將軍霍光選為昭帝之喪主，幾乎要繼承帝王之
位。然而由張敞的敘述來看，不論長相、性情、言語、衣著、舉止
皆與人君之形象嚴重悖離。孝宣帝得此密報後，心上大石終於落
地。觀當時霍光輔政，位高權重，倍受尊榮，當不致擇人如此悖離
當時的標準；而此擇人尚且得到孝昭皇后之認可。此種現象當與漢
代帝王被神化的歷史書寫合觀，帝王之體貌形象與神聖的天命相
應，是神聖圖式的聖顯，並集當時文化脈絡中的正面形象審美於一
身，而對於統治權力有威脅者，或失勢者，其形象往往走向另一極
端。由此一極端可以見出漢時認為的醜貌、醜行為何。張敞對昌邑
王的描述從由面色、面相說起，此部分融合了先秦以來的相術傳
統。（詳下章）少鬢眉而行動不便，亦顯示其生命氣力的匱乏，未
能得到天命的賜予。此種形貌使身為貴族之威儀受到嚴重的瀆蔑和
否定。更不要說其人淫亂、舉止清狂不惠，性情不具仁義等種種禽
獸之狀了。⓳

　　張敞所舉劉賀的醜相、醜行，除了明指其不具天命外，其實集

⓲　《漢書》，卷六十三〈昌邑哀王劉賀〉，頁 2767-2768。

⓳　以孟子人禽之別來說，人之為人有別於禽獸在於仁義，而劉賀不具仁義之
　　心。居喪竟有淫亂舉止，被視為禽獸行，凡此種種均可顯示其不配為領有天
　　命的天子。

中於威儀。其時所謂醜與不稱其威儀有密切關係。如《漢書·蔡義傳》提及蔡義自知容貌不及眾，但專於經術。時人形容其貌「短小無須眉，貌似老嫗，行步偉僂，常兩吏扶夾乃能行」[126]。又如東漢梁胤，時人認為其「容貌甚陋，不勝冠帶」[127]，不勝冠帶與醜陋同置，可見矮小而缺乏威儀，被視為醜陋，與前文強調長大、碩、肥等正相反。除了體貌矮小，被認為不登大雅外，鬚髮被認為是生命力的象徵，因此少須眉者被認為生命氣力不足。似老婦者，亦指其男性偉岸之英氣不足，一如張良「狀貌如婦人好女」[128]被認為與其行蹟不稱。凡此種種對容體的評點對於擢才及入仕往往發揮影響力。

更嚴重的容體之失是形體的受損或殘疾，此等形象被認為醜而不祥。在原始思維中，形體的完整與靈魂的完整與潔淨有密切關係，故而殘身跛形之人被視為不潔，往往成為不祥與恐懼的替罪羊[129]。《左傳·僖公二十一年》記載大旱時欲焚巫尪以求雨的習俗。何謂「巫尪」？杜預認為指女巫與瘠病之人，此非特例[130]。直至戰國時期此種風俗仍有遺存，《禮記·檀弓下》記戰國前期魯國國君

[126]　《漢書》，卷六十六〈蔡義傳〉，頁 2889。

[127]　《後漢書》，卷三十四〈梁冀列傳〉，頁 1185。

[128]　《史記》，卷五十五〈留侯世家〉，頁 2049。

[129]　吉拉爾指出替罪羊常以形體殘疾之人為之，詳參吉拉爾（Girard, René）著，馮壽農譯，《替罪羊》（北京：東方出版社，2002 年），第二章〈迫害的諸類範式〉，頁 15-27。

[130]　有關焚巫尪詳參陳夢家，《殷墟卜辭綜述》（北京：中華書局，1998 年）認為求雨男女巫均有參與，為殘疾之人。裘錫圭，〈說卜辭焚巫尪與作土龍〉，《古文字論集》（北京：中華書局，1992 年），頁 220-224。

穆公欲曝曬巫尪而求雨，應是焚巫尪象徵化後的結果[131]。尪之殘疾成為疾病與天災的致禍者。[132]擁有權力之統治者崇尚威儀棣棣、儀表堂堂的身體，自然不能欣賞矮小、猥瑣、不勝冠帶者。至於跛身殘形，則更觸犯靈魂之禁忌[133]，跛身之人在家內宗法繼承中將因形殘而發生問題，《左傳·昭公七年》提及衛襄公欲立太子，而長子孟縶因跛足使得繼承受到很大的質疑。史朝認為「孟非人也，將不利於宗，不謂可長」。認為跛足之人不可列於宗主之位，無法祭祀祖先，亦無法「主社稷、臨祭祀、奉民人、事鬼神、從會朝」，於是因孟縶跛足而改變了繼承的常法，改以其弟繼位。於此可見形體殘缺具有不祥及異變之氣，將在侍奉祖靈時，使祖靈發生污染和驚擾。神秘力量與祖靈的護持往往為權力的基礎，也因此威儀不足往往象徵神靈不喜與力量不足，使得領導威信發生問題。在此論說下，形體跛殘者，在仕途上受挫可以想見，如《史記·平原君列傳》記平原君鄰家有「躄者，槃散行汲」為平原君愛妾訕笑，躄者羞憤求見，平原君為攏絡人才，最終以殺愛妾收場。此例可見躄跛之人，被視為儀表不全，於威儀有損，常為士人所訕笑，遑論入仕為官了。至於後天因刑罰或意外發生殘形之情況，尤屬污染和禁忌。先秦時即已強調「刑不上大夫」，貴族階層儘管犯了重罪多以

---

[131]　《禮記》，卷一〈檀弓下〉，頁 201。

[132]　也正因時人對癘病之人充斥恐懼心理，使得莊子反其道而行，透過形殘以對比主流所強調的進退一成規一成矩的禮儀、威儀的身體。

[133]　原始思維中全形與靈魂之完整密切相關，因此身體之毀傷往往造成血液外流、魂靈污染，可參考拙作〈先秦至漢代禮俗中有關厲鬼的觀念及其因應之道〉，《成大中文學報》13 期（2005 年 12 月），頁 59-94。

自殺或不毀損身體等方式進行處置❹，主要為保持靈魂之完整。禮書強調「刑人不在君側」，形體殘缺之刑人，仕宦之路自然無望。跛形殘身之人，甚至於家族祭祀中亦發生不少問題。東漢王充強調當時習俗「被刑，父母死，不送葬，若至墓側，不敢臨葬」❺。死者若形體不全亦可能成為厲鬼，不論在下葬亦或葬俗、祭祀均充滿禁忌，並區隔於祖墳、祖廟祭祀。❻也正因為如此《漢書·薛宣傳》指出薛況為阻止申咸當司隸而「遂之明遮斫咸宮門外，斷鼻脣、身八創」❼，毀其容貌，仕途便就無望了。

第六節　由儀式角度看威儀、容禮的符號化、象徵化所具有的功能與意涵

　　前文已經提及，西漢時期對於身體的審美及擢才主要由威儀、容禮等角度進行品鑑。而在思孟學派強調氣化與踐形的德性身體觀下，透過精氣神的流行，德性的身體得其全幅朗現時，同時成就了宇宙性的身體。此種具有高度德性與體驗的宇宙性身體在漢代氣化宇宙論的發展下，又有所轉化❽。漢代流行的人副天數之說，往往

---

❹　有關肉刑的性質及其轉變，詳參杜正勝，《編戶齊民》（臺北：聯經出版事業公司，1990 年），頁 261-315。

❺　《論衡校釋》，卷二十三〈四諱〉，頁 970。

❻　有關此可參考拙著〈先秦至漢代禮俗中有關厲鬼的觀念及其因應之道〉，《成大中文學報》13 期（2005 年 12 月），頁 59-94。

❼　《漢書》，卷八十三〈薛宣傳〉，頁 3394-3395。

❽　黃俊傑先生提出帛書《五行》篇中顯現了孟學「內轉」的發展，即「從孟子的內聖外王兼顧，轉而講「心」的內斂反思及專一」，而此「內轉」與「秦

配合陰陽、五行、神秘之數的運行，將儀式的身體高度符號及抽象化，此時身體的宇宙性與禮之符號化透過對應宇宙論為之，此與強調事神而與原始神秘力量的連結的身體，或與孟子透過精氣，志一氣動，氣一動志，形氣志同流，以言身體與萬物同感，而在中和之氣的遍潤下，盡心、知性、知天之身體觀，有極大的不同。此時身體的宇宙性以及統治的天命轉而透過儀式及容禮高度的象徵及符號化來達成。就識人與擢才角度來看，威儀、容禮亦逐漸發展成高度象徵化及儀式表演的身體。士人以上階級透過高度象徵的身體型塑認同、表徵身分、尋求價值感。⓭⓭

一、禮儀的符號化及統治權力的象徵性

　　容禮為身體、容貌、衣著、髮飾、舉止⋯⋯於儀式中的整體呈

漢之際儒家思想之朝向宇宙論或本體論發展的思想傾向互有關係」。詳參〈孟子後學對心身關係的看法——以馬王堆漢墓帛書《五行篇》為中心〉，前揭文。

⓭⓭ 卡西勒（Ernst Cassirer）認為符號構成了世界：「不僅科學，而且語言、神話、藝術和宗教都為我們提供建築材料，以建構起『實在』。」離開了符號，意義無法被創造，自我與世界的關係無法被開顯。蘇珊‧朗格（Susanne K. Langer）又在其符號論述的基礎上，對於文化的符號論，尤其藝術形式的直觀符號形式進行深度探討。本部分身體的象徵與符號的展現如何體現情感，如何在整體的情境中具有高度的表現力，是思考禮儀與儀式身體、教化的重要課題，作者擬以專文探討此一課題，故而於此部分先不贅述，而僅先及於禮之別異於統治上之意義。詳參卡西勒（Ernst Cassirer）著，于曉譯，《語言與神話》（臺北：桂冠圖書公司，2002 年）〈符號形式哲學總論〉，頁 201、179-228。蘇珊‧朗格（Susanne K. Langer）著，劉大基等譯，《情感與形式》（臺北：商鼎文化出版社，1991 年）。

現，而儀式透過高度的象徵性，以型塑統治者擁有神聖授命的形象；其行事就是神聖宇宙運行的再現。因此秦漢以後禮制、儀文往往符應天地之數、宇宙圖式。先以服制來看，《禮記·月令》提及天子於各季所住神聖空間不同，其所服之服色亦須配合五行、五方之色，春時居東，服蒼色；夏時居南，服赤色；季夏時居中，服黃色；秋時居西，服白色；冬時居北，服玄色❶。《呂氏春秋》中亦有相類的記載。《春秋繁露·求雨》更透過陰陽五行生剋與消長，以解釋宇宙力量的失序。在郊天、祭社、求雨之法中，均須配合五方之色而服五色之服。除了五色服外，配飾亦往往具有重要象徵性，如《春秋繁露·服制像》中董仲舒企圖透過服制再現宇宙之神聖圖象：

> 天地生萬物也以養人，故其可適者，以養身體，其可威者，以為容服，禮之所為興也。劍之在左，青龍之象也。刀之在右，白虎之象也。韍之在前，赤鳥之象也。冠之在首，玄武之象也。四者，人之盛飾也。夫能通古今，別然不然，乃能服此也。蓋玄武者，貌之最嚴有威者也，其像在後，其服反居首，武之至而不用矣。

董仲舒將統治者服飾提升至宇宙向度，以其象四靈。一方面象徵統

---

❶ 有關經生主張天子所居神聖空間之明堂，以及服制、儀典，詳參王國維，《觀堂集林》（石家莊：河北教育出版社，2002 年），〈明堂寢廟通考〉，頁 72-85。張一兵，《明堂制度研究》（北京：中華書局，2005 年）。

治者其權力的基礎在於法天，並強調只有能博通古今，知天命者，方能服此具有濃厚宇宙象徵之服。另一方面又透露出濃烈的倫理義涵，董仲舒以象徵武德的玄武居於首，強調的是「武之至而不用矣」、「君子顯之於服，而勇武者消其志于貌也矣」，將統治者之武力高度象徵化，使之達到「望之儼然者，亦已至矣」的統治功效。透過象徵之力量，而避免實質武力衝突，強調的仍是「文德為貴，而威武為下」的仁政主張❹。董仲舒的主張並非特例，統治者透過服飾來展現其權力為天地所賦予，並象徵具備與天地溝通的神秘力量，一直是關懷的核心。《漢書·魏相丙吉傳》記載士人議定天子之服：

> 大謁者臣章受詔長樂宮，曰：「令群臣議天子所服，以安治天下」，相國臣何、御史大夫臣昌謹與將軍臣陵、太子太傅臣通等議：「春夏秋冬天子所服，當法天地之數，中得人和。故自天子王侯有土之君，下及兆民，能法天地，順四時，以治國家，身亡禍殃，年壽永究，是奉宗廟安天下之大禮也。臣請法之。中謁者趙堯舉春，李舜舉夏，兒湯舉秋，貢禹舉冬，四人各職一時。」大謁者襄章奏，制曰：「可」。

天子之服當法天地之數，順四時規律，再現宇宙運行的圖式及力量。如果行禮儀容及服制違反了此宇宙天地之數，則會感應而造成

---

❹　以上引文詳參《春秋繁露義證》，卷六〈服制像〉，頁 151-154。

宇宙運行的失序，於是有種種天災產生：

> 貌之不恭，是謂不肅，肅，敬也。內曰恭，外曰敬。人君行
> 己，體貌不恭，怠慢驕蹇，則不能敬萬事，失在狂易，故其
> 咎狂也。上嫚下暴，則陰氣勝，故其罰常雨也。水傷百穀，
> 衣食不足，則姦軌並作，故其極惡也。一曰，民多被刑，或
> 形貌醜惡，亦是也。風俗狂慢，變節易度，則為剽輕奇怪之
> 服，故有服妖。⑭

服制、容禮被高度的象徵化，此象徵隱涵了統治的意識型態，同時
又將之轉化為天理流行。除了服制外，車輿之行，亦可為宇宙運行
的再現，賈誼《新書·容經》即提及：

> 古之為路輿也，蓋圜以象天，二十八橑以象列星宿，軫方以
> 象地，三十輻以象月。故仰則觀天文，俯則察地理，前視則
> 覩鸞和之聲，側聽則觀四時之運，此輿教之道也。⑭

於是駕馭乘輿之禮，亦為宇宙日、月、四時運行的再現。輿禮之
道，除了是身分、階級的象徵，同時還是天命的賦予，更是透過乘
輿展現宇宙運行之律則。⑭

---

⑭　《漢書》，卷二十七中之上〈五行志〉，中之上，頁 1353。

⑭　《新書校注》，卷六〈容經〉，頁 230。

⑭　天子出行之車服，其儀式往往法天上星辰、諸神，或宇宙運行，此於日書、
　　壁畫中有鮮明的展現，詳參劉增貴，〈秦簡日書中的出行禮俗與信仰〉，

　　除了執禮者之服飾、容儀被高度象徵化外，舉行儀式之時空及儀節的安排上亦仿宇宙運行之數、對應陰陽五行之生剋而高度的符號化。如以最具有象徵意義的祭天祈年來看，有關郊天的記載文獻中有二說，一為夏曆正月在南郊舉行祭天，另一則為冬至時祭昊天于圓丘。夏曆正月的郊天說，以《左傳・襄公七年》：「啟蟄而郊」以及《禮記・月令・孟春》：「元日祈穀于上帝」為代表。冬至郊天則如《禮記・郊特牲》：「郊之祭也，迎長日之至也，大報天而主日也」，「迎長日之至」，點出祭祀的時間應為冬至時。又如《周禮・大司樂》：「冬日至，於地上之圓丘奏之，若樂六變則天神皆降」❺亦為其例。郊祭究竟應在冬至或夏曆正月？引起經師極多爭議。如鄭玄將其分為夏曆正月祭昊天上帝及冬至時祭五帝。而王肅則認為圓丘與夏正月郊天二者本為一。由於漢代以後上帝被理解為五帝，以致「郊祀后稷以祈農事」的性質逐漸被改造為祭感生帝並以始祖配祭的宗教儀式。昊天上帝與感生帝之說，以及在陰陽觀念下，將天歸屬於陽，對應於屬陰的地，使得在行禮儀式上，祭天於南郊、圓丘，用騂牲，國君服袞冕以象天，冕藻及旂均有十二旒，象徵天數。均是儀式在陰陽五行、神秘數字的影響下逐漸規格化後的結果。❻《後漢書・祭祀中》記載東漢明帝時郊祭禮儀，

《中央研究院歷史語言研究所集刊》72 卷 3 期（2001 年 9 月），頁 503-541。

❺　以上引文詳參孔穎達，《禮記注疏》（臺北：藝文印書館，2001 年，以下簡稱《禮記》），卷二十六〈郊特牲〉，頁 497。《周禮》，卷二十二，〈大司樂〉，頁 342。

❻　詳參劉文淇，《春秋左氏傳舊注疏證》（臺北：明倫出版社，1971 年），頁

其中服色、舞樂與五時、五方、五色、五帝密切配合。如：「立春之日，迎春于東郊，祭青帝句芒。車旗服飾皆青。歌《青陽》，八佾舞《雲翹》之舞。」可以說不同的季節，對應五方、五色、五感生帝及歌舞亦皆相應不同。⑭祭地儀式時間被安排於夏至，正與郊天用夏正月相對⑭，舉行儀式的地點為北郊之方丘，與祭天儀式在冬至時於南郊之圜丘舉行正是陰陽相對。

　　不只如此，祭牲所用之毛色後來又和三統說和五德終始之說掛搭，於是如〈檀弓〉主張夏后氏「牲用玄」、殷人「牲用白」、周人「牲用騂」正配合三統之說⑭。然而漢代經師又以周為木德，受命帝為蒼帝，木生火故周代應以木德王而尚赤，所用犧牲毛色為騂。⑮其他牲牷之毛色亦依其朝代及所祭對象，依此類推。

90。學者或認為冬至郊天本為日神崇拜的遺緒，而夏正月祭上帝則為祈農事。因正月郊天本來的性質是祈年，因此祭昊天上帝時並以司穡后稷配祭。可參詹鄞鑫，《神靈與祭祀──中國傳統宗教綜論》（南京：江蘇古籍出版社，2000 年），頁 312-315。

⑭　《後漢書》，〈祭祀〉，頁 3177-3192。

⑭　據安居香山、中村璋八輯，《緯書集成》（石家莊：河北人民出版社，1994 年，以下緯書均出自此版本，不再特別注明），《河圖括地象》，頁 1089 記載：「崑崙東南，地方五千里，名曰神州。」神州當以何月祭之？當時的經生認為「郊用三陽之月，神州既與郊相對，宜用三陰之月，當七月祭之。」

⑭　《禮記》，卷六〈檀弓〉，頁 114。

⑮　《春秋感精符》，頁 745 云：「周以天統，服色尚赤者，陽道尚左，故天左旋。周以木德王，火是其子，火色赤，左行，用其赤色也。」王肅注，《孔子家語》（臺北：世界書局，1991 年），卷 6〈五帝〉，頁 59-60：「所尚各從其所王之德次焉，周人以木德王，色尚赤……牲用騂」，然五德終始所尚亦不只一套，劉歆父子採相生之法，故以周為木德，然而若採相勝之法，則有周為火德者說，則所用牲色又該又何？仍難免於衝突。有關五德終始說，

　　再以與農業豐產及統治權力密切相關的求雨雩祭來看。秦漢以後在陰陽五行思想盛行下，常以陰陽消長來理解天候的失序，久旱不雨被認為是陽氣過盛，陰氣不振的結果，因此在求雨方術上往往以助陰抑陽為重要方法。如《春秋繁露》所提及大旱為「陽滅陰」所導致，補救的辦法則是「崇陰以厭之」。在此原則下提出了許多求雨及止雨的方法。如：「春旱求雨……暴巫，聚尪，八日，於邑東門之外為四通之壇，方八尺，植蒼繒八……秋暴巫尪至九日，無舉火事」❺，除了早期焚巫的習俗逐漸成為象徵儀式外，又配合上五行與四時生成運行之成數，春屬東方、屬木，木之成數為八，因此春季求雨所用人及物之數皆用八。依此類推秋用九、夏用五、冬用六❺。其他助陰抑陽的求雨法還有：「用女巫舞雩」、「丈夫欲藏匿，女子欲和而樂」、「禁男子無得行入市」，皆可從閉陽縱陰的角度進行理解。又如雩祭時間定在壬癸日，祭服用皂衣，由於壬癸、黑色均屬北方、屬陰，仍然是縱陰之術。❺再如《漢書·昭帝紀》：「始元六年夏旱，大雩，不得舉火」，臣瓚亦明白指其為「抑陽助陰」的原理。其他如改火習俗亦逐漸為陰陽五行的圖式所滲透。根據《周禮·司爟》提及：「四時變國火以救時疾」，在五

　　　詳參饒宗頤，《中國史學上之正統論》（臺北：宗青圖書公司，1979 年）。楊權，《新五德理論與兩漢政治——「堯後火德」說考論》（北京：中華書局，2006 年）。

❺　《春秋繁露義證》，卷十六〈求雨〉，頁 426-427、434。

❺　關於此可參考《禮記》，卷十四〈月令〉，頁 282-283，鄭注、孔疏。

❺　以上所述，詳參《春秋繁露義證》，卷三〈精華〉、卷十六〈求雨〉，頁 426-437。

行觀盛行下，四時又增益成五時。如鄭司農引鄒子之言：「春取榆柳之火，夏取棗杏之火，季夏取桑柘之火，秋取柞楢之火，冬取槐檀之火」，四時配合五行而為五時，各時所用之木亦不同，學者甚至附會：改火之木，隨著季節及五行之色而變也，各時之木當符應五時、五方、五色。⓹繁衍滋甚，而原初意涵則逐漸模糊。

　　以陰陽消長的角度來理解水旱，在漢代十分普遍，甚至進一步將陽尊陰卑等意識型態融入其中。如《說苑》提及面對水旱的方式和態度：

> 夫水旱俱天下陰陽所為也。大旱則雩祭而請雨，大水則鳴鼓而劫社，何也？曰：陽者，陰之長也。……故陽貴而陰賤，陽尊而陰卑，天之道也。今大旱者，陽氣太盛，以厭於陰。陰厭陽固，陽其填也。惟填厭之太甚，使陰不能起也，亦雩祭拜請而已，無敢加也。⓹

此說法明顯受到秦漢以後宇宙論的影響，將人倫關係亦分屬陰陽，陽尊陰卑。在此種思維下，大旱為陽盛厭陰的結果，但因為陽尊的關係，故只敢祈請；如若遇到大水為患，則是陰勝陽，是以下犯上、以卑犯賤，在陽尊陰卑的教律下，對此逆節的模式，必須「鳴鼓而攻之，朱絲而脅之，為其不義也」⓹。透過求雨、止水的方

⓹　　《周禮》，卷三十〈夏官·司爟〉，頁 458，鄭注引。又《禮記》，卷二十二〈禮運〉，頁 442，孔疏。

⓹　　《說苑校證》，卷十八〈辨物〉，頁 450。

⓹　　《春秋繁露義證》，卷三〈精華〉，頁 86-87。

術，「正陰陽之序」，使得宇宙運行均得陰陽之理。於是陰陽二氣的運行被意識型態化，成為不可轉動的天理律令。早期由女巫求雨，甚至以人為犧牲的儀式，到後來摻雜許多陰陽、五行乃至規諫人君行仁政的思想而更形複雜。豐產、求雨等相關儀式亦逐漸被規格化、制式化、意識型態化了。

行禮儀式被高度符號化，透過儀式之實踐，以象徵宇宙圖式及符應、再現宇宙運行的規律外，對於此種宇宙圖式的符應和壟斷亦彰顯出統治權力的神聖不可侵犯。履行儀式的身體亦在此實踐脈絡中被高度神聖化和象徵化了。

二、觀人術大行與高度象徵的身體

儀式將統治者身體高度象徵化及神聖化，而透過體貌、威儀進行識人與擢才，使得士人對於體貌的行止有高度的專注，甚至為了凸顯某些「內在」的品質，而進行種種的身體表演。統治者亦透過此種識人與擢才之法，推行禮教，使禮教能在士人的認同與實踐中，融入身體的教化中。

前文對於西漢擢才重視容禮與儀狀已有所提及，至於東漢選才最重要管道的察舉制度重在四科，所謂四科指：

> 一曰德行高妙，志節清白；二曰經明行脩，能任博士；三曰明曉法律，足以決疑，能案章覆問，文任御史；四曰剛毅多略，遭事不惑，明足照姦，勇足決斷，才任三輔令。皆存孝悌清公之行。
>
> 自今以後，審四科辟召。及刺史、二千石察茂才尤異孝廉之

　　吏，務盡實覈，選擇英俊、賢行、廉絜、平端於縣邑，務授
　　試以職。❸

人才之薦舉重在德性及通經、律，而德性及性情的考核主要在孝悌
清公，孝悌清公等德性往往透過鄉里稱聞等過程被薦舉，於是士人
往往需要努力使自己有令名令譽。由於道德與性情往往牽涉到整體
人格及出處的判斷，因此具有拔擢人才能力者，亦往往透過人物評
點等方式，對知人論事產生影響。
　　東漢末年強調士人孝行、氣節，並密切關係於觀人與擇才，與
當時社會背景有關。根據《後漢書·黨錮列傳》提及桓靈之間，由
於主荒政繆，政權為閹寺所掌，當時士人「處士橫議」、「激揚名
聲，互相題拂，品覈公卿，裁量執政」強調婞直之風，標榜氣節。
❸立名節的風氣於是在東漢大盛：於是「尊崇節義，敦厲名實，所
舉用者莫非經明行修之人」、「馴至東漢，其風益盛。蓋當時薦舉
徵辟，必採名譽，故凡可以得名者，必全力赴之。好為苟難，遂成
風俗。」❸所謂「好為苟難」即是「務欲絕出流輩，以成卓特之

❸　以上引文分別見於《後漢書》，卷四〈和帝本紀〉，頁 176、〈百官志〉，
　　頁 3559 注引《漢官儀》。
❸　趙翼，《廿二史劄記》（北京：中華書局，2001 年），卷五〈黨禁之起〉，
　　頁 107：「蓋東漢風氣，本以名行相尚，迨朝政日非，則清議益峻，號為正
　　人者，指斥權奸，力持正論。由是其名益高，海內希風附響，惟恐不及。」
　　頁 108：「朝政亂則清流之禍愈烈，黨人之立名，及舉世之慕其名，皆國家
　　之激成之也。」
❸　《日知錄集釋》（長沙：岳麓書社，1996 年），卷十三〈兩漢風俗〉，頁
　　469。《廿二史劄記》，卷五〈東漢尚名節〉，頁 102。

行。」既著意品題士人、議論時政，此種品題與論人可以左右當時人才的徵辟，因此在士人圈中具有極強的影響力。在此背景下，士人的身體表演及賢行受到高度的關注，清議對擢才發揮了不少的影響力，故而當時士林領袖往往透過清議，品評人物而動見觀瞻。士林中人亦因其褒貶，而取得或失去名聲或權力❿。當時士人領袖如李元禮、陳仲舉、王叔茂「自公卿以下，莫不畏其貶議，屐履到門。」⓲又如《後漢書‧黨錮列傳》即提及東漢黨人清議興盛的情狀，《後漢書‧許劭傳》亦提及許劭兄弟每月月初之清議，時人稱之為月旦評。魏晉時期更由於清談風氣的流行，除了對玄學議題具有高度的關懷，以思考有無、聖人、性情等重大課題外，對於人物之形象、神采、性情、風姿之鑑賞仍為焦點。⓰《世說新語》中俯拾皆是的例子，當時士林對不同才情之差異及欣賞、評點，躍然紙上；而傳統相術與觀人之法在士人階層亦廣為流傳。

　　從另一角度來看，察舉取士建基於鄉舉里選，州郡舉薦，士人如果想被舉荐就必須有知名度。這種知名度一方面來自士人對所處時代設定的道德、行為的典範性踐履，另一方面也必然需要主動地自我推介和表演。東漢桓靈時期即出現一大批以識人名噪天下的人

---

❿　當時如李膺、符融、郭林宗等人品評人物發揮極大的影響力，往往一言之贊賞，能使士人皆知，若論某人「空譽違實」則往往「名論漸衰」，其威力可見一斑。詳參《後漢書》，卷六十八〈符融〉，頁 2232。《後漢書》，卷六十八〈郭林宗傳〉，頁 2225。

⓲　《後漢書》，卷六十七〈黨錮列傳〉，頁 2185。

⓰　有關魏晉時代的清談風氣以及所關注議題，詳參劉大杰，〈魏晉時代的清談〉，《魏晉思想論》，《魏晉思想》（臺北：里仁書局，1984 年），頁 175-229。

物，如李膺、符融、田盛、郭泰、許劭等，如此的識人與察舉方式
對士風造成重大影響。東漢時郭林宗等文壇領袖的識人雖然神妙，
但仍以當事者之神態、舉止等為之依據，一方面可以看出當時社會
風氣下，士人領袖的知人、論人以及其對人物的品評具有十分大的
力量與效應。另一方面，林宗一「見」而能識人性情、德性，甚至
未來的出處，可見當時對於人之形貌與其才德的密切關係，有極深
的洞見。因此〈郭林宗傳〉在文末對其識人之能忍不住贊嘆：

> 莊周有言人情險於山川，以其動靜可識，而沈阻難徵。故深
> 厚之性，詭於情貌；「則哲」之鑒，惟帝所難，而林宗雅俗
> 無所失，將其明性特有主乎？然而遜言危行，終亨時晦，恂
> 恂善導，使士慕成名，雖墨、孟之徒，不能絕也。

然而郭林宗之識人在當時並不少見，郭林宗初至京師時，名聲未
顯，人尚不識時，符融「一見嗟服」，於是將之引介於李膺。李膺
初見郭林宗「大奇之」，於是待之甚善，郭林宗從此名震京師。❿
此類例子極多，李膺、符融、田盛、郭泰、許劭……等人皆有識人
之名，在當時形成風氣。東漢人物品鑑被當時的統治者利用來作為
選拔人才、考察政績的重要依據，《後漢書》，卷六十八〈郭太傳
附謝甄傳〉載東漢的謝甄與邊讓因「不拘細行」而為時所毀。這種
情形在漢末三國時期仍然如此，如《三國志·吳書》卷七〈步騭

---

❿ 《後漢書》，卷六十八〈符融〉，頁 2232。《後漢書》，卷六十八〈郭林宗
傳〉，頁 2225。

傳〉引《吳書》指出李肅因「少以才聞，善論議，臧否得中，甄奇錄異，薦述後進，題目品藻，曲有條貫，眾人以此服之」也因此為孫權拔擢。而陳壽居父喪，因病而服藥，並見客為鄉黨貶議、阮簡居父喪時，凍餒而接受賓客所設的飲食，遭受清議批評「廢頓幾三十年」，其他如謝惠連、張率亦因父喪時行為失當被鄉評所非議，而頓毀前程。⓱至六朝時：「詮定等級的根據，便是鄉論。鄉論所貶，也就不為中正品。不為中正所品，通常就不能入仕；就是已入仕者，也不能夠升調。」⓲於此可見鄉論、人物品評對於士人聲名及入仕的重要性。

　　前文已指出漢代察舉孝廉，孝為入仕重要的條件，四科中重視孝悌清公，清議時孝行表現及守喪狀況為關注焦點。統治者透過孝道的推行，以化民、治民，同時亦將忠君之價值比附於事親。而士人則透過孝道之彰顯以合於族內、入仕、揚親、顯名，以成就禮義的價值系統。在此脈絡下，孝行往往具有高度的政教象徵，而非只限於私德領域。透過孝行以為治民之典範，同時對孝行的評點與贊嘆亦再次內化於文化系統下的個人。守喪禮儀既是個人德性與身體

⓱　《日知錄集釋》，卷十三〈清議〉，頁 477。

⓲　楊筠如，《九品中正與六朝門閥》，收於《民國叢書》第三編，十三集（上海：上海書店出版社，1991 年），頁 51。有關此議題又可參考，唐長孺，〈九品中正制度試釋〉，《魏晉南北朝史論叢》（北京：三聯書店，1962年），頁 106-108。王鳴盛，《十七史商榷》（上海：上海書店出版社，2005年），卷四十七〈九品中正〉，頁 347 提及：「《三國志》、《晉書》及《南史》諸列傳中多有為州郡大中正者，蓋以他官或老于鄉者充之，掌鄉黨評論人才臧否，清議係焉。」鄺士元，〈魏晉門第勢力轉移與治亂關係〉，《魏晉南北朝研究論集》（臺北：文史哲出版社，1984 年），頁 76。

禮儀的的高度展現，同時亦是家族網絡及倫理名分重整的重要時期，因此往往成為關注的焦點。喪禮儀式中，三年之喪的喪期、空間、飲食、乃至於守喪儀式具有高度的象徵性，由於尊卑、親疏、生命狀態的不同，於喪禮儀式中哭位、哭之先後次序❶❻❻、喪服、喪期❶❻❼、守喪所居的空間……等，亦隨之不同。哭、踊、衣著、體貌的變化，均具有濃厚的身心通過意涵及象徵意義。❶❻❽同時，士人往往在統治階層及家族的贊賞及期許下，遵行許多守喪的儀文。前文已指出清議時對於守喪十分關注，稍有不慎即毀頓前程，陳壽、阮簡、謝惠連、張率均為其例。於是士人往往透過過激之行而得到令

---

❶❻❻ 哭位、哭的時間久暫、哭的次序均依親疏、尊卑而不同，根據《禮記》卷七〈檀弓上〉，頁 128，記載伯高死於衛，孔子接到赴告時表示哭之場所隨彼此間的親疏遠近而不同，若親為兄弟，則「哭諸廟」，若死者為父之友人，則「哭諸廟門之外」，若死者為師的身分，則「哭諸寢」，為朋友身分則哭於「寢門外」，若彼此只是相識，則「哭諸野」。可以看出牽涉到血親等關係則哭於廟，非血親等私人情誼則於寢，又再依親疏分於寢廟之內與外。就家族內部哭位來說，《禮記》，卷四十四〈喪大記〉，頁 763、767，提及親人初死，遷尸於戶牖下，此時的哭位，男子在東，婦人在西，親者在前，疏者在後，親者於戶內，疏者於戶外，婦人於堂上行哭禮，男子若身分較疏者則於堂下。身分尊者主人、主婦坐，其餘人則立於後。其後，若有外來奔喪者，則外來者在西方，婦人移於近北而面向南。哭位次序井然不亂。未殯之前哭聲不絕，小斂後以銅壺為滴漏依身分親疏分時而哭。《周禮》，卷七〈天官·九嬪〉，頁 117，九嬪職責之一即在喪禮中引導宮中婦女依身分尊卑次序而哭（敘哭）。

❶❻❼ 隨著親疏關係的不同，喪服及喪期長短亦不相同，詳參林素英，《喪服制度的文化意義：以《儀禮喪服》為討論中心》（臺北：文津出版社，2000 年）。

❶❻❽ 有關此部分，可參考拙著〈喪禮飲食的象徵、通過意涵及教化功能──以禮書及漢代為背景〉，《漢學研究》27 卷 4 期（2009 年 12 月），頁 1-34。

名令譽及入仕機會。

　　對於國家統治來說，提倡孝道一直是重要的治術。漢代極力推
行孝道，除了帝王謚號均以孝字外，並對《孝經》十分尊崇，文帝
時置《孝經》博士，此後上至天子，下至庶民勤於研習孝《孝經》
⑯。在守喪制度深入人心的過程中，中央政府以及地方官吏都付出
了許多的努力，實行許多尊重守喪的政策。⑰而在孝道的行為中，
除了基礎的養護身體，不敢毀傷以保全身等最基礎的孝行外，「立
身行道」、「揚名於後世，以顯父母」往往更被士人視為立身行道
最關切的事情，同時亦為察舉孝廉及士林贊譽的重要關鍵。可說高
度儀式性和象徵性的展現則非喪禮莫屬。統治者積極推舉孝廉之
士，如武帝元光元年，「初令郡國舉孝廉各一人」⑰，後遂成為定
制⑰，所謂孝廉，顧名思義即「善事父母」「清潔有廉隅者」⑱，
守喪是否如禮為衡量孝行的重要焦點。如西漢時的于永因為守父
（于定國）喪如禮，而「列侯為散騎光祿勳，至御史大夫，尚館陶
公主施」⑭。王商在父亡後推財讓弟，居喪哀戚，於是被拔擢為

---

⑯　宣帝、平帝以及廣川王、沛憲王等皇室都曾向當時的碩學宿儒拜師，修習
　　《孝經》。又如《漢書》，卷十二〈平帝紀〉，頁 355：「立官稷及學官。
　　郡國曰學，縣、道、邑、侯國曰校。校、學置經師一人。鄉曰庠，聚曰序。
　　序、庠置《孝經》師一人。」
⑰　有關此部分可參考拙作《神聖的教化──先秦兩漢婚姻禮俗中的宇宙觀、倫
　　理觀與政教論述》（臺北：臺灣學生書局，2011 年）。
⑰　《漢書》，卷六〈武帝紀〉，頁 160。
⑰　《漢書》，卷六〈武帝紀〉，元朔元年詔，頁 166-167。
⑱　《漢書》，卷六〈武帝紀〉顏師古注，頁 160。
⑭　《漢書》，卷七十一〈于永傳〉，頁 3046。

「諸曹侍中中郎將」⓱。原涉在父亡後行喪冢廬三年，因此顯名京師，而後「扶風謁請為議曹」⓲。哀帝時河間王良，因為服母喪如禮，而「益封萬戶」⓳。東漢王敞喪母至孝，國相陳珍上其行狀，後來「增邑五千戶，又封蒼孫二人為亭侯」⓴王博有孝行，喪母服制如禮，「增封三千石」⓵。姚期服父喪三年，鄉里稱之⓶。

　　在喪期中有不如禮法規範的行為，將受刑罰，如西漢堂邑侯陳季須「坐母公主卒，未除服奸。兄弟爭財，當死，自殺。」⓷常山憲王太子勃在父喪時「私姦、飲酒、博戲、擊筑，與女子載馳，環城過市」⓸，而被告發，皇帝派遣官吏，著手進行調查，有司認為該處王后及王勃死刑，最後因為天子的迴護，才免於一死，但王位被廢，而徙於房陵。可見當時，即使貴為諸侯王，喪期間種種失禮的行徑，仍然會導致法律的刑罰。另外，薦舉人才時，被薦舉者若牽涉到服喪無禮等問題，則將受到駁回，且有罪責，如元帝時下詔列舉茂材，張勃薦舉陳湯，卻因為陳湯父死不奔喪，而受到牽連，張勃因選舉不實，坐削戶二百，陳湯則下獄論處。⓹服喪失禮往往成為政治上被攻訐的理由，如丞相薛宣，因為沒有奉養後母，後又

⓱　《漢書》，卷八十二〈王商傳〉，頁 3369。

⓲　《漢書》，卷九十二〈游俠傳·原涉〉，頁 3714。

⓳　《漢書》，卷五十三〈景十三王·河間惠王良〉，頁 2412。

⓴　《後漢書》，卷四十二〈東平憲王蒼列傳〉，頁 1442。

⓵　《後漢書》，卷四十二〈任城孝王尚列傳〉，頁 1444。

⓶　《後漢書》，卷二十〈姚期列傳〉，頁 731。

⓷　《漢書》，卷十六〈高惠高后文功臣表四〉，頁 537。

⓸　《漢書》，卷五十三〈景十三王傳·常山憲王劉舜〉，頁 2434-2435。

⓹　《漢書》，卷七十〈陳湯傳〉，頁 3007。

沒有為後母行三年之喪，為他在仕途上萌生波折，先被以「不忠孝，免」，在哀帝即位之初，博士甲咸也此理由認為他「不宜復列封侯在朝省」。[184]在這樣的背景下，服喪是否如禮，往往成為人格的象徵和評斷。[185]

　　西漢雖已極力創造尊孝守喪的氣氛，然而直至東漢開國之初，天下尚亂，「鮮循三年之喪，以報顧復之恩者」[186]。統治者為營造適合守喪的環境，還對官職系統中公卿等高官、二千石官，以及軍事責任較重的刺史，是否該服三年之喪進行討論，此論題考驗著當政者對公與私之間的權衡。安帝以前舊制「公卿、二千石、刺史不行三年喪」[187]，但安帝元初三年時，允許大臣行三年之喪，等喪服結束後還回原職，鄧太后甚至下詔「長吏以下不為親行服者，不得典城選舉。」[188]但這樣的制度畢竟引生出基於現實考慮，高官、刺

---

[184]　《漢書》，卷八十三〈薛宣傳〉，頁3394-3395。

[185]　《後漢書》，卷三十三〈虞延列傳〉，記東漢顯宗時因為功曹鄧衍儀態出眾，特別喜愛，但因衍在職不服父喪，而使顯宗有不知人之歎，頁1153。

[186]　《後漢書》，卷四十六〈陳寵列傳〉，頁1561。

[187]　由《漢書》，卷七十九〈馮奉世傳〉，頁3303-3304，可以看出，大將軍王鳳與野王不睦，野王恐懼，因此稱病「滿三月賜告，與妻子歸杜陵就醫」，引發「賜告養病而私自便，持虎符出界歸家，奉詔不敬」的爭議。杜欽為野王求情，提及「二千石病賜告歸有故事，不去郡亡著令」、「即以二千石守千里之地，任兵馬之重，不宜去郡，將以制刑為後法者，則野王之罪，在未制令前也。」從此以後「郡國二千石病賜告不得歸家」。

[188]　《後漢書》，卷五〈孝安帝紀〉，頁226：「（元初三年十一月）丙戌，初聽大臣，二千石，刺史行三年喪。」《後漢書》，卷四十六〈陳寵列傳〉，頁1560-1561：「元初三年有詔，大臣得行三年喪，服闋還職……忠因此上言：……『大臣終喪，成乎陛下。』」漢代時朝廷官吏長有因喪去官的現象，通典云：「安帝初，長吏多避事去官」。應劭撰，王利器校注，《風俗

史、牧守服喪，曠廢職守，將對政治、軍事發生直接影響❶，因此沒有維持多久就被廢除了❷。然而畢竟已成風氣，難以禁絕，於是順帝時尚書左雄又上疏建議：「非父母喪不得去官，其不從，王制錮之終身，雖赦令不在齒列。」復申無故去官之禁。❸到桓帝時又再次讓刺史行三年之喪，同樣的不久也被廢除❹。延熹九年，桓帝時太常趙典為了希望公卿及二千石能奔三年之喪，於是上對策，透

通義校注》（北京：中華書局，1981 年），卷五十〈十反〉，頁 221，引朱彝尊說：「東漢風俗之厚，期功之喪，咸得棄官持服，如賈逵以祖父，戴封以伯父，西鄂長楊弼以伯母，繁陽令楊君以叔父，上虞長度尚以從父，韋義、楊仁、劉衡以兄，思善侯相楊著以從兄，太常丞譙玄、槐里令曹全以弟，廣平令仲定以姊，王純以妹，馬融以兄子，陳寔以期喪，皆去官；范滂父字叔矩，以博士徵，因兄喪不行；圉令趙君，司徒楊公辟，以兄憂不至；陳重當遷會稽太守，遭姊憂去官；至晉而嵇紹拜徐州刺史，以長子喪去職；陶潛以程氏妹喪自免：見於史傳及碑版，如此之多。蓋古人尚孝義，薄祿位，故能行其心之所安也。」有關魏晉時之忠孝議題又可參考林麗真，〈魏晉人對傳統禮制與道德之反省〉，《臺大中文學報》4 期（1991 年 6 月），頁 108-141。唐長孺，《魏晉南北朝史論拾遺》（北京：中華書局，1982年），〈魏晉南北朝的君父先後論〉，頁 243-244。江建俊，〈魏晉忠孝辨〉，《魏晉南北朝文學與思學術研討會論文集》（臺北：里仁書局，2004年），頁 507-560。

❶ 軍隊中基於戰事現實考量，本來不服喪，《漢書》，卷五十四〈李廣列傳〉，頁 2443 皇帝引用《司馬法》：「登車不式，遭喪不服」，即是其例。

❷ 《後漢書》，卷五〈孝安帝紀〉，頁 234：「（建光元年十一月）庚子，復斷大臣二千石以上服三年喪。」

❸ 〔晉〕袁宏撰，周天游校注，《後漢紀校注》（天津：天津古籍出版社，1987 年）〈陽嘉元年〉，頁 501-502。

❹ 《後漢書》，卷七〈孝桓帝紀〉，頁 299：「（永興二年）二月辛丑，初聽刺史，二千石行三年喪服。」，頁 304：「（延熹二年）三月，復斷刺史，二千石行三年喪。」

過五德終始、五行生剋的角度來理解孝道及三年之喪的必要性❶❾❸。
這反映出政府既要推行孝道強調守喪，又要兼顧政治、軍隊現實的
兩難處境。這種矛盾在三國時期仍然持續著，當時行三年之喪的想
法已深入人心，軍士奔喪的情況，將引生嚴重的軍紀維持問題，於
是特別提出「隨時之宜，以義斷恩」、「先公後私」等想法，對於
奔喪的士兵加以重刑❶❾❹，不過仍難以禁止兵士奔喪的習俗❶❾❺，這同
時透露出由漢代以至於三國，守喪漸漸落實而深入人心了。在此背
景下，喪期中行為如禮，能夠守完三年喪者並在守喪期間有孝名傳
揚於外者，往往受到政府的具體賞賜，或舉為孝廉，擢拔升官，或
得到鄉里的敬重。反之，則有刑罰懲戒及輿論的批判。

---

❶❾❸　如《後漢書》，卷六十二〈荀爽列傳〉，頁 2051。

❶❾❹　陳壽，《三國志》（臺北：鼎文書局，1978 年），卷四十七〈吳書〉，頁
　　　1141 中的〈吳主權〉記載（嘉禾）六年，春正月孫權下詔強調太平盛世時，
　　　的確該行三年之喪，並且承認三年之喪是：「天下之達制，人情之極痛也，
　　　賢者割哀以從禮，不肖者勉而致之」，身為統治者在治世時應當要：「不奪
　　　人情，故三年不逮孝子之門」。但話鋒一轉又強調「隨時之宜，以義斷
　　　恩」，在此國家多難之際，皆當先公後私：「凡在官司，宜各盡節先公後
　　　私，而不恭承，甚非謂也」。顧譚議也提出不得赴告軍士家中有喪的消息，
　　　以阻斷奔喪風氣，違者處以重刑，以抑止軍中奔喪之俗。將軍胡綜主張透過
　　　嚴刑以禁絕軍中奔喪，再次強調，雖然喪紀之禮是長久的典制，但又強調
　　　「為忠臣不得為孝子」，一旦國家有事，則當棄私從公。最後丞相採用行大
　　　辟之法的重刑建議，來杜絕軍中奔喪、服喪等現象。在以上的行政文書中，
　　　在在可以看出儒家三年之喪主張已深入人心，即使統治者亦無從否定，只能
　　　從亂世、權變、公與私先後等角度著眼，來增加自己立論的正當性。

❶❾❺　兵士奔喪將受大辟之令，發布沒有多久，就發生違禁的事件：「吳令孟宗喪
　　　母奔赴，已而自拘於武昌以聽刑，陸遜陳其素行，因為之請，權乃減宗一
　　　等，後不得以為比，因此遂絕。」詳參《三國志》，〈吳書·吳主權〉，頁
　　　1141-1142。

　　此外東漢至魏晉世家大族逐漸興盛，亦對守喪形成鼓勵。身體的教化、容禮儀態是禮教規訓所聚焦的場所，而身體又具有高度的象徵性，甚至透過身體的象徵成就令名，以為入仕之管道。在此背景下，東漢後期守喪十分嚴格，甚至在形體上呈現哀毀骨立的形象往往十分凸顯⑯。魏晉時期是思想與文化發展上的特殊時期，有別於兩漢儒家思想的擅場，此時期思想呈現豐富的面貌，一方面上接漢代的清議，重視名理及循名責實。另一方面，隨著清談之風的演變，玄論高遠者逐漸顯揚。⑰一方面在士家大族的背景下強調禮學、重視家族倫理，表現出對禮學，特別是喪禮的高度熱中⑱；而

---

⑯　有關守喪時期身體之高度象徵性及其與當時社會風氣的關係，可參考拙作〈喪禮飲食的象徵、通過意涵及教化功能──以禮書及漢代為論述核心〉，《漢學研究》27 卷 4 期（2009 年 12 月），頁 1-34。

⑰　有關魏晉時名理派及玄論派之特色及論爭，參劉大杰指出：「名理派雖也有老莊的思想，但以形名家為主，談論的內容，較為切近實際。在處事行政方面，保持法家的精神，也不反對儒家。所以他們的行為並不浪漫，生活謹嚴，辦事極有規律，因此這一般人對於當士大夫的過於虛浮放誕，表示反對。」至於玄論派：「以道家的思想為主，談論的內容，都是一些玄妙的問題，如「無為」、「養生」、「夢」、「情無哀樂」、「言盡意」等等，是他們最歡喜的題材。他們反禮法，薄儒家，因此他們的行為浪漫放縱，無論當官在野，無不是肆情酒色，不負責任。」詳參〈魏晉時代的清談〉，《魏晉思想論》，收於《魏晉思想》（臺北：里仁書局，1984 年），頁 185。

⑱　守喪是否如禮，往往成為士人階層關注的焦點，守喪不如禮，往往引起非議。也正因為如此，當時士人往往哀毀過禮，以表現孝道。守喪的過度，引起情與文是否相稱的質疑，而衍生出生孝、死孝的爭議。余嘉錫，《世說新語箋疏》（上海：上海古籍出版社，1993 年），頁 19-20 記載：「王戎、和嶠同時遭大喪，俱以孝稱。王雞骨支牀，和哭泣備禮」，劉仲雄認為：「和嶠雖備禮，神氣不損；王戎雖不備禮而哀毀骨立」，並評斷：「和嶠生孝，王戎死孝。陛下不應憂嶠，而應憂戎」。對死孝者有更高的評價與同情，這

喪禮的講求正是禮學與家族倫理嚴格的象徵。此時期喪禮亦成為德性與家族名教的象徵。

　　儘管原始儒家強調守喪之禮的中節，希望稱情立文。然而在國家政令支持以及家族背景孝道講求的推波助瀾下，居喪者的身體與形容被放大檢視，飲食如何？是否哀毀骨立、吐血……成為士人共同關切的焦點。而守喪的身體的哀毀骨立形象正是孝道的最高象徵和展現，也正因此東漢末至魏晉有不少士人以此種身體形象進行標榜和效法，而有生孝、死孝的論辯❾。不少偽詐的情事就在此背景中上演，《後漢書‧蔡邕列傳》提及東漢末年時時發生天變：「時頻有雷霆疾風，傷樹拔木，地震、隕雹、蝗蟲之害。」，又有外患：「鮮卑犯境」，使得皇帝「制書引咎，詰群臣各陳政要所當施行」❿。蔡邕在此背景下，上書諫時政，其中批評當時以「市賈民為宣陵孝子者數十年，皆除太子舍人」的事件，舉出了在提倡孝道及三年之喪的背景下，社會風氣有諸多虛偽不實的情事：

> 伏見前一切以宣陵孝子為太子舍人。臣聞孝文皇帝制喪服三
> 十六日，雖繼體之君，父子至親，公卿列臣，受恩之重，皆
> 屈情從制，不敢踰越。今虛偽小人，本非骨肉，既無幸私之
> 恩，又無祿仕之實，惻隱思慕，情何緣生？而群聚山陵，假

也反應出當時禮法流於僵化，魏晉名士強調任情以抗衡流俗，展現個人深度的情感和意志。

❾　可參考拙著：〈喪禮飲食的象徵、通過意涵及教化功能──以禮書及漢代為背景〉，《漢學研究》27卷4期（2009年12月），頁1-34。

❿　《後漢書》，卷六十〈蔡邕列傳〉，頁1992。

名稱孝，行不隱心，義無所依，至有姦軌之人，通容其
中。……虛偽雜穢，難得勝言。又前至得拜，後輩被遺；或
經年陵次，以暫歸見漏；或以人自代，亦蒙寵榮。爭訟怨
恨，凶凶道路。太子官屬，宜搜選令德，豈有但取丘墓凶醜
之人？其為不祥，莫與大焉。宜遣歸田里，以明詐偽。㉑

當時社會風氣將久喪及守喪如禮成為一種求取入仕的表演，產生了
種種姦宄之行，於此可見。㉒此時禮儀的身體具有多種功能性及象
徵性，而對於何種身體形象為美，也多了許多的討論面向和空間。

㉑　《後漢書》，卷六十〈蔡邕列傳〉，頁 1997-1998。
㉒　身體及賢行為高度的關注和表演化，也正因此有久喪的風氣。文帝死後遺詔
　　提到當時社會風氣「厚葬以破業，重服以傷生，吾甚不取」認為如果承襲舊
　　法，為帝王長期守喪，將使得百姓「重服久臨」、「損其飲食」、「絕鬼神
　　之祭祀」的後果。因此強調天下吏民，「令到出臨三日，皆釋服。無禁取
　　婦、嫁女、祠祀、飲酒、食肉」（《漢書》，卷四〈文帝紀〉，頁 132）。
　　其時士人似乎有以節儉喪禮而表達自身行誼的自覺興起，如《後漢書》，卷
　　二十〈祭遵傳〉，頁 741-743，祭遵由於廉潔奉公，死前要求薄於喪葬。《後
　　漢書》，卷三十四〈梁商列傳〉，頁 1177：梁商死前交待兒子處理喪葬事
　　宜：「氣絕之後，載至冢舍，即時殯斂。……祭食如存，無用三牲。」又如
　　《後漢書》，卷三十九〈趙咨列傳〉，頁 1314-1315，趙咨生前儉節，死前交
　　待故吏「使薄斂素棺，籍以黃壤，欲令速朽，早歸后土」，並特別修書於兒
　　子，對其曉以大義。雖然兒子不忍「父體與土并合，欲更改殯」，但終在故
　　吏的勸說下，仍依趙咨所願行事。趙咨因此而獲得「明達」的贊譽。然而就
　　統治階層往往對臣子進行厚葬，以顯其愛才，用以拉攏人心，如宣帝時親臨
　　霍光喪葬事宜，又如祭遵死後雖欲薄葬，但皇室不許，終至厚葬而備極哀
　　榮：「喪禮成，復親祠以太牢，如宣帝臨霍光故事。」又如梁商死後諸子欲
　　從其囑咐而薄喪葬，朝廷則堅持厚於喪葬奠祭，亦為其例。

第二章　數術化的身體及觀人術
所反映的身體觀及政教上的意義

　　探討先秦至漢代身體議題往往多聚焦於德性的身體，以及社會、倫理關係下的身體，然而身體的宇宙向度，於身體論述與觀人中具有重要意義。有關身體的宇宙向度，雖然可以從道德工夫實踐：盡心、知性、知天、踐形等角度進行思考，但此種論述至思孟後學的發展，較由內聖工夫著眼；同時此種心氣化、價值宇宙之論述，仍與自然氣化意義下的身體有所差異。本論文上章從威儀、容禮身體來探討身體教育及觀人等議題時，已觸及精氣神等向度，學者亦已提及氣化之身體觀與宇宙性的密切關係。

　　本章先從身體與自然、時令的關係等角度著眼，探討氣的流動感通與秦漢的身體觀的密切相關，而此氣的流動感通一方面形成了身體的場所，另一方面又與宇宙之自然不斷進行互動。在對應宇宙論及陰陽五行說盛行下，身體之小宇宙亦再現大宇宙之規律與圖式。從此角度所論的身體與其美感，充滿了宇宙圖式及對宇宙節律的遵循。於是情感上則強調中節，身體觀上充滿了神秘數字、陰陽五行等符號的對應與應用。此種身體觀與傳統儒家氣之感通與踐形說頗為不同。在陰陽五行說及對應宇宙論的氛圍下，數術與方技的

身體論述對於身體觀、觀人、審美諸議題的思考有別於德性與威儀之角度❶，而與醫療、養生、相術等層面密切相關。相術的身體除了以氣化宇宙論、陰陽五行等數術對應圖式為基礎外，其與原始思維中的互滲、交感的宇宙觀亦關係密切，對於漢代至魏晉的觀人術發展具有重要意義。

就觀人於政教上的意義來看，西漢以前士人觀人、論人多從德性及禮儀角度，東漢以後的論人不再只由禮儀、威儀、孝道、德性的角度，由於陰陽五行說的盛行，星神崇拜的發達，宇宙觀的演變、受命、讖緯之說的流行，使得東漢以後，論氣稟天生，強調聖賢具有天生的稟賦，因此對於人物美的品鑑較前漢更重視從相術等角度進行。緯書、受命說及命相之術大行，往往由體貌、骨相觀人之壽夭、貴賤；並由於重視氣稟而演生出命定論，對於聖人之形象往往加以神異之詮釋。此時，所謂有諸內必形諸外，「內」已不只關乎教養，同時還關乎稟氣問題。稟氣豐厚與否將呈現於體貌上，

---

❶　《漢書·藝文志》中將數術的性質定義為「明堂羲和史卜之職」，其中包括天文、曆譜、五行、蓍龜、雜占、形法等部分。數術類中往往與吉凶之占卜密切相關，如天文類透過二十八宿，五星日月，以紀吉凶。曆譜類透過「探知五星日月之會」以觀察「凶阨之患，吉隆之喜」。五行類，透過五常之形氣，以明瞭人事之行事，希望「進用五事以順五行」。蓍龜類透過卜筮吉凶。雜占及形法類，則透過百事之象，以及「人及六畜骨法之度數，器物之形容」，以推斷其貴賤吉凶。方技略則為「生生之具」，其中包含醫經、經方、房中、神仙等四類。即有關經絡、草石醫療、房中養生，以及「保性命之真」的神仙術。《後漢書·方術傳》則將卜筮、陰陽推步之學與經方、方藥之學合於一傳中，即將《漢書·藝文志》中方技與數術合於一傳，顯示出當時視方技中醫方、房中、神仙與數術中天文、卜筮、雜占……之學性質相通、相類。

故而對統治之官吏體貌多所講究；對於聖賢、統治者之體貌則加以
神異化。識人、相人之術合流在東漢至魏晉大行，揉雜了先秦時相
人特重原始思維及交感巫術，漢代時識人重視禮儀與威儀，東漢時
強調星神信仰及神聖血統、受命之說，在禮儀及儀式上的符號化更
顯複雜和豐富。相術之發展對於擇才以及統治者之受命說等權力論
述，具有重要影響。漢末觀人之術最具有代表性而集累前代豐富文
化厚度的論述，當為《人物志》。《人物志》強調氣稟、骨法、辨
情性、才稟……等，並且將之作為擇才、任官的重要指標，結合了
前代就威儀、容禮、德性觀人與相術的諸多層面。魏晉後文化氛圍
不同於漢代，於觀人上又承繼自然氣化的身體而有新的轉變；透露
出觀人、相人的豐富面向，並彰顯出各時代觀人與文化的密切關
係。

第一節　氣化與陰陽五行對應的數術身體觀

一、舉度必應天數

　　在秦漢氣化宇宙論下，人之身心與宇宙的關係並非主客二分的
結構，而是相互滲透、共融共感的親密關係。此即如《靈樞・歲露
論》所謂：「人與天地相參也，與日月相應也。」天地人相感相應
的基礎在於人體與宇宙皆為氣之所化，此種觀點在醫書中有許多著
墨，如《素問・六節藏象論》：

　　　　夫自古通天者，生之本，本於陰陽，其氣九州九竅，皆通乎

天氣。❷

《素問・寶命全形論》：

> 人以天地之氣生，四時之法成……夫人生於地，懸命於天，
> 天地合氣，氣之曰人。❸

萬物均為氣之所化，隨著氣始而生化，在生化的過程中：「血氣已
和，榮衛已通，五臟已成，神氣舍心，魂魄畢具，乃成為人」。❹
身體為流動之氣所賦形，五臟亦復如此，神氣藏於心，而精神意
志、魂魄亦因氣而成。此如《馬王堆醫書》所謂胚胎初生之時仍呈
現流動的狀態，而後才逐漸凝著，賦形為有形之身體。此有形之身
體又為氣所充滿，為氣之流動的場域。❺生命之階段、臟腑之狀態
以及相應之作息均與血氣密切相關，透過氣之聚散生命得以繁育、

---

❷　山田業廣著，《素問次注集疏》（北京：學苑出版社，2004 年，以下簡稱
　　《素問》），卷三〈六節藏象論〉，頁 249。

❸　《素問》，卷八〈寶命全形論〉，頁 585、589。

❹　河北醫學院校釋，《靈樞經校釋》（北京：人民衛生出版社，2009 年，以下
　　簡稱《靈樞》），卷八〈天年〉，頁 551。

❺　有關於氣與流動的身體，胚胎如何賦形，及其與五臟和經脈的關係，詳參石
　　田秀實著，楊宇譯，《氣・流動的身體》（臺北：武陵出版社，1996 年）。
　　《淮南子集釋》，卷七〈精神訓〉，頁 510，視「血氣」為「人之華」，
　　「五藏」為「人之精」，若「血氣能專於五藏」，則精氣飽滿不耗損，達到
　　耳目清、聽視達的理想狀態。

變化。❻血氣又相應於自然之氣，並以陰陽二氣之變化為基礎。❼
二氣之變化與歲時節令密切相關，而人之稟氣、五臟亦與之相應。
於是陰陽、四時之氣變化無窮，相應的人體、五臟之氣亦隨著時令
變化。《素問・陰陽應象大論》：

> 天氣通於肺，地氣通於嗌，風氣通於肝，雷氣通於心，穀氣
> 通於脾，雨氣通於腎。❽

五臟之氣與天地風雷谷雨等自然之氣相通，實即天地自然之氣所

---

❻ 宇宙之氣將感應人身之血氣、臟腑之氣的變化，人身既以血氣為其基礎，因
此生命階段之變化，亦以血氣為核心，如《靈樞》，卷八〈天年〉，頁
553：「人生十歲，五臟始定，血氣已通，其氣在下，故好走。二十歲，血氣
始盛，肌肉方長，故好趨。三十歲，五臟大定，肌肉堅固，血脈盛滿，故好
步。四十歲，五臟六腑，十二經脈，皆大盛以平定，腠理始疏，榮華頹落，
髮頗斑白，平盛不搖，故好坐。五十歲，肝氣始衰，肝葉始薄，膽汁始減，
目始不明。六十歲，心氣始衰，苦憂悲，血氣懈惰，故好臥。七十歲，脾氣
虛，皮膚枯。八十歲，肺氣衰，魄離，故言善誤。九十歲，腎氣焦，四藏經
脈空虛。百歲，五臟皆虛，神氣皆去，形骸獨居而終矣。」
❼ 《素問》，卷二〈陰陽應象大論〉，頁 122-123：「陰陽者，天地之道也，萬
物之綱紀，變化之父母，生殺之本始，神明之府也。」又如《素問》，卷八
〈寶命全形論〉，頁 592：「人生有形，不離陰陽。」有關氣與身心、自然
之關係，詳參小野澤精一、福永光司、山井涌編著，李慶譯，《氣的思想：
中國自然觀和人的觀念的發展》（上海：上海人民出版社，1990 年）。蔡璧
名，《身體與自然——以《黃帝內經素問》為中心論古代思想傳統中的身體
觀》（臺北：臺灣大學出版委員會，1997 年）。
❽ 《素問》，卷二〈陰陽應象大論〉，頁 182-184。

聚。❾又如日月之氣的變化將影響人身血氣、衛氣等運行，如《素問·八正神明論》：

> 天溫日明，則人血淖液，而衛氣浮，故血易瀉，氣易行；天寒日陰，則人血凝泣，而衛氣沉。
>
> 月始生，則血氣始精，衛氣始行；月郭滿，則血氣實，肌肉堅；月郭空，則肌肉減，經絡虛，衛氣去，形獨居。❿

日之陰、明，天之溫、寒直接影響血氣的流動以及衛氣的浮、沉。日光明朗而溫暖時，血氣通暢，衛氣亦盛行而浮於外，對比於日光陰暗天寒時，血氣凝滯而衛氣沈於裡，二者適正相反。不只是日之陰晴與天之寒熱能影響體氣之運行，月之圓缺亦感應著體氣的充滿與虧缺。體氣亦如月之循環，月生時，衛氣始行，月滿時，血氣亦得其飽滿之氣而充實。月虧時，體氣即隨之虧耗。月氣之飽滿與否

---

❾　人體以氣為基礎與天地相參，喜怒亦與天之風雨寒暑相對應，人死後身體之氣又散而歸諸於自然，《莊子》中有關此種大化流行，遊乎天下一氣的文獻極多，不一一列舉。而儒家系統的文獻，至漢代如《韓詩外傳》提及：「肉歸於土，血歸於水，脈歸於澤，聲歸於雷……骨歸於木，筋歸於山，齒歸於石，膏歸於露，髮歸於草，呼吸之氣復歸於人。」亦傳達出身體為自然之氣所聚，而死後氣則又散佚融入自然之氣。值得注意的是五臟及時令、五行等配合的系統，所反映的身體觀，此部分將於下文進行分析。

❿　《素問》，卷八〈八正神明論〉，頁 604-605。又如《靈樞》卷十二，〈歲露〉，頁 802，提及滿月時「海水西盛，人血氣積，肌肉充，皮膚致，毛髮堅，腠理郤，烟垢著」，月之氣的運行與自然及人體關係密切。此中還有陰陽觀之運用，如月為陰精，月盛時，海水「西」盛，「西」為陰位，對比於「海水東盛」的陽盛之象又有不同。

直接影響體氣之充盈與否，於是人體亦如月一般，一同經歷循環和再生等歷程。

　　經脈既為氣之所化，並與自然之氣、五臟之氣相通，同時受時令、日月運行、陰陽之氣變化所影響❶，風土、食物不同❷，營氣隨之充盈變化。在不同的風土下，身體感亦隨之不同，天之陰陽、寒煖透過氣與身體相滲。風土體驗召喚強烈情感，此情感形成強烈的身體感知，於是氣、風土、氣氛、形塑身體感知，召喚存在，並透過自然之隱喻以感知世界。❸經脈之流動因四時之氣而變化，也

❶　經絡運行之軌道亦與日月運行之規律性相應，古醫學與天官具有密切的關係，如李建民，《死生之域──周秦漢脈學之源流》（臺北：中央研究院歷史語言研究所，2001 年），頁 196，即指出：「周秦之時脈發現以及之後體系化，是隨著這一時期天學突破而來的現象。」，此時期：「天上日月運行的區域、軌道與度數的規律性被發現」，而脈在人體內的流注，其數目、循行的軌道與規律，亦循此宇宙圖式，形成大小宇宙相互感應的結構。因此《周禮》〈醫師〉、〈食醫〉、〈疾醫〉、〈瘍醫〉、〈獸醫〉……均置於〈天官〉下，醫與食物、疾病、國政大事置於一處議論之，並以自然、風土之互滲、相感為背景。乃因自然與家國乃至一身均在氣之感通互滲下，故而療身之病與治國之疾、宇宙規律之和諧皆同為一事。

❷　如《素問·異法方宜論》強調五方之民由於風土、飲食不同，故而人民之貌，形體、性情亦皆不同。舉例來說，東方為魚鹽之地，魚使人「熱中」，鹽使人「勝血」，故居處其中者形貌「皆黑色疏理」。又如南方為「陽之所盛處」、「其地下，水土弱」，故而人民嗜酸而食胕，因此體貌為「緻理而赤色」。又如《靈樞》，卷十二〈歲露〉，頁 796-809，對於四時、風雨之變化與疾病的密切關係進行細膩分析。

❸　身體於風土下之感知，往往透過隱喻的語言以表達之，如以山林景物與時氣隱喻心情憂喜，興發強烈情感。此種透過隱喻的方式以表達對自然之體認，往往於語言結構、形式中展現。如鄭毓瑜透過《詩經》之重覆短語論述風土型塑下的身心體驗，形成某些特殊的隱喻的語法形式，成為文學中不斷出現

透過陰陽之不調而理解疾病。在此系統下，論致病之由，被認為是外邪之氣所感染，如《素問·離合真邪論》：

> 夫聖人之起度數，必應于天地，故天有宿度，地有經水，人有經脈。天地溫和，則經水安靜；天寒地凍，則經水凝泣；天暑地熱，則經水沸溢。卒風暴起，則經水波涌而隴起。夫邪之入于脈也，寒則血凝泣，暑則氣淖澤，虛邪因而入客，亦如經水之得風也，經之動脈，其至也亦時隴起，其行于脈

的形式，並透過此種形式召喚再現強烈的存在與神聖感。詳參鄭毓瑜，〈重複短語與風土譬喻——從詩經「山有……隰有……」、「南有……」重複短語談起〉，《清華學報》39 卷 1 期（2009 年 3 月），頁 1-29。人於自然體驗及興發所湧現之強烈情感，既是認識自然之方式，同時此強烈情感亦為德性情感的基礎，因為隱喻往往以身體之感知為其基礎，在整體存在脈絡下進行體會與思考，同時以此來源域映射所欲傳達的目標域，因此，身體所感知之自然即非外於身之不相干的客觀存在，而是感知的基礎，亦可成為認識及興發、理解的背景。而以隱喻為基礎的理解，方才不是抽象的理解，具有德性強烈的情感動力，能帶動意義和情感，並與宇宙自然建立非心物二元之存在關係。隱喻之來源域與目標域往往非只一個，而彼此間又將形成複雜而牽一髮動全身的網絡，故而理解不只是認知行為，同時亦是文化系統下的全生命參與和創造，隱喻的變異與新義，與文化脈絡及實存情境有複雜的融攝關係，此種意義之網的無限連結，並透過整體的實存情境以影響當事者，甚至造成存在情意的轉化和行動的改變。詳參鄧育仁，〈生活處境中的隱喻〉，《歐美研究》35 卷 1 期（2005 年 3 月），頁 97-140。卡西勒認為隱喻與神話、魔法的世界觀有密切關係，隱喻實是充滿流動之力的宇宙中，存在的強烈體驗與表達。透過隱喻，儀式的神秘功效，以及語言的魔力得以高度展現。此種語言不只是認知性的語言，同時還與生命之創造與力量之聯結密切相關，此種體驗方式與原始思維正相映合。詳參卡西勒（Ernst Cassirer）著，于曉譯，《語言與神話》（臺北：桂冠圖書公司，2002 年），頁 1-96。

中循循然。❶

外邪之氣往往透過皮毛而漸滲入於體內，漸入於經脈，再入於五
臟：

> 夫邪之客于形也，必先舍于皮毛，留而不去，入舍於孫脈。
> 留而不去，入合於絡脈。留而不去，入舍於經脈。內連五
> 藏，散於腸胃。陰陽俱感，五藏乃傷。此邪之從皮毛而入，
> 極於五藏之次也。如此則治其經焉。❶

五臟之不和亦將呈現於經脈上，❶亦可見身體雖有內外之別，但仍
為一氣所化，外在不和之氣將感染身體之經絡與五臟六腑，連帶影
響人之精神、魂魄。

　　人與宇宙既為一氣之所化，其結構亦復相類，人身小宇宙是大
宇宙圖式的再現，而自然宇宙亦如人身一般，有其經脈及生命。此
思想在先秦時即已存在，如《國語・周語上》：虢文公論籍禮時提
及籍田時在於疏通地脈，使得地氣能夠得到疏通，否則「脈其滿

---

❶　《素問》，卷八〈離合真邪論〉，頁 602-603。

❶　《素問》，卷十八〈繆刺論〉，頁 1246。

❶　如《史記》，卷一百五〈扁鵲倉公列傳〉，頁 2797-2801 提及五臟之氣所引
　　起的疾病，並引《脈經》提及五臟之疾將呈現於脈象上。以脈之長短、沈浮
　　等脈象斷定五臟之疾。如淳于意引《脈法》：「脈長而弦，不得代四時者，
　　其病主在於肝」、「脈來數疾去難而不一者，病主在心。」、「沉之而大
　　堅，浮之而大緊者，病主在腎。」

眚，穀乃不殖」。《國語》〈周語上〉伯陽父還透過陰陽之氣的不
流通，「陽伏而不能出，陰迫而不能蒸」，解釋天地失序與地震。
河川則類於人體經脈，必須疏為川谷，以導其氣❼。除了宇宙之氣
能流通無礙，不失其序，以使得宇宙平和、身心健康外。醫書更強
調人體小宇宙應天地之數，如《素問‧六節藏象論》：

> 三部者，各有天，各有地，各有人。三而成天，三而成地，
> 三而成人，三而三之，合則為九。九分為九野，九野為九
> 藏，故神藏五，形藏四，合為九藏。❽

《素問‧陰陽別論》：

> 四經應四時，十二從應十二月，十二月應十二脈。❾

《靈樞‧經別》：

> 余聞人之合於天道也，內有五藏，以應五音、五色、五時、
> 五味、五位也；外有六腑，以應六律，六律建陰陽諸經而合
> 之十二月、十二辰、十二節、十二經水、十二時、十二經脈

---

❼　《國語》，卷一〈周語上〉，頁 15-16、26-27。
❽　《素問》，卷六〈三部九侯論〉，頁 482-483。
❾　《素問》，卷二〈陰陽別論〉，頁 213。

者，此五藏六腑之所以應天道也。**⓴**

　　經脈、臟腑應合天地、五行、干支之數，而成四經、五臟、六腑、十二經脈。透過數之相應，而遵循、再現宇宙運行之律則。五臟又與五音、五色、五時、五味、五位相應。不只是經脈、五臟、六腑要應天數，甚至人體與自然之象亦相類相感，為自然之象的複製，《黃帝內經》中此類例子比比皆是，如將人的形象詮釋成「頭圓足方」以與「天圓地方」相應。又如將人之雙目類比為天象之日月。依此類推，人身之象皆細密的與自然天地之象相應。**㉑**也正因為人身與宇宙皆為天氣所化，人身之運行，實就是宇宙之運行，故而不只是數與象之相應，連同人之行事，亦須遵循宇宙運行之規律，才能相互感應成全大小宇宙秩序的和諧。季節之時氣不同，臟氣亦相應有別。《素問・金匱真言論》將：「五藏應四時」作為體氣運行的基礎。並提及春時「藏精於肝」等說法。**㉒**又如《素問・四氣調

⓴　《靈樞》，卷三〈經別〉，頁225。

㉑　此類例子極多，可詳參《靈樞・邪客》、《靈樞・陰陽繫日月》等篇。

㉒　《素問》，卷二〈金匱真言論〉，頁102。雖提及五臟「其應四時」，然其論述卻與《呂氏春秋》、《禮記・月令》同採五方、五色等相應系統，故又有應五時之說，如《靈樞》，卷三〈經別〉，頁225謂：「人之合於天道也，內有五藏，以應五音、五色、五時、五味、五位也。」值得注意的是，此種流動的身體觀受到戰國以後陰陽、五行、五色、五方等對應配置之說的影響，人身臟腑極多，定為「五」臟之數，應與五行系統的流傳有關。然而古代方技之士觀察五臟是依照五行、方位，在漢代並非只有一套，因此在施行及配應上亦往往有所不同，如《素問・診要經終論》將一年分為六時，所對應則在五臟外又加上「頭」，與五臟配五行、五方、五時系統不同。又如《禮記・月令》、《呂氏春秋》十二紀、《淮南子》等系統亦有所差異。李

神大論》：

> 春三月，此謂發陳，天地俱生，萬物以榮，夜臥早起，廣步
> 于庭。被髮緩形，以使志生，生而勿殺，予而勿奪，賞而勿
> 罰。此春氣之應，養生之道也。逆之則傷肝，夏為寒變，奉
> 長者少。㉓

春時則遵循宇宙生生之機，行事、施政均與春季生氣相應，如「被
髮緩形」使生機長養。施政上重視賞賜和施與。由於春屬東方木，
對應五臟為肝，故逆春氣往往傷肝。又如《呂氏春秋·開春》：
「開春始雷則蟄蟲動矣，時雨降則草木育矣，飲食居處適則九竅百
節千脈皆通利矣。」㉔亦是遵循季節之性，居處飲食均與之配合，
則經脈皆能通暢安適。即使一日之中，亦有「平旦人氣生」、「日
中而陽氣隆」、「日西而陽氣已虛，氣門乃閉」的差異，人之行事
亦當與之配合，如日暮以後，即應「收拒，無擾筋骨」，如日之將
息。若違反氣之運行的韻律，將導致氣之失序、淤塞，導致種種疾
病，以及「形乃困薄」的後果。㉕人的長壽必須必須全真守氣，順

建民，《死生之域──周秦漢脈學之源流》，頁 224 指出：「最少有二套系
統：一是《呂氏春秋》十二紀的方位配屬：春木東青脾，夏火南赤肺，秋金
西白肝，冬水北黑腎，季夏土中央黃心。另一是《淮南子·地形》的方位配
屬：春木東青肝，夏火南赤心，秋金西白肺，冬水北黑腎，季夏土中央胃
（脾）。」亦可為例。

㉓　《素問》，卷二〈四氣調神大論〉，頁 42。
㉔　《呂氏春秋校釋》，卷二十一〈開春〉，頁 1425。
㉕　《素問》，卷一〈生氣通天論〉，頁 76-77。

應天地：「適中于四時生長收藏之令，參同于陰陽寒暑升降之宜」，在循四時節氣而養生的同時，還必須減少內心情欲的造作：「去世離俗，積精全神，游行天地之間，視聽八達之外」，如此能全真守氣，得其天年。❷⑥

　　不只是醫書，人之經脈上應天地之數，是秦漢以後對應宇宙論典型的思考，如《淮南子‧天文》：

> 天地以設，分而為陰陽。陽生於陰，陰生於陽。陰陽相錯，四維乃通。或死或生，萬物乃成。蚑行喙息，莫貴於人，孔竅肢體，皆通於天。天有九重，人亦有九竅。天有四時以制十二月，人亦有四肢以使十二節。天有十二月以制三百六十日，人亦有十二肢以使三百六十節。故舉事而不順天者，逆其生者也。❷⑦

〈精神訓〉：

> 天有風雨寒暑，人亦有取與喜怒。故膽為雲，肺為氣、肝為風、腎為雨、脾為雷，以與天地相參也，而心為之主，是故耳目者日月也，血氣者風雨也。❷⑧

---

❷⑥　《素問》，卷一〈上古天真論〉，頁 36。

❷⑦　何寧，《淮南子集釋》（北京：中華書局，1998 年），卷三〈天文訓〉，頁 282-283。

❷⑧　《淮南子集釋》，卷七〈精神訓〉，頁 508。

人與天地相參，形體上應宇宙之象，人情之喜怒亦如天氣之風雨變化，舉事亦應順天。將人與天地相參，發展至極為細密者，要屬《春秋繁露》的「人副天數」，除了人體與宇宙川谷之象相副，而有「體有空竅理脈，川谷之象也」❷❾之說外，並認為天地陰陽之徵常設於身，於是推論出「數與之相參，故命與之相連也」❸⓿之說，通過數之相副，將天道律則彰顯於人身：

> 求天數之微，莫若於人。人之身有四肢，每肢有三節，三四十二，十二節相持而形體立矣。天有四時，每一時有三月，三四十二，十二月相受而歲數終矣。❸❶

人體之賦形如四肢與宇宙周期之年、季、月相應，此類說法在《春秋繁露》中比比皆是。❸❷《春秋繁露・官制象天》更將施政種種層面與之配合，形成彌天蓋地的系統：「天之數，人之形，官之制，相參相得也。」又如《孝經援神契》所謂：

> 人頭圓象天，足方法地，五藏象五行，四肢法四時，九竅法

---

❷❾ 《春秋繁露義證》，卷十三〈人副人數〉，頁 355。此說法在漢人頗為常見，如《論衡校釋》，卷十四〈寒溫〉，頁 627：「水之在溝，氣之在軀，其實一也。」

❸⓿ 《春秋繁露義證》，卷十三〈人副天數〉，頁 356。

❸❶ 《春秋繁露義證》，卷七〈官制象天〉，頁 218。

❸❷ 陳麗桂，〈《春秋繁露・循天之道》所顯現的養生之理〉，《中國學術年刊》19 期（1998 年 3 月）。

九分。目法日月，肝仁、肺義、腎志、心禮、膽斷、脾信、膀胱決難，髮法星辰，節法日歲，腸法鈴。❸

形體、五臟、六腑皆法天地自然，或法其數、或法其象。形成以氣為基礎，將時間、方位、數字……等系統結合在一起的感應體系。

　　前文已提及疾病往往被視為陰陽之氣不和所導致的結果，人身既是宇宙圖式的再現，因此疾病及醫治，亦不離此系統的運用，強調陰陽、五行之調和。《左傳·昭公元年》，記載晉侯有疾，卜人認為是「實沈臺駘為祟」所導致，此較從鬼神致病的原始思維角度進行理解❸。但子產認為山川之神與日月星辰主要影響水旱災疫與雪霜風雨之不時，此種氣候之災變能夠透過禜祭以化解，晉侯之病當與之無關。子產認為晉侯的病實是「飲食哀樂之事」不調所引起。於是提出君子之作息必須合於宇宙韻律：「四時朝以聽政，晝以訪問，夕以脩令，夜以安身。」如此才能「節宣其氣」，使氣能不過勞，亦不過散逸，不會發生「壅閉湫底」的現象。氣的散逸與淤塞不通正是疾病的根源。晉侯後又求醫於秦，秦使醫和視之，醫和斷定其為近女色所引起，由此發表了一則有關疾病與宇宙時序密

---

❸ 李昉等撰，《太平御覽》（北京：中華書局，1998 年），卷三百六十三〈形體〉，頁 1671，引《孝經援神契》。

❸ 先秦時往往有將疾病歸咎於鬼神之說，至漢時仍有專門視鬼之人，以為治病，如《漢書》，卷五十二〈灌夫〉，頁 2393 記田蚡病重：「一身盡痛，若有擊者，謼服謝罪」，武帝於是「使視鬼者瞻之」，視鬼者認為是：「魏其侯與灌夫共守，笞欲殺之」的緣故。又如《漢書》，卷四十五〈江充〉，頁 2178 記武帝病重時，江充認為是巫蠱所致，於是「捕蠱及夜祠，視鬼」者，師古認為是：「捕夜祠及視鬼之人」。

切相關的言論：

> 天有六氣，降生五味，發為五色，徵為五聲，淫生六疾。六
> 氣曰陰陽風雨晦明也，分為四時，序為五節。過則為菑，陰
> 淫寒疾，陽淫熱疾，風淫末疾，雨淫腹疾，晦淫惑疾，明淫
> 心疾。**㉟**

天有陰陽風雨晦明六氣，六氣而生五味、五色、五聲。五味、五
色、五聲能夠滋養同為天氣所化的人身。**㊱**醫和先由不具形色的五
味說起，杜預注解時將五味訓解為：「金味辛、木味酸、水味鹹、
火味苦、土味甘」認為其皆由陰陽風雨六氣而生。五色乃由辛、
酸、鹹、苦、甘而生白、青、黑、赤、黃。再由此五色之差異而徵
驗為五聲：「白聲商、青聲角、黑聲羽、赤聲徵、黃聲宮」。如此
訓解透露出許多可以深入思考的訊息。第一，醫和將重於女色所生
之疾，定義為：「女，陽物，而晦時淫則生內熱，惑蠱之疾」。杜
預訓解因「女常隨男」因此將之屬陽，陽事過度則生熱疾，而女色
之事往往於晦夜之時，晦夜失節則生惑疾，故而重女色者將生「內

㉟　《左傳》，卷四十一〈昭公元年〉，頁708-709。

㊱　此說法在先秦時並不少見，如《國語》〈周語下〉，頁98亦提及：「天六地
　　五，數之常也。經之以天，緯之以地。經緯不爽，文之象也。」，韋昭即認
　　為所謂六氣指：「陰、陽、風、雨、晦、明」，而「地有五行，金、木、
　　水、火、土也。」《漢書》，卷二十一〈律曆志〉，頁981：「天有六氣，
　　降生五味。夫五六者，天地之中合，而民所受以生也。故日有六甲，辰有五
　　子，十一而天地之道畢，言終而復始。」

熱」、「惑蠱」等疾病。第二，此文雖不為觀人而發，然而人亦為天氣所生，因此亦可透過五色、五聲之表現可作為觀人的憑藉。第三，五味、五色、五聲既是以五行為基礎，其已具備相生相剋的特質，因此若偏於某一色味聲音自然引起連鎖的不協調反應，因此醫和強調嗜欲不在禁絕，而在調節，調節五色、五聲、五味使其不淫。第四，醫和解釋疾病由「淫」著眼，「淫」訓為「過」，陰、陽、風、雨、晦、明之過節將導致種種疾病。第五、人身之得其天年當與宇宙之時氣相調和。如《黃帝內經》將疾病之因歸咎於風、寒、暑、濕、燥、火等不協調，於是：「天之邪氣感，則害人五藏。水穀之寒熱，感則害於六府。地之濕氣，感則害皮肉筋脈。」❸也因此療疾養生主要透過：「五味、五穀、五藥養其病」。強調陰陽調和，「陰平陽秘，精神乃治。陰陽離決，精氣乃絕」❸。

　　由於人身與陰陽之氣的變化密切相關，而陰陽之氣的變化往往反映在節令上，因此將人身之各部位比附於不同之節令亦屬自然之事，如《靈樞·九針論》：

　　黃帝曰：願聞身形應九野奈何？岐伯曰：請言身形之應九野也，左足應立春，其日戊寅己丑；左脇應春分，其日乙卯；左手應立夏，其日戊辰己巳；膺喉首頭應夏至，其日丙午；右手應立秋，其日戊申己未；右脇應秋分，其日辛酉。右足

---

❸　《素問》，卷二〈陰陽應象大論〉，頁188-189。又如《素問·至真要大論》提及「夫百病之所生也，皆生於風、寒、暑、濕、燥、火，以之化之變也。」

❸　《素問》，卷一〈生氣通天論〉，頁82。

應立冬，其日戊戌己亥；腰尻下竅應冬至，其日壬子。六腑
及膈下三藏應中州，其大禁，大禁太一所在之日，及諸戊
己。凡此九者，善候九正所在之處，所主左右上下身體有癰
腫者，欲治之，無以其所直之日潰治之，是謂天忌日也。❸❾

於是身體與九野相應，並與節氣及干支相配應，各時令與干支日之
行事影響身體之相應部位，並對療疾之時日造成影響。或如《素
問·診要經終論》指出一月二月時「天氣始方，地氣始發，人氣在
肝」、三月四月時「天氣正方，地氣定發，人氣在脾」、五月六月
「天氣盛，地氣高，人氣在頭」、七月八月「陰氣始殺，人氣在
肺」、九月十月「陰氣始冰，地氣始閉，人氣在心」、十一月十二
月「冰複，地氣合，人氣在腎」。❹⓿又有將十二月應十二脈之說，
經脈血氣的變化與四時氣候相遷移。身體與九野相應，而九野又透
過分野之觀念與星象相應，❹❶於是形成牽一髮而動宇宙。也因四時

---

❸❾　《靈樞》，卷十二〈九針〉，頁784-785。

❹⓿　《素問》，卷四〈診要經終論〉，頁339-340。

❹❶　有關分野之說，如《周禮》，卷二十六〈春官·保章氏〉，頁405-406：「掌
　　天星以志星辰日月之變動，以觀天下之遷，辨其吉凶。以星土辨九州之地，
　　所封封域皆有分星以觀妖祥」，鄭玄解釋：「九州州中諸國中之封域，於星
　　亦有分焉」，為按十二次分配。另如《史記·天官書》按二十八宿及五星分
　　配。《呂氏春秋·有始覽》：「天有九野，地有九州」，將二十八宿分別配
　　於九野對應人間之九州。又如《淮南子·天文訓》亦提及分野之說。詳參陳
　　遵媯，《中國天文學史》，頁 177-184；陳久金，《中國星座神話》，頁
　　319-339；馮時，《中國天文考古學》（北京：中國社會科學出版社，2001
　　年），〈分野體系的建立與發展〉，頁 76-80；陳建樑：〈《左傳》鄭、服分
　　野說攷辨〉，《漢學研究》13 卷 2 期（1995 年 12 月），頁 15-35。

節令不同，人體中之氣血亦相應變化，故而醫療及診治亦需配合時令及身體相應的部位進行診治，如《素問·四時刺逆從論》提及：「春氣在經脉，夏氣在孫絡，長夏氣在肌肉，秋氣在皮膚，冬氣在骨髓中」❷，而進行針刺時，則「春夏秋冬，各有所刺」、「春刺散俞，及其分理，血出而止」、「夏刺絡俞，見血而止」、「秋刺皮膚循理」、「冬俞竅於分理」，依循氣之運行及所在臟腑進行診治，以使得氣能順利運行，若違反此原則，則會造成「脉亂氣微，入淫骨髓」、「邪氣著藏」、「病不愈」等後果。❸

不只是醫書，秦漢時期往往將氣之不和視為致病為重要原因。如《周禮·疾醫》謂：

> 四時皆有癘疾：春時有痟首疾，夏時有痒疥疾，秋時有瘧寒疾，冬時有嗽上氣疾。❹

疾病乃是氣之勝負而生。又如《史記》〈扁鵲列傳〉中扁鵲以「血氣不時」、「邪氣畜積而不得泄」解釋虢太子之疾。❺賈公彥疏解《周禮·疾醫》即解釋疾病與節氣的密切關係：

---

❷　《素問》，卷十八〈四時刺逆從論〉，頁 1279。

❸　《素問》，卷四〈診要經終論〉，頁 341-345。有關疾病身體之論述及其與氣之密切關係，詳參蔡璧名，《身體與自然——以《黃帝內經素問》為中心論古代思想傳統中的身體觀》（臺北：臺灣大學出版社，1997 年）；蔡璧名，〈疾病場域與知覺現象：傷寒論中「煩」證的身體感〉，《臺大中文學報》23 期（2005 年 12 月）。

❹　《周禮》，卷五〈疾醫〉，頁 73。

❺　《史記》，卷一百五〈扁鵲列傳〉，頁 2788。

> 春是四時之首，陽氣將盛，惟金沴木，故有頭首之疾。……
> 四月純陽用事，五月巳後陰氣始起，惟水沴火，水為甲，疥
> 有甲，故有疥癢之疾。……秋時陽氣漸銷，陰氣方盛，惟火
> 沴金，兼寒兼熱，故有瘧寒之疾。……冬時陰氣盛，陽氣方
> 起，惟土沴水，以土壅水，其氣不通，故有嗽上氣之疾。❹⑥

解釋疾病主要以陰陽之氣的消長變化及五行相乖來理解。透過五氣、五行之協調，以攻其盈，養其不足。《周禮·瘍醫》：亦提及透過五氣、五藥、五味養病，而藥之性質與療效透過五行生剋為之：「以酸養骨」、「以辛養筋」、「以鹹養脉」、「以苦養氣」、「以甘養肉」、「以滑養竅」，何以酸能養骨？鄭玄透過以類相養的原則，將五味配合五行，再以形似者具備同質交感互滲的原理進行解釋：

> 以類相養也。酸，木味，木根立地中似骨。辛，金味，金之
> 纏合異物似筋。鹹，水味，水之流行地中似脉。苦，火味，
> 火出入無形似氣。甘，土味，土含載四者似肉。滑，滑石
> 也，凡諸滑物通利往來似竅。❹⑦

酸在《禮記·月令》及《周禮》中對應五行之木，而木與骨形似，

---

❹⑥ 《周禮》，卷五〈天官·冢宰·疾醫〉，頁 73。除了《周禮》以外，《禮記》〈月令〉於季節變化時有迎氣、送氣的儀式，並認為陰陽、寒暑之氣若未能協調，適將害人，成為疾病的重要原因。

❹⑦ 《周禮》，卷五〈天官·冢宰·瘍醫〉，頁 75。

在原始思維中，相似之物亦會感通互滲相類特質❹，故而食酸可養骨，依此類推。其根源仍是透過天地之氣之運行，及五行交感生剋的作用來理解。

自然宇宙既然與身體同構，因此治身與治國，乃是「一理之術也」，高誘即認為：「身治則國治，故曰一理之術也」❹。同樣的，施政之種種將影響脈之運行，如《漢書・李尋傳》提及：「王道公正修明，則百川理，落脈通；偏黨失綱，則踊溢為敗。」顏師古注：「落謂經絡也」。當施政清平，國土平和，相感相應的人身經絡亦皆通暢平和。

二、五臟、血氣與五官、形色的密切關係

前章在論及形體為內在德性彰顯時，已觸及五官為內在情志的呈現，事實上，五官不只是內在情志的展現，五臟、六腑、氣血的狀態，亦往往在五官、九竅中呈現。《管子・水地》篇透過嬰兒之賦形而論五臟與五官、九竅的密切關係：

> 三月如咀，咀者何？曰五味，五味者何？曰五藏，酸主脾，
> 鹹主肺，辛主腎，苦主肝，甘主心。五臟已具，而後生肉，

---

❹ 模擬物將感應形似之物的特質，在交感巫術中，形式與接觸均可能感染滲透其質性。詳參弗雷澤（J.G. Frazer）著，汪培基譯，《金枝——巫術與宗教之研究》（臺北：久大文化公司、桂冠圖書公司聯合出版，2002 年），頁 21-73。列維・布留爾（Levy Bruhl）著，丁由譯，《原始思維》（北京：商務印書館，1997 年），〈互滲律〉，頁 62-98。

❹ 《呂氏春秋校釋》，卷十七〈審分〉，頁 1029、1032。

> 脾生隔，肺生骨，腎生腦，肝生革，心生肉。五肉已具，而
> 後發為九竅，脾發為鼻，肝發為目，腎發為耳，肺發為竅。
> 五月而成，十月而生。❺⓿

胎兒於出生之前，胚胎時期五臟已逐漸生成，而外顯的身體骨、
肉、皮膚、耳、目之竅亦由五臟而逐漸衍生成形，因此五臟於身體
中具有重要的基礎意義。五臟之變亦將呈現於形體上，且於五官上
連動呈現。戰國至漢代許多文獻均論及五臟與五官的關係，如《文
子》〈九守〉：

> 形骸已成，五藏乃分，肝主目，腎主耳，脾主舌，肺主鼻，
> 膽主口。❺❶

五臟與五官密切相關，為五官運作之基礎。此處將五臟定義為肝、
腎、脾、肺、膽，與《管子·水地》之脾、肺、腎、肝、心不同，
又與《淮南子·精神》：「肺主目，腎主鼻，膽主口，肝主耳」五
臟之稱相同，但在對應之五官上，腎與肝二者對應相反。亦可見出
五臟之說，及其與五官之對應並不只一套。

　　五臟、五官、五色等呈現連動的關係，五臟之狀態，往往呈現
於形體上，同時又與內在氣血、情緒息息相關。形體的健康、明朗

---

❺⓿　《管子》，卷十四〈水地〉，頁 815-816。

❺❶　李定生、徐慧君校釋，《文子校釋》（上海：上海古籍出版社，2004 年），
　　頁 102。

與否，與五臟之氣的運行，以及內外之氣相互的影響密切相關。此如《素問·五臟生成論》所謂：

> 心之合脈也，其榮色也，其主腎也。肺之合皮也，其榮毛也，其主心也。肝之合筋也，其榮爪也，其主肺也。脾之合肉也，其榮脣也，其主肝也。腎之合骨也，其榮髮也，其主脾也。㉒

顏色、毛、髮、指爪、脣可反映五臟的狀態。五臟之質性分以五行屬之，而彼此以相剋者為主，如心、肺、肝、脾、腎，分屬火、金、木、土、水。屬火之心所主者與屬水之腎相剋，其他依次類推。㉓影響五臟者有飲食、情緒等生命狀態。飲食中將五味鹹、苦、辛、酸、甘之質性亦分屬五行，以此而有生剋的情形，從剋的角度來說，過分食鹹則「變色」，過分食苦則「皮槁而毛拔」，過分食辛則「筋急而爪枯」、過分食酸則「肉胝脙而脣揭」、過分食甘，則「骨痛而髮落」。五臟各有所傷之味，也各有所成之味，而此之所成，彼之所傷，彼此形成互相影響的網絡。如此於飲食上亦須強調協調中節，以成就五臟的和諧。也由於五臟之和諧將呈現於容色、毛髮、指爪、口脣的豐澤和榮色上，因此由觀容色即可知人

㉒　《素問》，卷三〈五藏生成論〉，頁 268-270。

㉓　《素問》，卷三〈五藏生成論〉，頁 269。根據馬氏所注：「心屬火，腎屬水，火之所畏者惟水，則心之所主者惟腎也。」

作息以及臟腑的狀態,若「氣足於中」,自然會「色榮於外」。❺④
《黃帝內經·六節藏象論篇》於此有更細密的論述:

> 帝曰:藏象何如?歧伯曰:「心者,生之本,神之變也。其
> 華在面,其充在血脉,為陽中之太陽,通於夏氣。肺者,氣
> 之本,魂之處也,其華在毛,其充在皮,為陽中之太陰,通
> 於秋氣。腎者,主蟄封藏之本,精之處也,其華在髮,其充
> 在骨,為陰中之少陰,通于冬氣。肝者,罷極之本,魂之居
> 也,其華在爪,其充在筋,以生血氣,其味酸,其色蒼,此
> 為陽中之少陽,通於春氣。脾胃大腸小腸三焦膀胱者,倉廩
> 之本,營之居也,名曰器,能化糟粕,轉味而入出者也,其
> 華在唇白,其充在肌,其味甘,其色黃,此至陰之類,通於
> 土氣。❺⑤

五臟各有臟氣,五臟之氣而生「喜怒悲憂恐」五志。五志之震動,
將牽連相應之臟腑,並透過五行之生剋,而影響五臟。❺⑥五臟為
神、魂、精、營安居之場所,《素問·宣明五氣》又強調心藏神、
肺藏魄、肝藏魂、脾藏意、腎藏志;五臟又各主脈、皮、筋、肉、

---

❺④ 《素問》,卷三〈五藏生成論〉,頁 275:「生於心,如以縞裹朱。生於
　　 肺,如以縞裹紅。生於肝,如以縞裹紺。生於脾,如以縞裹栝樓實。生於
　　 腎,如以縞裹紫。」縞者為素練,以縞裹朱,喻面白而朱色由內而發。
❺⑤ 《素問》,卷三〈六節藏象論〉,頁 260-265。
❺⑥ 《素問》,卷二〈陰陽應象大論〉,頁 139。

骨❺❼，五臟同時影響精神、魂魄、志意，身心、氣血的密切關係，於此可以看出。由於所藏之氣不同，對應出五音、五味、五色亦不相同。分別影響脈、皮、骨、筋、肌而彰顯於面、毛、髮、爪、唇等形體上❺❽。五臟之氣分別對應於五行，而五行之氣又與四時相關，於是天地四時之氣深深影響五臟之運行，內在意念的造作、人事之行止與天地之氣的互動亦深深影響體內氣之運行，並彰顯於形體之上。也正因此形體的榮枯、氣色，一方面是身體是否與宇宙之氣有和諧關係的彰顯，另一方面又是情緒、意念、行止、出處能否協調參贊於宇宙之氣化的表現。如能符應宇宙之氣化，則顯現為神清氣爽、身體健康、氣色豐潤、行止合度、心念單純。反之，則可透過骨肉皮膚，得知其狀況❺❾。於是由體貌可以預知生死與壽夭，《黃帝內經素問·五臟生成篇》：

> 凡相五色之奇脈，面黃目青，面黃目赤，面黃目白，面黃目
> 黑，皆不死也；面青目赤，面赤目白，面青目黑，面黑目

---

❺❼ 《素問》，卷七〈宣明五氣〉，頁 569-572。又如《靈樞》，卷七〈本藏〉，頁 490 所謂：「五藏者，所以藏精血氣魂魄者也。六府者，所以化水穀而行津者也。」，五臟為精神、血氣、魂魄之奧府，流動的身體之氣與精神的密切關係亦於焉可見。

❺❽ 此說法影響頗深遠，沈括，《夢溪筆談校證》（北京：中華書局，1959年），卷十八〈技藝〉，頁 613。提及醫家以鬚髮眉分稟五臟之氣，以髮屬心，稟火氣，故上生；鬚屬腎，稟水氣，故下生；眉屬肝，故側生。即為五臟之氣於五官面目上之呈現。

❺❾ 《素問》，卷七〈經脈別論〉，頁 505。

> 白，面赤目青，皆死也。❻⓪

此種說法成為觀相、觀壽夭的基礎。

漢代時如《淮南子・精神》亦提及人之精神與形體的密切關係：

> 夫孔竅者，精神之戶牖也。而氣志者，五藏之使候也。耳目
> 淫於聲色之樂，則五藏搖動而不定矣；五藏搖動而不定，則
> 血氣滔蕩而不休矣；血氣滔蕩而不休，則精神馳騁於外而不
> 守矣。❻①

由於人為精氣之所化，心氣之狀態將影響五臟，當受到官能的牽引
時，血氣動搖、五臟之氣不定、精神外馳而耗損，在此狀況下，為
精神戶牖之孔竅自然受其影響。又如《韓詩外傳》：

> 惟天命本人情，人有五藏六府，何謂五藏？情藏於腎，神藏
> 於心，魂藏於肝，魄藏於肺，志藏於脾。何謂六府？咽喉量
> 入之府，胃者五穀之府，大腸轉輸之府。小腸受成之府，膽
> 積精之府，膀胱，精液之府。❻②

---

❻⓪ 《素問》，卷三〈五臟生成篇〉，頁293。

❻① 《淮南子集釋》，卷七〈精神訓〉，頁512。

❻② 《太平御覽》，卷二百六十三〈人事・形體〉，引《韓詩外傳》，頁 1671。
《後漢書》，卷六十上〈馬融列傳〉，頁 1955，注引《韓詩外傳》則作：

五臟與情、神、魂、魄、志密切相關,六腑則與生命之氣的由來與轉化密切相關[63]。由於五臟與魂魄、情神、志意密切相關,故而往往配五行、五常之德。至《禮記·樂記》、《禮記·月令》及《史記·樂書》又將五音宮商角徵羽與脾、肺、肝、心、腎,以及聖、義、仁、禮、智相配合,是將五音、五臟、五行乃至於五味……等系統均納入其中。[64]

也正因五臟與情、神、魂、魄、志密切相關,甚至為其奧藏之所,因此五臟不僅與五官聯動,而且也必然在人的整體形貌上顯

「精藏於腎,神藏於心,魂藏於肝,魄藏於肺,志藏於脾」五臟為精、神、魂、魄、志之奧府。藏於腎者為精,略有不同。

[63] 此如《靈樞》,卷七〈本藏〉,頁 490 所謂:「六腑者所以化水穀而行津液者也」。又如《靈樞》,卷六〈陰陽清濁〉,頁 447 謂:「受穀者濁,受氣者清,清者注陰,濁者注陽。濁而清者,上出于咽,清而濁者則下行。」,即人身之氣有清氣、濁氣之別,濁氣來自於穀氣,清氣來自於天氣也。天氣主於五臟,穀氣則注入六腑。六腑將飲食穀實轉化為氣,並與五臟相通,由此透過飲食而增益五臟、六腑之氣。

[64] 馬王堆漢墓帛書《五行》強調仁義禮智聖行於內,對於德行之定義,強調在心為德,誠發於中,有了內在的根據方可謂之德,「不刑於內謂之行」。有關仁義禮智聖五行之說,詳參馬王堆漢墓研究小組,《馬王堆漢墓帛書·五行》(北京:文物出版社,1974 年),頁 17。《漢書》,卷七十五〈翼奉傳〉,顏師古注引晉灼說,頁 3171,認為翼奉所謂「五性」乃指:「肝性靜,靜行仁」;「心性躁,躁行禮」;「脾性力,力行信」;「肺性堅,堅行義」;「腎性智,智行敬」,《白虎通》卷三下〈情性〉亦將五臟與五行相配,得出:「肝仁,肺義,心禮,腎智、脾信」的結果。再如《太平御覽》,卷三百六十三〈形體〉,頁 1671,引《孝經援神契》提及:「肝仁、肺義、腎志、心禮、膽斷、脾信」,則多了膽而臟器有六,與前引又有差距。

現，其中又以眸子特別為人所關注。目之神氣反映了內在之氣的狀態，秦漢時觀人，對於精神戶牖的眸子特別注意，漢初賈誼《新書》中對於形神關係亦有所著墨，同時亦將關注點集中於「目」。在醫書中透過五臟及經脈的系統亦對此提出了說明。如《黃帝內經‧五藏生成篇》指出：「諸脈者皆屬於目」，張氏注引《大惑論》指出：「五藏六府之精氣，皆上注於目而為之精」。而《脈要精微論》又指脈為「血之府」，由於諸脈皆總屬於目，也正因此《宣明五氣篇》指出：「久視傷血」 **❻**。由目之精氣神采可以觀察整體精神、氣血之狀態。不只如此，目與五臟關係密切，透過「目」亦可得知五臟之狀態，如《黃帝內經‧素問‧金匱真言論》指出：

> 帝曰：「五藏應四時，各有收受乎？歧伯曰：「有，東方青色，入通於肝，開竅于目，藏精于肝。其病發驚駭。其味酸，其類草木，其畜雞，其穀麥，其應四時，上為歲星。是以春氣在頭也，其音角，其數八。是以知病在筋也，其臭臊。」 **❻**

根據五行對應五方、五色、五季等圖式，東方為木之方，其所對應五臟為肝，肝之竅為目，目與肝關係密切。而肝在五臟中為「魂之

---

❻ 以上引文分別見於《素問》，卷三〈五藏生成論〉，頁 276-277、卷五〈脈要精微論〉，頁 359、卷七〈宣明五氣〉，頁 572。

❻ 《素問》，〈金匱真言論〉，頁 102-106。

居」是血氣所生之本，在五臟中居於關鍵的地位。因此與肝相對應的目亦在五官中居於主導地位。❻目與肝的相連，在漢代解釋身體及情性問題時亦不時被提及，如東漢《白虎通》亦承續醫書對應系統：

> 肝所以仁者何？肝，木之精也。仁者好生，東方者，陽也，萬物始生，故肝象木色青而有枝葉。目為之候何？目能出淚，而不能內物，木亦能出枝葉，不能有所內也。❻

《白虎通》亦承《黃帝內經》對應系統，將目與肝相類比。目與肝的密切關係，在東漢時應不少見，如《春秋元命包》亦提及：「目者肝之使，肝者木之精，蒼龍之位也」❻，即為其例。

五臟分屬一時，各主一方，其中關係並非等量，五臟中以肝為

---

❻　《素問》，卷二十四〈陰陽類論〉，頁 1357 提及：「春甲乙青中主肝，治七十二日。是脈之主時，臣以其藏最貴。」亦以肝為五臟中之最貴者。《素問》，卷二〈陰陽應象大論〉，頁 147：「肝主目」。肝之徵候可以「目」中顯現，前引《素問·六節藏象論》中肝能生血氣，故血氣、身心之狀態以肝為樞紐而呈現於「目」。劉成紀，《形而下的不朽：漢代身體美學》（北京：人民出版社，2007 年），頁 65：「肝在五臟中的先導性、生血功能以及它生發的生之氣的外射性行為（肝氣盛則夢怒），決定了與之對應的睛必然最能傳達人內在的心志。」

❻　陳立，《白虎通疏證》（北京：中華書局，1997 年），卷八〈性情〉，頁 384。然而此說法實不只一套，如《淮南子集釋》，卷七〈精神訓〉，頁 506 提及十月而生後，五藏成形，於是：「肺主目，腎主鼻，膽主口，肝主耳。」即為其例。

❻　《春秋元命包》，頁 626。

主的說法，亦並非唯一。其他尚有以脾胃為主等說法，如前引〈六節藏象論〉即以脾胃色屬黃，通於土氣，乃為居中之象徵。以「心」為五臟之主、身之主，此說法頗為流傳，於儒家之身體觀及工夫論中亦頗為重要，如《孟子》以「心之官則思」，強調「持其志無暴其氣」，《荀子》強調心為「天君」、「形之君」，以治五官。《逸周書·武順》強調：「心有四佐，不和曰廢」，所謂「四佐」，孔晁注認為指：「脾、腎、肺、肝」，即以心為其他四臟之主。又如《淮南子·原道》：提及「心」為五臟之主，透過心來「制使四支，流行血氣，馳騁于是非之境，而出入于百事之門戶者也」❼⓿。又如《呂氏春秋》十二紀中以季夏屬中，色黃，其中五臟所配為心，故以心為中、為主。再如《馬王堆漢墓帛書·五行》強調：「耳目鼻口手足六者，心之役也。」❼❶，例子極多，不一一列舉。

　　若從五臟配屬五行，並以中之臟器為主，則《呂氏春秋》十二紀以心居中，《淮南子·墜形》五行方位系統中以胃居中，前引《黃帝內經·五藏生成論》以脾屬土居中。❼❷醫書及論養生之書亦

---

❼⓿　《淮南鴻烈集解》，卷一〈原道訓〉，頁 35。

❼❶　馬王堆漢墓研究小組，《馬王堆漢墓帛書·五行》（北京：文物出版社，1974 年），頁 18。

❼❷　但若依《淮南鴻烈集解》，卷四〈墜形訓〉，頁 145-146，提及：「蒼色主肝」、「赤色主心」、「白色主肺」、「黑色主」、「黃色主胃」，若依五色配五方，則屬中者為胃。又如《禮記》，卷十四〈月令〉，頁 284 孔疏引鄭玄說：「醫疾之法，以肝為木，心為火，脾為土，肺為金，腎為水，則有瘳也，若反其術，不死為劇。」屬中者為脾。李建民，《死生之域——周秦漢脈學之源流》（臺北：中央研究院歷史語言研究所，2001 年），頁 225 亦

多從此二系統，分別言心與脾胃為主。如《素問》以心為：「君主之官也」，將其視為「五臟六府之主也」、「心動則五六皆搖」。由於心為「神明出焉」，因此「主明則下安，以此養生則壽……主不明則十二官危，使道閉塞而不通，形乃大傷，以此養生則殃」❼❸。至於以脾胃為五臟之主，則從飲食所獲得的食物之氣來說，如《素問·經脈別論》以飲食穀氣作為生命能量的來源：

> 食氣入胃，散精于肝，淫氣於筋。食氣入胃，濁氣歸心，淫精於脈。脈氣流經，經氣歸於肺，肺朝百脈，輸精於皮毛。毛脈合精，行氣於府。府精神明，留於四藏，氣歸于權衡。權衡以平，氣口成寸，以決死生。❼❹

《靈樞·動輸》：

> 胃為五藏六府之海，其清氣上注於肺，肺氣從太陰而行之，其行也，以息往來，故人一呼脈再動，一吸脈亦再動，呼吸不已，故動而不止。❼❺

《素問·平人氣象論》更認為「平人之常氣稟於胃」，胃之大絡視

提及：「五臟之中，與經脈學說相關的臟器主要有二：一是心，一是脾胃。在《呂氏春秋》、《淮南子》五行方位系統，兩者皆位於中央土。」

❼❸　《素問》，卷三〈靈蘭秘典論〉，頁237、241。

❼❹　《素問》，卷七〈經脈別論〉，頁507-509。

❼❺　《靈樞》，卷九〈動輸〉，頁600。

為「脈宗氣也」。王冰注云：「宗，尊也，主也，十二經脈之尊主也。」❼又如《春秋元命包》提及：「脾者土之精，上為北斗，主變化者也。」❼則以脾居中屬土，主於變化。除了以心、肝、脾、胃為主外，又有透過天一生水之說，而認為腎在五臟、五行的排列屬水，故為五臟之本❼。不論是符應宇宙圖式，透過天一生水說，強調腎主生的力量。或是以心為主，影響後世德性修養之說；或是從飲食角度，以言飲食所獲得之氣為生命之本，此說在後世修煉上具有重要意義。五臟間往往相生相剋，形成緊密連結的網絡，牽動其一則將輾轉影響全身臟腑，乃至經脈，則無可疑。而五臟之狀態與心性修養、生活作息、行事、符應宇宙圖式及韻律等，均密切相關。其能影響精、神、魂、魄、志，並將呈現於面目、毛髮、指

---

❼　《素問》，卷五〈平人氣象論〉，頁 405、412。注引吳鶴皋說：「胃為中土，得天地中和之氣，五藏得胃氣則和。」張景岳：「土為萬物之母，故上文四時之脈，皆以胃氣為主。」亦皆以胃屬土、居中，而為五藏之主。

❼　《春秋元命包》，頁 626。

❼　如《禮記》，卷十七〈月令〉，頁 341，冬季時祭五臟中之腎，此時所對應方位為北，五行為水。卷十四〈月令〉，頁 284，孔疏引鄭玄之說：「今醫疾之法，以肝為木，心為火，脾為土，肺為金，腎水，則有瘳也。若反其術，不死為劇」亦為其例。根據《尚書》，卷十二〈周書·洪範〉，頁 169，其五行排列次序是：「一曰水，二曰火，三曰木，四曰金，五曰土」，正義引《易·繫辭》而指出：「天一生水，地二生火，天三生木，地四生金，天五生土」天一即大一，大一生水之說，在先秦時即已流傳。（可詳參《郭店楚簡》〈大一生水〉及相關學者研究）。《管子》，卷十四〈水地〉，頁 815：「人，水也。男女精氣合而水流形」將人之生成階段與「水」密切相關。而《素問·陰陽應象大論篇》以及《靈樞·經脈》中亦強調腎生骨髓，亦可見出腎藏為五臟之主，同時腎藏在身體觀中具有重要地位，透過太一生水及五行之說又與宇宙論息息相關。

爪、皮膚……上。此時五臟、心性之內與形體相貌之外，並無二致，同時身體之相亦與宇宙圖式相互流通感應。在「法於陰陽，和於術數，食飲有節，起居有常，不妄作勞」的工夫下，終至於能達到「形與神俱」、「盡終其天年」的結果。**❼**

三、於觀人、觀氣的探討

身體既與天地之氣相融相感，五臟亦因之而受天地、陰陽、五行之律則所影響。五臟又與五官、五常相應，為情、神、魂、魄、志奧藏之所，五臟中心、肝、脾、肺、腎為主之說，又分別牽涉宇宙論、養生、修養工夫……等層面。在此背景下與五臟之氣運行密切相關的形體、容色、精神、聲調均成為觀人所重視的焦點；甚至配合五行生剋成為相術中觀人吉凶、貴賤、壽夭的重要根據。此外，醫書中如《靈樞》〈陰陽二十五人〉還將人依五行分為木、火、土、金、水五類：

> 木形之人，比於上角，似於蒼帝。其為人蒼色，小頭，長面，大肩背，直身，小手足，有才，好勞心，少力，多憂勞於事。……火形之人，比於上徵，似於赤帝。其為人赤色，廣䏖，銳面，小頭，好肩背髀腹。小手足，行安地，疾心，行搖，肩背肉滿，有氣輕財，少信，多慮，見事明，好顏，急心，不壽暴死。……土形之人，比於上宮，似於上古黃

---

❼　《素問》，卷一〈上古天真論〉，頁 17-39 此處並將生命依其與陰陽、四時和調的程度，分為真人、至人、聖人、賢人等不同的層次。

帝，其為人黃色，圓面，大頭，美肩背，大腹，美股脛，小
手足，多肉，上下相稱，行安地，舉足浮，安心，好利人，
不喜權勢，善附人也。……金形之人，比於上商，似於白
帝，其為人，方面，白色，小頭，小肩背，小腹，小手足，
如骨發踵外，骨輕，身清廉，急心，靜悍，善為吏……水形
之人，比於上羽，似於黑帝，其為人黑色，面不平，大頭，
廣頤，小肩，大腹，動手足，發行搖身，下尻長，背延延
然，不敬畏，善欺紿人，繆死。❽

分屬五行不同之人，體相與五行相配，能得出其膚色、體型、性
情、行動的樣貌、習性等特色。如《呂氏春秋·達鬱》提及相人之
術：「敦顏而土色者忍醜」高誘認為：「土為四時五行之主」，陳
奇猷注云：「敦顏」為面相忠厚，有土之質性者性情具備「耐辱忍
醜」的特質。❽是將人之容色態度與五行對應，而推斷其性情。進
一步來看，氣色與聲調之質性，分屬於五行，並以五行生剋作為論
斷，可以占性情、壽夭。如《逸周書》〈太子晉〉記師曠與太子晉
二人對話，王子晉問師曠：「吾聞汝之人年長短，告吾」，師曠的
回答是：「汝聲清汗，汝色赤白，火色不壽」，王子回曰：「吾後
三年上賓于帝所，汝慎無言，殃將及汝」，果然不出三年王子晉
死。❽師曠聽聲觀色而論斷太子晉不壽，重點在「汝聲清汗，汝色

---

❽　《靈樞》，卷九〈陰陽二十五人〉，頁 614-626。

❽　《呂氏春秋校釋》，卷二十〈達鬱〉，頁 1375、1388。

❽　黃懷信、張懋鎔、田旭東撰，《逸周書彙校集注》（上海：新華書店，2008
　　年），卷九〈太子晉解〉，頁 1030-1032。

赤白」二句。潘振以五行生剋角度進行解釋：

> 清，徵也。汗，人液，出而不反，喻聲無回音也。聲宜清，
> 不宜汗，清而汗，氣浮也。赤屬火，白屬金，人生不足於腎
> 水，不能養木，故肝木王而生火。火剋金，肺氣上浮，故色
> 赤白。火為主，故謂之火色，此不壽之徵也。曠不能觀色，
> 辨聲而知之。

陳逢衡亦謂：

> 此以五行休咎推人之壽命也。清汗謂清而渙散，在五行屬
> 木。色赤白，火刑金也，且剋木，故不壽。[83]

所謂聲音清汗指說話氣力不足，聲無回音。而面色赤白不壽，則以
五行配屬五臟，並以其生剋作為理解。《逸周書》以聲、色預知壽
夭並非特例，而是秦漢時期存在的對身體及疾病、壽夭的認識，
《周禮·疾醫》：提及：「以五氣、五聲、五色眡其死生。兩之以
九竅之變，參之以九藏之動。」[84]五氣指五臟所出之氣、五聲分宮
商角徵羽、五色指面貌之青黃赤白黑五色。臟氣與聲、色密切相
關，臟及聲、色依五行生剋運行，故由聲與色、體貌即可知其身體

---

[83]　以上引文詳參《逸周書彙校集注》，卷九〈太子晉解〉，頁 1031。
[84]　《周禮》，卷五〈疾醫〉，頁 74。

的狀況，並且推斷壽夭，**⑧⑤**此方法在漢代具有普遍性。如王符〈相列篇〉謂：「骨法角肉各有分部，以著性命之期，顯貴賤之表」、「氣色為吉凶候」**⑧⑥**。此時言吉凶仍常從陰陽、五行生剋來看，因為五行八卦之氣具於人之身，而此氣呈現於相貌之上，於是〈相列〉篇除了舉前引《逸周書》「赤色不壽」為例外，還又引《說卦》：「巽為人多白眼」並評論道：「相揚四白者兵死，此猶金伐木也」還是從五行生剋角度進行理解。

由於五行、四時之氣相滲相感，而具於人身，因此觀聲氣、容色可以知人性情、吉凶、疾病及身心狀態。此系統運用於觀人及相法上，頗為普遍，不論面部、手足、行步的姿態、聲氣皆可以列入相法之中。

第二節　漢代相術的特質與發展

在陰陽五行觀盛行下，人體之臟腑、外貌乃至情緒均配合陰陽五行生剋的運用，觀相亦以此為基礎，於此可見相術與數術的密切相關。前章已及，儀式之舉行，威儀的身體亦受此陰陽五行之說的影響，而逐漸規格化。於是禮儀的身體與數術的身體混然一氣，觀

---

⑧⑤ 孫詒讓，《周禮正義》（北京：中華書局，2000 年），〈天官·疾醫〉，頁326-330。

⑧⑥ 汪繼培，《潛夫論箋校正》（北京：中華書局，1985 年），〈相列〉，頁308-310。

人與相術亦逐漸合流❸。先秦至西漢相術的傳統雖然發達,但儒家傳統仍強調學,大儒荀子非相而勸學,漢儒董仲舒以下亦強調「學」的可能性,西漢人才拔擢著重在道德化的身體與社會階層教養的容禮層面❽。至東漢相術更為發達,士人之觀人亦受影響,以星氣感生、形骨作為觀人、觀壽夭、吉凶的論斷;對於聖人的形象之詮釋亦受影響。

相術不僅深受陰陽五行等數術影響,觀相往往揉雜了原始思維中模擬巫術的遺緒。原始思維下對某些形貌的恐懼和投射,並沒在陰陽五行觀盛行後消失,但結合了當時文化及政教的背景,更加揉雜豐富。漢代時相人,時常以某些面相論斷性情,或對某些面相及音聲深具惡感,如以初生之時的蜂目、豺聲而斷言其人性情殘忍,終將為族群帶來不幸。或如統治者往往透過異相,來宣揚其天賦異稟。士人之論人、擢才亦深受觀人與相術之影響。以下就相術之發展與特質進行分析,以瞭解漢代觀人的性質及其豐富的內涵。

一、承繼原始思維的西漢相術

早在先秦,由人之相貌、骨體來論斷吉凶禍福的相術即已十分發達。甚至在人出生時透過相貌音聲即可斷言性情、吉凶、壽夭、貧賤。以唐舉相李兌與蔡澤之事件為例,唐舉由李兌之相,論斷其「百日之內持國秉」。對於蔡澤之相:「曷鼻、巨肩、魋顏、蹙

---

❸ 本篇文章所謂觀人採較廣義的用法,包含對人物行為、氣質、情感及教養等觀察和評論。至於相術則指透過形體、骨相以論斷吉凶禍福、壽夭等方術。

❽ 但相術亦仍盛行,如《漢書》,卷三十〈藝文志〉,頁 1774,有相人二十四卷。

髃、膝攣」，則調侃其「聖人不相」，並斷言其壽命：「從今以往者四十三歲」❽。蔡澤找唐舉觀相，主要希望能「干諸侯」，而唐舉相李兌亦從祿位著眼。可以看出當時已認為相與仕途密切相關。蔡澤之相顯然並非利於仕途的佳相，亦可看出當時認為某些相能利於仕途，某些則否。並從唐舉一語道斷壽命長短，可以看出由相可斷壽夭，並具命定論的特質。唐舉所謂的「聖人不相」反映當時人認為聖人既非比尋常，因此不受尋常之相法所匡限。

　　早在先秦時即常由人之顏貌、身體、四肢觀相。先秦時論相貌音聲時常以動物為喻，透過長相與音聲斷言其人性情。此種論相方式仍殘留原始思維中圖騰崇拜，以及交感巫術的運用。如以肖似某些凶猛動物之相，而論其性情凶殘，或論其具有勇力。《左傳》〈文公元年〉楚王欲立商臣為太子，令尹子上認為商臣：「蠭目而豺聲，忍人也，不可立也」但楚王堅持立商臣為太子，最後引生商臣弒君之事。❾可見「蠭目」與「豺聲」被視為性情殘忍的徵兆。先以目來說，當時對「目」型、目光十分看重，目之形狀、大小、呈現的神氣均可反映其人的性情及身心狀態。《戰國策·齊策》中記載齊之相者替尚為太子的齊宣王觀相，認為其相「過頤豕視」推斷其性情不仁、不信，主要由其目光來推測其人貪婪。《孔叢子》則認為「長目而豕視者，必體方而心圓」❾，是由目形及目光推斷性情，並由性情推斷出此人之習性與體態。史書中還提及「長

---

❽　《史記》，卷七十九〈蔡澤〉，頁 2418。

❾　《左傳》，卷十八〈文公元年〉，頁 299。

❾　《孔叢子》（臺北：臺灣商務印書館，1988 年），卷下〈執節〉，第十七，頁 117。

目」、「蜂目」者性情殘忍，如秦始皇被視為性情不仁，其相之一即為「長目」**❷**；魏晉時潘陽仲相王敦透過其「蜂目」，而認為殘忍。至於「虎目」，被視為勇猛、凶殘之相，叔魚生時有虎目，其母斷其性情凶殘。豺目則感應豺之凶殘貪婪**❸**，而為凶殘之相。如大將軍梁冀，史書記載其「鳶肩豺目，洞精矘眄，口吟舌言」**❹**性情十分殘暴、狠毒，最後終導致梁冀與妻自殺，而梁氏無論少長皆棄市的下場。「鳶」即鴟也，被視為凶殘之鳥。故而王莽之「鴟目」**❺**亦為凶殘之相。鴟又被視為不祥之鳥，如《史記·封禪書》以「蓬蒿藜莠茂，鴟梟數至」比喻亂世，國運衰亂。**❻**賈誼以似鴞之鵬鳥來為不祥，而感慨身世作〈鵬鳥賦〉，於弔屈原時亦提及「鸞鳳伏竄兮，鴟梟翱翔」**❼**來說明「逢時不祥」。《史記·管蔡世家》由「狼跋致艱，鴟鴉討惡，胡能改行」**❽**說明其時人對狼、

---

❷ 長目與蜂目二者均被視為殘忍之相，因此如《史記》記秦始皇長目，而《史記》，卷八〈高祖本記〉，頁 343，索隱則提及秦始皇為「蜂目」。《漢書》，卷一〈高祖本紀〉，頁 2，晉灼引《史記·秦始皇本紀》時亦用蜂目。

❸ 如《後漢書》，卷八〈孝靈帝紀〉，頁 346，注引《續漢志》，提及靈帝時吏治腐敗，而有鬻官的現象，造成的結果是：「令長強者貪如豺狼，弱者略不類物，實狗而冠也」豺狼性貪，喜掠奪的特性於此可見。又如，《後漢書》，卷十六〈鄧寇〉，頁 628：上書皇帝以「臣誠恐卒為豺狼橫見噬食」此處以邪佞之人凶殘如豺狼之噬食人。

❹ 《後漢書》，卷三十四〈梁冀列傳〉，頁 1178，及注解。

❺ 《漢書》，卷九十九中〈王莽傳〉中，頁 4124。

❻ 《史記》，卷二十八〈封禪書〉，頁 1361。

❼ 《史記》，卷七十〈賈誼〉，頁 2493。

❽ 《史記》，卷三十五〈管蔡世家〉，頁 1574，索隱述贊。

鴟鴞性情殘虐的觀感。此種觀感至東漢時仍然未變，如東漢順帝時的官吏陽球向順帝請求一個月的時間「必令豺狼鴟梟，各服其辜」❾❾，此時豺狼、鴟梟是心性凶殘奸險小人的代稱。也正因為對於鴟梟的惡感，「鴟目」顯然將感染上鴟的性情，以及其所帶來不祥的恐懼。

就體型來看，男子之體相多喜寬大，如身型壯偉、額頭及臉型寬大圓潤，口大……。先以額頭、臉型來看，由人之額頭及臉型往往可以推斷其人之性情及命運，正因為可以透過相來論斷性情，故在用人、選材時，相術發揮著一定的影響力。如《左傳·文公元年》記載內史叔服善相，奉王命來魯國參加葬禮，公孫敖特別要其為子看相，叔服以公孫穀「豐下」論斷其：「必有後於魯國」。所謂「豐下」，杜預注為「面方」。❿又如《國語》〈周語中〉論斷：「方上而銳下，宜觸冒人」可見當時對於臉型寬大較有好感，不喜尖臉、小臉之相。當然，相之吉凶往往還要看其所處的位置為何，小臉之相若得其所，也未必全壞。如《太平御覽》冊三〈方術部·相〉記載平原君評論武安君之相為：「小頭銳上，瞳子白黑分明，眂瞻不轉」，並以此提供趙王用人的建議：

> 小頭銳上，斷敢行也；瞳子白黑分明者，見事明也；眂瞻不轉者，執志彊也。可與持久，難與爭鋒。廉頗為人勇摯而愛

---

❾❾ 　《後漢書》，卷七十七〈陽球列傳〉，頁 2500。
❿ 　《左傳》，卷十八〈文公元年〉，頁 297。

士，知難而忍恥，與之野戰，則恐不如守足以當之。⑩

趙王最後採納平原君的建議。此處觀人由臉型、眼眸、視線來論斷人之性情。頭型小而臉尖者，被視為性情決斷敢行者，若能適才適性，亦有所用。但一般來說，較喜歡「溥平潤澤」之面相。⑩史書中記述遠古聖王或開國聖君往往記其為「龍顏」，視「龍顏」為重要吉相，所謂「龍顏」亦以額部寬闊為上。（詳後文）

至於口，認為以侈口較具佳相。如《吳越春秋》提及伍子胥見專諸，專諸之相是：「雄貌、深目、侈口、熊背」，伍子胥由此斷定其為勇士。⑩又如王莽亦為侈口，史書中記載其相時欲顯其具有狼勇的性情特徵。再如緯書如《孝經援神契》言舜大口、孔子海口、《論語摘輔像》言太公大口，均以大口為聖相、異相⑩。於是對於受命之君王往往在其貴相上強調大口。如東漢光武帝之相：「日角、大口、美須眉」、孫權之相：「方頤、大口、目有精」，孫堅認為是貴相。⑩與此相反的鳥喙往往被視為惡相⑩。至於耳，於後代仙道或相書中，往往頗為注重，或強調應以耳長為佳，如

---

⑩　《太平御覽》冊三〈方術部・相〉，頁 3232。

⑩　《潛夫論箋校正》，〈相列〉，頁 310。

⑩　《史記》，卷三十一〈吳大伯世家〉，頁 1462，集解引《吳越春秋》。

⑩　《孝經援神契》，頁 965-966；《論語摘輔象》，頁 1072。

⑩　引自《太平御覽》，卷三六七，〈人事・口〉，頁 1692。

⑩　如《史記》范蠡指越王為「鳥喙」，論斷其性情難以共享樂。後代相書中甚至認為「欲知人多舌，當視其口，如鳥喙，言語皆聚，此多舌人也。」亦是就口之大小推斷人之性情。出處同上，頁 1693 引《相書》。但亦有例外，如《尸子》指「禹長頸鳥喙」。

《抱朴子》特別提及：「老子耳長七寸」，又如《列仙傳》傳說夏時人務光「耳長七寸」、「陽都女耳細而長」，「眾皆言此天人也」⑩。又如相術中強調「耳為天柱」，「耳城郭，必典家邦」、「耳門不容麥，歲至百，兼富」⑩。至於鼻，如《論衡》指「蘇秦骨鼻為六國相」，亦強調其鼻相的特殊與其命運之間的關係。其他如手、足、背、胸……其形體、大小、紋理，皆有可相，不一一列舉。

除了面相、身型外，聲音之頻律是生命之氣動，因此透過聲音、音樂之性質，亦能顯現人之性情，以及風土、文化之狀態。從教化角度來看，《禮記·樂記》、《史記·樂書》均言聲音與教化的密切關係。如《史記·樂記》：

> 凡音之起，由人心生也。人心之動，物使之然也。感於物而動，故形於聲；聲相應，故生變；變成方，謂之音；比音而樂之，及干戚羽旄，謂之樂也。樂者，音之所由生也，其本在人心感於物也。是故其哀心感者，其聲噍以殺；其樂心感者，其聲嘽以緩；其喜心感者，其聲發以散；其怒心感者，其聲麤以厲；其敬心感者，其聲直以廉；其愛心感者，其聲和以柔。六者非性也，感於物而后動，是故先王慎所以感之。故禮以導其志，樂以和其聲，政以臺其行，刑以防其

---

⑩　《太平御覽》，卷三六六〈人事·耳〉，頁 1684，引《抱朴子》、《列仙傳》。

⑩　《太平御覽》，卷三六六〈人事·耳〉，頁 1684。

姦，禮樂刑政，其極一也，所以同民心而出治道也。⓾

此處主要在談樂教，強調「人生而靜……感於物而動」⓾，於此而
有聲音。聲音所透顯之品質與感染力並非本質，而是受到外在情事
之感染。因此聖王之教當「慎所以感之」，對於眾民所感之情事十
分關注。由所發之音聲，可以觀風俗⓾，甚至推斷吉凶，如《史
記·天官書》提及：為政者聽都邑人民之聲，若「聲宮，則歲善，
吉；商，則有兵；徵，旱；羽，水；角，歲惡。」⓾而音聲之感人
更是儒家主張潛移默化的重要部分。聖人由於「耳目鼻口心知百體
皆由順正」⓾，因此其發而為聲，往往「金聲玉振」。史書記載夏
禹聲音儀態均可為典範時，特別提及其聲應鐘律⓾。至於教化部分
《漢書·公孫弘傳》：

> 臣聞之，氣同則從，聲比則應。今人主和德於上，百姓和合

⓾　《史記》，卷二十四〈樂書〉，頁 1179。
⓾　《史記》，卷二十四〈樂書〉，頁 1186。
⓾　如《詩·大序》言樂以觀風俗：「治世之音安以樂，其政和；亂世之音怨以
　　怒，其政乖，亡國之音哀以思，其民困。」音聲又可因風土不同，習染不同
　　而有差異，《史記》，卷二十五〈律書〉，頁 1240，提及武王伐紂時透過
　　「吹律聽聲」，來推斷其敵營的軍心及民風狀態，因為聲音乃是氣之感通，
　　能夠相互滲透流行，透過「同聲相從」的原理，即可得知其狀態。而不同風
　　土，其體貌亦均不同，此如《漢書》，卷二十八〈地理志下〉，頁 1640 所
　　謂：「凡民函五常之性，而其剛柔緩急，音聲不同。」
⓾　《史記》，卷二十七〈天官書〉，頁 1341。
⓾　《史記》，卷二十四〈樂書〉，頁 1211。
⓾　《史記》，卷二〈夏本紀〉，頁 51。

> 於下，故心和則氣和，氣和則形和，形和則聲和，聲和則天
> 地之和應矣。故陰陽和，風雨時，甘露降，五穀登，六畜
> 蕃，嘉禾興，朱草生，山不童，澤不涸，此和之至也。故形
> 和則無疾，無疾則不夭，故父不喪子，兄不哭弟，德配天
> 地，明並日月，則麟鳳至，龜龍在郊，河出圖，洛出書，遠
> 方之君莫不說義，奉而來朝，此和之極也。**⑮**

聲音能夠反映心性之狀態，心性平和則其志氣平和，發而為形貌音聲則皆平和之氣。由此平和之氣能夠感染宇宙之氣。由於形與聲能夠反映稟氣及心性狀態，因此可由形與聲觀教化。

由聽音觀相來看，聲音能顯現生命稟氣的狀態，透過音聲之厚薄、頻律、高低……可以推斷性情，此部分多少具有聲音本質化的傾向，性情凶殘者往往於音聲中「豺聲」「聲嘶」等特質中透露端倪。令人印象最深刻的例子要算是《左傳》〈宣公四年〉所記楚國司馬子良生子越椒一事，越椒初生時，子良之兄子文即透過其相與哭聲（「熊虎之狀而豺狼之聲」）斷言若敖氏必將亡於其身，要求子良必須盡早將之剷除。子良不忍，子文至死對此事耿耿於懷，感嘆若敖氏之祖先將因此血脈斷絕，無法繼續享有血食。最後果然發生楚子與若敖氏之戰爭，導致若敖氏被滅的後果。**⑯**與此類似的事例還有《左傳》〈昭公二十八年〉所記：叔向欲娶夏姬女，叔向母不肯，認為夏姬不祥，但在晉平公強力作主下，叔向最終還是娶了夏

---

⑮　《漢書》，卷五十八〈公孫弘傳〉，頁 2616。

⑯　《左傳》，卷二十一〈宣公四年〉，頁 370。

姬女。夏姬女生子時，叔向母往視之，才到房外，聽聞初生兒哭聲，就下斷語：「是豺狼之聲也，狼子野心，非是莫喪羊舌氏矣」不肯入內探視嬰兒，便行離去。⑪豺狼及虎、熊均被視為凶殘略食者，有其音聲或相貌者，被視為有其凶殘貪婪之性。通常由體貌論性情往往結合多種端倪進行論斷，如《國語》還記載叔魚生時，其母觀其相：「虎目而豕喙，鳶肩而牛腹，谿壑可盈」，而論斷其性情貪婪：「是不可饜也」，其命運是：「必以賄死」⑱戰國時此種論命之法仍然存在，與此相近的例子，還有又范蠡以越王之相為「長頸鳥喙」推斷其：「可與共患難，不可與共樂。」而勸文種離開越王。⑲如《史記》〈秦始皇本紀〉記載：秦始皇十分禮遇尉繚，但尉繚評秦始皇之相認為：「蜂準，長目，摯鳥膺，豺聲，少恩而虎狼心，居約易出人下，得志亦輕食人。」認為不可與之久游，於是求去。⑳至魏晉時潘陽仲相王敦謂其「蜂目」「豺聲」而論斷其性情凶殘亦承繼此傳統。子文與叔魚、叔向母的相人與聽聲顯然不是從後天道德修養來看，而是就其先天之稟賦，進行論斷，顯示由先秦至漢代的相術傳統認為「相」為先天所稟賦，不由後天的涵養，且於出生時尚未經過人世之薰染調教時已然如此，透露出其本性已具，而音聲正是此種本性的顯現。因此子文與叔向母幾乎不肯給越椒及伯石後天向學以扭轉變化氣質的機會。也在這種觀點下，史書記載以上種種例子最後多以應驗收場。

---

⑪　《左傳》，卷五十二〈昭公二十八年〉，頁912。

⑱　《國語》，〈晉語八〉，頁453。

⑲　《史記》，卷四十一〈越王勾踐世家〉，頁1746。

⑳　《史記》，卷六〈秦始皇本紀〉，頁230。

以上論相多以動物之形象作為比喻，如：蜂目、豺聲、虎目、豕喙、鳶肩、牛腹，應與原始思維的互滲律相關，透過模擬等交感巫術原理，形聲相似即意謂著將感應、滲透其相關特質。❷如豕被視為貪婪的象徵，故而豕視、豕喙均被視為貪婪之象。虎屬性勇猛，故而虎目、虎頸、虎吻、虎肩均與勇猛之象有關，與其他相的配合，有時象徵勇猛威武，有時則為殘狠之相。如《後漢書·班超傳》提及班超身形為：「燕頷虎頸，飛而食肉」，由勇力的角度，其體貌被視為萬里封侯之貴相❷，而虎頸在此顯然為其勇力的象徵。《世說新語·識鑒》所引王敦相貌之事，亦承繼此種傳統。熊的情況亦然，被視為勇力的象徵❷，有時亦為凶狠之相，凶狠與勇猛有時只是角度與所處的社會位置的問題，如專諸熊背被視為勇士，而越椒熊虎之相，配合了其他特徵，則具有凶狠的意味。豺被視為貪殘之物，故而與豺相關之相均感染此種貪殘的特質。鳶肩為鷗肩上疏之相，為凶殘之相，故而如梁冀，史書追記其相「鳶肩豺目」❷，以論證其性情凶殘。有關梟雄的面相最讓人注目的例子恐怕是關於王莽之相的描述，據《漢書》〈王莽傳〉記載：「莽為人

---

❷　詳參列維·布留爾（Levy Bruhl）著，丁由譯，《原始思維》，頁 62-98。

❷　《後漢書》，卷四十七〈班超列傳〉，頁 1571。

❷　《漢書》，卷五十一〈賈山傳〉，頁 2328：「秦以熊羆之力，虎狼之心，蠶食諸侯，并吞海內。」熊羆為勇力的象徵。因此史書記載古史戰爭時，往往有熊羆來助，而又有將熊置於旌旗上，如《漢書》，卷五十七〈司馬相如傳〉，頁 2564：張揖注曰：「畫熊虎於旒為旗，似雲氣」。對熊的崇拜可能與原始圖騰信仰有關，而在先秦至漢代的貴族的名字中「熊」字並不少見，亦與此種崇拜有關。

❷　《後漢書》，卷三十四〈梁冀列傳〉，頁 1178。

侈口麿頤，露眼赤精，大聲而嘶。長七尺五寸」，其儀容神態：
「好厚履高冠，以氂裝衣，反脣高視，瞰臨左右」，當時待詔黃門
的方技之士，認為王莽「鴟目虎吻，豺狼之聲」論斷其「能食人，
亦當為人所食」❿王莽對此非常在意，唯恐相者之言流傳於外，對
其志業造成重大阻礙，故誅滅了待詔者，而常隱身於雲母屏風後，
不使其相輕易顯露。亦可見出當時的風氣中，看相者之言已具有十
分之影響力。例子極多，不一一列舉。

　　除了以肖似動物特徵，推斷人之性情，遠古聖王或開國聖君亦
往往以形肖動物之身形作為其不凡的印記。如前已提及的龍顏，又
如傳說中「伏羲牛首，女媧蛇軀，皋繇鳥喙，孔子牛脣」❿、「夏
禹蛇身、人面、牛首、虎鼻，而有大聖之德」❿，均集合神聖動物
之相。值得注意的是，即使同一動物，所肖部位不同，象徵意涵有
別。如牛腹被視為貪婪，而牛首、牛脣則被視為神聖。牛首、牛耳
在祭祀上具有特殊的地位，其與「腹」之飲食象徵，自然不可同日
而語。緯書中尚有十分多聖君、聖王與神聖動物結合的形象，甚至
還出現人獸同體的記載：如炎帝「人身牛首」、「蚩尤兄弟八十一
人，並獸身人語」、「季子儀馬而產子，身人也，而尾蹄馬」、

---

❿　《漢書》，〈王莽傳〉中，頁 4124。
❿　《後漢書》，卷五十三〈周燮〉，頁 1742，注引。又如《史記》，卷一〈五
　　帝本紀〉，頁 4，正義引《帝王世紀》提及：「神農氏……母曰任姒……有
　　神龍首，感生炎帝，人身牛首，長於姜水。」
❿　詳參《太平御覽》，卷三六七〈人事・鼻〉引《列子》，頁 1690。

「孟虧人首鳥身」⓮。神農氏以人身牛首的形象出現，反映原始思維中人與獸仍處於同體、親族的狀態，同時動物被視為神聖的、具有力量的存在，因此聖人具備某些神聖動物的特徵就同時擁有了神聖特殊的能力。特殊動物用於聖人之身，可象徵聖王處於與自然和諧一體的狀態，以對比於文明發展後統治者所強調禮教威儀的身體形象。以此顯現神聖無分、圓滿無虧狀態的崇拜。其次，可以反應聖王的稟氣不凡，第三，而此種不凡還連結了神聖的氣與宇宙力量。此種象徵其不同凡俗，得自於天的神聖印記，聖俗之別明顯。第四，由於「聖人不相」顯示聖人形象不凡，非一般常理可限，故不受一般相法吉凶之限制。

二、重視稟氣與異相的東漢相術

相術至東漢，有別於西漢，逐漸為士人所接受，不再只是閭里小道，而成為察舉識人的重要標準。此時的相術在先前已有的基礎上融合了星氣感生、感生帝之說，以及用氣為性，性成命定等主張。人之相稟氣於天，並受星精受氣說影響；也在此基礎上論證異人必有異相。讖緯之風盛行，對於聖人形象也多所著墨，對後代觀人、相人造成深遠的影響。

㈠人稟星氣感生：用氣為性，性成命定

東漢時期論性與命之說，以及骨相之學，以王充最具代表性。王充認為人一旦出生稟氣厚薄即有不同，而此稟氣的厚薄與性的善

⓮　《史記》，卷一〈五帝本紀・黃帝〉，頁 4，正義引《帝王世紀》、《河圖》，頁 1220、《河圖括地象》，頁 1102-1103。

惡和賢愚有密切的關係：「人之善惡，共一元氣，氣有少多，故性有賢愚」，此即是「用氣為性，性成命定」的觀點❶。稟氣厚薄，又決定了性、命與體（骨相），所以說「人命稟於天，則有表侯見於體。察表侯以知命，猶察斗斛以知容矣。表候者，骨法之謂也。」❶、「面輔骨法，生而稟之」❶、「命在初生，骨表著見」❶性、命、骨相既已決定，與此同時壽命長短、稟性強弱亦被決定：

> 死生者，無象在天，以性為主，稟得堅彊之性，則氣渥厚而體堅彊，堅彊則壽命長，壽命長則不夭死，稟性軟弱者，氣少泊而性（體）羸窳，羸窳則壽命短，短則蚤死。❶

---

❶　《論衡校釋》，卷二〈率性篇〉，頁 80-81、卷二〈無形篇〉，頁 59

❶　《論衡校釋》，卷三〈骨相篇〉，頁 108。

❶　《論衡校釋》，卷三〈初稟篇〉，頁 126。

❶　王充並不贊成傳統將命分為正命、隨命、遭命，如《論衡校釋》，卷三〈命義篇〉，頁 49-50：「傳曰：說命有三：一曰正命，二曰隨命，三曰遭命，正命謂本稟之自得吉也，性然骨善，故不假操行以求福而吉自至，故曰正命。隨命者，戮力操行而吉福至，縱情施欲而凶禍到，故曰隨命。遭命者，行善得惡，非所冀望，逢遭於外而得凶禍，故曰遭命」。三命之說不能解決人為何兼具德行善行卻又貧賤短命的事實，為何行不義之人又能得以壽終，最強烈的例子則是顏淵、冉伯牛和盜跖、莊蹻的例子，對於此主三命說者只好以遭命來理解，為何遭逢此命，則只能歸於現實之無常，孔子對於冉伯牛之疾也只能興起「斯人也而有斯疾」的浩歎，王充認為性與命此二者在人受氣之時即已決定了，所謂三性：〈命義篇〉，頁 53：「亦有三性，有正、有隨、有遭。正者，稟五常之性也，隨者，隨父母之性也，遭者，遭得惡物之故也。」

❶　《論衡校釋》，卷二〈命義篇〉，頁 46-47、卷三〈骨相篇〉，頁 120。

也因此一個人是否領有天命早在出生時，甚至受孕時已經決定了，並顯現在骨體、形貌、吉驗中，於是「案骨節之法」、「察皮膚之理，以審人之性命，無不應者。」**⑬**即可見出天意。若稟氣相類，則「性體法相固自相似」此說為相術之法提供了基礎。**⑬**

性情與稟氣密切相關，而稟氣的基礎與所感生之星息息相關。人的富貴貧賤決定於「天施氣，眾星布精」之時，受氣時的天象貴，則此貴氣成為人稟氣的基礎，反之亦然。所以說「凡人受命，在父母施氣之時，已得吉凶矣」**⑬**，性情、才能、稟賦亦是如此。如天上有王梁造父之星，若人能稟得其氣，則天性就已具足「巧於御」的特質。**⑬**

重視氣色、體法之相術，到後代道教中仍然流傳，如道教重要著作《抱朴子》論及命與吉凶時，強調受氣時所值之星宿：

> 命之修短，實由所值，受氣結胎，各有星宿。……判於所稟，移易予奪，非天所能。**⑬**

至《劉子》時而越形完整：

---

⑬ 《論衡校釋》，卷二〈吉驗篇〉，頁84、卷三〈骨相篇〉，頁116。
⑬ 《論衡校釋》，卷三十〈自紀〉，頁 1196：「人面色部七十有餘，頰肌明潔，五色分別，隱微憂喜，皆可得察。占射之者，十不失一。」
⑬ 《論衡校釋》，卷二〈命義篇〉，頁50。
⑬ 《論衡校釋》，卷二〈命義篇〉，頁48-49。
⑬ 葛洪，《抱朴子》（臺北：世界書局，1956 年），〈內篇〉，卷七〈塞難〉，頁29。

人之命相，賢愚貴賤，脩短吉凶。制氣結胎受生之時，其真
妙者，或感五星三光，或應龍跡氣夢。降生凡庶，亦稟天
命，皆屬星辰。其值吉宿，則吉；值凶宿，則凶。受氣之
始，相、命既定，既鬼神不能改移，而聖智不能迴也。華胥
履大人之跡，而生伏羲；女樞感瑤光貫月，而生顓頊；慶都
與赤龍合，而生唐堯；握登見大虹，而生虞舜；脩紀見洞流
星，而生夏禹；夫都見白氣貫月，而生殷湯；大任夢見長
人，而生文王；顏徵感黑帝而生孔子；劉媼感赤龍，而生漢
祖；薄姬感蒼龍，而生文帝。微子感牽牛星；顏淵感中臺
星；張良感弧星；樊噲感狼星；老子感火星。若此之類，皆
聖賢受天瑞相而生者也。❸❾

所承繼的仍是漢代星氣感生之說，強調一旦星精受氣，則相、命已
定，無法輕易改動。聖賢皆天廷瑞星受氣而生，故而稟氣不凡，此
不凡之稟氣即成受命與否及觀相的基礎。

　　東漢時強調相術，以及由此觀命的情況十分普遍，差別往往在
相是否能完全決定人之命運。如王符認為相人之術，主要在骨法，
而顯現在氣色上的憂喜亦為徵候。❹❿骨法難以改變，但人的吉凶

---

❸❾　傅亞庶，《劉子校釋》（北京：中華書局，1998 年），卷五〈命相〉，頁
　　240-241。

❹❿　汪繼培，《潛夫論箋校正》（北京：中華書局，1997 年），卷六〈相列〉，
　　頁 310：「夫骨法為祿相表，氣色為吉凶候。部位為年時，德行為三者招，
　　天授性命決然。表有顯微，色有濃淡，行有厚薄，命有去就。是以吉凶期
　　會，祿位成敗，有不必。非聰明慧智，用心精密，孰能以中？」此種說法在

「以行為主，以命為決」，大命既受制於天，於是難以改易，行則操之在己，以此而有「德義無違，鬼神乃享」之說。因此骨法雖定，人事上仍須「修善迎之」、「循行改尤」，否則亦可能「福轉為災」。[141]德義無違時在氣色上將有呈現，然而氣色之徵兆不只牽涉到行為之休咎，還牽涉身心是否遵循宇宙的韻律、是否得相之時等問題。如《相經》所提及「五色並以四時判之」的相法，春三月時，「青色王，赤色相，白色囚，黃、黑二色皆死。」餘者類推，「若得其時，色王相者吉；不得其時，色王相若囚死者凶。」[142]在此雖亦牽涉到修善、循行改尤以符應自然之時氣等問題，然而畢竟為五行及數術盛行下的產物，與傳統儒家由心性著眼而強調的修身說已有極大差異。大體來看王符相法主張，認為人的身體、形貌皆有象類。觀相之法，往往綜合了諸多身體、音聲、行動的訊息，觀其整體的形貌、行為，對於相法在容體、行止間的呈現進行細膩的分析[143]。如透過骨法、氣色與體貌作為觀人的重要依據，並提出了吉相的原則：

　　　　面部欲溥平潤澤，手足欲深細明直，行步欲安穩覆載，音聲

　　漢代並不少見，早在西漢時如蒯通即謂：「僕嘗受相人之術……貴賤在於骨法，憂喜在於容色。」，《史記》，卷九十二〈淮陰侯傳〉，頁 2623。

[141]　汪繼培，《潛夫論箋校正》，卷六〈巫列〉，頁 301-302，卷六〈相列〉，頁314

[142]　《論衡校釋》，卷三十〈自紀〉，頁 1196，注《長短經·察相篇》注引《相經》。

[143]　汪繼培箋，《潛夫論箋校正》，卷六〈相列〉，頁 308、310。

欲溫和中宮。頭面手足，身形骨節，皆欲相副稱。此其略要也。⑭

強調的仍是整體和諧、中道等特質。王符以骨法、氣色、體貌、德行作為相人的依據，其中將骨法、氣色、體貌統攝於德性之下，仍重視後天之修養與努力，與命定論仍有差異。其他如荀悅亦強調「神氣，形容之相包也，自然矣」，但仍須「貳之於行，參之於時」才能與相法相輔相成。⑭

(二)異人異相

在用氣為性、性命形諸骨體的想法下，異人稟得異氣故不同於芸芸眾生，在骨相上自然也迥異於常人。早在先秦時期在神話思維的氛圍下，往往認為聖王、賢者具有特殊形象，如《淮南子》〈脩務〉提及：「堯眉八彩，九竅通洞，而公正無私，一言而萬民齊。」、「舜二瞳子，是謂重明。作事成法，出言成章。」、「禹耳參漏，是謂大通。興利除害，疏河決江。」「文王四乳，是謂大仁。天下所歸，百姓所親。」「皋陶馬喙，是謂至信。決獄明白，察於人情。」⑭又如《史記》記載如黃帝生而「日角龍顏」⑭帝舜「龍顏、大口、黑色」⑭文王「龍顏、虎肩、身長十尺，胸有四

---

⑭　《潛夫論箋校正》，〈相列〉，頁 310。

⑭　《申鑒》，卷三〈俗嫌〉（臺北：中華書局，1966 年），頁 2 上。

⑭　《淮南鴻烈集解》，卷十九〈脩務訓〉，頁 641。

⑭　《史記》，卷一〈五帝本紀·黃帝〉，頁 2，集解。

⑭　《史記》，卷一〈五帝本紀·黃帝〉，頁 32，集解引孔安國說。

乳」**⑭**，漢高祖「隆準而龍顏，美須髯，左股有七十二黑子」**⑮**遠古聖王、開國聖君面相、骨體皆不凡。

漢代緯書對於遠古聖王進行更深度的神話化，其中聖王的形象、出生方式、體貌、與感生帝的關係往往多所著墨。不只是緯書，王充亦在此背景下指出：

> 傳言黃帝龍顏，顓頊戴午，帝嚳駢齒，堯眉八采，舜目重瞳，禹耳三漏，湯臂再肘，文王四乳，武王望陽，周公背僂，皋陶馬口，孔子反羽。**⑮**

王充並且聲明這是「世所共聞，儒所共說，在經傳者，較著可信」，可見在東漢初期，聖人於稟氣、形貌上的不凡傳說已十分流傳。

漢時對於先秦時以禮及德性著稱的孔子更是有系統的將之神化，使得漢人心目中的孔子形象與先秦儒家有很大的差距。**⑮**漢人認為孔子之所以為聖人，其稟氣根本與凡人不同，徵諸神聖出生、相貌與特殊能力可以明確地看出：

---

⑭　《史記》，卷四〈周本紀〉，頁116，正義引《帝王世紀》。

⑮　《史記》，卷八〈高祖本紀〉，頁342。

⑮　《論衡校釋》，卷三〈骨相篇〉，頁108-112。

⑮　先秦時固然已某些程度將孔子聖化，認為孔子有異能、體貌不凡、「天將以夫子為木鐸」。孔子雖亦不時有天命感，但又將神聖之質性、德性與天命的關係進行轉化。綿密將孔子聖化，並與受命等諸說結合，還待戰國末年至漢代漸次摶合。有關孔子的神聖形象及先秦時人對其讚嘆，詳參朱曉海，〈孔子的一個早期形象〉，《清華學報》32期1卷（2002年6月），頁1-30。

孔子母徵在，游大澤之陂，睡夢黑帝使，請己往夢交。語：
「女乳必于空桑之中」，覺則若感，生丘于空桑之中。⑮
透過原始神話：中、桑林、夢等元素，以建構其具有神聖的能力與
稟賦。⑭正因為孔子具有不同凡人的稟氣，因此在體貌上亦異於凡
人，有關此部分緯書中有大量著墨，如：

> 孔子長十尺，海口尼首，方面，月角日準，河目龍顙，斗唇
> 昌顏，均頤輔喉，騈齒龍形，龜脊虎掌，胼脅修肱，參膺圩
> 項，山臍林背，翼臂注頭，阜脥堤眉，地定谷竅，雷聲澤
> 腹，修上趨下，末僂後耳，面如蒙倛，手垂過膝，耳垂珠
> 庭，眉十二采，目六十四理，立如鳳峙，坐如龍蹲，手握天

---

⑮　《春秋緯演孔圖》，頁 577。

⑭　扶桑乃為宇宙樹，具有中軸的通天特質，且與日之新生等生命意象密切相
關，聖人生於空桑之地，乃象徵其具有通天及生創宇宙之理則、豐沛而生生
不息生命力等神聖特質。有關宇宙樹的通天象徵，以及其於儒、道典範人格
之承繼與轉化，詳參楊儒賓，〈太極與正直——木的通天象徵〉，《臺大中
文學報》22 期（2005 年 6 月），頁 59-98。有關中、桑林等神聖性，詳參楊
儒賓，〈吐生與厚德——土的原型象徵〉，《中國文哲研究集刊》20 期
（2002 年 3 月）。聞一多，〈高唐神女傳說之分析〉，《聞一多全集
（一）》（臺北：里仁書局，2000 年），頁 81-116。拙作〈土地崇拜與豐產
儀典的性質與演變——以先秦及禮書為論述核心〉，《清華學報》39 卷 4 期
（2009 年 12 月），頁 615-651，亦探討此一問題，可以參考。如孔子感黑帝
而生為黑帝子，涵有五德替代的觀點於其間，按五德之傳，從所不勝的原
則，如《史記》，卷 6〈秦始皇本紀〉，頁 237 指出：「始皇推終始五德之
傳，以為周得火德，秦代周德，從所不勝，方今水德之始……皆上黑」，孔
子既繼周後而起，故被視為屬水德而尚黑。

> 文，如屨度字，望之如朴，就之如升，視若營四海，躬履謙
> 讓。腰大十圍，胸應矩，舌理七重，鉤文在掌。胸文曰：
> 「制作定世符運」。❺

此中所反映的孔子形象與先秦時期所強調的道德形象，差距不可以
道里計。其中身體之象又應合宇宙運行之數，如以十、十二、六十
之數應干支。又如《春秋元命包》所謂：「陰極於八，故人旁八
幹，長八寸」、「腰而上者為天尊高陽之狀，腰而下者為陰豐厚地
之重，數合於四，故腰周四尺」❺。亦可見身體之象應合天地之數
的運用。不只體貌有異相，同時又有異能，漢代許多文獻均論及孔
子有特殊異能，如《論衡·書虛篇》記載當時流傳的孔子有千里眼
的異能，同時酒量奇大。❺即為一例。

聖人稟氣的不凡將呈現在身體上，使之具有特殊的骨相，此種
發展到後來，孔門弟子的形象亦呈現光怪陸離的異象，如《論語摘
輔象》提及：

> 孔子胸應矩，是謂儀古。
> 顏回山庭日角，曾子珠衡犀角。
> 子貢山庭，斗繞口。
> 仲弓鉤文在手，是謂知始。宰我手握戶，是謂守道。子游手

---

❺　《春秋演孔圖》，頁 577。
❺　《春秋元命包》，頁 627。
❺　《論衡校釋》，卷四〈書虛篇〉，頁 170-171。

握文雅，是謂敏士。公冶長手握輔，是謂習道。子夏手握
正，是謂受相。公伯周手握直期，是謂疾惡。澹臺滅明岐
掌，是謂正直。

樊遲山額，有若月衡，反宇陷額，是謂和喜。**⑱**

不同的形貌亦能見出不同的性情和才性，亦反映出當時對識人及相
人的若干看法。在重視觀相的傳統下，先秦時雖已強調某些人物具
有體貌異相，然而大規模而密集地將體貌之異相進行附會與建構還
在緯書中。不只是帝王、儒者，才華秀異之士往往亦在相貌上呈現
出不同於凡人之處，《論衡·骨相篇》論及當時傳說：

蒼頡四目，為黃帝史。晉公子重耳仳脅，為諸侯霸。蘇秦骨
鼻，為六國相。張儀仳脅，亦相秦、魏。項羽重瞳，云虞舜
之後，與高祖分王天下。陳平貧而飲食不足，貌體佼好，而
眾人怪之，曰：「平何食而肥？」及韓信為滕公所鑒，免於
鈇質，亦以面狀有異，面壯肥佼，亦一相也。**⑲**

晉公子因其駢脅，使其在回歸晉國而成就霸主之路的過程中，創造
了許多神秘的色彩。其他如蘇秦、張儀、項羽、陳平、韓信亦皆有
異相。可見漢時重視觀相，以及視觀相為掌握天命、才性、天機的
手段。

---

⑱　《論語摘輔象》，頁 1071-1072。

⑲　《論衡校釋》，卷三〈骨相篇〉，頁 112-113。

　　除了對某些類型的面相及音聲有強烈惡感，認為此種音聲相貌必是氣之感應的結果。亦對某些相貌具有十分之好感，認為其具有特殊稟賦。前文已提及漢時擢才喜偉岸、高大者，因於行禮時能成就威儀不凡的體貌。由相術角度來看，亦頗喜身形偉岸的長人，甚至對於遠古聖王、賢士往往亦在其身高上作文章，亦可置於此背景下進行理解。因為長人往往與具有特殊稟賦的巨人或神人形象重疊，在原始思維的背景下，被認為能感應及稟賦神人之神力。此種崇慕長人的例子很多，漢人往往將聖人附會為長人，如孔子的形象，在緯書中亦以長人、巨人呈現。《史記》〈孔子世家〉「孔子長九尺有六寸，人皆謂之『長人』而異之」。又如《春秋演孔圖》形容孔子身長十尺、善飲酒。孔子後人孔鮒亦長九尺六寸。⓾⓪除了孔子外，遠古聖王亦多為長人，如禹身長九尺二寸⓾①，《帝王世紀》提及：「文王龍顏虎肩，身長十尺，胸有四乳。」⓾②均為其例。漢時對於長人有天賦異稟的想像，因此身長八尺以上，往往成為其特異稟賦的佐證，也正因為如此，史書中往往對士人之身高不厭其煩的進行記述。

　　除了形貌偉岸外，還強調「奇」貌，如東漢班固在《漢書·敘傳》提及西漢高祖所以能成就霸業，其中一個重要原因是「體貌多奇異」⓾③。此類事例在東漢極多，如李固「貌狀有奇表，鼎角匿

⓾⓪　《史記》，卷四十七〈孔子世家〉，頁 1909。

⓾①　《史記》，卷二〈夏本紀〉，頁 49，索引引《帝王紀》。

⓾②　如《史記》卷四十七〈孔子世家〉，頁 1909、《春秋演孔圖》，頁 577、《史記》，卷四〈周本紀〉，頁 116，正義引《帝王世紀》。

⓾③　《漢書》，卷一百上〈敘傳〉，頁 4211。

犀，足履龜文」，即頭頂有骨如鼎足，而骨當額上入髮際處的異相，而「足履龜文」於相書中被視為能任官至二千石之異相。**⑯**又如周變出生時：「欽頤折頞，醜狀駭人」，母親原欲將之遺棄，但父親堅持：「賢聖多有異貌」，並斷言：「興我宗者，乃此兒也」。**⑯**基於「聖人不相」的原則，奇異而不同凡俗，往往被視為具有特殊稟氣的印記。

三、融鑄數術、受命說的相人術

　　先秦時期觀相仍帶有濃厚原始思維的特色，強調同類相感與互滲。至漢代時受到政治及宇宙觀越形複雜的影響，對於前代聖賢、帝王進行大量的神話建構，其時對於聖王的體貌有許多著墨，因為聖王之體貌為其是否受命的象徵，但此體貌的敘述則受到東漢以後緯書及經師強調五行、五帝、五德終始、星精受氣、性成命定等說影響，較先秦時期顯然複雜得多。前文引緯書《春秋演孔圖》已能見出孔子不只是巨人，還具有龜脊虎掌，其身形應合諸多天文圖式，與日月星斗、宇宙運行之數密切相關，如眉十二采、目六十四理、腰大十圍、舌理七重。**⑯**不只是孔子，漢代追述的孔門人物亦往往與星精及天文之象關係密切，遠古聖王之出生、身形往往與天文星象、神秘數字密切相關，如黃帝、少昊、顓頊、堯、舜、禹的出生均與星精感生密切相關，其身形亦往往應合星斗及神秘數字之

---

⑯　《後漢書》，卷六十三〈李固列傳〉，頁 2073，及注引《相書》。

⑯　《後漢書》，卷五十三〈周變列傳〉，頁 1741-1742。

⑯　有關神秘數字詳參葉舒憲、田大憲，《中國神秘數字》（北京：中國社會科學出版社，1996 年）。

象。❻漢代流傳的感生說還往往附會分野、五德終始⋯⋯等說法，以增加受命的神聖性。歲星所在常成為斷定是否得天命的象徵，而歲星出現於各諸侯國之分野，則象徵政權移轉所在。❻直至魏代漢而興，學者都還以星象及分野說進行解釋：

> 夫得歲星者，道始興，昔武王伐殷，歲在鶉火，有周之分野也，高祖入秦，五星聚東井，有漢之分野也，今茲歲星在大梁，有魏之分野也。❻

除了分野之說，帝王神聖的體貌說又配合五德終始論、三統說，深刻影響受命與正統等論述。以三統說來看，夏商周三代各據一統，三統迭相為首❼，而三統說又再與五行結合。如《漢書·律曆志》

---

❻ 有關聖王形象與星神崇拜的密切關係，作者於〈漢代感生神話所傳達的宇宙觀及其在政教上的意義〉，專文探討此議題，已進行審稿及出刊程序中。

❻ 《漢書》，卷二十六〈天文志〉，頁 1301。《漢書》，卷一上〈高帝紀〉，頁 23，應劭注：「東井，秦之分野。五星所在，其下當有聖人以義取天下」。《河圖稽命徵》，頁 106：「昌光出軫，五星井」。《三國志·蜀書》，卷三十二〈先主傳〉，頁 887-888：「太白、熒惑、填星，常從歲星相追，近漢初興，五星從歲星謀，歲星主義，漢位在西，義之上方，故漢法常以歲星候人主，當有聖主起於此州，以致中興。」

❻ 《三國志》，卷二〈魏書·文帝紀〉，頁 65。

❼ 《史記》，卷八〈高祖本紀〉，頁 393，如《史記》提及「夏之政忠」、「殷人承之以敬」、「周人承之以文」。由於「忠」的素樸流蔽在於野，故以「敬」承蔽易變，「敬」的流蔽在於「鬼」，故以「文」承蔽易變，而「文」的流蔽在於「僿」，因此又當以「忠」承之。如此往復，終始相循，質文遞變。三統說亦有不同說法，如〈高祖本紀〉以漢當承周之文而易變，

進一步將三辰五星與三統五行結合，於是「太極運三辰五星於上」、「元氣轉三統五行於下」，人間之皇權統治則以「三德五事」的施政符應之，並以此保障其神聖的權力。⓱

除了三統說外，透過五行的生與剋的五德終始說，用以解釋政權的遞遷，在兩漢時期頗為流行，再與正統論結合，深刻影響施政。用於政治上，如公孫臣，賈誼採相剋之法，認為秦屬水德，故漢以土克之，應屬土德；而張蒼則認為秦不正位，故主漢為水德。劉向、劉歆父子採相生之法，認為周為木德，秦不正位，故漢為火德。⓲尚水德者服色尚玄，土德者則尚黃，東漢高祖自認屬火德，故以赤帝之符，旗章遂赤。依此法，政權之轉移乃因天時與受命，

回歸夏之質，為天統，而《漢書・律曆志》則認為夏為人統。

⓱　相關論述詳參《漢書》，卷二十一〈律曆志〉，頁 984-985。又如其中提及：「天統之正，始施於子半，日萌色赤」、「地統受之於丑初，日肇化而黃，至丑半，日牙化而白」、「人統受之於寅初，日孳成而黑，至寅半，日生成而青」，將三統說與干支、五行說結合。

⓲　五德終始說一主相剋一主相生，如《呂氏春秋》，卷十三〈應同〉根據鄒衍五行相勝的原理講五德終始轉移之事，而政治施為上則與五德屬性相應。與鄒衍五行相剋說不同，劉歆採相生說，二者首德不同，鄒衍以土德始，劉歆則以木德始。在五德終始說下，政權之取得是否被承認，亦成為關注重點。如前所述，以相生之法，劉歆認為共工，非其序，故只能稱伯，不能稱為王；與此類似的還有秦代，均不得進入相生之序。又以相剋之法，張蒼主張漢屬水德，亦是不承認秦王朝的正統性。至於王莽篡漢，用正統論的角度來看則是紫色蠅聲、餘分閏位。詳參《漢書》，卷二十一下〈律曆志・世經〉，頁 1011。《漢書》，卷九十九下〈王莽傳〉，頁 4194-4195，注引服虔說。饒宗頤，《中國史學上之正統論》（臺北：宗青圖書公司，1979年）。楊權，《新五德理論與兩漢政治——「堯後火德」說考論》（北京：中華書局，2006年）。

《漢書·王莽傳》即記載王莽篡位以得天統而自居，主張漢為土德，故「自以黃虞復出也」。東漢光武帝崛起，除了以承續漢家血統自居，還流傳受命的符徵，除了較為素樸的「鳳凰集於地，嘉禾生於屋」❶外，也結合當時觀氣與五德運行之說，如《論衡·吉驗篇》闡述光武受命，除了鳳凰、嘉禾等瑞應外，還強調：

> 元帝之初，有鳳凰下濟陽宮，故今濟陽宮有鳳凰廬，始與李父等俱起，到柴界中，還賊兵惶惑，走濟陽舊廬。比到，見光若火，正赤，在舊廬道南，光燿憧憧上屬，有頃，不見。王莽時，謁者蘇伯阿能望氣，使過春陵，城郭鬱鬱葱葱，及光武到河北，與伯阿見，問曰：「卿前過春陵，何用知其氣佳也？」伯阿對曰：「見其鬱鬱葱葱耳。」蓋天命當興，聖王當出，前後氣驗，照察明著。❷

此處承五德相生說，強調漢屬火德，光武將興，故有赤光之異象。❸又如《漢書·敘傳》記載：

> 唐據火德而漢紹之，始起沛澤，則神母夜號，以章赤帝之符。由是言之，帝王之祚，必有明聖顯懿之德，豐功厚利積絫之業，然後精誠，通於神明，流澤加於生民，故能為鬼神

---

❶ 《論衡校釋》，卷三〈奇怪篇〉，頁 164。
❷ 《論衡校釋》，卷二〈吉驗〉，頁 96-97。
❸ 《論衡校釋》，卷三〈奇怪篇〉，頁 164、卷二〈吉驗〉，頁 96-97。

所福饗，天下所歸往。**⑰**

此說法中強調帝王受命，必須有外顯的明聖之德，表現為受到鬼神福佑的徵兆。此處採五德相生之說來詮釋漢代受命的徵兆。緯書中更以：「劉秀發兵捕不道，四夷雲集龍斗野，四七之際火為主。」**⑰**附會光武受命。至漢末時又有「黃帝坐常明，而赤帝坐常不見，以為黃家興而赤家衰」之說，認為魏將以土德承漢而起，故於服章旗幟亦多所更替**⑱**。

　　至於望氣之法觀天命，亦為漢代至魏晉的士人所常用。如《三國志·蜀書·劉焉傳》記漢末董扶提及：「京師將亂，益州分野有天子氣」，劉焉因此「意更在益州」。**⑰**而漢末士人中往往專注於觀氣，以觀察天命之徵兆，如《三國志·蜀書·周群傳》記周群善觀氣，所言時勢多能切中。《三國志·蜀書·先主傳》亦以觀氣及圖書預言時勢之走向、政權之更替、天命之所鍾，甚至以「閒黃龍見武陽赤水，九日乃去」論斷蜀當繼正統**⑱**。

---

⑰　《漢書》，〈敘傳〉，頁 4208。

⑰　《河圖赤伏符》，頁 1160。

⑱　《三國志》，卷二〈魏書·文帝紀〉裴注，頁 64、卷三〈魏書·明帝紀〉，頁 108：「景初元年春正月壬辰，山茌縣言黃龍見，於是有司奏，以為魏得地統，宜以建丑之月為正。三月，定曆改年為孟夏四月。服色尚黃，犧牲用白，戎事乘黑首白馬，建大赤之旂，朝會建大白之旗。」裴松之注：「魏為土行，故服色尚黃。行殷之時，以建丑為正，故犧牲、旂旗一用殷禮。」

⑰　《三國志》，卷三十一〈蜀書·劉焉傳〉，頁 865。

⑱　《三國志》，卷三十二〈蜀書·先主劉備〉，頁 888。又〈蜀書·先主劉備〉，頁 887：「西南數有黃氣，直立數丈，見來積年，時時有景雲祥風，

除了其上所述外，是否擁有吉瑞神器、與神聖地源的關係、讖
緯流傳、文字符驗、觀氣、天下大勢如是否一統等分析，均可納入
此脈絡進行理解。❽以上種種記載在漢代及魏晉史書中頗常見。甚
至轉成取得政權的工具和手段。❽《漢書·敘傳》所敘就是典型例
子。其中關於帝王之身世及體貌，可說是結合感生說、五德終始、
正統論……等說法，將其在政治神話的發揮上，運用到淋漓盡致。
如何得知帝王受命？必須透過一些徵兆。由漢到魏晉史書的記載可
以歸納出當時認為得天命常需具備的幾個條件如：(1)神聖血統(2)體
貌異相(3)星象(4)異徵祥瑞(5)五德終始循環的運用(6)文字符驗(7)天下
是否一統(8)讖緯流傳狀況(9)地源關係(10)擁有吉瑞神器。感生之說在

從璿璣下來應之，此為異端。又二十二年中，數有氣如旗，從西竟東，中天
而行，圖書曰：「必有天子出其方」。

❽ 神聖的地源關係，可以喚起共同的歷史記憶。具有神聖性的帝王或開國君主
的神聖事蹟發生地，或建都地，往往成為具有特殊象徵意涵。如《三國
志》，卷三十二〈蜀書·先主備〉，頁 888 記載襄陽為「漢者，高祖本所起
定天下之國號也」，因此關羽圍襄陽，意在取得擁有天命的符號，而襄陽有
男子獻玉璽，亦被解釋為得天命的象徵。又如透過天下局勢是否一統，論斷
是否具正統之地位，如《晉書》，卷八十二〈習鑿齒傳〉，頁 2152-2158：認
為魏非一統，故不即正統，魏帝亦不得行封禪禮，因為行封禪禮須在一統的
背景下。其他如充滿神秘色彩的文字符驗或預言性質的緯書、閭里歌謠亦頗
常被提及，如《三國志》，卷二〈文帝紀〉，裴注，頁 62-64，引述流傳在漢
末的緯書，充滿了神秘的預言特質。此部分由於旁支甚多，為求論述主線之
清晰，故不再贅述。

❽ 又如《三國志》，卷二〈魏書·文帝紀〉，裴注，頁 63-64 提及易傳曰：
「聖人受命而王，黃龍以戊己日見」，又歷舉歷代聖王受命的瑞應，認為魏
文帝時瑞應不斷，是受命的象徵。瑞應之說轉而成為奪得政權的工具和手
段。

其中牽涉頗廣，具有統合以上諸因素的關鍵地位。由於強調神聖血統與體貌異相，因此帝王往往追溯古聖王為血統之來源，並凸顯其體貌的不凡。如《漢書·敘傳》歸結高祖得天命的徵兆為 1.神聖血統：「帝堯之苗裔」。⑱ 2.體貌異相：「體貌多奇異」、「神武有徵應」。 3.性格與能力上的殊勝：「寬明而仁恕」、「知人善任使」。最後歸結其出生不凡，因此「多靈有異於眾」，正因為其相貌、才性不凡，因此「王武感物而折卷，呂公睹形而進女，秦皇東游以厭其氣，呂后望而知其處，始受命則白蛇分，入關則五星聚，故淮陰留侯謂之天授非人力也。」⑱結合了先秦至漢代的神話思維、氣化思考、感生、星學天官等宇宙論思考，並轉而在政治上延伸發揮其論述，論證其政權取得乃得天命，具備神聖性與合法性。

四、觀人術與傳統相術的合流

　　以相貌、音聲反映性情、壽命、稟氣之說，早在先秦時已頗為流傳，《荀子》為此還特別撰作〈非相〉以對當時相術傳統持批判的態度。西漢士人對個人之相的觀察，仍放在國家統治及容禮的脈絡進行論述；察舉賢良方正焦點亦在容禮、經學、德性與賢行。然而相術的傳統從來未曾消失，《史記·淮陰侯列傳》記載蒯通欲說服韓信背棄漢室，所用即為相術，其先提及「貴賤在於骨法，憂喜

---

⑱　附帶一提，《史記》，卷七〈項羽本紀〉，頁 338：記太史公曰：「吾聞之周生曰：「舜目蓋重瞳子」又聞項羽亦重瞳子，羽豈其苗裔邪」亦可以看出項羽在與高祖爭天下時，亦附會了神聖血統及體貌異相，以作為其得天命的象徵。

⑱　《漢書》，卷一百上〈敘傳〉，頁 4211。

在於容色，成敗在於決斷。以此參之，萬不失一。」其後又為韓信看相：「相君之面，不過封侯，又危不安，相君之背，貴乃不可言」⑱。在引起韓信興趣後，並為其分析天下之勢。人之貴賤能於骨體顯出徵兆，因此透過看相即能預先論斷人之貴賤。以相術識人的例子更是不勝枚舉。如呂后公相高祖而以女妻之，張負相陳平，斷其必將顯貴，而以女孫妻陳平。孝文時寵臣鄧通，雖備受皇帝寵愛，然而相士斷言其終將餓死，最後應驗。又如許負相周亞夫，認為其相「有從理入口，此餓死法也。」因此論斷即使位高權重，亦不能逃於餓死。⑱再如黃霸與善相人共載而出，相者視一婦人認為：「此婦人當富貴，不然，相書不可用也」，黃霸深信不疑，並娶以為妻。⑱相術廣為士人所接受，並且成為察舉制度重要的關鍵，還屬東漢時期。此時士人轉向為個體觀相，王符、王充均專論骨相，並給予肯定。舉薦者往往憑一面的直觀，對被選者的才具做出決斷，成為察舉取士的重要依據。

　　東漢時期相術雖然盛行，但從容禮、威儀、教養、德性等角度識人仍然發達，史書及人物品評時對容貌威嚴仍十分關注，對於美麗或特異形容的特別描述亦可以看出識人、相人之品味。如陵續

---

⑱　《史記》，卷九十二〈淮陰侯列傳〉，頁 12623。《漢書》，卷四十五〈蒯通〉，頁 2161。

⑱　《史記》，卷八〈高祖本紀〉，頁 344、《史記》，卷五十六〈陳丞相世家〉，頁 2051-2052、《史記》，卷一二五〈佞幸列傳〉，頁 3192-3193、《史記》〈絳侯周勃世家〉，卷五十七，頁 2074、《漢書》，卷九十三〈鄧通傳〉，頁 3723。

⑱　《漢書》，卷八十九〈黃霸傳〉，頁 3635。

「美姿貌，喜著越布單衣，光武見而好之」**⑱**。公孫瓚「為人美姿貌，大音聲，言事辯慧，太守奇其才，以女妻之」**⑲**音聲大、姿貌美是對人儀狀的品評，與威儀、稟氣密切相關。而太尉陳蕃薦舉王暢「清方公正，有不可犯之色」，王暢因此而「復為尚書」**⑳**，則是就所呈現的氣韻容色而觀其心性。逐漸開顯出魏晉後重視神色、氣韻觀人的風氣。

　　在實際的識鑑之術上，相術與傳統透過容禮、儀狀的識人之術往往合流。如《後漢書》卷六十八〈郭林宗傳〉記載郭太「性明知人，好獎訓士類」、「其獎拔士人，皆如所鑒」。郭林宗如何識人？當時人將之附益增張，甚至類似卜相之書，於此亦可見出林宗在識人上甚至被認為帶有神秘性。《後漢書》對郭林宗識人亦特別於其傳後加以列舉。郭林宗識人之事先後達六十人，其中「識張孝仲芻牧之中，知范特祖郵置之役，召公子、許偉康並出屠酤，司馬子威拔自卒伍。」所識之人皆「先言後驗」、「並以成名」**㉑**。觀察林宗之識人，往往未經長久相處，而是一見而能識其特殊才情，如茅容避雨樹下，「眾皆夷踞相對，容獨危坐恭，林宗行見之而其異」。又如孟敏「荷甑墜地，不顧而去」林宗見而異之。庾乘為縣廷門士，林宗見而拔之。又如王柔、王澤兄弟方總角，林宗即預言：「叔優當以仕進顯，季道當以經術通，然違方改務，亦不能至矣」。如果說以上所舉的例子受林宗的賞識皆是尚未成名前，或有

⑱　《後漢書》，卷八十一〈獨行列傳·陵續〉，頁 2682。

⑲　《後漢書》，卷七十三〈公孫瓚列傳〉，頁 2357。

⑳　《後漢書》，卷五十六〈王暢列傳〉，頁 1823。

㉑　《後漢書》，卷六十八〈郭太〉，頁 2225-2232。

人認為可能受到林宗賞識的加持，以至於卒成令名令聞。林宗亦有對已成盛名者見而進行預言，如史叔賓少有盛名，林宗見而預言：「墻高基下，雖得必失」其後果然以論議而敗名。黃允以才俊知名，林宗見而謂曰：「卿有絕人之才，足成偉器，然恐守道不篤，將失之矣。」大體看來林宗識人應融合容禮、儀狀、相術等多方層面。

與東漢士人之人物鑑識相較，魏晉之識人亦往往有相術的影子。而《世說新語》中如〈識鑒〉中之識人對象往往十分年幼，應不是從容禮及後天的教養、氣宇來看，而較接近王充等論骨相、稟氣等路數，如衛玠年僅五歲，祖太保即認為他有清勝之氣，在人群中有異人之象，於是感嘆自己年老未能見其成器之時。又如傅瑗觀郗超二子傅亮兄弟之相，斷言：「小者才名皆勝；然保卿家，終當在兄」，兄弟二人年方總髮，根據校箋所言郗超卒時傅亮年方四歲，傅瑗為其看相時年紀應更小。同樣例子鍾會相裴楷及王戎時，二人年方總角，鍾會斷言「二賢當為吏部尚書」。褚爽年少時謝安即鐵口直斷其必然成材，否則「不復相士」。戴安道年十餘歲時，在瓦官寺作畫，王長史即一眼見出其終當致名。曹操年少時橋玄一見即斷言「亂世之英雄，治世之姦賊」。又如：《世說新語·鑒識》提及：「潘陽仲見王敦小時，謂曰：「君蜂目已露，但豺聲未振耳。必當食人，亦能為人所食。」王敦年紀尚小，潘陽仲對其相貌的品鑑應不是從其具體的作為或其教養來看，而是就其眼神與聲音之振動。眼神與聲音之振動固然牽涉到心性與教養，但由於年少，後天雕琢尚不顯著，隱然指向天生而成。又如《世說新語·賢媛》提及武子欲將妹妹許配兵家子，母親鍾氏僅於帷中觀看，即作

出：「此才足以拔萃，然地寒，不有長年，不得申其才用。」的論斷，主要依據是：「觀其形骨，必不壽」，最後竟然證驗，即是透過骨相推演出其才性與壽夭等天機。⑲

以史書記載來看，觀相之術在朝廷選后立后、立太子及貴族階級重大決定的過程中往往發揮一定的影響力。如魏文帝尚為太子時，由於耽憂是否能順利登位，於是請來善相者高元呂問相，相善者給的評論是：其相「貴乃不可言」，至於壽命：「至四十當有小苦，過是無憂」，後來果然一一應驗，文帝順利登基，四十歲乃薨。⑲《三國志・蜀書》記載先主穆皇后年少時經善相者相定當大貴，因此劉焉即為子娶婦。不料其子早亡，最後輾轉為先主所納。⑲又如武元楊皇后、孝武文李太后均因貴相而得其位。⑲三國時善相風氣由朱建平之事亦可見其一端，魏文帝為五官將時，與三十多賓客聚會，文帝請朱建平為己看相，並且又盡為在場賓客看相。觀相的重點在預言年壽、仕途、吉凶。朱建平預言文帝「當壽八十，至四十時當有小厄，願謹護之。」預言夏侯威：「君四十九位為州牧，而當有厄，厄若得，可年至七十，致位公輔。」，預言應璩：「君六十二位為常伯，而當有厄，先此一年，當獨見一白狗，而旁人不見。」預言曹彪：「君據藩國，至五十七當厄於兵，宜善防

---

⑲ 楊勇，《世說新語校箋》（臺北：正文書局，2000 年），第十九〈賢媛〉，頁 615。

⑲ 《三國志》，卷二〈魏書・文帝丕〉裴注引《魏略》，頁 57。

⑲ 《三國志》，卷三十四〈蜀書・二主妃子傳〉，頁 906。

⑲ 《晉書》，卷三十一〈武元楊皇后〉，頁 952、卷三十二〈孝武文李太后〉，頁 981。

之。」有趣的是被看相的當事者均深信不疑，文帝年四十病重時，對左右說：「建平所言八十，謂晝夜也，吾其決矣」。夏侯威年四十九時為兗州刺史，其時重病，想到朱建平的話，認為自己必定會死，於是連喪事皆準備好了，好不容易病情似乎好轉，眼看第二天便可進入五十大關，可以破除四十九之惡數，於是宴請賓客，作為慶賀，不料據傳仍在最後一刻過世。其他如為應璩、曹彪看相之預言亦皆應驗。朱建平亦為荀攸、鍾繇、王肅等人看相，當事人亦深信不疑，如王肅於六十二歲時病重，當時醫者皆認為無法病癒，但王肅仍堅持認為「建平相我踰七十，位至三公，今皆未也，將何慮乎」。鍾繇亦認為：「雖唐舉、許負何以復加也」⑲⑥不只是魏國相術風氣盛行，《三國志·蜀書》記載鄧芝於漢末時入蜀，聽聞益州從事張裕善相，於是追隨他，亦可為一例。⑲⑦由史書記載朱建平所相人物遍及太子、權貴、士人、經學者，而皆表示對其推崇與深信，甚至在面臨人生重要決策時，往往透過看相指引，可以看出相術在當時頗為流行。

　　儘管魏晉時與名理之學密切相關的識人之論逐漸轉為對玄理的清談，對人物的品評亦逐漸轉為美感之欣趣，但結合前代觀人與相術的傳統並未就此消失，《晉書》記載觀人、觀相之事不少，往往強調異相與稟賦、性情的相關性。如陶侃體相不凡，善相者謂：「君左手中指有豎理，當為公。若徹於上，貴不可言。」⑲⑧、魏詠

---

⑲⑥　《三國志》，卷二十九〈魏書·方技〉，頁 808-810。

⑲⑦　《三國志》，卷四十五〈蜀書·鄧芝〉，頁 1071。

⑲⑧　《晉書》，卷六十六〈陶侃〉，頁 1778-1779。

之生而兔脣，善相者以其當富貴⑲。石季龍年方六、七歲，當時善
相者即謂其：「貌奇有壯骨，貴不可言」⑳。又如桓溫生而未期
年，溫嶠見而認為：「此兒有奇骨」，又聞其聲，感嘆其「真英物
也」。㉑其中劉元海出生過程所反映的人之稟賦、性情與體相等議
題最為豐富而完整。先是母親呼延氏於魏嘉平中時祈子於龍門時，
見「大魚，頂有二角，軒鬐躍鱗而至祭所」當時巫覡均認為是吉
象。當夜劉元海母親夢見大魚變為人，並且手持一物，大小如半個
雞蛋，告訴呼延氏：「此是日精，服之生貴子。」呼延氏醒來告訴
丈夫夢境，當時即認定必有尊貴不凡的子孫。而劉元海歷經十三月
懷孕才生下，生時左手有文理標幟其名。其體相果然不凡：「猿臂
善射，臂力過人。姿儀魁偉，身長八尺四寸，鬚長三尺餘，當心有
赤毫毛三根，長三尺六寸」，體相不凡顯示出其稟賦不凡，因此史
書記載其英慧非常，稟性至孝，七歲時母親過世，守喪時即有不凡
的表現，為士林所注意。善相者如屯留崔懿之、襄陵公師或等一見
劉元海，便認為其形貌非常，前所未見，因此對其非常尊敬、交
好。㉒觀察劉元海整個祈子、出生、夢兆，以及出生後之體相不
凡，果然呈現出的性情稟賦不凡，乃至於士林成名過程等描述，具
有相當豐厚的文化意涵，反映出當時對於稟氣性情及觀人之觀點與
態度。

　　以形骨作為壽夭的論斷承襲的是漢代以來的相術傳統。而對於

⑲　《晉書》，卷八十五〈魏詠之〉，頁 2217-2218。
⑳　《晉書》，卷一百六〈石季龍〉，頁 2761。
㉑　《晉書》，卷九十八〈桓溫〉，頁 2568。
㉒　《晉書》，卷一百一〈劉元海〉，頁 2646。

某些面相及音聲的惡感，如以初生之時的蜂目、豺聲而斷言其人性情殘忍，終將為族群帶來不幸的想法；或某些相貌具有異象，天生稟賦即不同於平凡。此部分之論人亦往往承繼先秦至漢代的相術，並有原始思維為其背景。至後代如《醫心方》所錄男子吉凶之相往往融合觀人、相人等諸多成果，如《產經》指出男子之吉相為：

> 男子強骨、方身、面方平正，且眼正，眼不邪見，（邪見必
> 有不直之心），行步直，遲行虎步，不為人下，口開則大，閉
> 則小，言語遲遲，言時不見前人者，君子之相也。目極動，
> 眄盜視，言必望前人之面目者，小人氣也。故頸欲如鴻王，
> 身回乃動，目欲如虎視，舉頭乃見。頰如師子頰，音如鐘鼓
> 鈴音者，賢，吉也。㉓

仍多就儀態神采立論，但對於骨相、身形、臉形、五官、目光、說話之神態均有細部的觀察。其中並將身形類比於天鵝、虎、獅子亦可見相術與原始思維的某些關聯性。但如《醫心方》引《世紀》列舉傳說吉相人物以論斷相之吉凶，其先回應時風喜愛長人而不愛體形短小等「吉長短弱」的風氣，認為不能就此論斷吉凶。並舉舜、周公均身形短小但能成就偉業為例。並又提及聖賢之異相：

> 文王問裴秀曰：「人有相不？」，裴秀曰：「有」，中撫軍
> 立鬢至地，伸手過膝，非人臣之相也。舜瞳子重，項羽重

㉓　《醫心方校釋》，卷二十四〈相男子形色吉凶法〉，頁 1480-1481。

子，靈帝足下有毛。身短，貴相也。湯有四肘，口廣，左生
內印。黃帝廣頰、龍顏、口兌者，賢武相也。仲尼隆頰，堯
八字之眉也，有慈仁之相也。子胥眉間尺一，強心之相也。
禹虎鼻懷斗，伏羲大目，蒼頡四目，皆賢智相也。頖卿記
曰：「老君足下有八卦文，眉長，耳有三門，鼻有雙柱，厚
唇，口方，色黃，是賢智相也。❷❹

此處論歷來的聖賢均有殊勝之相可循，乃揉雜緯書聖賢之異相及相
術傳統立論。

五、累集漢代以來觀人與相術的《人物志》

魏晉時最具代表性的觀人及才性專著當為《人物志》和《世說
新語》。《世說新語》對於不同性情分為三卷三十六篇，凸顯了對
個人意識與性情的尊重和欣賞❷❺，但傳統儒門之四科：德性、言
語、政事、文學，仍居上卷，亦仍具有一定的象徵意義。又如《人
物志》在敍列人物時仍採儒家觀點將眾才分為三等，但以德為目的
兼才不再列為首，首列者為中庸之德的聖人。而中庸雖是儒家的核

---

❷❹　《醫心方校釋》，卷二十四〈相男子形色吉凶法〉，頁 1481。
❷❺　逯耀東認為《世說新語》中的三十六篇反映的是東漢至魏晉「個人脫離儒家
　　　理想人格後，形成與儒家道德規範不同新類型的發展史」，因此上卷為儒門
　　　的四科，中卷九篇是「儒家理想人格作層次分化的轉變期」、下卷則反映
　　　「魏晉之際政治的變動，而使知識分子的理想人格，徹底與儒家道德規範分
　　　離」，反映當時個人意識的覺醒與凸顯。詳參《魏晉史學的思想與社會基
　　　礎》（臺北：東大圖書公司，2000 年），〈《世說新語》與魏晉史學〉，頁
　　　173-192。

心思想，但其疏解乃採道家精神。《人物志》重視形名之辨，欲透過核名實而為倫常、百官、任人的基礎，反映了自漢代以來的品鑑風氣及思潮，並對當時觀人及擢才，以及才性等思考具有深刻的影響。❷⓪⑥根據《四庫全書總目》，卷一百十七提及其性質：「主於論辯人才，以外見之符，驗內藏之器，分別流品，研析疑似。」❷⓪⑦由外在之形體、骨相、音聲、容色、應對推斷其內在稟氣、性情、人品、氣質；並以此推斷作為用人的參考。如〈流業〉即依才性不同分為清節、法家、術家、國體、器能、臧否、伎俩、智意、文章、儒學、口辨、雄傑等十二類，希望「十二才各得其任」。此十二類才性者皆統於「主德」為君主所用。至於主德則應具備：「聰明平淡，總達眾才」的道家觀慧特質。不同才性、氣質者皆有偏至，唯有兼德者能夠無失。所謂兼德者「謂之中庸」、「中庸也者，聖人之目也」。〈九徵〉中還提到：

> 凡人之質量，中和最貴矣。中和之質，必平淡無味；故能調成五材，變化應節。是故，觀人察質，必先察其平淡，而後求其聰明。❷⓪⑧

---

❷⓪⑥ 有關《人物志》與形名家的關係，詳參〈讀人物志〉，《魏晉玄學論稿》，頁 1-22。

❷⓪⑦ 永瑢等編撰，《四庫全書總目提要》（上海：商務印書館，1933 年），卷一百十七〈子部雜家類·人物志〉，頁 2460。

❷⓪⑧ 陳喬楚註譯，《人物志今註今譯》（臺北：臺灣商務印書館，1996 年），〈九徵〉，頁 14。

《人物志》兼德之聖人形象講求中庸，而此中庸之質為平淡無味。中庸、中和為儒家崇尚之德，而平淡無味卻是道家氣味。明顯以道釋儒，開啟往後以道家思想釋儒家聖人的風氣。❷⓪⑨

　　《人物志》論人之性情、稟氣、形貌承繼前代自然氣化論的傳統，開篇〈九徵〉即指出：「凡有血氣者，莫不含元一以為質，稟陰陽以立性，體五行而著形。」稟賦著元一之氣及陰陽、五行所形諸的形體一旦成立，由於稟受陰陽、五行之氣的厚薄等情況不同，金木水火土，「五物之徵，亦各著於厥體矣」。五行表現在骨、筋、氣、肌、血等形體上，因此透過形體、氣血等表徵即可推知其人之性情與才性（「苟有形質，猶可即而求之」）。其中木對應於骨，金對應於筋，火對應於氣，土對應於肌，水對應於血（「木骨、金筋、火氣、土肌、水血」）。在性情正直而柔順者（「骨植而柔者」）被認為性情弘毅，而性情弘毅正是仁的特質。氣性純潔而明朗（「氣清而朗」）者，其行為具文采而有條理，而此特質正是禮的根基。身體端莊而強壯者（「體端而實」），反映在性情上是固守正道，此正是信實的基礎。體貌上筋力強勁而專注（「筋勁而精」）者，反映在性情上則是勇敢。氣色平和而暢然者（「色平而暢」），能夠深通精微，正是智的表現。不論外表形體如何變化，都不脫此五種特質。人的自然之質（骨、筋、肌、氣、血）外顯為恒常之形，而內心之情性表現於儀容聲色之間，故可由常形與變象推斷人的性情，德行。❷⓪

---

❷⓪⑨　李建中、高華平著，《玄學與魏晉社會》（石家莊：河北人民出版社，2003年），頁 29-35。

❷⓪　如湯用彤指出《人物志》之大義第一即是透過「由形所顯觀心所蘊」、「識鑑人倫，相其外而知其中，察其彰以推其微」，詳參〈讀人物志〉，《魏晉

因此形體、容貌、聲調、神色、情味均可以成為識人之機與象，用以推斷其人之性情如「剛、柔、明、暢、貞固」特質。《人物志·九徵》還提及心志狀態與儀表的關係：

> 故其剛、柔、明、暢、貞、固之徵，著乎形容，見乎聲色，發乎情味，各如其象。故心質亮直，其儀勁固；心質休決，其儀進猛；心質平理，其儀安閒。夫儀動成容，各有態度：直容之動，矯矯行行；休容之動，業業蹌蹌；德容之動，顒顒卬卬。㉑

不只是外在的儀表，聲調亦反應心氣狀態，而心氣的狀態同時會在神色上呈現：

> 夫容之動作，發乎心氣；心氣之徵，則聲變是也。夫氣合成聲，聲應律呂：有和平之聲，有清暢之聲，有回衍之聲。夫聲暢於氣，則實存貌色；故：誠仁，必有溫柔之色；誠勇，必有矜奮之色；誠智，必有明達之色。夫色見於貌，所謂徵神，徵神見貌，則情發於目。

以此《人物志》透過神、精、筋、骨、氣、色、儀、容、言等九項表徵以判斷人之德性與才情。

　玄學論稿》，收於《魏晉思想》（臺北：里仁書局，1984 年），頁 1-2。
㉑　《人物志今註今譯》，〈九徵〉，頁 22-25。

> 平陂之質在於神，明暗之實在於精，勇怯之勢在於筋，彊弱
> 之植在於骨，躁靜之決在於氣，慘懌之情在於色，衰正之形
> 在於儀，態度之動在於容，緩急之狀在於言。其為人也：質
> 素平澹，中叡、外朗，筋勁、植固，聲清、色懌，儀正、容
> 直，則九徵皆至，則純粹之德也。九徵有違，則偏雜之材
> 也。

至於精神之徵則顯發於目，即劉劭所謂：「徵神見貌，則情發於目」，以此形成對人神韻的種種觀察，並成為對舉才、識人等細密的方法與洞見。《人物志》的論述基礎其實上承自東漢以來用氣為性以及人感於宇宙之氣而賦形之說；亦承繼東漢時重視骨體之相，認為稟氣之清濁厚薄可由筋骨體貌而得其要。如此重視骨法體相以識人，為《抱朴子》所質疑，認為「人技未易知，真偽或相似。」，容易發生外表「顏貌修麗」、「風表閑雅」，而其實「心蔽神否，才無所堪」的情況[212]。並且認為以骨法相人只能推知「壽夭貧富，官秩尊卑」至於德性與情性等精神層面則難以明瞭，以骨體相人容易發生「外候同而用意異，或氣性殊而所務合」的狀況，導致「未修其本，殆失指矣。」的結果。識人既不能僅從骨體，《抱朴子外篇・清鑒》進一步提及相人之法：「必能簡精鈍於符表，詳舒急乎聲氣，料明闇於舉厝，察清濁於財色，觀取與於宜適，謂虛實於言行，考操業於閨閫，校始終於信効，善否之驗，不

---

[212]　楊明照，《抱朴子外篇校箋・上》（北京：中華書局，1996 年），卷二十二〈行品〉，頁 548。

其易乎？」❷❸以符表、聲氣、舉措、臨財之態度、臨事取捨之得體、言行是否如實、閨閣之內操守如何來視人。

《人物志》觀人之法實前有所承，亦可說是承繼漢代以來的觀人識鑑之術，而漢末至魏晉觀人之術，實融鑄了先秦至漢代以來觀人及相術的諸多層面，如威儀容禮、數術的身體等層面，其強調骨相又與東漢以來強調氣化身體以及用氣為性、性成命定等脈絡相關。❷❹

六、以自然之形氣為隱喻的身體美學與品鑑

觀人對於人才的拔擢、人物的品鑑、政教上均具有重要的意義與影響。東漢至魏晉的觀人之術融鑄了前朝觀人術的諸多特質，但又有新的演變。禮教型塑的身體、以及充滿命定論而與原始相術密切相關的身體、漢代陰陽五行配合下數術層面的身體亦仍留下深刻的印記。此在《人物志》、《世說新語》，以及史書記載中，有豐富的呈現。也反映出漢末至魏晉觀人的理論實是融鑄前代的豐富文化基礎層累而來。魏晉觀人尚不只此，隨著清談之風的逐漸演變，儒道思想的交涉，玄言高論形上議題成為風氣，同時對於身體與威儀有諸多的反省和思考❷❺。而政治環境的改變，使得強調名分及禮

---

❷❸　《抱朴子外篇校箋·上》，卷二十一〈清鑒〉，頁519-524。

❷❹　湯用彤認為：「《人物志》者，為漢代品鑒風氣之結果。其所採觀人之法，所分人物名目，所論問題，必均有所本。惜今不可詳考。惟其出宗旨，要以名實為歸。」詳參〈讀人物志〉，《魏晉玄學論稿》，收於《魏晉思想》（臺北：里仁書局，1984年），頁10。

❷❺　在道家之「靜」逐漸影響士人對理想生活形態及身體、威儀的觀感下，隱逸

法為尚的風氣，漸為玄言等風氣所取代，品鑑人物已不再特別著意於循名責實以及為政教提供服務的角度，而是從藝術生命的美學欣趣著眼。㉑如此之態度實融合了氣化之身體觀，而呈現於身體之美感，以及神色、氣韻、風神上。如《世說新語》對於人物之品評除了德性與才能外，對於容貌、身高、眼神、髮鬚、腰圍亦頗多描述。亦由於崇尚自然，故而對於人物形貌神氣，常以自然山川為喻，呈現藝術生命的美學風貌。此又反映出魏晉時期不同於漢代從德性及威儀論人與擢才的特質，凸顯出魏晉時期有別於前朝，重視生命的美學及藝術性。不只於人物的美感、型態及觀人上，對美學及藝術性的展開還呈現於魏晉之文學、書法、繪畫上。而此美學的特質也與當時士林的風氣、強調個體意識、對名教的反省密切相關。

　　對身體美之重視，反映出士人的教養，以及從漢代以來的人物品鑑風氣，同時又為清議的重要話題，漢代以來重德性的傳統明顯有了轉化。東漢中期在政治性的對人物的清議逐步讓位於生活性的

之風漸盛，強調閒居、閒靜、自然，對學之態度，對是否群居，對威儀之觀點均發生改變。從道家之角度，視威儀為外在的規範，於自然觀乃至心靜工夫而言，頗顯累贅。就儒家工夫而言，則肯定「學」之重要，同時強調身為心之外顯，故而十分著重於身體之儀容呈現。有關此部分詳參甘懷真，〈魏晉時期的安靜觀念──兼論古代威儀觀的發展〉，《臺大歷史學報》20 期（1996 年 11 月），頁 407-463。

㉑　牟宗三先生認為魏晉人於藝術境界與智悟境界表現不俗，故能發展純文學論與純美文之創造，然而言及聖人亦承氣化宇宙論之路數，重視氣稟，故而儒家德性生命之實踐無法真切把握。詳參牟宗三，《才性與玄理》（臺北：臺灣學生書局，1989），頁 43-66。

對人物的美感欣趣，對人物的評點由道德與氣節的關注，逐漸轉為於形貌、風姿的鍾愛。此與當時的政治環境和玄學思想密切相關。在東漢末以迄魏晉的亂世中，士人由氣節的講求和清議之風的耿直，逐漸對對朝政之黑暗、險惡，以及禮教為政權者所利用充滿強烈的反感，由中心逸出，或採取策略避去此種痛切感成為至深的存在感與心靈之慰藉。並且，著重在形體的姿容、儀態而來的美名與美貌，可以一方面展現家族的教養，一方面又可取得社會、婚姻、仕宦之地位。再者，透過人物評點展現美學式的欣趣。如《世說新語·容止》對於時人之容貌、眉目、體態、鬚髮、肌膚、眼神、聲音多所著墨，如王右軍見杜弘注，贊嘆其：「面如凝脂，眼如點漆」，王夷甫觀裴令公：「雙目閃閃，若巖下電」，嵇康「風姿特秀」、桓溫：「眉如紫石稜」、何平叔「面至白」如傅粉。張光「明眉目、美音聲」，陸機「其聲如鐘」均為其例[217]。而論人的方式又常以自然、山川、日、月、草木、朝霞、甘露、雲、風等為隱喻。如《世說新語·賞譽》：「世目李元禮，謖謖如勁松下風。」、《世說新語·容止》：「時人目王右軍，飄如游雲，矯若驚龍」、「有人嘆王恭形茂者，云：『濯濯如春月柳』。」、「時人目夏侯太初，朗朗如日月之入懷；李安國，頹唐如玉山之將崩」、「海西時，諸公每朝，朝堂猶暗。唯會稽王來，軒軒如朝霞舉。」、「嵇康身長七尺八寸，風姿特秀。見者嘆曰：「蕭蕭肅肅，爽朗清舉。」或云「蕭蕭如松下風，高而徐引。山公曰：「嵇

---

[217] 此二則出自《晉書》，卷五十四〈陸機列傳〉，頁 1467、卷五十七〈張光列傳〉，頁 1563。

叔夜之為人也，巖巖若孤松之獨立，其醉也，傀俄若玉山之將崩。」均為其例。

　　以自然山川等為隱喻，實承自一體連續之氣化宇宙觀，在此宇宙觀下，人之形貌與自然、風土關係密切。如《淮南子・墜形》提及不同地域之人所受之氣不同，其所生形貌、習性亦不相同[218]。至漢代董仲舒更在天人相應的背景下認為：「人有三百六十節，偶天之數也；形體骨肉，偶地之厚也。上有耳目聰明，日月之象也；體有空竅理脈，川谷之象也；心有哀樂喜怒，神氣之類也。」[219]身體為具體而微的宇宙，身體之氣脈亦如山川地脈。[220]人與自然宇宙實是一體相連，一氣相通，因此對自然山川之描述常以氣脈用語，對人之身體又常以自然之形質為喻。[221]因為宇宙山川與人存在感應關

---

[218]　風土型塑、薰染了人之情貌，如《淮南子集釋》，卷四〈墜形〉，頁 352：「東方，川谷之所注，日月之所出。其人兌形小頭，隆鼻大口，鳶肩企行，竅通於目，筋氣屬焉，蒼色主肝，長大早知而不壽；其地宜麥，多虎豹。南方，陽氣之所積，暑濕居之，其人脩形兌上，大口決眦，竅通於耳，血脈屬焉，赤色主心，早壯而夭；其地宜稻，多兕象。西方高土，川谷出焉，日月入焉。其人面末僂，脩頸卬行，竅通於鼻，皮革屬焉，白色主肺，勇敢不仁；其地宜黍，多旄犀。北方幽晦不明，天之所閉也，寒水之所積也，蟄蟲之所伏也，其人翕形，短頸，大肩下尻，竅通於陰，骨幹屬焉，黑色主腎，其人蠢愚，禽獸而壽；中央四達，風氣之所通，雨露之所會也，其人大面短頤，美須惡肥，竅通於口，膚肉屬焉，黃色主胃，慧聖而好治；其地宜禾，多牛羊及六畜。」

[219]　《春秋繁露義證》，卷十三〈人副天數〉，頁 354-355。

[220]　如《博物志校證》（臺北：明文書局，1984 年），頁 10 明白提及：「地以名山為之輔佐，石為之骨，川為之脈，草木為之毛，土為之肉。」

[221]　如相人之術在《漢書》〈藝文志〉被列於形法家，其中包含「九州之勢以立城室舍形，人及六畜骨法之度數，器物之形容」人體之骨法與九州之形勢，

係，觀山川亦如觀人體，而人體亦即具體而微的宇宙。以自然喻人之體貌、形容，將興發整體存在之神聖性與美感，而此美感以自然豐沛之力量為背景，於亂世中一方面顯現魏晉人物對生命的省思，另一方面又成為魏晉士人的重要救贖。對比於痛苦的塵牢羈絆，自然往往具有與權力、核心、世俗相對比的另一組豐富意涵。也是相對於儒家型士人外，另一道家型的出處與拯救。於是當時士人的形象大隱於朝、小隱於山邊水涯，自然始終成為一組豐富的隱喻和調解。也正因為如此，當識人及品鑑走向美學的體味時，亦往往透過自然形氣為隱喻。若放在當時的思想背景來看，士人多持言不盡意的態度中，人之才質不可透過言語道盡，識鑑之法重視神氣，若以自然山川為隱喻，又能產生豐厚而不可言盡之效果。⑫此風氣置於

城郭之形並列，亦將此體貌類比於山川之特色。又如集宋代以來體相之說的重要著作《神相全編》即點出相術與陰陽五行及自然宇宙的關係：「天道週歲，有二十四節氣。人面一年氣色，亦二十四變。以五行配之，無不驗者」、「人稟陰陽之氣，肖天地之形，受五行之資，為萬物之靈者也。故頭象天，足象地，眼象日月，聲音象雷霆，血脉象江河，骨節象金石，鼻額象山岳，毫髮象草木。」即為其例。詳參陳摶秘傳、袁忠徹訂正，《神相全編》（臺北：新文豐出版公司，1989 年），卷首〈論氣色〉，頁 33-34、卷二〈論形〉，頁 110。

⑫ 言不盡意之說對於識人、書、畫、文學均造成深刻影響，詳參湯用彤，〈言意之辨〉，《魏晉玄學論稿》，收於《魏晉思想》，頁 23-45。劉大杰，〈魏晉時代的文藝思潮〉，《魏晉思想論》，《魏晉思想》，頁 145-173。隱喻能使意涵產生極大的豐富性，並與存在之體會、情境密切相關，正應合言不盡意的精神。有關隱喻，詳參卡西勒（Ernst Cassirer）著，于曉譯，《語言與神話》，頁 1-96。有關隱喻以及其與情理之覺知，以及對於價值判斷、體驗的關係與影響，詳參鄧育仁，〈隱喻與情理——孟學論辯放在西方哲學時〉，《清華學報》38 卷 3 期（2008 年 9 月），頁 485-504。

當時家族的網絡和背景中，亦可見出文化資本與符號轉變的風尚。

　　總體來看，一個時代因其社會文化習尚不同，會有相應的身心型塑。先秦、西漢、東漢至魏晉時期的觀人與相人極深的縮結於其所屬政治環境以及家族等文化與社會背景，而有其特殊的風貌。然就觀人與相人的演變脈絡來看，由先秦至漢末魏晉，集累了前代有關禮教的身體、陰陽五行等氣化論的身體、神話思維的身體等諸多面向。與漢代品鑑風氣相承的《人物志》十分關注由外在之形相以觀其內，此還與東漢以來之重視骨相之傳統有關。而此重視骨相之說又與相術相關，東漢至魏晉儘管由重形名之學逐漸走向對玄理的追求，觀人、相人也逐漸走向美學藝術生命的欣趣和體味。然而相人之術始終沒有式微，東漢時郭林宗等人識人僅憑一見而能斷其吉凶、壽夭，時人傳頌有如相術。至魏晉時朝廷、士人仍常從相術角度對立后、立太子、觀壽夭、仕途、吉凶進行斷言；甚至對某些人物出生的描寫融合了多種異象，既然稟氣不凡，故體相多異，性情至孝，在當時善相的風氣中，又得到士林的尊重，轉換成仕途上的種種助益。此類描寫融合了前代多種對於形相、才性的觀點。而多種身體觀與形相、才性之說的互相揉合，亦反映了思想與文化的豐富性和多元性。

第三章　身體型塑與「美」的鑑賞
——先秦至漢代經史典籍
對女體美與德色關係之思考

　　本論文前章述及秦漢時期身體的教育及好惡之評論，已觸及士人成德的身體、威儀容禮的身體，以及從數術角度思考的身體。然而論及身體美，男女有別，男性身體美與德性、權力不但不構成衝突的緊張關係，在漢人的身體稟氣觀下，往往還與特殊稟氣及神聖性結合。也因此，美男子不但在威儀上具備美好特質，在容禮上具備治人的能力，同時亦象徵著稟氣不凡，具有特殊而美好的天賦。此天賦往往與權力結合，於神聖權力建構上多所呈現。至於具有美色的女體，則往往顯現出嚴重的德色衝突。因此，本文將從婦女身體美的角度著眼，探討婦女之身體美與文化、政教等層面的關係，及其所不同於男子強調成德及威儀身體之面向。由於女性的身體之德性與美好，多置於家庭倫理的脈絡下進行詮釋，故本文將先從禮教所謂婦女之德性及德色問題著眼，探討經書、禮書中對女體美的思考與主張。同時透過史書探討有關婦女的敘事之取材與形象特色，思考時代風氣影響下對於婦女形貌的評論與差異。本論文下章並同時透過方術、醫書中對女體功能與好、惡的思考，以分別從禮

教所謂婦女之德，以及方技、房中所謂好女、惡女之別、史書中所記載的婦女形象等角度著眼，觀察不同角度對於婦女之德色的態度與主張，進行多元視域的豐富對話。

第一節　美色移人，非大德不足以堪之 ——原始思維角度的承繼與轉化

從原始思維的角度來看，極致的美物往往具有非凡的特質，因此同時具有神聖與不祥兩極的特性。就其神聖性來看，其與特殊、非凡稟賦有關❶；但就其不祥來看，此特殊稟賦往往轉出特異的稟

---

❶　極美之色屬於非常狀態，原本即不屬於秩序的範疇，更何況極美之色往往造成的禮教秩序的破壞，人倫關係崩解的後果。人文秩序的崩解或消融，或可視為毀滅，或可視為混沌與合一。混沌與合一於宗教儀式中或為災難，或為神聖的經驗，使得美色往往被視為具有難以控制的力量與神秘性，並同時具備極強的神聖與不祥的兩極性質。如男體與女體，於文化論述的脈絡下，美男子往往與得天命、稟氣殊異相關聯，成為神聖的象徵。也正因此漢代經書、讖緯對於美男子及威儀不凡的男子往往多有著墨，甚至緯書中對於聖王的相貌往往多加渲染。至於婦女的美色則亦從稟氣殊異著眼，但往往被視為不祥，於是在敘事文類、結構中，以之為男子往往成為神聖的象徵，以之為女子則往往成為邪惡的象徵。有關失序引起的神聖與不潔感，詳參瑪麗·道格拉斯著，黃劍波、盧忱、柳博贇譯，《潔淨與危險》（北京：民族出版社，2008 年）。特納（Turnner）從結構與反結構的角度對於文化結構進行思考，認為神聖、混沌狀態往往具有反結構的特質，此時社會結構、人倫關係為之衝破，而進入冥合為一的狀態，作者舉十分多的例子，以論證反結構的性質及與結構的關係，同時說明反結構對於結構的正面意義。詳參特納（Turner, Victor），《儀式過程——結構與反結構》（北京：中國人民大學出版社，2006 年）。

性以及邪惡眼、爭奪等種種問題。❷早在先秦即流傳至美之物往往
具有難以掌握的特殊力量，就物自身來說往往具有神秘性，其神秘
非常的力量往往能「移人」，使人心志惑亂，若非具有大德、心性
穩定之人，不足以承受美物所帶來的誘惑。美物不只惑亂其擁有
者，亦將引起他人之嫉羨而導致爭奪，於是擁有至美之物，往往可
能成為爭奪力量的中心，其結果往往導致亂亡。也因此至美之物往
往被視為神聖或不祥的特殊存在。此種對極致美物的兩極態度置於
身體論述上，亦頗有啟發。尤其在封建制度及家國男性傳承的傳統
下，殊異之男體與絕色之女體，往往具有此神聖及不祥的兩極特
性。從男性視角立論，殊異之男體往往具有神聖性及特殊性，並與
統治權力結合。但在相同的脈絡下，殊異之女體往往具有邪惡的特
質，具有破壞統治秩序的危險。❸因此，世俗所認為的婦女之美色

---

❷ 原始思維中美具有的非常性易引發邪惡眼（evil eyes）。過於美好之事物容於
　引起他人之羨妒，連帶引起種種不平、不安和邪惡意念，成為他人覬覦的對
　象。而種種心念之造作，從原始思維角度來看，往往具有負面力量的殺傷
　力，故而須透過種種方式以避免及化除此種邪惡意念。有關邪惡眼詳參
　Dundes Alan (1981) "Wet and dry, the evil eye", Alan Dundes (ed), *The Evil Eye:
　a Casebook*. New York and London: garland, pp.257-312. 菲奧納・鮑伊（Fiona
　Bowie）著，金澤、何其敏譯，《宗教人類學導論》（北京：中國人民大學出
　版社，2004 年），頁 250-294。

❸ 如褒姒為龍漦所化，其稟氣具有邪惡特質，與褒姒出生敘述模式極為類似的
　簡狄生契的傳說，故事主線為神鳥遺卵、盛於筐，與褒姒出生的二龍留漦藏
　於櫝結構類似，但一生男子、一生女子，男子被尊崇為始祖與文化英雄，女
　子則以充滿妖異的禍水形象呈現。與此相類似的情況很多，如《史記》，卷
　四十三〈趙世家〉，頁 1804：趙武靈王十六年「王遊大陵，他日，王夢見處
　女鼓琴而歌詩」，於是「數言所夢，想見其狀」。對比於《史記》，卷三

往往意味著不祥和亂源，而此不祥和亂源往往從男性立場及家國角度進行思考。❹絕色女子被視為至美之物，其出生的神秘性，其媚惑心性、以及引生的爭奪一直成為論述的焦點。

先秦時期絕色婦女往往被認為具有特殊稟賦和神秘性。如《左傳》〈襄公二十一年〉，記載叔向的母親妒忌叔虎之母容色美麗，在子女的勸諫下，不但未轉化其態度，甚至進一步對具有美色的女子進行評論，她認為「深山大澤，實生龍蛇。彼美，余懼其生龍蛇以禍女。」杜預注指出：深山大澤指「非常之地多生非常之物」❺。叔向母暗指叔虎母為非常的存在，為非常之氣所聚，因此往後亦將生出非常之物（龍蛇），而叔向之族恐怕不具備大德足以堪之。叔向母之說不只出現一次，於《左傳》〈昭公二十八年〉叔向欲娶夏姬女時，叔向母再次發表對於美色具不祥本質的看法：

> 子靈之妻，殺三夫、一君、一子，而亡一國兩卿矣。可無懲乎？吾聞之甚美必有甚惡。……天鍾美於是，將必以是大有

〈殷本紀〉，頁 102：「武丁夜夢得聖人，名曰說」、「迺使百工營求之野，得說於傅險中」。二者在結構上亦頗類似，均得之於夢之啟靈，均大費心力求之於野，但夢兆所得之男子為興邦重臣，與此結構類似而得之女子則為亡國的妖物。

❹ 本章節所論述之女體與美色所採為男性之觀看視角，所著眼為家國之興衰與男性之欲望，此種觀看視角使婦女置於男性及家國角度的觀看下被審視，女體成為被觀看的客體，於是隨著觀看者的角度不同，對女體之思考及鑑賞的態度亦不相同。有關男性的觀看以及對女體美之思考，詳參柏格（Berger, John）著，吳莉君譯，《觀看的方式》（臺北：麥田出版社，2005 年）。

❺ 《左傳》，卷三十四〈襄公二十一年〉，頁 592。

敗也。昔有仍氏生女黰黑，而甚美，光可以鑑，名曰玄妻。
樂正后夔取之，生伯封實有豕心，貪惏無饜，忿纇無期，謂
之封豕。有窮后羿滅之夔，是以不祀。且三代之亡，共子之
廢，皆是物也。女何以為哉？夫有尤物，足以移人，苟非德
義，則必有禍。❻

所謂尤物，杜預將「尤」訓為「異」，即是異端非常之物。此非常
之物「甚美」，但是將導致「甚惡」的結果。為何甚美之物將導致
甚惡的結果？叔向母由二個方面來說，其一，尤物本身即為妖異，
受此妖異之氣而生的宗族後人，亦將有妖異之性情。並舉伯實為
例，其母甚美，而伯實承此不凡之氣而生，而有不同凡人的心性：
「豕心」、「貪惏無饜」、「忿纇無期」，由此將引生種種非凡的
禍端。同理，此事應驗在夏姬身上即認為夏姬之絕色具有重大的不
祥特質，其女稟承妖異之氣所生，亦為不祥的存在。稟承此不祥之
氣，夏姬女所生之子仍為妖異，並將對家族帶來毀滅。據《左傳》
描述夏姬女所生之伯石甫出生，即發出「豺狼之聲」，叔向母聽音
而斷其性情稟氣，認為是「狼子野心」，並斷言羊舌氏將斷送在伯
石手中，於是不肯進產房見初生之伯石。從另一面向來看，尤物所
以不祥在於她能「移人」。一般人之心性及道德的定性不夠，將好
色、逐色而忘義，引生種種悖德之事。除非具備大德之人，能夠禁
得起美色之誘惑，謹守好德不好色的態度，循道義而行，否則必生

---

❻　《左傳》，卷五十二〈昭公二八年〉，頁 911-912。另可參看卷二十五〈成公
二年〉，頁 428。

禍端。也正因此，叔向母將三代亡國均歸因於性屬尤物的女子。

　　叔向之母的說法並非自己獨有的特殊見解，時代稍早之申公巫臣欲阻止楚國大將子玉娶夏姬時亦曾發表類似言論，認為夏姬「是不祥人也」、「何不祥如是？」並將「夭子蠻、殺御叔、弒靈侯、戮夏南、出孔儀、喪陳國」之罪全歸於夏姬。諷刺的是此說確實恫嚇了子玉，一如叔向之母之言辭使叔向心生畏懼。但巫臣最後竟然自己跟夏姬私奔，並欲聘娶之；叔向最後也娶了夏姬女。這一方面證明了美色果真具有強烈「移人」的特質，使人將不祥之恐懼暫拋一邊，而奔赴此迷戀。另一方面美婦的恐懼雖然存在，但引用當時美色不祥說法，則亦可能因妒忌、私愛等種種心理使然。更何況美女雖然危險，時人認為很可能還有一些方式可以化解其危險。如崔武子弔齊棠公時，見棠姜色美，欲娶以為妻。左右大臣期期以為不可，一來因為同姓婚姻的禁忌，另一來則又以占卜不吉為辭。但更深層隱微的心理上，實是認為具有美色之棠姜不祥，因此使得丈夫早亡。崔杼堅持娶棠姜，說破了當時人心的恐懼：「嫠也何害？先夫當之矣」，表面上是對寡婦剋夫的恐懼，但實際上是對棠姜過於美豔而不祥的恐懼，認為此不祥已然應驗於棠姜之亡夫了，應可以化解。❼但根據《左傳》下文所記，不祥之禍患恐怕尚未結束。絕色之棠姜果然能「移人」，導致與莊公私通，最後釀成崔杼弒君的大禍。《左傳》的敘事安排不但反映了時人對於絕色美婦的恐懼，

---

❼ 崔杼為娶棠姜，因此認為棠姜若真不祥，其亡夫已應驗了棠姜不祥的惡事，惡運應到此為止。原始思維中預兆的不祥往往透過模擬情境使其發生，以化去此種不祥。詳參列維·布留爾（Levy Bruhl）著，丁由譯，《原始思維》（北京：商務印書館，1997 年）。

同時也反映了《左傳》作者對於美色之態度。至漢代劉向撰《列女傳》時亦定調棠姜為不祥之人，並將「殺一國君而滅三室」之罪歸之於她，以為後世好色者戒鑑。❽對於夏姬與棠姜之美，其恐懼心理之深亦於焉可見。❾

　　《左傳》對絕色美婦的態度在先秦時並非罕見，《國語》〈鄭語〉史伯為桓公論興衰時，則將容色甚美的褒姒認為是龍漦所化生的異物，其出生過程充滿妖異色彩：

> 《訓語》有之曰：「夏之衰也，褒人之神化為二龍，以同于王庭，而言曰：「余，褒之二君也。」夏后卜殺之與去之與止之，莫吉。卜請其漦而藏之，吉。乃布幣焉而策告之，龍亡而漦在，櫝而藏之，傳郊之。」及殷、周莫之發也。及厲王之末，發而觀之，漦流于庭，不可除也。王使婦人不幃而譟之，化為玄黿，以入于王府。府之童妾未既齓而遭之，既笄而孕，當宣王時而生。不夫而育，故懼而棄之。……王遂置之，而嬖是女也，使至於為后而生伯服。天之生此久矣，

---

❽　梁端校注，《列女傳》（臺北：臺灣中華書局，1981 年），卷七〈孽嬖傳・齊東郭姜〉，頁 9a。

❾　此種對於婦人美色及移人之恐懼，在後代士人心中亦發生影響，如唐代傳奇〈鶯鶯傳〉其敘事安排，先由張生為不好色者著眼，而後敘述張生「始亂終棄」的歷程，但鶯鶯何以被棄，張生以其具有禍水性質，能移人為自己辯解，並指出當時士人咸認為張生為善補過者。不好色之張生何以被迷惑？可能此婦具有非凡移人及惑亂心智的能力，張生被迷惑雖一時好色忘德，以此而有過，但遺棄鶯鶯正是撥亂反正的補過之行。張生文過之言，透過引用先秦典故，而增益其合理性與說服力。

> 其為毒也大矣，將使候淫德而加之焉。毒之酋腊者，其殺也
> 滋速。❿

鄭史伯引《訓語》指出夏亡時有龍漦藏於櫝的傳說，並引童謠「檿
弧箕服，實亡周國」，將周之亡國歸咎於褒姒。可見褒姒亡國說在
當時必定頗為流傳。褒姒之出生不但稟氣不凡，且深具妖異及不祥
特質，其為龍精異物所化，受孕過程亦極為特殊，非常在心理上往
往深具力量與不祥感。褒姒之出生反映時人對於女體的特殊觀感，
如龍漦溢出無可收拾時，厲王是以未亂之童妾「不幃譟之」，《史
記·周本紀》更直接說是「裸而譟之」❶，「未亂」之童女具有豐
沛之氣，龍漦被視為具有危險性的神秘力量，女體亦被視為充滿力
量的存在，以其裸身而鼓噪，明顯以女體作為厭勝物；尤其未經男
女性事的童女，更被視為厭勝的重要方術。❷女體的恐怖與力量一
體兩面，尤其美麗的婦女，其移人甚深，力量甚大，恐怖也就更
大。

　　史伯除了認為美色婦人本身即具不祥外，還認為美色之婦女往
往使帝王「淫德而加之焉」，造成亂亡的後果，即前文所謂「移

---

❿　《國語》，卷十六〈鄭語〉，頁 519。

❶　司馬遷著，司馬貞索隱、張守節正義、裴駰集解，《史記三家注》（臺北：
　　鼎文書局，1979 年，以下簡稱《史記》），卷 4〈周本紀〉，頁 147。

❷　神聖與污穢往往一體兩面，具有模稜兩可的性質，女體與龍漦均被視為神秘
　　力量的象徵，因此以女體厭勝龍漦。女體的厭勝術並不少見，詳參蔣竹山，
　　〈女體與戰爭──明清厭砲之術「陰門陣」再探〉，《新史學》10 卷 3 期
　　（1999 年 9 月），頁 159-187。李建民，《方術醫學歷史》（臺北：南天書
　　局，2000 年）。

人」、惑亂人心的力量。不只史服如此認為，以《國語》〈周語〉
記密康公之事為例，密康公隨恭王遊於涇上時，有「三女奔之」，
康公之母極力主張將三女獻之於恭王，主要原因是：

> 夫粲，美之物也。眾以美物歸女，而何德以堪之？王猶不
> 堪，況爾小醜乎？小醜備物，終必亡。⓭

康公之母所說有幾點值得注意：首先，要能領受美物當具備與此相
稱的大德，否則將會招來災禍。康公之母建議將三粲獻於恭王⓮，
並強調「王猶不堪」，認為須有大德才能抵禦美色帶來的惑亂。若
德性不具備而擁有美物，終將導致亂亡的結果。⓯婦女之美色，就

⓭　《國語》，卷一〈周語上・密康公母論小醜備物終必亡〉，頁 8。

⓮　此處將德與封建貴族之階級身分相關聯，在強調聖王的傳統下，居高位者被
　　視為領有天命而德性與教養均具有象徵性者，並透過種種儀式、傳說，加強
　　各階級所賦有的象徵身分。以使得居高位者不但成為權力的象徵，亦成為
　　德、爵的象徵。漢代時對於帝王往往塑造其神聖血統以及感生傳說，亦承此
　　傳統。

⓯　就原始思維角度來看，面對邪惡眼的重要方法，除了對於至美之物採取某些
　　避諱的措施外，又往往透過禮物的分配、誇富宴、禮物的毀棄、獻神，以使
　　至美之物所帶來的妒羨感降低，同時再次透過禮物之流動而增益族群間的和
　　諧關係。詳參牟斯（Marcel Mauss）撰，何翠萍、汪珍宜譯，《禮物：舊社
　　會中交換的形式與功能》（臺北：遠流出版事業公司，1989 年）。若從現代
　　哲學家如巴塔耶則從消盡角度來思考，美物的聚累往往帶來災難，透過誇富
　　宴以及不求回報的禮物贈與之消盡，能避免和化解災難。詳參巴塔耶
　　（Bataille, Georges），《色情史》（北京：商務印書館，2003 年）。康公之
　　母建議將三粲獻於恭王，亦是將至美之物以禮物方式慷慨與人，以避免人心
　　之不和而導致爭奪。

其影響來看，往往使得女性對自身之美色自矜自恃，造成男性的迷惑與失德、並導致邪惡眼的覬覦，終至傾國傾城的敗亡和亂象。因此世俗所認定之美，從道德的角度及家國的立場往往成為不祥和危險的象徵。密康公不肯聽從母親意見，於是不過一年的時間，就被恭王所滅。美色在此處可能造成爭奪及分配不平的種種問題，亦可見其端。以此來看，先秦時即已對於美色所帶來的危險和不祥有不少體會。並將三代之亂亡歸咎於美色婦人對統治者德性的惑亂和侵害。此種對美色不祥的恐懼和體會，除了源自原始宗教對力量的敬畏心理外，還有從人之習性及歷史經驗所徵驗之體會。

　　漢代士人對於美色所具有的威脅之論說，承襲先秦，但往往又加以五行方術等比附。王充可為代表：

> 妖氣生美好，故美好之人多邪惡。……夫深山大澤，龍、虵所生也，比之叔虎之母者，美色之人懷毒螫也。……龍、虵，東方、木，含火精，故美色貌麗。膽附於肝，故生勇力。火氣猛，故多勇；木剛強，故多力也。生妖怪者，常由好色；為禍難者，常發勇力；為毒害者，皆在好色。……故美味腐腹，好色惑心，勇夫招禍，辯口致殃。四者，世之毒也。❶⑥

美好之物為妖氣所化，故多具邪惡之性，並以龍虵為喻，此為先秦時即廣為流傳的說法，但漢代於美色所帶來的危險性，在經驗的現

---

❶⑥　《論衡校釋》，卷二十三〈言毒篇〉，頁 958-959。

象上，更進一步找到了五行生剋之說以為解釋的基礎。

第二節　禮教及《列女傳》、《女誡》對女體美的主張與態度——以德性及倫理角度詮釋女性美

由於美色往往帶來惑亂心性以及現實上種種違禮的紛爭，無怪乎孔門發出：「吾未見好德如好色者也」的深沉喟嘆，並強調應「賢賢易色」**⑰**。一方面怵惕於美色之「移人」，另一方面從德性角度重新界定「美」，並以此生出實踐的動力。以下分別從禮書及《列女傳》、士人對於女體美的重新詮釋，來思考此一問題。

一、禮教及《列女傳》、《女誡》對女體教養，容色、體貌的主張與詮釋

據經、史書記載春秋時期因美色而導致惡行、惡果者，比比皆是。《左傳》中因擁有美色而導致他人的覬覦事例不少，如《左傳》〈桓公元年〉宋督見孔父之妻貌美，讚嘆其：「美而豔」**⑱**，於第二年弒君及大夫孔父。孔穎達認為《春秋經》書法稱名以顯示孔父有罪，孔父之罪在於：「內不能治其閨門，使妻行於路，令華

---

⑰　以上引文分見《論語》，卷一〈學而〉，頁 7、卷十五〈衛靈公〉，頁 139。儒生對德、色之間衝突的看法，詳參朱曉海，〈漢賦男女交際場景中兩性關係鉤沈小記〉，《文史哲學報》55 期（2001 年 11 月），頁 18-28。

⑱　《左傳》，卷五〈桓公元年〉，頁 89。孔疏認為：「美者言其形貌美，豔者言其顏色好。」

督見之」❶肯定了女色的媚惑力難以抵擋,故而須藏而不欲他人見之,免生禍端。也正因此,禮書往往從婦女活動空間之限制以解決問題,於室家之外,女子行動多所限制,甚至有「男女異路」❷的理想。《禮記·內則》特別提及女子出門必須「擁蔽其面」❸、若乘車必須有幃。出門時間、出門之行止亦須嚴格規範。❹盡其可能不使人見其美色,並極力杜絕美色引起的非分之想,以使美色所可能帶來的蠱惑力降至最低。

但美色帶來的危險恐怕還不在家族之外,若在家族外的空間發生,只要限制婦女的活動空間與舉止,事情似乎還容易處理。難以處理的是家族內部因美婦人而引起爭端。禮書因此不斷努力地於家內空間與儀式時進行男女之區隔。但族內男女於祭祀時仍難免有相處的機會,以及在祭祀準備工作時器物備辦之授受,於是《禮記·內則》主張男女「非祭、非喪不相授器」,在不得已的情況下傳遞物品時,亦須「受以篚」,若無篚則「皆坐奠之」❺,以極力避免身體之接觸。在行禮空間上亦努力區隔出男堂上、女房內的格局。

---

❶　《左傳》,卷五〈桓公元年〉,頁89,孔疏。

❷　《禮記》,卷十三〈王制〉,頁267,主張:「道路,男子由右,婦人由左,車從中央」,將男女於道路行走時,加以區隔,其後經生論述往往將「男女異路」,視為教化施行、男女有別的理想狀態。

❸　《禮記》,卷二十七〈內則〉,頁520。

❹　有關女子活動空間屬內,但不得已外出時,其空間多所規範,並於婦女之身體容止多所講究。由於拙作《空間、身體與禮教規訓》(臺北:臺灣學生書局,2007年),已有專章論及,本部分不再贅述。

❺　《禮記》,卷二十七〈內則〉,頁520。

❷儘管如此，男女相聚本身即具風險，同姓宗族間的大祭祖，原本婦女亦參與其事，但據〈坊記〉所記自從發生陽侯「貪夫人之色，至殺君而立」的教訓後，禮書主張「大饗廢夫人之禮」。❷再次對婦女參與儀典進行限制，以避免婦女的美色所帶來的負面影響，即使連同姓親族間的大饗之禮，夫人亦避嫌不親自行禮，而由他人攝行其事，❷用以避免美色所帶來的惑人危險。

　　同姓宗族間的祭祀，婦女或許可以避免現身，以免去美色所帶來的危險。然而舅姑與子媳，兄弟與妯娌間則難以作到完全不相見面。此間婦女之美色亦曾引起不少爭端。如《左傳》〈桓公十六年〉提及衛宣公為子娶婦，因其美色而自娶之。❷縱觀《左傳》所記婦人之美，多導致亂事，除了以上所引例子，還有如宋平公娶棄一事。棄由於出生時「赤而毛」，因形象怪異而被遺棄，為宋共姬之妾所養。及長有美色，平公「視之尤」❷，深為其美色所打動。或如驪姬有國色，深得晉獻公寵愛而驕慢，終至逼使太子申生自殺，晉公族大幅削弱的嚴重後果❷。也因此禮書對於翁媳、叔嫂之

---

❷　有關男女於寢內的空間和行禮方位，詳參杜正勝，《古代社會與國家》（臺北：允晨文化公司，1992 年）、彭美玲，《古代禮俗左右之辨研究──以三禮為中心》（臺北：文津出版社，1997 年），〈古代禮儀中的左右之辨〉、拙作《空間、身體與禮教規訓──先秦至漢代的婦女禮儀教育》，第二章。

❷　《禮記》，卷五十一〈坊記〉，頁 872，鄭注。

❷　關於此可參考拙作《空間、身體與禮儀規訓》，第五章〈秦漢貴族婦女參與禮儀工作及職掌──以《周禮》為核心進行論述〉，頁 273-324。

❷　《左傳》，卷七〈桓公十六年〉，頁 128。

❷　《左傳》，卷三十七〈襄公二十六年〉，頁 633-634。

❷　《公羊傳》，卷十一〈僖公十年〉，頁 135。

相處與避忌十分重視。

除了從空間及婦女參與儀典限制，以防止男女之接觸造成美色對家國秩序之挑戰外，另外還須透過對女性身體嚴格的教養以避禍，而避禍之方則是透過禮教以使得婦女深居於內而不外見，同時貞靜自守、不苟笑、不苟訾、嚴於男女之防……。《禮記》〈曲禮〉、〈內則〉、〈坊記〉……對此有詳細的規範。

女子的容色既然充滿了誘惑力，往往使人失德，並衍生種種爭端和亂象，前述禮書對於婦女行動空間的限制和區隔、參與儀式場所的限制、容體的教養，多由防堵角度以隱藏美色的侵害。但防堵終究無法全盡，斧底抽薪之法，恐怕還須要對「美」重新界定，從德性和價值立場重新界定何謂真「美」，以使世俗認定之「美色」轉為「惡色」，使男女不再競逐世俗之美色而轉向於追尋真正的體貌之美。然而此種體貌之美其性質為何？《周禮·九嬪》，提及九嬪掌理後宮婦女之四德：婦德、婦言、婦容、婦功。根據鄭玄注，婦德指貞順，婦言指辭令，婦容指婉娩，婦功指絲枲之事。所謂「婉娩」，根據《禮記·內則》女子十歲後，「姆教婉娩」，鄭注指「婉」為言語，而「娩」為容貌。但賈公彥認為將「婉娩」分為言語與容貌應是鄭玄為了配合四德之說使然。就〈九嬪〉行文來看，由於前文已提及婦言，故「婉娩」應只訓為婦容。❸婦容的要求為何？鄭玄指出「娩之言媚也」，似乎使人有媚態的聯想。但根據《禮記·昏義》提及婦女四德，「婦容」應配合下文「成婦

---

❸　《周禮》卷七〈九嬪〉，頁 116，鄭注、賈疏。《禮記》，卷二十八〈內則〉，頁 539。

順」，而理解為「貞順貌」。❸可見「婦容」著重於態度與行為而不在於容色美豔與否。再由《周禮·內宰》所掌理的後宮政令來看，其中最重要的工作之一為：「正其服，禁其奇衺，展其功緒」。所謂正其服，即指「止逾侈」。「奇衺」，鄭注云：「若今媚道」，「功緒」指女功絲枲之事。由此來看，後宮女性之衣著應嚴格依禮教及階級而行，過於浮華，逾越階級皆不被允許。除了衣著外，婦女之容色過於具有魅惑力往往使人喪失心性，被認為與「媚道」相連，而「媚道」於漢代婦女來說屬極嚴厲的指控，涉此道者往往有嚴重後果，後來甚至成為後宮婦女相互指控和打擊異己的手段。❸禮書對婦女容色之態度於此可見。❸

　　至漢代時，頗能代表士人對婦德的態度及影響深遠的劉向《列女傳》，撰作動機在於：「趙、衛之屬起微賤，踰禮制」，因此「採取詩書所載賢妃貞婦，興國顯家可法則，及孽嬖亂亡者，序次

---

❸　《禮記》，卷六十一〈昏義〉，頁 1002，鄭注。

❸　關於媚道，以及後宮被控媚道之嚴重後果，詳參李建民，〈「婦人媚道」考——傳統家庭的衝突與化解方術〉，《新史學》7 卷 4 期（1996 年 12 月），頁 1-32。又如《太平御覽》，卷三八〇，〈人事部·美婦人〉，頁 1755，引華嶠，《後漢書》：「梁冀妻孫壽色美而善為妖態，作愁眉啼粧，墮馬髻、折腰步，齲齒笑，以為媚惑。」史書記述色美而妖態、媚惑，屬極負面的形象，記梁冀妻如此，應是在夫妻敵體、匹行的想法下，隱含對梁冀之行的貶責。

❸　若如周祖謨，《方言校箋》（北京：中華書局，1993 年），頁 10 所謂：「秦晉之間，美貌謂之娥，美狀為窕，美色為豔，美心為窈」。則《毛詩》所謂「窈窕淑女，君子好逑」，著重指儀狀與內心德性的美好，還不著重在美貌與美色。

為列女傳。」**❸❹**以作為戒天子和選妃及管理後宮之用。《列女傳》認為德、色具有本質性的緊張關係，並且劉向《列女傳》中具有美色之女子往往失德，而世俗以為之醜女如鍾離春、齊宿瘤女和齊孤逐女則誇大寫其醜貌，以襯托其賢德。**❸❺**如齊鍾離春：

> 其為人極醜無雙：臼頭、深目、長壯、大節、卬鼻、結喉、肥項、少髮、折腰、出胸、皮膚若漆，行年四十，無所容入，衒嫁不售，流棄莫執。於乃拂拭短褐，自詣宣王。**❸❻**

劉向對鍾離春身形面貌有十分詳細的描寫，而這些誇大的容色描寫被世俗視為極醜；此極醜之女又遠遠過了適婚的年紀，而未能婚配**❸❼**。然而在自薦箕箒的過程中，更可怪的是鍾離春居然毫無妝扮

---

❸❹ 《漢書》，卷三十六〈劉向傳〉，頁 1957。

❸❺ 有關劉向《列女傳》對於美色的態度，可參考朱曉海，〈論劉向《列女傳》的婚姻觀〉，《新史學》18 卷 1 期（2007 年 3 月），頁 1-41。又漢代士人的兩性關係，詳參朱曉海，〈漢賦女交際場景中兩性關係鉤沈小記〉，《臺大文史哲學報》55 期（2001 年 11 月），頁 21-24。

❸❻ 《列女傳》卷六〈辯通〉，頁 8b-9a。

❸❼ 此醜女雖有大德，但置於方術立場則對此等女體於男性的意義又有不同的看法，詳參下章。特別須要指出的是，《莊子》亦喜透過醜怪的身體以對禮教身體進行顛覆和對比。但與《莊子》醜怪而有大德者相較，此處醜女雖也有大德，但立場則大不相同，而所思考之「德」亦不相同。《莊子》書寫的醜怪身體，正為顛覆禮教及威儀堂堂，進退一成規一成矩的身體，其德從合於宇宙之氣化流行，逍遙自化著眼。《列女傳》之醜女則置於禮義之脈絡，以醜女成就禮義與倫理關係之穩定。但二者均以容色、體貌為書寫策略，亦可見身體論述於文化論述中的關鍵地位。

（短褐），不加掩飾其醜，醜得如此理直氣壯，使得齊王左右均掩口大笑。然而此記述並非單一例子。在齊宿瘤女的記述中，齊宿瘤女欲進宮時，「父母驚惶，欲洗沐加衣裳」，齊宿瘤女堅決不肯。宮中諸夫人見齊宿瘤女時掩口而笑，閔王則羞愧自慚而加以辯解：齊宿瘤女醜在於「不飾」，若加以妝「飾」，則「固相去十百也」。種種描寫，生動極寫其醜貌。齊宿瘤女將閔王辯解之辭中所指的女子容貌之妝點修「飾」，轉成德性之修身意。其云：「堯舜自飾以仁義」，對比於「桀紂不自飾以仁義」，果然「相去千萬，尚不足言」。❸❽此種對「飾」之轉化，實從禮教著眼，是禮教對女子容色之典型態度。《列女傳》對齊宿瘤女最高的禮讚是，閔王在以她為后的過程中「化行鄰國，諸侯朝之。侵三晉，懼秦楚，立帝號」，這樣的霸業「宿瘤女有力焉」。並強調齊宿瘤女死後閔王即「逃亡而弒死於外」，以顯示瘤女以德性自飾並勸勉閔王向道的努力和成就。鍾離春之事，亦見宣王因其德性之助而成就霸業，於此均可見出《列女傳》希望女子以禮義自飾，而非以容色自矜。世俗以為之「醜」於此反而轉化成積極的力量與意義，成為禮義之美。

　　劉向《列女傳》對於婦女之「美」有別於世俗的詮釋，對於婦女妝點容貌之「飾」亦從禮義訓解。再舉一例為證。《列女傳》卷一〈齊女傅母〉提及衛莊姜面容「交好」，但卻「操行衰惰」、「有冶容之行，淫佚之心」。美好的容貌與操行、婦道的衰惰相關聯，因為具有美色之女子往往自憐自恃其美色，因而疏於禮義，並使得男子有淫佚之心行。傅母以莊姜出身尊榮，勸勉其應為人表

---

❸❽　《列女傳》，卷六〈辯通〉10a-11a。

式，其提及莊姜「儀貌狀麗，不可不自脩整」，而「脩整」乃指
「衣錦絅裳」，即於錦緞之衣外另著麻衣，以防過於搶眼。**❸**莊姜
之傅母顯然認為莊姜「婦道不正」是因為她自矜於外貌容色之美，
以至於忽略了婦德所致。因此改正之法即是要隱藏美貌，使姣好的
容色不顯，而能專心致力於婦德。此處「脩整」不指容貌，而指德
性，因此下文緊接著指出：若「飾」在輿馬，是「不貴德」的表
現。此處不肯定外在容色、衣服、車馬的妝點，重點在於德性。也
因如此態度，《列女傳》於〈孽嬖傳〉中負面的女性形象，多記其
形貌美色，並述其具有失德、亂國的不祥特質，二者有密切關係。
正面之女性形象多不強調美色，若記載其容色則多為醜女，難得具
有美色與德行的婦女如梁寡高行，最終亦以毀容，來逃脫此種美色
帶來的負面力量，以及美色與德性間衍生的矛盾關係。（詳下文）

　　東漢以後，最具典範性的女教言論，要屬曹大家的〈女誡〉。
其中對婦女容色採取的態度亦如禮書一般，強調婦容「不必顏色美
麗也」，而是維持身體及衣著的整潔：「盥浣塵穢，服飾鮮絜，沐
浴以時，身不垢辱」，身體、服飾之鮮潔亦象徵德性、身心之鮮
潔。〈女誡〉並強調婦女對於丈夫不當「佞媚苟親」，而應該專心
正色，謹守禮義。所謂專心「正色」指：

　　　　禮義居絜，耳無塗聽，目無邪視，出無冶容，入無廢飾，無

---

❸　有關此句之訓解，可參考朱曉海，〈論劉向《列女傳》的婚姻觀〉，《新史
學》18 卷 1 期（2007 年 3 月），頁 13。

聚會群輩，無看視門戶。❹

無冶容，無廢飾，追求的並不是世俗喜好的美色，而是「正色」，「正」字即已含有行所當行的道德及禮義的意涵。曹大家並強調：「陰陽殊性，男女異行」，故「男以彊為貴，女以弱為美」❹，女性之美強調於弱，除了相應陰陽之性的應對外，主要還在女德為「順」，以此論女性美仍從倫理角度著眼。又如蔡邕〈女誡〉論婦德時，批評當時甚為重視衣著妝飾的風氣，認為：「面之不飾，愚者謂之醜。心之不修，賢者謂之惡」，但緊接著說，愚者認為醜「猶可」也，若賢者以之為惡，「將何容焉」？以修賢為存在之價值，其與修容相較，重要性不可同日而語。❹

二、士人面對女體美的態度與「美」色的詮釋

　　不只對婦女要求「正色」，從士人角度，為表達高行，士人往往刻意展現好德不好色的德性。早在孔子時即因時人薄於德而好於色，感嘆：「吾未見好德如好色者」❹。《孟子》書中對梁惠王提及的「好色」之疾，孟子將之轉化從推己及人、將一己之愛公共化的角度著眼，希望能將一己之好色推擴而成「內無怨女，外無曠

---

❹　《後漢書》，卷八十四〈列女傳·曹世叔妻〉，頁2790。
❹　《後漢書》，卷八十四〈曹世叔妻〉，頁2788。
❹　《全上古三代秦漢三國六朝文》，《全後漢文》，卷七十四〈蔡邕〉，頁878。
❹　《論語》，〈子罕〉，頁80。

夫」的德政；❹否則一般人之慕少艾，好美色不足以解憂。孟子雖
不否定口好美味，目好美色的小體之養，但認為，欲望追求難有滿
足之時❺，好色者往往衰於父母之養，孟子將其列於五種不孝的情
況之一。❻因此，有德者當養大體，而非一味追逐小體之養。有德
者如伯夷，其操守行事非常自律：「目不視惡色，耳不聽惡聲」，
所謂「惡色」，自然不能如字面訓解為世俗以為的醜色，如此則與
《孟子》上下文脈之意不相合。注解訓為「行不正而有美色者」，
❼則世俗以為之美色❽，若不能置於道德、禮義的脈絡下，則為
「惡色」。

　　世俗所認為之「美色」，從德性的角度往往反成「惡色」，反
之，世俗認定之醜色，反因具備德性而謂之美好。後漢梁鴻亦為顯
著例子：

　　　　埶家慕其高節，多欲女之，鴻並絕不娶。同縣孟氏有女，狀

---

❹　　《孟子》，卷二上〈梁惠王〉，頁35-36。
❺　　《孟子》，卷九〈萬章〉，頁160。
❻　　《孟子》，卷八〈離婁〉，頁154。
❼　　《孟子》，卷十下〈萬章〉，頁176。
❽　　美與醜均應置於文化脈絡下進行理解，世俗所認定之「美色」亦不具有本質
　　不變的特質，即使處於文化情境下的人對此「美」與「醜」的情緒反應可能
　　極細微，甚至滲透到身體本能反應的層次，其所認定之美、醜亦不能離開於
　　文化脈絡的型塑。因此不同風土，不同歷史、文化背景，對於美與醜、「好
　　色」、「惡色」的認定便不會相同。儒家將「美色」轉為「惡色」固然是一
　　種價值判斷。但世俗之美、醜認定亦不能逃離價值評斷，只是其型塑與評斷
　　的角度並不只有德性而已，往往還有其政治、經濟、族群，階級……等複雜
　　的背景，不宜單薄、粗率進行論斷。

肥醜而黑，力舉石臼，擇對不嫁，至年三十。父母問其故。
女曰：「欲得賢如梁伯鸞者。鴻聞而娉之。女求作布衣麻
屨，織作筐緝績之具。及嫁，始以裝飾入門。七日而鴻不
荅。妻乃跪牀下請曰：「竊聞夫子高義，簡斥數婦，妾亦偃
蹇數夫矣。今日見擇，敢不請罪。」鴻曰：「吾欲裘褐之
人，可與俱隱深山者爾。今乃衣綺縞，傅粉墨，豈鴻所願
哉」妻曰：「以觀夫子之志耳。妾自有隱居之服。」乃更為
椎髻，著布衣，操作而前。鴻大喜曰：「此真梁鴻妻也。能
奉我矣。」字之曰德曜，（名）孟光。」**㊾**

梁鴻所以娶孟光與其貌醜而賢有絕對關係。娶醜女可以使自己免於
失德之禍，同時亦能展現君子篤於義、向道、好德不好色的形象，
對其賢名多所助益**㊿**。除了面容、身形外，對於衣飾的妝點亦屬好
色的追求，因此仁人君子亦當避免。孟光以「裝飾入門」、「衣綺
縞、傅粉墨」引起梁鴻極大不快，直至著布衣、更為椎髻，梁鴻才
豁然開朗。並為其取字為「德曜」，即德性光耀之意。可見世俗所
以為之醜容、粗衣，正足以砥礪道德，同時亦為向道之展現。類似
的例子還有《後漢書》〈列女傳〉所載鮑宣妻，鮑宣岳父因欣賞鮑
宣「清苦」、「修德守約」故以女嫁之，然而嫁妝甚盛，引起鮑宣
不快，指責少君「生富驕，習美飾」，此言雖是就盛飾來說，然而

㊾　《後漢書》，卷七十三〈梁鴻傳〉，頁2766。
㊿　為展現好德不好色之德性工夫，秦漢時期詩賦及子書中有不少美女試道的故
　　事，美女成為誘惑者，而士人成為被試煉者，通過對美色抗拒之試煉，而成
　　就其道德與聲名。有關此部分詳參本論文第五章。

亦是對少君德性的判斷——習於美飾之女子性情驕橫，而女子以順為美，故女子美飾為失德之徵；一如鮑宣岳父以清苦而判斷鮑宣篤於道義。鮑宣妻於是「更著短布裳」，與鮑宣「共挽鹿車歸鄉里」。安貧若素、事奉姑亦勉力，以致得到脩於婦道的稱譽。由於持家有成，而使鮑宣及兒子、孫子均能稱揚鄉里，鮑宣妻亦因此得列於《列女傳》中。袁隗取馬融女，由於馬融家世豐豪，於是「裝遣甚盛」，袁隗亦於新婚時責妻子「何乃過珍麗乎？」❺❶於此可見，士人為標榜德性，往往崇尚清簡，甚至士風所至，清簡往往成為博取令名的展現。❺❷

不好色被視為士人德性的基礎，士人如能展現好德不好色的態度，往往受到輿論的推崇，否則其德性亦往往連帶受到懷疑。《世說新語·賢媛》所錄許允娶婦事，即為很好的例子。此篇記載生動，凸顯許允所娶新婦「奇醜」，以致於婚禮結束後，許允以「人之常情」好美惡醜而不願進入洞房。此事使得「家人深以為憂」。桓範勸許允接納醜婦，言簡意賅：「阮家既嫁醜女與卿，故當有意，卿宜察之」。言下之意，許允若不能接受醜婦，則不但得罪阮衛尉及阮德如，其好色之名亦將士林流傳。但若逆向而行，則不但能交結阮家，更重要的是能得好德之名。如此，「時勢造英雄」，一舉數得。許允聽從桓範勸告而入於新房，但「既見婦，即欲出」，人情好美色、惡惡色之常情又再次發動。阮新婦與許允於是

---

❺❶　《後漢書》，卷八十四〈列女傳〉，頁2796、2781-2782。

❺❷　擢才標準時除了孝外，還有廉，故往往重視清簡、安貧的特質。此於飲食、衣著、喪葬中多所呈現。劉向《列女傳》中老萊子妻等亦因能使丈夫安於清貧而守道，受到賞識。

有精彩的關於德、色的論談：

> 許因謂曰：「婦有四德，卿有其幾？」婦曰：「新婦所乏唯
> 容爾。然士有百行，君有幾？」許云：「皆備」。婦曰：
> 「夫百行以德為首。君好色不好德，何謂皆備？」允有慚
> 色，遂相敬重。❸

許允質問新婦有關「四德」是否具備？有意以四德的虧缺使其「自
慚形穢」。此處許允所指之「婦容」仍偏向二人爭論的焦點：
「色」。但許允婦立刻回問許允，若許允「好色不好德」，好色即
不好德，好色即失德。而德為百行之首，若「不好德」，則百行皆
不備。德與色的緊張與衝突關係十分鮮明。觀桓範的態度，許允的
慚色、新婦的理直氣壯，可以體會好德不好色應為當時士人所認同
標榜的德性❸。奇醜的許允婦卻有極好的教養與美德，同時還通達
人性、辯才無礙。《世說新語‧賢媛》後兩則故事，許允婦不但提
點許允於危難，還於許允被誅後，反應沈著明智，保住了許允後
人。許允婦故事應是對德色關係，及好德不好色極好的註腳。同時

---

❸　楊勇，《世說新語校箋》（臺北：正文書局，2000 年），〈賢媛〉，頁
609。

❸　又如《世說新語校箋》〈任誕〉，頁 658：提及阮籍之行事：「阮公鄰家婦
有美色，當壚酤酒，阮與王安豐常從婦飲酒，阮醉，便眠其婦側，夫始殊疑
之，伺察，終無他意。」士人能抗拒美色成為雅談、美談。有關此議題詳本
論文第五章。魏晉時期關於婦德與才性的思考，詳參梅家玲，〈依違於婦德
與才性之間──「世說新語‧賢媛篇」的女性風貌〉，《婦女與兩性學刊》8
期（1997 年 4 月），頁 1-28。

由〈賢媛〉篇不多的婦女行事記載中，卻連續列出三則許允婦的行事，所佔之篇幅比例，其他賢媛難出其右，亦透露出《世說新語》的編寫者對於阮新婦極深的讚賞，❺❺以及其時關於女德、女色的態度。

<h2 style="text-align:center">第三節　由毀容、絕食、自殺守貞角度
思考德色衝突</h2>

　　儘管漢朝崇尚婦女之貞潔，《列女傳》作者、史家亦努力強調婦女之守貞，並透過書寫及詮釋極力型塑婦德之形象。但婦女再嫁始終並非罕見現象，尤其具有姿色之婦人，往往具有更多再嫁的誘惑和壓力❺❻。先秦時期夏姬為最著名的案例，夏姬婚後丈夫一再亡故，卻因美色，一再被王公卿相爭娶。❺❼崔杼娶東郭姜亦因其美色。此類例子仍多，西漢時劉向《列女傳》極力標榜女子不應自矜美色、不應再醮時，卻無意間透露男性有爭奪美色婦女的習尚❺❽，如卷四〈貞順傳〉中出現楚文王欲妻息君夫人❺❾、吳王闔閭欲妻楚

---

❺❺　《世說新語校箋》，〈賢媛〉，頁 609-612。

❺❻　詳參朱曉海，〈論劉向《列女傳》的婚姻觀〉，《新史學》18 卷 1 期（2007 年 3 月），頁 1-42。

❺❼　《左傳》，卷二十五〈成公二年〉，頁 428、卷五十二〈昭公二八年〉，頁 911。

❺❽　詳參朱曉海，〈論劉向《列女傳》的婚姻觀〉，《新史學》18 卷 1 期（2007 年 3 月），頁 1-42。

❺❾　從《左傳》，卷九〈莊公十四年〉，頁 156，可知息君夫人息媯與楚王生了兩個孩子，但《列女傳》，卷四〈貞順傳〉，頁 4b，卻將她改編為「不以身

平王夫人伯嬴、吳王欲迎娶楚白公夫人、梁貴人及梁王欲聘梁寡婦，均為其例；此風直到漢末未息。擁有權力的統治者往往欲爭奪美色婦人，即使對方已婚身分亦不規避，如董卓欲娶皇甫規妻、曹操娶何咸妻尹氏、曹丕娶袁熙妻甄宓、劉備娶陸瑁妻吳氏、關羽欲娶秦宜祿妻杜氏、孫權娶陸尚妻徐氏❻，皆為其例。王室豪強並不忌再娶，其焦點與容色有密切關係，也因此容色成為守貞重大的阻礙。

　　守貞與容貌的毀去、欲望的去除，乃至生命的捨棄有密切不可分的關係。容色即是欲望，既是他人之欲望，也是己身之欲望，因此具有美色的女子會煽動欲望而帶來禍害。既要貞定德性，則如何面對容色即成為關鍵❻。劉向《列女傳》中同時具備美色與德性的事例如梁寡高行，最後以毀容成就德性，可以見出德色間的衝突關

更貳醮」，先息君自殺的守節婦人，此種改寫反映出劉向刻意標榜「一婦人」不「事二夫」的苦心，但也顯示出士人理想與社會實情間的距離。

❻　出處分見《後漢書》，卷八十四〈列女傳〉，頁 2798；《三國志》，卷五〈文昭甄皇后傳〉，頁 160、卷九〈曹爽傳附何晏傳〉，頁 292、卷三十四〈二主妃子傳〉，頁 906、卷三十六〈關羽傳〉裴注引《蜀記》，頁 939、卷五十〈妃嬪傳〉，頁 1197。

❻　學者如黃展岳認為夫死後毀容、斷指應為殉葬之變形，就原始思維來看，人體之部分即能感應全體，故毀容、斷指亦象徵以自身之血氣、魂靈隨夫而去。從此角度言守貞，亦有深刻處，同時與先秦至漢代未曾斷絕的殉葬之風可以相應。然而殉葬之事在漢代畢竟已屬特殊，且多行於婢妾等身分者。同時史書《列女傳》中所列毀容事例，往往因逃避逼嫁壓力而來，因此本文認為仍當從美色之去除角度進行理解，更為切合當時的倫理及文化背景。有關黃展岳之意見，詳參《古代人牲人殉通論》（北京：文物出版社，2004年），頁 7-8。

係。但劉向《列女傳》錄毀容事例亦只此一則，且其階層為平民婦女，至《後漢書》及南北朝此類例子越來越多。此現象可能與劉向《列女傳》為貴族婦女示教，不便行毀壞容體之事有關，故毀容事蹟少而且發生於庶民❷；但另一方面還可能與當時社會習尚的改變有關。若與班昭《女誡》對比，班昭《女誡》為經學家族對家內女眷說法，同時發言者為家內女長者，因此論述角度多為婦女婚後如何服侍丈夫、和於室人。對於復讎、毀容、自殺等守貞行為則不見提及。在漢代自曹魏女教的不斷宣揚下，毀容以守貞的例子愈來愈多，因此《後漢書》承時代習尚，多錄毀容之事。

東漢以後毀容以彰顯高行的想法盛行，對於前代毀容守貞之事多所嚮往，如劉向《列女傳》所錄梁寡高行毀容以守貞之事，在漢魏晉之際頗受歌頌，杜預《女記》記載東漢末徐淑於夫死後守寡，兄弟欲將其改嫁，她曉以大義，並提以「梁寡不以毀形之痛，忘執節之義，高山景行，豈不思齊」❸，將梁寡高行視為典範。又如孫綽將梁寡高行與宋伯姬並稱，認為一是「毀容守節」，另一是「順理忘生」，「名冠烈婦，德範諸姬」❹。梁寡高行與宋伯姬均為寡婦，一為平民，一貴為夫人，但二人均在夫死後守貞。梁寡高行因

---

❷ 劉向《列女傳》示教對象為後宮婦女，《禮記》，卷三〈曲禮〉，頁 55-56，提及：「刑不上大夫」，貴族階級重於全身，故而即使犯罪亦往往以自殺作為了結，刑傷身體仍有所禁忌。有關全身與魂魄的關係，詳參拙作〈先秦至漢代禮俗中有關屬鬼的觀念及其因應之道，《成大中文學報》13 期（2005 年 12 月），頁 59-94。

❸ 《太平御覽》，卷四四一〈人事部八二‧貞女下〉，頁 2031。

❹ 僧佑，《弘明集》（臺北：新文豐出版公司，1986 年），卷 3，頁 157。

美色的困擾而毀容，而宋伯姬在守寡數十載後，即使為老婦，還堅持須有傅母陪同才能下堂，終至逮火而死。❻漢代以後對梁寡及宋伯姬的稱揚，在當時強調氣節的背景中，逐漸發酵。士人讚許的烈婦逐漸集中在守寡的事件上，守寡的專貞、不貳嫁，甚至以極激烈之法成德、殉德，成為關注焦點。梁寡與宋伯姬被認為是烈女的典範，並透過此典範形象的詮釋和流傳，對社會風氣和實踐發生影響。於是在史書記載上亦受典範形象影響，而逐漸流於制式化，如夫死，子幼弱，娘家欲迫改嫁，或盜賊相逼，以至於必須毀容或自殺，以成全守貞之節，幾乎如出一轍。這固然可說落於實踐上，東漢乃至於魏晉時期此類以毀容、自殺守貞的例子層出不窮；但另一方面似乎也透顯了寫作的策略與其時代的典範形象息息相關。

　　細部由史書所錄婦女毀容事蹟來看，多發生於守貞的要求下，而毀容之部位為何？以及嚴重危及生命與否，則牽涉失貞的情境嚴峻與否。最輕微者為斷髮。以皇甫謐《列女傳》來看，其中提及廣漢馮季宰妻，由於早寡無嗣，留於夫家侍奉繼姑及馮季宰兄，母憐其早寡，希望她再嫁，她於是「斷髮」表明心跡。最後領養男女各一人以守節。與此例相似的例子是廣漢王輔妻，她在王輔死後，盡心事姑，「孝敬彌篤」，叔父欲其再嫁，她「叩心泣血，訴情九族」仍無法改變叔父心意，於是「剪髮」，來表明不嫁。最後乞養

---

❻　宋伯姬形象早在先秦即已引起關注，但《左傳》與《公》、《穀》態度不同，《左傳》以女而不婦評論之，認為婦人為成熟之人，當能應事而權變，不知變通而犧牲生命，是未成熟的行為。《公》、《穀》對於伯姬之行則大加稱揚。有關此問題，可參考拙作〈古代婚禮廟見成婦問題探究〉，《漢學研究》21 卷 1 期（2003 年 6 月），頁 47-76。

子而守貞。此二則例子均早寡而無嗣，但姑尚健在，因仍有侍奉翁姑之責任，故仍不能隨夫而死。二人「斷髮」是毀容中最輕微者，但髮既與生命力與氣血息息相關，又是情欲的象徵，同時也區隔著生命的狀態的差異，於通過儀式中具有重要的象徵意義**⑥**。因此斷髮象徵斷去生命力，斷截與世俗之牽連，也與其前半生命進行區隔。

斷髮可以算是毀容中最為輕微而具象徵性者，若斷髮之後仍無法阻絕迫嫁的壓力呢？緊接來的是割耳和割鼻。以《列女傳》所記曹文叔妻（令女）的例子來看，令女在文叔早死又無子的情況下，守喪結束後即「斷髮」以示不貳嫁的決心。但娘家仍欲其再嫁，於是又「截兩耳」，而投靠文叔從兄（爽），在曹爽被誅後，令女之父上書與曹氏絕婚，並希望令女再嫁，令女又再「割鼻」又示決心。並提及「仁者不以盛衰改節」，最後受到太傅司馬公的嘉賞，於是「聽乞子，為曹氏後」。**⑥**先是斷髮，後又再截耳、割鼻。鼻為氣出入之孔竅，具有生命的象徵意義，因此割鼻即象徵對生命之割棄。**⑥**同時鼻又在面容之正中處，割鼻對容貌的毀壞又比割耳大

---

⑥ 髮與生命力及氣血的密切關係，詳參林富士，〈頭髮、疾病與醫療——以中國漢唐之間的醫學文獻為主的初步探討〉，《中國文哲研究集刊》71 卷 1 期（2000 年 3 月），頁 67-127。髮亦標幟生命狀態與階段的不同，因此通過儀式往往聚焦於髮，如《禮記·內則》指出新生兒出生三月須進行剪髮儀式，配合三月命名，以過渡初生之凶險。又如《禮記·士冠禮》行成年禮時男女加冠、笄，於髮型上多所改變。再如喪禮時，由於處於非常的凶險狀態，故而於髮型及髮飾上有別於平時。

⑥ 《太平御覽》，卷四四〇〈人事部八一·貞女中〉，頁 2025。

⑥ 由於身體為氣之所聚，氣聚而生，氣散而死，因此在醫療及食補中，對於氣

得多。

　　此類例子極多，如皇甫謐《列女傳》提及東漢末留子直妻，由於亂世與夫離散，未知生死，隨夫之從父客居於豫章，因為年少而有美色，太守強以為妻，於是「割耳」以自免。❻❾又如陳壽，《益部耆舊傳》所記即有數則：廣漢新都便敬妻（王和），十七歲便適便敬，便敬過世後，「養育遺孤，闔門守節」，對於家族宴樂之事均不參與。其兄長欲其改嫁，她對家人曉以大義，但娘家已收財禮，並加以脅迫，於是「斷耳」示其不嫁的決心。又如廣都公乘士會妻，在士會卒後，無子，親戚欲將之改嫁，於是「斷髮割耳」，專心侍奉婆婆，並養了族人之子，以承繼士會之嗣。❼❶廣漢廖伯妻（紀），廖伯早卒，紀年少而有美色，並嫻熟於詩書女傳，對於緊接而至的求婚之事以「割面」因應，並表示「求生害仁」是仁者所不為之事，來表達其守貞決心。沒想到此行為反而使得「媒介滋

的聚散、補氣十分關注，飲食時先食肺脊即具有引氣、導氣的重要象徵。而鼻為氣出入之孔竅，尤其被看重。由古肉刑來看，如孔穎達，《尚書正義》（臺北：藝文印書館，2001 年），卷十九〈周書·呂刑〉，頁 301 云：「墨罰之屬千，劓罰之屬千，剕罰之屬五百，宮罰之屬三百，大辟之罰其屬二百，五刑之屬三千。」最輕微刑罰為髡，即去除鬚髮。肉刑最輕微者為墨黥其面，而後為劓、剕之刑，更甚者為宮刑，對生殖力之去除，最甚者為死刑。去除鬚髮為生命力去除的象徵，劓鼻則較此更甚。

❻❾　《太平御覽》，卷四四一〈人事部八二·貞女下〉，頁 2029-2030，引皇甫謐《列女傳》。

❼❶　《太平御覽》，卷四四一〈人事部八二·貞女下〉，頁 2031，引陳壽，《益部耆舊傳》。

繁」，於是只能「斷指明情」。**❼**（此處未指明是否有子、有舅姑）又如相登妻少寡，當長吏等欲聘娶時，她先「引刀截髮」，媒人再至，她又想再「取刀欲割鼻」，終於截斷了再嫁的可能，並使貞節受到表揚**❼**。另外如《列女傳》提及吳孫奇妻（姬），十八配嫁孫奇後，一年孫奇亡故，年少而無子而有美貌，娘家希望她能歸寧，但她不肯。使者相逼，於是她「割耳及鼻」對使者說：「父迎我者，不過以我年少色美，今已殘矣，行將焉之。」**❼**與此類似的例子如吳沈伯陽妻（昭君）。早寡而無嗣，只專心侍奉婆婆，父親（顧文宣）私下將她再許他人，昭君「引刀剪髮，割兩耳」來表明守貞決心。**❼**又如丹陽華穆妻（桃樹），在夫亡後只留一男，娘家計劃使其再嫁，桃樹「割耳」以阻斷再嫁之路。不久其子又亡，她仍「安身守正，動不踰禮」。**❼**斷髮、截耳若還不能達到嚇阻功效，或情況嚴峻，往往割鼻，如皇甫謐《列女傳》記沛公孫去病妻，婚後無子，一直希望丈夫再娶，而夫不肯。夫死後，父母希望她再嫁，她「操刀割鼻」，以阻絕之。最後受到郡表其門閭。其他還有夏文生妻，在夫死後，只留一女，娘家迫嫁下，「以刀割鼻」。**❼**表明誓

---

❼ 《太平御覽》，卷四四一〈人事部八二·貞女下〉，頁 2031，引陳壽，《益部耆舊傳》。《藝文類聚》，卷十八〈人部二·賢婦人〉，頁 336，所記大致相同。

❼ 《太平御覽》，卷四四一〈人事部八二·貞女下〉，頁 2030，引皇甫謐《列女傳》。

❼ 《太平御覽》，卷四四〇〈人事部八一·貞女中〉，頁 2025。

❼ 《太平御覽》，卷四四〇〈人事部八一·貞女中〉，頁 2025-2026。

❼ 《太平御覽》，卷四四〇〈人事部八一·貞女中〉，頁 2025。

❼ 《太平御覽》，卷四四〇〈人事部八一·貞女中〉，頁 2026-2027。

死不嫁的決心。

如果斷髮、截耳、割鼻等毀容行徑仍不足以嚇阻迫嫁及失貞的可能，那麼更激烈的手段便是直接以自刎、自經、投水等方式捨棄生命，實踐「捨生取義」的德行。如東漢末的陳惲妻，因為「有容色，善史書，能彈琴瑟」受到城令覬覦，陳惲被殺，陳惲妻在脅迫下「自刎」而死。同樣有美色的陳南妻，在丈夫死後侍奉舅姑恭篤，但時人慕其容色而逼迫她再嫁，陳惲妻最後選擇「自經」而死。趙嵩妻，在夫遭遇亂賊而死後，她「以碧塗面，亂髮稱病」並「懷刀在身」，隨時準備殉節。❼又如陳壽，《益部耆舊傳》記巴三貞女之事，三貞女年少守寡，而「介然守操」。當黃巾餘黨作亂入閬中，並以婦女為質，由於家人亂離，三貞女為免於逼迫，選擇「沈水而死」。鄉黨敬其貞潔，稱其為「三貞」。❼❽在亂世或守貞時遭到盜賊或強權脅迫，往往選擇自刎、自經、投水等激烈而快速的方式，逃離失貞的危險。如陳壽《益部耆舊傳》記：廣漢德陽王上妻，在舅姑與王上相繼過世後，撫育二遺孤，表現出「悲傷感切，不妄言笑」、「執心純篤」。但叔父因「愍其窮困」，而自作主張將之許配張奉，並逼迫成婚。王上妻原想殺張奉，但怕連累「母叔孤兒」，於是自殺而死。❼❾犍為楊鳳珪妻，由於楊鳳珪早亡，其時子才六個月大，兄弟宗親欲將其改嫁「蜀中豪姓」，楊鳳

---

❼　以上事例，詳參《太平御覽》，卷四四一〈人事部八二·貞女下〉，頁 2029-
　　2030，引皇甫謐《列女傳》。

❼❽　《太平御覽》，卷四四一〈人事部八二·貞女下〉，頁 2030。

❼❾　《太平御覽》，卷四四一〈人事部八二·貞女下〉，頁 2030，引《益部耆舊
　　傳》。

珪妻「引刀割咽，幾死」，於是「九族驚愕，遂敬從其節」。⑳再如周繕紀妻（曹禁），十七歲適周繕紀，二年後夫亡故，其時已懷妊數月，在喪事畢後，依託父母而居。但父親憐其年輕而子幼，於是自作主欲將之再嫁同縣狐賓。對方迎娶車隊已到，曹禁知悉，大怒而倉皇間投水自盡，經家人救出，昏死二日一夜才醒。娘家不敢強求而退婚，轉而依夫弟而居，以撫孤持節。㉛

　　以上例子若發生夫死無子的狀況，娘家迫嫁的情況最多。而無子有一女者情況亦存在，甚至亦會發生有一子而被迫嫁的狀況。可見迫嫁並非限於無子或無舅姑的情況，婦女年少、夫家孤貧、犯罪等均為女方娘家強迫改嫁的原因。夫亡無子，亦可透過乞養族人之子以補救。其中馮季宰妻、王輔妻、曹文叔妻諸例，均無子，矢志守節不嫁，最後以乞子方式，以其為夫之後人，可算是無子之補救。㉜

　　除了毀容等激烈手段以阻絕迫嫁，若外界迫嫁壓力不大，婦女亦往往透過絕食等方式，表達對生命和欲望的捨棄。畢竟毀壞身體於強調全身的文化傳統中仍有極大的禁忌，使得魂靈受到傷害和污染，甚至因此而死，往往成為禁忌的存在狀態。㉝因此若情況不甚

㉘　《太平御覽》，卷四四一〈人事部八二・貞女下〉，頁 2030，引《益部耆舊傳》。

㉛　《太平御覽》，卷四四一〈人事部八二・貞女下〉，頁 2030，引《益部耆舊傳》。

㉜　乞子往往以夫家之親族子為之，此牽涉血食、祭祀等問題，因此須要求同血緣者，一如皇室無子之入繼大統，往往以旁支入繼大統，可參考拙作〈漢代后妃的嫡庶之辨──以葬禮及相關經義為核心進行探究〉，前揭文。

㉝　刑人因身體毀傷，魂靈污染，不能參與祭祀，甚至如王充所謂刑人不上丘

嚴峻的情況下，守貞者欲殉死往往採取絕食為其手段。而食之捨棄，亦是對生命與欲望之捨棄。❽而欲望的調節和捨棄往往與德行的堅持和實踐關係密切。

　　東漢末至魏晉，如此大量的婦女事蹟，均集中於夫死後守節的情狀，婦女之德性在夫亡後動見觀瞻，往往成為其德性論斷的焦點。而貞女行事，往往透過對美色、欲望的遠離甚至否定來成就。長久以來的德色衝突等問題，在此亦能有鮮明的註解和詮釋。

第四節　史書對女德、守貞的取材與敘事
──從多元視角思考女德及守貞問題

　　前文已指出：從道德角度，所謂「美」應從德性脩飾的角度著眼。禮教從德性角度詮釋婦女之容色，那麼何種婦女之形象被視為以德性脩身，具有婦德之美？史書所記載的歷史事件往往受到記述者之史觀、所處之時代、社會文化背景、個人之階級、性別影響，其對歷史之記憶與擇取會發生變化❽，選材及詮釋角度亦會有所差

墓，以免驚擾亡者。若死後屍身不全，則成為不祥的存在，在喪葬及祭祀上禁忌頗多，詳參拙作〈先秦至漢代禮俗中有關厲鬼的觀念及其因應之道〉，《成大中文學報》13 期（2005 年 12 月），頁 59-94。

❽　此類例子史書亦記載頗多，但時代較晚，故本文先不分析此一議題，待日後再另文處理。

❽　不同文化、時代、地域、階級……者，往往對歷史有不同的記憶與詮釋，反之共同體往往努力建構其集體記憶，使其族群成員能共存於集體氛圍之中，達成認同與情感的連續。有關集體記憶與記憶的型塑，詳參哈布瓦赫（Maurice Halbwachs）著，畢然、郭金華譯，《論集體記憶》（上海：上海

異。⑧以史書為婦女立傳來看,何時立傳?立何種傳記?何種形象
被擇取入此傳記?如何詮釋其形象?此形象後續的發展與變化如
何?均反映某個時代或階層對於女德的思考。因此本部分將透過史
書中所記載的女性事蹟中,觀察其時所歌頌及讚揚的女性形象為
何?及所記載婦女之形象的特色及演變為何?並探討此形象與當時
社會、文化的關係。以更進一步瞭解所謂德性角度下的女體美之具
體內容,如婦德的主要內容之貞順觀如何認定,以及在禮教薰習的
影響下,婦女之出處與抉擇、守貞與否所牽涉的複雜禮、法、社會
層面,以及史書取材、撰作及敘事過程中所牽涉的複雜背景、史書
詮釋對婦德的影響。不同的脈絡與角度可能產生不同的評斷,反映
出於文化脈絡下思考女德議題實牽涉極為複雜的面向,並不適宜由
單一角度進行片面的論斷。

一、史書所讚揚的婦德形象

㈠強調貞專的婦德

1.婦德以貞順為主要德目

　　前文已論及,《列女傳》強調婦德主要聚焦於貞順與節義。尤
其「貞順」為漢時對婦女德性界定最為顯題的形象,往往在提倡、
表揚婦德時均以貞、順為焦點。如漢宣帝時有天瑞寶磬出現,被視
為是人間德風流傳的感應所致,劉向即認為是「士多仁孝,女性貞

人民出版社,2002 年)。

⑧　歷史之取材與敘事牽涉撰史者與讀者之詮釋與互文問題,有關歷史敘事之反
　　省,詳參海登·懷特(Hayden White)著,陳永國、張萬娟譯,《後現代歷
　　史敘事學》(北京:中國社會科學出版社,2003 年)。

專」的結果，**⑧⑦**「貞專」為對女德總體的定義。又如宣帝時黃霸治穎川頗有成果，感應「鳳皇神爵數集郡國」，宣帝下詔表揚時亦特別強調此瑞象是「孝子、弟弟，貞婦、順孫」「日以眾多」的結果。婦女的德目聚焦於貞，因此劉向《列女傳》特別立〈貞順〉一傳，均可顯示當時對女德評價之焦點為何。至東漢時，男子以仁孝稱，婦女貞順稱的看法仍然一貫，如《後漢書》特別強調鄉里教化，表彰門閭，主要的德性典範為「孝子、順孫、貞女、義婦、讓財、救患」**⑧⑧**婦女主要德目為貞、義；強調「義」則與重節義、公義的社會風氣相關。《後漢書・列女傳》對婦德要求最重視者為「貞」，丈夫生前固須專心不二，以匡正丈夫、孝養舅姑，夫亡後則重在守節撫孤。禮書及史書最為推崇的婦女德性為貞順。《後漢書・列女傳》的事例中，頗多則受到政府及地方官表揚，而立碑或圖畫其事蹟以供流傳，其中又以守貞事最為凸顯，所佔比例亦最高。劉長卿妻毀容以守貞、樂羊子妻刎頸而死，許升妻被殺均為守貞。後文將舉《列女傳》所錄劉長卿妻守貞之例，其毀容守貞時特別強調其家學世為儒宗，而儒者傳家之典範為男為「忠孝」，女為「貞順」**⑧⑨**，可見不論當時施政者、士人、士女、儒學世家均以貞順作為女德的典範。

2.由禮法及風俗角度思考貞德

　　貞順為女德之典範，但何謂「貞」？丈夫生前專心不二固無疑

---

⑧⑦　常璩撰，任乃強校注，《華陽國志校補圖注》（上海：上海古籍出版社，1987 年），卷三〈蜀志〉，頁 172。

⑧⑧　《後漢書》，〈百官志〉，卷二十八，頁 3624。

⑧⑨　《後漢書》，卷八十四〈列女傳・沛縣劉長卿妻〉，頁 2797。

義，但夫亡後能否再嫁則有不同看法。禮書雖言：「一與之齊，終身不改」(90)，然而《儀禮》有為繼父服期之喪的情況，以此來看，攜子再嫁的現象不但存在，同時亦為禮制所承認，並將納入於喪服的制度中。只不過為繼父所服為「期」之喪，且服喪成立的條件頗為嚴苛，顯示禮教對此持謹慎保留的態度：

> 夫死妻穉子幼，子無大功之親，與之適人，而所適者亦無大功之親，所適者以其貨財為之築宮廟，歲時使之祀焉，妻不敢與焉，若是則繼父之道也。同居則服齊衰期，異居則服齊衰三月。必嘗同居，然後為異居，未嘗同居，則不為異居。(91)

所謂「妻穉」，鄭玄認為是未滿五十歲，若由當時《黃帝內經》對婦女生理狀態的角度來思考，七七以後任脈絕，故而失去生育能力，因此在此之前夫妻間當定時行房來看，婦女再嫁年齡之底限應與其生育年限有關。(92)鄭玄認為若女子未滿五十歲，而其子年紀尚幼，夫家又沒有大功以上親屬，則無所謂「同財者」，因此生計困難，可以考慮再嫁。此時若繼父為子築宗廟，能使子不忘其出生之宗族，同時又曾同居過，曾受到其撫育，子與繼父之間具有恩情，因此應為繼父服齊衰期。但鄭玄強調是：「以恩服爾，未嘗同居則

---

(90) 《毛詩》，卷三之一〈柏舟〉，頁 109 孔疏引守義《禮記》。

(91) 《儀禮》，卷三十一〈喪服〉，頁 364。

(92) 《禮記》，卷二十八〈內則〉，頁 533：「妾雖老，年未滿五十，必與五日之御」，五十之後，則「始衰不能孕也，妾閉房不復出御矣」。

不服之」(93)；若曾同居，但後來異居，則減服為齊衰三月。(94)賈公彥更在「同居」上進行嚴格限定，認為所謂「同居」指的是繼父與子雙方均無大功以上親屬，而繼父讓子能為其祖先四時祭祀不絕(95)，必須三者皆備，才算是同居，若三者闕一，「雖同在繼父家，亦名不同居」，若不曾「同居」，則不為其服喪，使得為繼父服喪，難度更高。從士人對為繼父服喪所持態度的謹慎、條件的苛刻，可以看出繼父之存在不論對宗法祭祀及婦女守貞等角度來說，均十分尷尬。

若從法律層面來看，夫亡後與他人發生性關係是否有罪？可以看出法律對於夫亡後守貞的態度。漢初的《張家山漢墓竹簡》對於喪姦有罪或無罪仍有所論辯。《奏讞書》，有一則關於婦人在為夫守喪期間與其他男子通姦的判決事例。廷尉等認為：

> 妻事夫，及服其喪，資當次父母如律。妻之為後次夫、父母，夫、父母死，未葬，奸喪旁者，當不孝，不孝棄市；不孝之次，當黥為城旦舂，敖悍，完之。

廷尉認為當依不孝和敖悍二律處以「完」為「舂」的刑罰。但論辯

(93)　《儀禮》，卷三十一〈喪服〉，頁 364，鄭注。

(94)　若對比母亡或被出，父親再娶，則子當為繼母服「母」之喪服，為出母降服。如孔子出妻，伯鯉為其出母服期之喪，而子思甚至不讓其子為其出母服喪。在在可看出，禮制為維繫男系宗族的苦心。相關文獻詳參《禮記》，卷六、卷七〈檀弓〉，頁 111、125。

(95)　《儀禮》，卷三十一〈喪服〉，頁 364，賈疏。

的結果是依生夫、死夫之別，欺生夫罪重於死夫，欺死夫基本上無罪，因此認為婦人若於為夫守喪期間與他人通姦，而被處「完」與「舂」之刑責顯然過重。此則法律論辯透露出許多耐人尋味的訊息。一來反映了當時某些社會風氣的縮影。二則透露出當時法律的認定上，丈夫亡後，妻對夫之守貞之義務，有別於丈夫生前。如此來看，夫亡後再嫁等問題亦應可以從較寬鬆的態度去思考。第三，以此可以想見，夫在世時之通姦行為將受到嚴格論處，如「夫生而自嫁，或再娶者，皆黥為城旦舂」[96]。第四，於律文的論辯中透露其時丈夫的地位，僅次於父母，妻子對丈夫的違背，可以不孝罪來議處。以此來看，禮書、律法由於與民俗、民情有所互動，故對於夫死後守貞的要求仍不十分嚴苛。[97]

　　從漢代士人角度來看，對女子再嫁往往採取消極的態度，而對守貞不嫁之女則大加歌頌，並且付諸載記。如《毛詩·鄘風·柏舟》小序言其為共姜自誓守貞之作。由於共伯早卒，共姜唯恐父母

---

[96] 張家山二四七號漢墓竹簡整理小組編，《張家山漢墓竹簡》（北京：文物出版社，2001 年），〈奏讞書〉，簡一八十至一九六，頁 227。《張家山漢墓竹簡》〈二年律令〉，簡一九二，頁 159：「諸與人妻和奸，及其所與皆完為城旦舂。其吏也，以強奸論之。」和已有婚姻狀態的女子通姦處以完為城旦舂的刑罰，如果本身為吏者，則刑罰更重，按強姦罪的方式論處。

[97] 以法律層面來看，秦漢並未禁止寡婦再嫁，如栗勁，《秦律通論》（濟南：山東人民出版社，1985 年），頁 505-506。尤其無子寡婦其再嫁並不受批評，詳參董家遵，〈從漢到宋寡婦再嫁習俗考〉，收於李又寧、張玉法編，《中國婦女史論文集》第二輯（臺北：臺灣商務印書館，1988 年），頁 39-63。至於《隋書》，卷二〈高祖本紀下〉，頁 41，提及「九品以已妻，五品以已妾，夫亡不得改嫁」，以詔令形式禁止改嫁，但亦屬仕宦的特定階層，一般庶民仍不受此限。

「欲奪而嫁之」，於是作此詩以表明不再嫁的決心，漢人藉共姜之事以稱揚貞潔。至於《列女傳》中如劉向強調夫死後應守貞不嫁，並認為婦女再嫁，有損貞德，應與其欲矯正時風的迫切心境有關。漢代在人副於天的想法下，道德受天理保障，於是違反族群共同的行為準則，則悖逆天理，將有天罰。在班昭《女誡》中將丈夫之於婦女的意義提升至「天」的高度，於是：「天固不可逃，夫固不可離也」，將夫妻的關係絕對的尊卑化，並以天理背書。人無可逃於天，故妻無可逃於夫，在此觀念下，婦人難以變天而再嫁。後代編纂漢代列女事蹟，守貞之事十分凸顯，並強調守貞不只是對外來無禮的拒絕和反抗，同時亦包含不再嫁。

　　夫既為妻之天，則天之崩亡，婦人自無獨活之理，在此心態下，要求婦女從死甚至從葬的風氣在漢時一直存在，至東漢名節觀念大起後，更受到激勵。事實上早在先秦，尤其是殷商、西周時期人牲、人殉的風氣曾經盛行，並與當時魂魄觀息息相關，春秋以後在人文精神的發展下逐漸被淡化❾❽，但並未斷絕，秦始皇陵曾以後宮無子者及造陵工匠殉葬❾❾、漢初田橫之徒五百人從死❿，皆為其例。但文帝、景帝時對無子宮人多允其釋出，此舉被視為德政。如文帝時「出孝惠後宮美人，令得嫁」。文帝的遺詔提及：「歸夫人

---

❾❽　《古代人牲人殉通論》（北京：文物出版社，2004 年），頁 9-230。

❾❾　《史記》，卷六〈秦始皇本紀〉，頁 265：「二世曰：『先帝後宮非有子者，出焉不宜』皆令從死，死者甚眾。……盡閉工匠臧者，無復出者。」

❿　《史記》，卷九十四〈田儋列傳〉，頁 2648-2649：「（田橫）既葬，二客穿其冢旁孔，皆自剄，下從之。高帝聞之，迺大驚，以田橫之客皆賢。吾聞其餘尚五百人在海中，使使召之。至則聞田橫死，亦皆自殺。」

以下至少使」❶，景帝崩後「出宮人歸其家」並使其終生免除繇役
❷。但由〈景十三王傳〉記載趙繆王劉元強迫「為樂奴婢從死」者
十六人，引發批評，加以其他罪愆而導致國除的後果。可以看出其
時對於后妃、奴婢之從死較趨保留的態度。然而此風並未完全斷
絕，武帝子燕王劉旦因罪自殺，「后夫人隨旦自殺者二十餘人」，
廣陵王劉胥因罪自殺，「八子郭昭君等二人皆自殺」❸。此類事件
並非特例，宣帝時輔政大臣霍光的葬禮，宣帝賜葬，備極哀榮。葬
制中「樅木外臧椁十五具」，顏師古引服虔注曰：外臧椁「在正臧
椁外，婢妾臧也。或曰廚廄之屬」❹。此葬禮官方深度參與，依然
用婢妾廚役從葬，亦能看出官方並非完全禁絕從葬。東漢至魏晉由
於世家大族興盛，禮教要求較嚴，要求婦女守貞從死之風不時發
生，王充即針砭當時風氣：「或破家盡業，以充死棺；殺人殉葬，
以快生意」。❺又如東吳將軍陳武死，孫權下令以其愛妾殉葬❻、
《晉書·列女傳》載張天錫病重時耽憂己死後愛妾「豈可為人妻
乎」，故逼使二妾以死明志：「請效死，供灑掃地下，誓無他
志」。此類事例仍不少，無怪乎魏晉志怪中援引為題材。❼以妾殉

---

❶　《漢書》，卷四〈文帝紀〉，頁 123、132。

❷　相關論述詳參拙著〈漢代后妃的嫡庶之辨——以葬禮及相關經義為核心進行
　　探究〉，《中國文哲研究集刊》26 期（2005 年 3 月），頁 321-357。

❸　以上二事見《漢書》，卷六十三〈武五子傳〉，頁 2759、2762。

❹　《漢書》，卷六十八〈霍光〉，頁 2948。

❺　《論衡校釋》（北京：中華書局，2006 年），卷二十三〈薄葬〉，頁 961。

❻　《三國志》，卷五十五〈吳書·陳武傳〉，頁 1289 注引〈江表傳〉。

❼　《博物志校證》，卷七，錄了二則殉葬之事件，如頁 86：「漢末，關中大
　　亂，有發前漢時冢者，人猶活」、「漢末發范友朋冢，奴猶活。友朋，霍光

葬風俗固然反映出死者不欲其再嫁的心理，但皆屬妾、婢之屬，其地位較卑，死後複製生前地位與職責照料死者生活起居。至於後宮之后妃，武帝死後，霍光主政，將後宮婦女置於園陵守園，從此成為漢家故事⑩。無子宮人守陵，無出宮再嫁的習尚，至東漢時此風依舊，如和帝葬後「宮人並歸園」亦依漢家故事⑩。於此亦可反映出當時貴族階級、權勢之家對於后妃、婢妾再嫁所持的態度。

　　官方對於守貞不嫁之女，往往加以讚揚，劉向《列女傳》中此類例子並不少見。至漢末三國時，儘管世亂，但此風仍存，如陸績女鬱生嫁張溫弟張白，方甫三月，張白即逝，鬱生矢志不嫁，獲當時士人激賞，上書聖朝：

> 臣切見故鬱林太守陸績女子鬱生，少履貞特之行，幼立匪石之節，年始十三，適同郡張白。侍廟三月，婦禮未卒，白遭罹家禍，遷死異郡。鬱生抗聲昭節，義形於色，冠蓋交橫，誓而不許，奉白姐妹嶮巇之中，蹈履水火，志懷霜雪，義心固於金石，體信貫於神明，送終以禮，邦士慕則。臣聞昭德以行，顯行以爵，苟非名爵，則勸善不嚴，故士之有誅，魯人志其勇，杞婦見書，齊人哀其哭。乞蒙聖朝，斟酌前訓，

女婿。說光家事廢立之際多與《漢書》相似。」

⑩　《漢書》卷七十二〈貢禹傳〉，記當時守陵人數眾多。《後漢書》，卷二〈顯宗孝明帝紀〉，頁99，注亦記武帝茂陵多至五千人守陵。

⑩　《後漢書》，卷十上〈皇后紀〉，頁421。關於此請參考拙作，〈漢代后妃的嫡庶之辨——以葬禮及相關經義為核心進行探究〉，《中國文哲研究集刊》26期，頁321-357。

上開天聰，下垂坤厚，褒鬱生以義姑之號，以屬兩髦之節，
則皇風穆暢，士女改視矣。⑩

鬱生年僅十三，即寡居，逼嫁之壓力可以想見，但堅持守節，不為
壓力所迫。由士人激賞的態度來看，鬱生守貞之行難能可貴，足為
世範。但亦反面襯顯出，當時世風再嫁情況可能十分普遍，由求親
者「冠蓋交橫」來看，亦不以再嫁女為非，或許因此才需特別標榜
守貞以砥礪風節。儘管士人以守貞為高行，但落於現實，其考量層
面則頗為複雜，娘家的態度、統治者的政策，均與具體經濟、現實
層面相關，頗難化約而論。

3.逼嫁的壓力

就現實來看，思考再嫁與否問題時，往往還聚焦於是否有子女
需要撫育，劉向《列女傳》主張即使無子亦不可再嫁，若無子亦無
父母、兄弟者，往往以自殺免去失貞之嫌。但此乃就理想而言，落
於現實則又頗多變異。《後漢書·列女傳》錄了二則婦女在丈夫死
後，無子而守貞的事例，貞婦必須抵抗娘家人強烈逼嫁的壓力。
如：劉長卿妻在長卿卒後，為了避免有再嫁的嫌疑，不肯歸寧。但
當時仍有子，故被迫改嫁的壓力不大，一旦子亦夭折，長卿妻認為
被迫再嫁的壓力太大，於是透過刑殘其耳，以自誓不再嫁。當宗婦
勸她不必輕身若此，她高舉自己之出生與家學來支撐其行為的合理
性：「昔我先君五更，學為儒宗，尊為帝師。五更已來，歷代不
替。」以表示自己不能悖逆「男以忠孝顯，女以貞順稱」的家風。

---

⑩　《三國志》，卷五十七〈吳書·陸績傳〉，頁 1329，注引《姚信集》。

⓫劉長卿妻的舉措，一方面反映當時夫死再嫁及夫死無子再嫁的風氣盛外，還顯現出，儒者家學對於婦女貞順之強調；但諷刺的是，逼嫁之來源正是來自此家學門風下的親人，則儒風對守貞風氣的影響如何頗顯複雜。而毀容以守節，亦反映出容色之美麗與守貞的要求適相違背，如若守貞為德，容貌之美麗徒令婦女不能自守而失德。故而毀容與守貞、高行劃上等號。如此舉動在當時受到官方極大的尊敬，除了彰表其門閭外，長卿妻更享有於縣邑有祭祀時獲贈腊肉的殊榮。

另一例子如荀爽女荀采，為陰瑜之妻，只生一女，未得半子而陰瑜卒。荀采極懼怕娘家逼迫改嫁，於是「防禦甚固」，不肯歸寧。逼得荀爽無計可施，只得以「詐稱病篤」的下策，將她騙回娘家。但荀采「懷刃自誓」，在傅婢奪刀，並嚴加防範後，荀采還是被帶往男方家，於是策略性的強顏歡笑，並假意與欲成婚之男子共談，使旁人防心鬆懈，最終「以衣帶自縊」，並以粉書「尸還陰」。此中透露幾個重要訊息，二則例子逼迫再嫁者均為士家，而強調守節者則為士家出身之女，如劉長卿妻為桓鸞女，陰瑜妻為荀爽女。娘家或從現實及婦女往後生計、受祭等角度鼓勵再嫁⓬，而

⓫　《後漢書》，卷八十四〈列女傳・沛劉長卿妻〉，頁 2797。

⓬　漢代婦女若夫死又無子嗣在財產及繼承上將受到影響，難以維持生計。宋代以後社會救助系統逐漸發展，對於守貞亦造成正面影響，詳參拙著《春秋兩漢婚姻制度與禮俗研究》（清華大學中國文學研究所博士論文，2003 年），第七章。另可詳參袁俐，〈宋代女性財產論述〉，收於《中國婦女史論集》續集（臺北：稻鄉出版社，1991 年）。張彬村，〈明清時期寡婦守節的風氣──理性選擇的問題〉，《新史學》10 卷 2 期（1999 年 6 月）。

女子則從女德及家學立場，堅持服膺道德，二者對再嫁與否態度有極大的落差；而二者之差距亦為現實與理想差距之反映。夫亡無嗣而娘家逼嫁的例子，還見於蜀景奇妻貢羅，於夫亡無嗣，專心供養舅姑，即使父親逼嫁，又透過州縣企圖透過地方官吏介入，貢羅亦「請死不從」。最後的結果是「州嘉而許焉」❶❸。州縣之官僚系統從推行女教的角度，嘉許了貢羅守節的行徑，反映出娘家的逼嫁的態度與官吏推行教化的立場有所出入。但娘家對於守寡女兒之改嫁的權力及風氣盛，應是存在的現象。荀采其實已產一女，仍被迫改嫁，應是與女兒在丈夫宗族中無法有祭祀及財產的繼承權有關。❶❹前文提及毀容以守貞時，亦已有不少事例顯現：夫亡後寡婦守節首先即要面對來自娘家逼嫁的壓力，而有無子嗣往往影響了再嫁與否的動向❶❺，無子而堅持不再嫁之寡婦往往領養同宗之子以解決困境。又，荀采死前以粉書門扉「尸還陰」，強調死後仍為陰氏之鬼，似乎也透露出守貞觀念背後應還有魂魄觀以為支持。❶❻

❶❸　《藝文類聚》，卷十八〈人部二·賢婦人〉，頁 336。

❶❹　有關財產繼承詳參劉欣寧，《由張家山漢簡《二年律令》論漢初的繼承制度》，以及拙作《先秦至兩漢婚禮制度與禮俗綜述》（新竹：國立清華大學中國文學研究所博士論文，2003 年），關於婦女於繼承之狀況分析。

❶❺　夫亡若有子，或舅姑尚在，責任在身，無法自殺。如陳寡孝婦在夫亡後養姑二十八年。梁寡高行為撫孤而毀容，魯寡陶嬰為養幼孤而終身不嫁。

❶❻　妻在家族中的受祭，往往於丈夫被祭時同時配祭。因此根據祭祀法則，若妻先亡，則須先祔於同昭穆之皇姑，待夫亡後才得配祭。詳參《禮記》，卷十八〈曾子問〉，頁 366。其時夫妻同葬亦為風氣，如《禮記》，卷六〈檀弓〉，頁 110，雖云「合葬非古也」，但也承認是周公以來即有的風俗，又如頁 112 提及孔子為父母合葬事。後代有關夫婦合葬，在志怪故事中不時出現，詳參劉苑如，《身體、性別、階級：六朝志怪的常異論述與小說美學》

　　事實上官方態度雖受禮教洗禮，而對守貞者予以褒揚，但有時甚至會成為逼迫寡婦再嫁的推手，如貢羅父欲透過地方官吏介入逼嫁，即為其例。又如漢魏之際，甚至有透過官方記錄寡婦資料而強行配嫁的情況發生，《魏略》提及：

> 初畿在郡，被書錄寡婦。是時他郡或有已自相配嫁，依書皆錄奪，啼哭道路。畿但取寡者，故所送少；及趙儼代畿而所送多。文帝問畿：「前君所送何少，今何多也？」畿對曰：「臣前所錄皆亡者妻，今儼送生人婦也。」帝及左右顧而失色。[117]

官方強力介入，將寡婦錄於名冊，而統一遣送，即使已自行配嫁，亦不例外，以致於寡婦啼哭於途。此種現象魏文帝不但知情，而且還採積極的態度；亦反映時風中再嫁的情況應仍不少。統治者介入奪嫁之例，並不鮮見，又如三國時吳郡張溫頗為孫權賞識，後被放黜，《文士傳》記其姐妹三人皆有節行，但因張溫之故，「已嫁者皆見錄奪」，並記張溫妹：「先適顧承，官以許嫁丁氏，成婚有日，遂飲藥而死。吳朝嘉歎，鄉人圖畫為之贊頌」。[118]官方一方面嘉歎婦女守貞之行，但另一方面，在政策上卻往往有奪嫁之舉，此與時代背景、當時客觀的社會現實以及時風有關，其與前述儒教推

　　　（臺北：中央研究院中國文哲研究所，2002 年）。

[117]　《三國志》，卷十六〈魏書・杜畿傳〉，頁 497，注引《魏略》。

[118]　《三國志》，卷五十七〈吳書・張溫傳〉，頁 1334，注引《文士傳》。

廣守貞的態度顯然呈現複雜的關係。

4. 抵死抗拒異族非禮脅迫

　　劉向《列女傳》所錄事例指出：婦女守貞若臨非禮脅迫，當以死抗拒之。皇甫謐《列女傳》所錄留子直因與夫分離，但臨脅迫，誓死守貞，不惜傷殘其面，以使追求者打退堂鼓，亦可見其端。又如《藝文類聚》所引《列女後傳》記，翟素只是受聘而未嫁，但逢盜賊脅迫時堅持守貞，強調：「我可得而殺，不可得而辱」，最終為賊所殺⓲。《列女傳》收錄此類事例，在於表達婦女一經議婚即當守貞，婚後更是如此，即使夫妻亂離，生死未知亦仍應誓死守住貞潔；並於夫死後即使娘家逼嫁，或遇暴力脅迫亦均須守貞。尤其脅迫者若為異族，守貞之張力往往更為強烈。史家在書寫貞女事蹟時特別著意凸顯婦女抵死抗拒的形象，其中包含著對漢賊不二立以及守貞的雙重要求。此時女體、國土、國族尊嚴實融為一，異族對女體之佔有，亦象徵對國土的佔有及國族尊嚴的踐踏。因此史書在錄此事跡時，往往刻意凸顯婦人抵死堅拒的形象⓳。如許升妻，遭

⓲　《藝文類聚》，卷十八〈人部二·賢婦人〉，頁 337。《太平御覽》引謝承《後漢書》引了一則極端的例子，曹節弟破石為越騎校尉，其基於權勢而欲強佔越騎營五伯妻，五伯不敢反抗，五伯妻自殺以免去淫亂之名。此則例子顯示即使丈夫非禮而行，婦人亦當守禮義而堅拒之。詳見《太平御覽》，卷四百三十九〈人事·貞女上〉，頁 2020。

⓳　盧建榮從國土與女體象徵的重合之處著眼，認為婦女不失身於他族亦成為家國不受他者佔領的象徵。而死守國土，不使其淪落他族之手，亦隱喻婦女的守貞，二者互相詮釋。因此史書的書寫在婦女受到他族脅迫時，往往凸顯其抵死反抗的形象，並且著重其辱罵羌胡以及壯烈犧牲之描寫，以此加強對母土、貞潔的教育。有關女體與國土的聯結，使得撰史者在對婦女事蹟記載上

逢盜賊逼迫時激烈反抗，宣誓：「義不以身受辱寇虜也」而被殺。
《列女傳》中還特別強調當時天象出現異象；「日疾風暴雨，靁電
晦冥」使得盜賊懼而謝罪。型塑許升妻貞烈之行感天動地⑫。又如
樂羊子妻因拒盜賊之侵犯而刎頸死。⑫再如皇甫規卒時，其妻猶盛
年，且「容色美」，引起董卓的覬覦。先以財貨誘惑之：「娉以軿
輜百乘，馬二十匹，奴婢錢帛充路」，但皇甫規妻不為所動，最後
董卓令侍者拔刀脅迫，皇甫規妻大罵董卓：「羌胡之種，毒害天下
猶未足邪」，並指自身出身家庭「清德奕世」，皇甫規「文武上
才，為漢忠臣」，以對比於董卓之禍國與無禮。董卓大怒，於是
「引車庭中，以其頭縣軛，鞭撲交下」，皇甫規妻還要求持杖者：
「何不重乎？速盡為惠」，終至死亡⑬。此則事件，除守貞外，還
瀰漫著對漢室之忠及漢賊之分的情緒，後人圖畫此事以宣揚其德，
而予以「禮宗」的稱號。同樣不肯失身於異族，根據《華陽國志》
記載：

> 永初中，廣漢、漢中羌反，虐及巴郡。有馬妙祈妻義、王元
> 憒妻姬、趙蔓君妻華，凤喪夫，執共姜之節，守一醮之禮，

產生影響，詳參盧建榮主編，《性別、政治與集體心態——中國新文化史》
（臺北：麥田出版社，2001 年），〈三至七世紀女性的社會形象塑模〉，頁
47-98。

⑫　《後漢書》，卷八十四〈列女傳·許升妻〉，頁 2795。漢代傳統人之德行感
動天而發生天象改動的例子極多，而人之失德亦將動天而發生災異，詳參本
論文第二章。

⑫　《後漢書》，卷八十四〈列女傳·樂羊子妻〉，頁 2792。

⑬　《後漢書》，卷八十四〈列女傳·皇甫規妻〉，頁 2798。

　　號曰：三貞。遭亂兵迫匿，懼見拘辱，三人同時自沈於西漢
　　水而沒。死，有黃鳥鳴其亡處，徘徊焉。國人傷之，乃作詩
　　曰：關關黃鳥，爰集於樹，窈窕淑女，是繡是黼，惟彼繡
　　黼，其心匪石。嗟爾臨川，邈不可獲。❿

三婦人不欲二嫁，同時又恐見辱於異族於是沒水而死，而獲得
「貞」之稱號。

5.從陰陽化育角度思考守貞問題

　　前文已點出守貞與否牽涉複雜的政治、經濟、時風、儒學、家
聲……等複雜層面，並非適宜以單一層面進行思考。值得注意的
是，東漢中晚期的《太平經》從陰陽交合的化育角度，批評儒家有
關守貞之說。反映出不同角度對於婦德的不同觀點。《太平經》指
出若希望天地之統傳嗣不斷，必須透過「象天地」，也就是再現和
依循宇宙生化之理。而宇宙生化之理中，「天使其有一男一女，色
相好，然後能生……故能長相生也，世世不絕天地統也。」、「天
地之間無牝牡，以何相傳，寂然便空」。男女交接乃再現和實踐宇
宙之生化過程，萬物得以生生不息。若貞男、貞女不施、不化，將
導致「陰陽不交」，同時連帶引動自然宇宙之失序，如「天不肯
雨」❿、「地不肯化生」的結果。因為宇宙乃一體相感，男女之不

---

❿　《先秦漢魏晉南北朝詩》，卷十二〈傷三貞詩〉，頁 325。《華陽國志校補
　　圖注》，卷一〈巴志〉，頁 17。

❿　男女之交接無礙，使陰陽之氣能通暢交接，乃能興雲致雨，萬物化生，此思
　　想為《太平經》中重要的精神，相關文獻很多，如王明，《太平經合校》
　　（北京：中華書局，1992 年），卷三十五〈一男二女法〉，頁 39：「右順天

施不化，將使「天不雨，即其貞不施也」、「地不生萬物，即其貞不化也」。最終造成「絕滅無世類」的嚴重後果。故而批評不施、不化之貞男、貞女：「二人共斷天地之統，貪小虛偽之名」、「名為絕理大逆之人」。⑫因此若要感應天地之生化，人間之行事亦當使其相感，於是由具象徵身分的君王開始，實踐生化之行：

> 夫女，即土地之精神也。王者，天之精神也。主恐土地不得陽之精神，王氣不合也。令使土地有不化生者，故州取其一女，以通其氣也。樂其化生者，恐其施恩不及，王施不洽，故應土地而取之也。徧施焉，乃天氣通，得時雨也，地得化生萬物。⑫

女為土氣之精，王者為天之精氣所聚，國君與后妃之交接即天地精氣之交合，而人間眾庶亦以其為典範，再現並感染天氣與地氣之相交，以使得陰陽生化，天地合同，化生萬物而生生不息。《太平經》並進一步將「貞」與「不貞」用於疾病論述，故貞者「尚天性也，氣有不及」、不貞者「彊為之壅塞，陰陽無道……是皆大毀失

地，法合陰陽，使男女無冤者，致時雨令地化生，王治和平。」，又如卷一一九〈三者為一家陽火數五訣〉，頁 679：「天雨雪造將為之時，呼吸但氣耳，陰陽交相得乃施，可觀於此之時，天氣下，地氣上，合其施。雨雪有形而可見也。」

⑫　《太平經合校》，卷三十五〈一男二女法〉，頁 37-38。又如卷一百十七〈天咎四人辱道誡〉，頁 655，亦提及禁欲之人，「不而性真，生無後世類」。

⑫　《太平經合校》，卷三十五〈一男二女法〉，頁 38。

道之人也」。所謂不貞乃是壓抑情性，使陰陽之氣壅塞、閉隔之人；此與禮教所定義之不貞，為情欲之泛濫正好相反。事實上，儒家並未反對男女婚姻，經生亦十分尊重婚姻之時，以男女之婚齡、婚時乃為宇宙神聖化育的再現，對此投以極大的關注。❿若要深究貞女之不化，恐怕與特殊情況下，如夫喪之守節等情況有關。而《太平經》從化育及廣嗣的角度，對於守貞持反對的態度，強調：「不可貴貞人也，內獨為過甚深」，甚至認為守貞者「污辱天正道，甚非所以興化」，❿此與從禮教態度立論貞潔，其差距不可以道里計。

㈡婦順：匡正丈夫、事奉舅姑、母教典範

　　《後漢書·列女傳》中共計為十七位婦女列傳，其中許多婦女同時兼備多種德性，如有才學、侍奉舅姑甚謹、匡夫過、守貞等，因此很難清楚計算何種德性所錄案例最多。但仍可發現，女子之才學主要是為匡正丈夫或從母教的角度展現；至於班昭續班固修《漢書》及蔡琰憶誦其父蔡邕之書，則事屬罕見。《後漢書·列女傳》如鮑宣妻、王霸妻，均能守約安簡，以使夫與子能安心並篤於道義。鮑宣妻之持家使得夫、子、孫均顯名於鄉里。王霸妻更在丈夫與子對於入仕之顯貴與自身所行價值發生混淆時，堅守清節，勉勵並貞定丈夫續「修清節、不顧榮祿」的德行，強調「子伯之貴孰與君之高」，以成就丈夫之高節。婦女事夫一如臣之事君、子之事

---

❿　請參考拙作《神聖的教化——先秦兩漢婚姻禮俗中的宇宙觀、倫理觀與政教論述》，第一章。

❿　《太平經合校》，卷三十五〈一男二女法〉，頁 38，卷一百十七〈天咎四人辱道誡〉，頁 656。

父，當丈夫有過時，必須進行勸諫，勸諫不聽往往自省、自傷，以期匡正丈夫於道義之途。如樂羊子之妻，當丈夫拾金而歸，羊子妻以廉潔期勉丈夫。當丈夫求學半途而廢，羊子妻引刀欲斷織布，以期勉丈夫勿半途而廢。許升之妻亦數勸不理操行的許升能專心修學，若許升有無禮之言行，「輒流涕進規」。⓭早在劉向《列女傳》時即認為婦女當如臣子事君一般規諫丈夫以德義。如果丈夫不從，婦女往往自我減省嗜欲以自責己過。如楚莊王好田獵，樊姬透過不食鮮禽勸諫之；齊桓公好音樂，衛姬以不聽五音表達態度。甚至如周宣姜后，因宣王早臥晏起，將己視為罪人「脫簪珥，待罪於永巷」。齊桓公謀伐衛，衛姬「脫簪珥，解環珮，下堂請罪」，使齊桓公最終打消了伐衛的決定，也使衛姬免於原生家庭與夫家，父與夫孰輕孰重的倫理困境。⓭又如陶子妻、柳下惠妻、黔婁妻，均能安貧守禮，以使丈夫向道而行。如果極力勸諫均無法使丈夫依禮義行事，婦女甚至可能以生命作為最後勸諫。如《後漢書‧列女傳》記周郁妻，雖能篤守婦道，但丈夫性情「驕淫輕躁，多行無禮」，周郁父將周郁之無道，歸罪於其妻，認為婦女「當以道匡夫」若丈夫不肯聽從，是「新婦之過」。周郁妻因此陷入兩難，若丈夫不從己意，則過錯在己，若丈夫聽從己意，則又是「子違父而從婦」，徒令丈夫落於不孝之名，備感痛苦與矛盾下，最後竟以自殺收尾。此種倫理困境在劉向《列女傳》中早已不斷發生，當事者

⓭　《後漢書》，卷八十四〈列女傳〉，頁 2795。

⓭　以上分別見於劉向《列女傳》，卷二〈賢明傳〉，〈楚莊樊姬〉、〈齊桓衛姬〉、卷二〈周宣姜后〉。

往往以自殺來避去此種艱難。⑬除了匡夫之過，使其勤勉為學，若丈夫發生危難，婦女亦當以夫及子為優先考量。如盛道於建安五年，益部亂時聚眾起兵，最後失敗而夫妻被捕，盛道妻替盛道解開刑具，要其攜子逃亡，再娶成家，而己自留守，最終被殺。⑬即為顯例。

　　對婦女才學、辯通的肯定除了在於能匡正丈夫，解救其於危難，亦重於對子女示教：《國語》中的魯敬姜勤於織作、嚴別男女，對於子、媳、孫輩亦示教不輟。劉向《列女傳》中的〈辯通〉、〈明智〉記錄許多辯才通達、智慧明通的婦女，總能於關鍵時刻對丈夫或兒子進行提點。此明達辯通之形象於《後漢書・列女傳》中仍然可見，如記曹世叔妻主要由博學高才、節行法度著眼。以博學高才來看，班固死後《漢書》未成，和帝詔班昭於東觀藏書閣踵繼之；班昭並為皇后、諸貴人之師。節行有法度，則著眼於曹世叔早卒，持節撫孤，使其子因孝廉而入仕，並作《女誡》，以示

---

⑬　劉向《列女傳》，卷五〈節義〉一再提及發生倫理困境時，婦人面對於娘家的孝道及對於夫家的道義中，抉擇的無奈。如晉圉懷嬴對於晉大子圉之逃亡，陷於父與夫二者矛盾中，選擇「不敢洩言，亦不從子」的態度，但這是較幸運的例子。其他例子如代趙夫人、郃陽友娣，京師節女當事人都以自殺緩息二者尖銳矛盾帶來的破裂感。對比於男子，孝與夫妻之情，自然以孝為首出，《禮記》，卷二十七〈內則〉，頁 521：「子甚宜其妻，父母不說，出。子不宜其妻，父母曰：「是善事我」子行夫婦之禮焉，沒身不衰。」明顯看出孝遠較夫妻之情為首出。這是由於婦女之婚姻使得其與娘家的關係發生改變，反映在服制上則為降服，反映在刑罰上，則是婚後與原生家庭的牽連降低。

⑬　《後漢書》，卷八十四〈列女傳〉，頁 2799。

教家內女子。

匡輔丈夫，劬勞撫育子女外，婦德最重要的還有傾盡全心侍奉翁姑，即使受到不平對待，亦無怨色。《後漢書·列女傳》侍奉舅姑以姜詩妻為典範。姜詩事母至孝，而姜詩妻「奉順尤篤」。奉順於日常生活中顯現，《後漢書》以飲水事為例，提及姜詩妻常因婆婆好飲江水而遠至六七里外提水，只因「值風，不時得還」，竟被姜詩斥去。姜詩妻因細故被出亦無怨言，即使寄於鄰家，仍晝夜紡績，以供養婆婆珍饈。❹姜詩的行為或許不近情理，但在強調孝德的社會，亦具有高度的象徵意義，因為男子以孝作為其德性最重要的象徵，同時與社會聲名、入仕與否密切相關。姜詩能於永平三年察舉孝廉，與其孝名遠播有絕對的關係。此於明帝於詔書中稱其為「大孝入朝」，甚至連赤眉兵經過姜詩所居地亦「弛兵而過」，強調：「驚大孝必觸鬼神」，甚至留下米與肉以表達尊敬，亦可見一斑。❺值得注意的是，《後漢書·列女傳》將「孝」名歸於姜詩，而於姜詩妻則強調「順」德，甚至敦煌寫本《孝子傳》則只錄姜詩，未錄其妻。這應與當時婦人之德性典範為貞順，而孝具有濃厚政教色彩有關❻。姜詩妻之孝行見於傳頌要在宋代以後，可能與唐

---

❹ 除此而外，如《藝文類聚》所收錄賢婦人禮脩，其姑「嚴酷無道」，禮脩「初無慍色」、「引過自咎」，終於使姑「厚加愛敬」。詳參〔唐〕歐陽詢撰，汪紹楹校，《藝文類聚》（上海：上海古籍出版社，1999 年），卷十〈人部二·賢婦人〉，頁 335。

❺ 孝道至漢末往往與民間信仰及修道結合，帶有恫嚇性的效果，《太平經合校》，卷一一四〈不孝不可久生誡第一百九十四〉，頁 597-598，提及不孝不能得長生。即為其例。

❻ 漢代強調孝德不遺餘力，此與「孝」所具有的政治性不無關係。勞悅強指

代以後對於女孝理解及鼓吹的風氣有關。

(三)去私情從公義

除了守貞等議題外，劉向《列女傳》及《後漢書·列女傳》在婦女德性的要求標準的寬嚴以及著重點仍有不同。如劉向《列女傳》對於守貞以及棄私情從公義特別強調，主要著眼於，後宮女眷眾多，若不能棄私情從公義，將衍生許多問題。觀劉向《列女傳》卷五〈節義〉一再讚揚棄私情從公義的事件，如魯孝義保在危難中捨己子以保全公子稱。魯義姑姐棄己子而抱兄之子逃命。齊義繼母欲保前妻之子而捨己子。梁節姑姐在家中失火時，想救兄長之子，卻救到己子，於是赴火而死，以示自己無有私心。珠崖二義記假女與繼母二人爭相認罪，以保全對方。《後漢書·列女傳》亦要求棄私愛從公義，如程文矩妻，對待前妻之子，「慈愛溫仁」，飲食及生活所需皆「兼倍所生」。人情皆私愛己子，然而穆姜「以義相導」，終於能夠感動前妻子。又如羊子妻亦面臨倫理困境，當強盜欲侵犯羊子妻，而挾持其婆婆時，己之名節與姑之性命，貞與孝發

出：漢時推動孝道，實是想承繼西周封建制度將宗統與君統合一，但漢時除了開國初年曾短暫並行過同姓諸侯國佐國的政策外，實以郡縣治國。推行孝道是希望延續此種精神，以移孝作忠。《孝經》在此時地位崇高，而其內容實主要針對入仕之士人，因此孝道在漢朝實具有高度的政治性。也正因為孝道的推行具有高度的政治性，士人入仕往往透過孝廉等管道，因此孝行成為士人德性中最值得關注的事，士人於此也窮盡一切努力，以證明自身的孝行。但女性之孝的記錄十分少見，即使有也都是特殊因素使然，應與孝行在漢代以來具有高度的政治性並與仕宦關係密切，在此背景下形成男孝獨尊的現象。詳參勞悅強，〈《孝經》中似有還無的女性——兼論唐以前女罕見的現象〉，《中國文哲研究集刊》24 期（2004 年 3 月），頁 293-330。

生嚴重衝突，只能「舉刀刎頸而死」。其後太守表揚她，賜號「貞義」。「貞」由其守名節而言，「義」由其棄私從公而論。但整體來看，《後漢書・列女傳》所錄棄私情從公義事件，數量及比率上明顯較劉向《列女傳》低，同時劉向《列女傳》中當事者犧牲生命以凸顯公義的形象亦遠較《後漢書・列女傳》鮮明，此應與劉向《列女傳》主要對皇室婦女的教養著眼，由於皇室女眷甚多，維持「公義」的迫切性更為重大而急切有關。

㈣婦女復讎

　　劉向《列女傳》中用了許多篇幅談婦女的妒，**⑱**主要因為劉向《列女傳》乃對後宮說法，妒忌往往釀成首惡，故將之置於七出之首。《後漢書・列女傳》於此較不若劉向《列女傳》那樣強調；反倒對劉向一則均未收錄的復讎取了兩則，應是施教對象不同所致。如許升妻因許升為盜賊所殺，即使刺史捕得盜賊，她亦要求「手斷其頭」，以復讎而慰藉夫之亡靈。另一則為女子為父復讎的事件**⑱**：趙娥因父為同縣人所殺，而娘家兄弟均已病故，無人可替其復讎，因此她「潛備刀兵，常帷車以候讎家」如此十餘年。最後終於得到機會，刺殺讎仇，為父復讎。由於漢代國家統治權力與私人復讎間已發生嚴重衝突，故而法令反對私自復讎，然而儒家重血親、

---

⑱　《列女傳》由於對皇室說法，同時又有趙氏姐妹亂後宮之事，故特別強調貞及不妒，但對於無子並不十分著意，因為皇帝后妃極多，只要不妒，便可以廣繼嗣。

⑱　此則名為龐淯母，但觀作者記載復讎事件未註明是否在婚後，但均未提及夫家及子女反應，故暫以女稱之。此事亦見於《三國志》，卷十八〈魏書・龐淯〉，頁 548。

宗族的傳統故強調復讎，二者衝突使得官吏造成不少困擾❶。刺史
尹耀願讓許升妻手刃讎仇，一方面可能因儒教及社會風氣崇慕復讎
的高義有關，另一方面則可能因尊崇許升妻有高節之名。趙娥復父
讎之例，也因法律反對私自復讎，使得官吏雖感佩趙娥高行，但礙
於違法，於是想「解印綬欲與俱亡」。趙娥卻因不願一己之行，造
成公法損害，堅持受刑。趙娥最終得到赦免，而且受到州郡表揚，
太常亦特別以束帛嘉禮之。此類事件在東漢時常發生，又如申屠蟠
為諸生時，曾遇到同郡緱氏女玉為了替父親報讎而殺了丈夫的親族
的事件，當時外黃令梁配認為此女犯法當殺，申屠蟠則持相反看
法，認為替父復讎事涉節義與清德，不但不該受刑，反而應當旌表
門閭。最後梁配接受申屠蟠建議「以減死論」。申屠蟠之說受到當
時人稱美。足見士人對於復讎仍有一定的崇尚，認為是節義之行。
❶漢代崇尚復仇，事例極多，於畫像石中亦多所展現。如東漢祠堂
墓室中，尚有史書未見記載的七女復讎故事，流傳甚廣，反映了漢
代崇尚復讎的風氣，以及透過當時被視為弱者形象的女子復讎故
事，以激勵復讎的志氣。❶

---

❶　可參考拙作〈漢代復讎所凸顯的君臣關係及忠孝觀〉，《成大中文學報》12
期（2005 年 7 月），頁 23-46。

❶　《後漢書》，卷五十三〈申屠蟠〉，頁 1751。《太平御覽》，卷四百四十一
〈人事部・貞女下〉，頁 2031-2032，引杜預《女記》亦錄此事，其中對申屠
蟠的奏記中崇尚復讎有所呈現：「敢陳所聞，昔太原周黨，感春秋義辭，師
復讎，當時論者猶高其節。況玉女弱，耳無所聞，心無所激，內無同生之
謀，外無交遊之助，直推父子之情，奮發怒之心，手刃刺讎，僵尸流血。當
時聞之，人無勇怯，莫不強膽增氣，輕身殉義，攘袂高談稱美。」

❶　詳參邢義田，〈格套、榜題、文獻與畫像解釋：以一個失傳的「七女為父報

　　劉向《列女傳》為劉向對王室女眷說法，為父復讎等事，事涉
君與父孰輕孰重，頗為敏感❷。而東漢後世家大族的背景，血族復
讎與之關係密切。❸收錄復讎事件與否，與當時社會的風氣，以及
示教對象有密切關係❹。

㈤女德與孝行

　　劉向《列女傳》主要以記述婦德為主，較少提及女兒侍奉娘家
父母等孝道事，為營救父親而展現辯才和明智的有三則：齊傷槐
女、趙津女娟、齊太倉女，三則均列於〈辯通〉傳，強調的是其明

---

❷　「仇」畫像故事為例〉，《中世紀以前的地域文化、宗教與藝術》，《第三屆
國際漢學會議論文集·歷史組》（臺北：中央研究院歷史語言研究所，2002
年），頁 183-234。

❷　君與父孰輕孰重，父若為君所殺，子女是否可以復讎？有關此問題之探討，
可參考拙文〈先秦為君、父復讎所涉之忠孝議題及相關經義探究〉，《漢學
研究》24 卷 1 期（2006 年 6 月），頁 35-70。

❸　有關漢代的復讎風氣及與社會文化、家族的關係，詳參李隆獻，〈兩漢復仇
風氣與《公羊》復仇理論關係重探〉，《臺大中文學報》27 期（2007 年 12
月），頁 71-121、彭衛，〈論漢代的血族復仇〉，《河南大學學報》4 期
（1986 年），頁 35-42。拙作〈漢代復讎所凸顯的君臣關係及忠孝觀〉，
《成大中文學報》12 期，頁 23-46。

❹　此種視復讎為義舉，獎勵復讎的風氣至魏時仍延續。如魚豢，《魏略》亦載
龐毓外祖父為人所殺，其母為父親復讎，與讎家相逢於府門外，立即「拔刀
下車手斫殺之」，州郡贊賞其義舉，故「縱而不問」。及至龐毓長大又有乃
母之節行，最後官府「令酒泉畫其母子儀像於廳壁而銘贊之」。《太平御
覽》，卷四百三十九〈人事部·貞女上〉，頁 2020。又如《隋書》（臺北：
鼎文書局，1979 年），卷八十〈列女傳〉，頁 1806 記孝女王舜與兩個妹妹
手刃仇人，為父報讎。而後「詣縣請罪，姊妹爭為謀首，州縣不能決，高祖
聞而嘉歎，特原其罪」，均為崇尚復讎風氣下的義行。

智、辯才的能力，而不從「孝」的角度被稱揚，主要原因很可能與當時將孝道置於濃厚的政教脈絡有關，孝行為男子揚名宗族及入仕的重要管道，至於婦女往往以貞順稱，不特別以孝稱揚其行的風氣有關[145]。《後漢書》列女傳中將曹娥及叔先雄事入傳，二人為尋找溺死的父親最終投水而死。其中曹娥未嫁，亦未見有兄弟的記載。曹娥捨身尋父屍，其事件據東晉虞預《會稽典錄》所記為：

> 孝女曹娥者，上虞人。父盱，能撫節按歌，婆娑樂神。漢安二年，迎伍君神，泝濤而上，為水所淹，不得其屍。娥年十四，號慕思盱，乃投衣于江，祝其父屍曰：「父在此，衣當沈」旬有七日，衣偶沈，遂自投於江而死。縣長度尚悲憐其義，為其改葬，命其弟子邯鄲子禮為其作碑。[146]

《後漢書》卷八十四〈孝女曹娥〉亦載此事，文多同，但較《會稽典錄》簡略，且二者對立碑與撰文者究竟為度尚或其弟子意見略有不同[147]，據《後漢紀》，〈孝桓皇帝紀〉載度尚為曹娥樹碑在延熹七年，並言明「前後長吏，莫有紀者。尚至官，改葬娥，樹碑表

---

[145] 勞悅強，〈《孝經》中似有還無的女性——兼論唐以前孝女罕見的現象〉，《中國文哲研究集刊》24 期（2004 年 3 月），頁 294：「現存唐以前的史乘、雜記以及文集碑銘各種文獻絕少有孝女或孝婦的記錄。由此推測，女孝罕見的現象似乎是由政府、社會以至文人史家普遍地未能夠公開承認婦女的孝友行為所致。」其中原因與漢代社會將「孝」與功名、入仕而顯親密切聯結有關。

[146] 《世說新語校箋》，第十一〈捷悟〉注引東晉虞預《會稽典錄》，頁 525。

[147] 《後漢書》，卷八十四〈列女傳·孝女曹娥〉，頁 2794。

墓，以彰孝行」**⑭**，可見曹娥事件初時尚未立碑。細部就所錄事件來看，《會稽典錄》記其尋屍過程反映出以衣招引魂魄的傳統習俗**⑭**，曹娥堅持尋親之屍身，應與當時魂魄觀要求屍身之完整無染有關。使親人之魂魄得以受祭為孝子應盡之責，在曹娥為在室女又未見有兄弟能出面負責喪葬事宜的情況下，其壓力可以想見，故而以身殉之。《會稽典錄》、《後漢書》皆稱揚曹娥為「孝女」。此事件流傳頗廣，《世說新語》提及曹娥碑事，《異苑》則提及曹娥靈事**⑭**。《晉書》中錄夏統對曹娥事件的評斷：

> 孝女曹娥，年甫十四，貞順之德過越梁宋，其父墮江不得尸，娥仰天哀號，中流悲歎，便投水而死。父子喪尸，後乃俱出，國人哀其孝義，為歌河女之章。**⑮**

曹娥甚至被稱揚是：「貞順之德過越梁、宋」，被認為是「孝義」的典範。其被稱孝的焦點在於不忘親、尋親、殉死，置於東漢以降強調孝行的背景下，曹娥事件之立碑亦可得其相應的脈絡。

　　《後漢書·列女傳》另為一孝女立傳，為叔先雄。其亦為尋父屍而自沈於江，但與曹娥不同者，叔先雄已適他姓而有子女二人，

---

⑭　袁宏，《後漢紀》（北京：中華書局，2005 年），卷二十二〈孝桓皇帝紀〉，頁 424。

⑭　亦有以瓜尋屍一說，如劉義慶，《幽明錄》：「曹娥父溺死，娥見瓜浮，得屍。」（《藝文類聚》，卷八十七〈菓部下·瓜〉，頁 1503。）

⑮　《世說新語》，第十一〈捷悟〉，注引。

⑮　《晉書》，卷九十四〈隱逸·夏統〉，頁 2429。

且叔先雄有弟。已嫁之女，生育了子女，在娘家仍有兄弟的情況下，是否應捨身以尋父屍？由當時「郡縣表言，為雄立碑，圖象其形焉」⓳，《後漢書》作者明稱其為孝女，態度應是讚許的，且於其後典籍中亦被稱述。但與禮書強調婦女適人以夫家為重，娘家之親降等的精神不符。此種風氣很可能與東漢時強調為父母守喪及護持父母屍身，並凸顯盡孝的風氣有關。《後漢書·列女傳》中所記婦女為親盡孝，最重要者為復讎和守喪。復讎已如前述，與世家大族強調血族的聯結及孝道密切相關；而守喪亦與當時透過守喪以彰顯孝道的社會風氣有關。魏至南北朝以守喪而被稱孝女者事例不少⓲。撰作於南朝的《後漢書》錄此二則尋父屍以殉死事件，或可置於當時重視守喪以展現孝道的脈絡下進行理解。

⓳　《後漢書》，卷八十四〈列女·叔先雄〉，頁 2799-2800。

⓲　魏收，《魏書》（臺北：鼎文書局，1987 年），卷九十二〈列女傳·河東孝女姚氏〉，頁 1985，記北魏孝女河東姚氏女，字女勝。勝「少喪父，無兄弟」，「年六、七歲，便有孝性」。年十五，母死，「哭泣不絕聲，水漿不入口者數日，不勝哀，遂死。太守崔游以姚氏比擬曹娥。亦可見曹娥尋父屍與守喪盡孝性質相類。李延壽，《北史》（臺北：鼎文書局，1983 年），卷九十一〈列女傳·貞孝女宗〉，頁 3001 記北魏孝文帝時趙郡太守李叔胤之女，「性至孝」，父卒，「號慟幾絕者數四，賴母崔氏慰勉之」。三年之中，「形骸銷瘠，非人扶不起」。及母卒，居喪過毀而死。「有司以狀聞，詔曰……李既非嫡子，而孝不勝哀，雖乖俯就，而志屬義遠，若不加旌異，則無以勸引澆浮，可追號曰「貞孝女宗」，易其里為「孝德里」。男性以孝行受旌表，事屬常態，但女子相對少見。如沈約，《宋書》（臺北：鼎文書局，1979 年），卷九十一〈孝義傳〉主要著眼於男子孝義之行，如記劉宋余齊民大明二年，哀父喪，悲慟殞亡相類，時間亦相近。余氏亦受到旌閭表墓的稱揚，並將其居里改名孝義里。此事在《宋書》〈孝義傳〉中並非孤例。

二、列女事蹟取材及書寫的態度差異

　　前文已陸續提及劉向《列女傳》、班昭《女誡》、《後漢書·列女傳》，對婦女德性的要求標準的寬嚴以及著重點有所不同。如劉向《列女傳》最著重於婦女不妒、守貞，以及棄私情從公義等德性，但並不特別著重於婦女復讎以及毀容等行事。《後漢書·列女傳》頗重視婦女才學，並讚賞婦女為父復讎之孝道，對於婦女毀容守貞亦有較多著墨。《女誡》則風格平實，未述及復讎、毀容等事宜。態度的差異與示教的對象、發言者之身分、所處的時代背景均有密切的關係。

　　以正史所記婦女事蹟來看，《後漢書》於《皇后紀》外別立〈列女傳〉具有特殊意義。❶❺❹〈列女傳〉以德性為著眼點，收錄被認為具有禮義賢明的賢妃、哲婦、貞女事蹟，此為正史首次為非貴族身分婦女專門立傳。在此之前婦女之事蹟散見於〈外戚列傳〉、〈外戚傳〉，或在其他敘事及評點中夾帶婦女事蹟。並且有關婦女之記事，主要以后妃、貴族婦女之行事為主，不及於一般庶民。❶❺❺相較起來，《後漢書·列女傳》中雖然收錄不少士君子妻之行事，但仍不乏平民婦女。且其立傳的旨趣在於「女德」，將「賢妃助國

---

❶❺❹　有關《後漢書》在女性史建構的重要意義，詳參衣若蘭，〈《後漢書》的書寫女性：兼論傳統中國女性史之建構〉，《暨大學報》4 卷 1 期（2000 年 3月），頁 17-42。

❶❺❺　《皇后紀》相對於《史記》的〈外戚世家〉及《漢書》的〈外戚傳〉，就其篇名來看，《史記》、《漢書》將后妃歸為「外戚」，而《後漢書》則以「皇后」稱，皇后與皇帝相配匹之名，二者外內差距，即已顯示其對后妃身分劃定的觀念出現變化。

君之政，哲婦隆家人之道」的重要性提高至「高士弘清淳之風」的層次。❺在《後漢書·列女傳》之前已有劉向立《列女傳》為後宮婦女說法。其篇目安排前六卷所列婦女值得稱頌的行事與形象分別為：母儀、賢明、仁智、貞順、節義、辯通。以母德為首，並強調婦女須具備賢、仁，同時具有明智之慧，以通曉事理，能夠規諫丈夫、兒子篤於道義，同時貞節明仁，棄私利從公義❺。至於東漢班昭《女誡》則為教訓自家女眷，分別由卑弱、夫婦、敬慎、婦行、惠心、曲從、和叔妹等角度闡述婦女應具備服從、卑弱、貞、順、敬、慎、和於室人等德性，以使家內女子在往後婚姻生活中，避免「失容它門」、「取恥宗族」。❺《女誡》規範反映士家德典範，故當時經學家馬融亦令妻女從之，足見班昭言行在皇室及士人階層中頗受認同，而具有典範意義。與劉向《列女傳》相較，《女誡》主要強調順於舅姑、和於室人，行止端潔，《列女傳》所涉層面更為豐富。

應注意的是：《後漢書》的編纂者為南朝宋的范曄，因此不但反映了東漢女德的習尚，亦反映南朝時對於女德的看法。不論所錄婦女行誼、題材選取，及與同時代，前代婦女的相關論述的關係與

---

❺　《後漢書》，卷八十四〈列女傳〉，頁2781。

❺　劉靜貞，〈劉向《列女傳》的性別意識〉、朱曉海，〈論劉向《列女傳》的婚姻觀〉前揭文。

❺　《後漢書》，卷八十四〈列女傳·曹世叔妻〉，頁 2786。東漢時期士家大族已經形成，對於士家大族的名聲教養，往往動見觀瞻。在士家大族的教養中，女子之德性亦是娘家家世、身分的表徵，而婚姻往往成為社會關係網絡及社會地位的象徵，婚宦往往密切連結。因此「失容它門」將使家族名聲受損，不只遭人非議恥笑，甚至影響家族日後婚宦。

敘事差異均具有重要意義。《後漢書・列女傳》的敘事及選材特色不但可以探討史書在擇取史材及詮釋歷史人物的形象與特色，同時還可探討女德觀念的習尚與演變。細觀《後漢書・列女傳》所收錄婦女事蹟及編纂的背景是在世家大族勢盛及禮教極被強調的時代，此時對於人物的品鑑、美感的欣趣亦已發展成熟；對於婚姻的階級性及婚宦所營造的社會聲望極為重視，也因此對於婦女的教育、女德十分被看重。此與劉向《列女傳》所撰作之時代背景：世家大族尚未成熟，就連皇后往往起於微賤，皇室所娶女子不論行輩的現象有極大的差距。❺也與班昭《女誡》之世家大族才漸次成熟，經學門第的背景不同❻。由於詩文載道、史可徵驗興衰的傳統，歷史之撰作具有強烈教化意圖，其所示教的對象為何？發言者之身分、階級、性別，往往影響其取材及對史事的詮釋。於此來看：劉向《列女傳》反映士人對皇室女德的看法，《女誡》反映東漢士人、經學世家對於家內女德的思考。《後漢書・列女傳》則反映南朝時期對於漢代女德的瞭解，以及南朝時史家的取材和對女德的觀點。另外與《後漢書》成書時代相近的《世說新語・賢媛》，以及《藝文類聚》、《華陽國志》所錄賢婦人諸事蹟，亦可提供非正史及地方之觀點。其可補足並豐富正史《列女傳》中的女德形象，並反映禮教推行的狀況。由此可以從多元視角觀察漢代所崇慕的婦女形象，以及由西漢至東漢女德的習尚、婦女入傳的標準與特色等議題。

---

❺　有關西漢皇漢起微賤，詳參《廿二史箚記校證》（北京：中華書局）。

❻　東漢以後經學門第及士家大族漸興，詳參劉增貴，《漢代豪族研究——豪族的士族化與官僚化》（臺北：臺灣大學歷史系博士論文，1984 年）。

　　由於示教對象不同，故而強調之德性輕重先後有所不同。如劉向《列女傳》主要為後宮說法，故七出的排序以妒為首❶，與《大戴禮記・本命》所列七出之條首重不順父母與無子有別❷，又與班昭《女誡》以淫為首不同。《大戴禮記・本命》主要從宗法的穩定與傳承著眼，婚姻的主要目的於〈昏義〉即揭明為上承宗祧，下繼後嗣，故而將不順父母及無子視為首惡。至於劉向《列女傳》著眼後宮后妃眾多，強調雨露均霑，故而無子不構成首惡，妒嫉則易引生種種爭端甚至媚道情事。在此背景下，又特別強調棄私情從公義。《女誡》則是經學世家對家內女眷進行的訓誨，故而強調淫行將使家族和自身蒙羞。至於《後漢書・列女傳》則因撰作時代已遲至南朝，其示教對象並不限於後宮婦女或家內女眷，故而對於何種形象婦女可以入傳看法又與劉向《列女傳》、《女誡》有所差異。劉向《列女傳》主要為後宮說法，故不重女兒與娘家的關係，更由於是對後宮說法，因此避談復讎。但《後漢書・列女傳》由於重視世家之倫理，對於復讎事例，以及女子為娘家復讎均選入傳中。

　　女德的強調中，最凸顯的為守貞，以守貞問題來看，由於史書所載之列女事蹟往往受到撰史者之身分、階層、時代風尚……等影響。使得《列女傳》及《女誡》對守貞態度亦非沒有紛歧。劉向《列女傳》、《後漢書・列女傳》、《女誡》雖均強調守貞，但著重點仍有不同。《女誡》雖將淫視為惡首，但主要的著眼點在婚後

---

❶　　《列女傳》，卷二〈宋鮑女宗〉，頁 4b-5b。

❷　　《大戴禮記解詁》，卷十三〈本命〉，頁 255 七出之條為：「不順父母去，無子去，淫去，妒去，有惡疾去，多言去，竊盜去。」以不順父母為首。

如何侍奉丈夫、舅姑及家內女眷相處之事，對夫亡後守貞問題著墨不多，只原則性的提點。雖強調夫婦之義，婦不可去夫，無再嫁之文，但未及於夫亡後從死之節。《後漢書·列女傳》對守貞態度尚不如劉向〈列女傳〉嚴格，雖然亦選入許升及皇甫規妻不屈於異族而寧死不受辱之事件，但亦將蔡琰選入於傳中。蔡琰為蔡邕之女，於夫亡無子後歸寧於家。東漢末年天下喪亂，蔡琰被南匈奴左賢王所虜，在胡地待了十二年，同時生了二子。曹操以重金贖回，再嫁於董祀。如此，蔡琰已嫁三夫；且第二任丈夫為胡人。在漢胡之別中，其委身於胡人已屬失德，即使為其辯解，同情其被虜乃情非得已，並將其離開胡營而回到中原，解釋為「改邪歸正」，暫時通融而不計其「臨長路兮捐所生，兒呼母兮號失聲」的棄子之行。但回到中原後又再嫁董祀，仍與前文提及的種種守貞婦女形象相去甚遠。且從族群立場來看，失身於異族，觸犯了當時漢賊的敏感族群邊界問題。⑯若對比於劉向《列女傳》宋恭伯姬守寡，已為老婦仍為防嫌，終至逮火而死。齊孝孟姬不過輜軿不備，認為失禮，便行自縊。息國亡於楚，將息君夫人納入後宮，息君夫人自殺以表明「終不以身更貳醮」。楚平王夫人伯嬴，在吳王闔閭敗楚而妻其後宮的情況下，抵死不從。楚白貞姬發表大義凜然的言論，成功阻止了吳王的逼嫁，並且表明：「妾既不仁，不能從死；今又去而嫁，不亦太甚乎？」表明若丈夫亡故，在無舅姑及無子的情況下，婦人

---

⑯ 蔡琰所作〈悲憤詩〉亦透露出華夷之文化差異，以及心中的無奈，二作品中又透露出其認同以及心境的變化，此議題牽涉記憶、敘事以及認同等問題，作者擬另撰文探討，此處不贅述。

責任已盡，理當自殺，以免失節。梁寡高行在梁王堅持聘娶的情況下，因「不忍幼弱之重孤」，乃「持刀以割其鼻」。而齊杞梁妻在無父、無夫、無子的情況下，感嘆「豈能更二哉？亦死而已」。⑯與以上血淚斑斑的事蹟相較，《後漢書·列女傳》將蔡琰列入傳中，對於何謂典範婦女形象，二者差別不可謂不大。

按理來說，經過西漢長期推行禮義及女教，女德觀念已深入人心。⑯根據史書記載在西漢末年已形成寡婦「慕宋伯姬及陳孝婦」的風氣⑯。東漢中葉鄧皇后在和帝病危時希望自己能如劉向《列女

---

⑯ 以上所引事例，詳參梁端校注，劉向《列女傳》，卷四〈貞順傳〉。杞梁妻事在《左傳》時原僅有極少幾句，至《列女傳》時已為守貞形象濃厚，至後代逐漸層累，故事越形豐富，與其時社會文化背景密切相關，同時也反映貞的題材逐漸發酵的過程。詳參顧頡剛，《孟姜女故事研究論集》（臺北：漢京文化公司，2004 年）。

⑯ 廟堂宮室常畫有名臣、節婦的畫象以警策世人，讓國君借鑒得失外，祠堂亦往往有畫像，將忠孝節烈的歷史典故篆刻於石上，教育和勸戒後人。有關畫像石中的女教，劉向《列女傳》時常被取材，如東漢晚期武氏家族墓地祠堂畫有生動的孝義故事。其中婦女的節烈故事有：京師節女、齊義繼母、梁節姑姐、楚昭貞姜、魯義姑姐、秋胡妻、梁高行、鍾離春等，全出自劉向《列女傳》故事。詳參張從軍，《黃河下游的漢畫像石藝術》（濟南：齊魯書社，2004 年）。瞿中溶，《漢武梁祠畫像考》（北京：北京圖書館出版社，2004 年），卷四，頁 206、218-222，卷五，頁 263、277。莊英炬、吳文祺，《漢代武氏墓群石刻研究》（濟南：山東美術出版社，1995 年），邢義田，〈評武氏祠研究的一些問題——巫著〈武梁祠——中國古代圖象藝術的意識型態〉和蔣、吳著〈漢代武氏墓群石刻研究〉讀記〉，《新史學》8 卷 4 期（1997 年 12 月），頁 187-216。《後漢書》〈列女傳〉於典範性女性事蹟發生後，除了旌表外，多強調「圖畫」之。繪為圖畫將使影響階層擴大了，且更為綿密深入，常於日常不覺時浸潤人心。

⑯ 《漢書》，卷九十二〈游俠列傳·原涉〉，頁 3715。

傳》所錄楚昭越姬故事一樣，自誓於君王死後從死。[167]曹魏時郭皇后希望如楚昭貞姜一樣，即使知道留於漸台必死，但寧可失去生命，也不越義而求生。[168]貞女形象如此深入人心，《後漢書·列女傳》於丈夫死後守貞，應該較為嚴格才是？就其錄毀容守貞與《華陽國志》等所錄亦相互輝映，並未特意放鬆，因此似不應解為女德觀較鬆散的現象。若就撰作動機而言，劉向《列女傳》守貞標準所以最為嚴格，主要因為其為帝王擇婦、御內而用，反映皇室關於婦德的謹慎態度。同時，劉向《列女傳》出於理想，對於守貞嚴加強調，與漢代后妃在皇帝亡後守貞要求愈趨嚴格有關。《女誡》為家內女子說法，故在情感及態度上較不如此嚴厲。而《後漢書·列女傳》則主要是為教化士女而作；因對象不同，態度亦寬嚴有別。即使《後漢書·列女傳》守貞標準似較劉向《列女傳》寬鬆，但將蔡琰選入列女行列，與其他入傳之守貞婦如許升妻、皇甫規妻，為漢賊之分而犧牲生命所凸顯的態度和標準仍大相逕庭。此時作者之性情與特殊喜好或許亦應列入考量，范曄於作傳取材時，頗好才學之士，《後漢書·列女傳》中除蔡琰外，又列了幾位才學特出的女子，如袁隗妻，其為馬融之女，辯才無礙，新婚時即與袁隗於新房論辯，令袁隗「默然不能屈」，帳外聽房者亦感不如。[169]陰瑜妻

---

[167]　楚昭越姬事見劉向，《列女傳》，卷五〈節義傳〉，頁 3a-4a，鄧皇后事見《後漢書》，卷十上，〈和熹鄧皇后紀〉，頁 418。

[168]　楚昭貞姜事，詳參《列女傳》，卷四〈貞順傳〉，頁 6a-6b。《三國志》，卷五〈魏書·后妃傳·文德郭皇后傳〉，頁 164。

[169]　當時有聽房習俗，《後漢書》，卷八十四〈列女傳·袁隗妻〉，頁 2796。

「聰敏有才藝」。⑰此類入傳者較從辯才及博學、精通音律著眼，而不若劉向《列女傳》及《女誡》將婦女才學偏向由匡正丈夫、護持子女著眼。史書評點范曄性情輕躁、恃才傲物、特重文才，是否造成取材上的特殊喜好，值得考量。⑰除了作者的才情和取材喜好外，東漢末至魏晉的文化風氣，逐漸發展出對才性、才學、美的欣趣與鑑賞的風氣或許亦有所影響。反映出作者之取材往往牽涉個人之情性、才學，同時與時代風氣等複雜因素密切相關。

---

⑰　《後漢書》，卷八十四〈列女傳〉，頁 2800。
⑰　《宋書》，卷六十九〈范曄〉，頁 1819-1826。

第四章　從養生、求子角度思考女體之好與惡

第一節　牽涉複雜的後宮釆女──史書所記後宮釆女、立后的標準與「相」的要求

　　前章從禮教及德色關係等角度，點出儒家傳統及史書敘事，著重於女德，世俗美色成為須要加以克服或隱藏、轉化的對象。然而對女體的觀感不只一種視角，除了德性、禮義、貞節的女體外，在氣化的身體觀浸潤下，數術、相術觀點的女體形象亦影響深遠。以漢代宮廷來看，擇婦的條件除了女德外，仍十分重視與女體有關之相術，而此相與氣之豐沛與否密切相關，還牽涉房中、求子、養生等諸多層面。

　　先以後宮擇婦所牽涉的體貌標準來看。漢王朝擇后，十分重視「相」❶，認為貴相者能有貴命。在史書追記劉邦出身時，即不只

---

❶　早在戰國時，如《戰國策》（臺北：里仁書局，1990 年），卷三十三〈陰姬與江姬爭為后〉，頁 1180 司馬憙以中山陰姬其容貌顏色，非常人能有，為

一次提及「相」的因素，如西漢高祖仍處微賤時，呂后父一見劉邦相貌，馬上決定將女兒許配予他。而此女在其年幼時被善相的父親認為其命當顯貴，欲將其許配予貴人。〈高祖本紀〉中並記載劉邦仍為亭長時，有老父為呂后及其子女看相，認為呂后乃「天下貴人」，而劉邦「相貴不可言」。❷后妃之貴相與其能否入宮，入宮後是否受到受重視密切相關，如文帝母薄太后，其母魏媼曾至許負處為薄姬看相（許負為當時著名之相者，亦曾為周亞夫看相），許負斷言薄姬「當生天子」，魏媼於是將其納於魏宮。又如景帝之妃王皇后，起初已嫁金王孫，但因其母臧兒相信卜筮，認為其女當顯貴，故堅持令其與金王孫離婚，並將之納於太子宮中。再如武帝之拳夫人入宮主要因是武帝巡狩過河間時，「望氣者言此有奇女」。❸以上事例可看出，女子入宮時，「相」之貴賤、吉凶十分重要。❹而相之貴者，須嫁貴命者與之匹配，否則將發生無法堪任的現象。如宣帝許皇后，原被許配與歐侯氏，她的母親為她卜相，得到她命中大貴的預言，心中大喜。不料才要入門，其夫便亡故，被認為是其夫之

「帝王之后，非諸侯之姬」，其相為：「眉目准頰權衡，犀角偃月」，亦可見在戰國時擇后亦已關注「相」的層面。

❷ 《史記》，卷八〈高祖本紀〉，頁 346。

❸ 以上事例詳參《漢書》，卷九十七上〈外戚傳〉，頁 3941-3946。

❹ 但亦不乏有因美色、歌舞而入者，武帝時衛子夫入宮，即為一例。如《史記·外戚世家》記衛子夫原為武帝姐平陽公主家歌姬，武帝赴霸水祭，折返時過平陽公主家中，武帝一見而喜好，「子夫侍尚衣軒中，得幸」。其他如李夫人以貌美善舞得寵，李夫人死後，又有其他諸姬，「然皆以倡見」。趙翼，《廿二史劄記》（北京：中華書局，2001 年），卷三〈漢初妃后多出微賤〉，頁 60，亦記西漢后妃多起微賤的狀況。

命不足以堪任妻之貴命所致❺。又如漢元帝王皇后，母親在懷妊她時，即夢月入懷❻，象徵其命中當貴。及至婚齡，才許嫁，尚未入門而所許嫁者便死，如此事件一再發生，家人為其找卜相者看相，認為「當大貴，不可言」。王禁深信不疑，將之獻於掖庭。觀許皇后與王皇后二人雖均貴命，但歐侯之子，以及東平王等其命無法與之配匹，故發生衝剋等現象❼。以上諸例可以看出，西漢時已重視皇后之相，因此在史書記載中對於「相」之問題，多有著墨。❽但史書對於相法具體內容並沒有多作闡述，對何種相貌的婦女利於入宮，亦沒有明確的論及。並且西漢后妃初時多起微賤，對於選后部分初時亦還未形成十分嚴密的標準。❾至西漢中後期，后妃的身分已逐漸出於良家，但擇后標準仍不清晰，如昭帝時的上官皇后為霍

---

❺　《漢書》，卷九十七上〈外戚傳・孝宣許皇后〉，頁 3964。

❻　漢代史書有神化帝王的傾向，認為帝王稟受天命，具有神聖血統，故體貌有異象，其出生也往往有神異，如《史記》，卷四十九〈外戚世家〉，頁 1975 漢武帝為母親「夢日入懷」而生的。《漢書》，卷九十八〈元后傳〉，頁 4015，元后母懷妊時夢月入懷。日為陽道象徵，月為陰道象徵，故夢月入懷的王皇后，具有為陰道之主的象徵。

❼　如《論衡校釋》〈骨相〉，頁 114 所謂：「富貴之男，娶得富貴之妻，女亦得富貴之男。夫二相不鈞而相遇，則有立死；若未相適，有豫亡之禍也。」

❽　不只是王室，即使民間對相法亦多所關注，並影響娶妻，如《漢書》，卷八十九〈黃霸傳〉，頁 3635 記黃霸與善相人共載而出，相者視一婦人認為：「此婦人當富貴，不然，相書不可用也。」黃霸即娶以為妻，並「與之終身」。黃霸後來果然顯貴，但觀當時娶妻之態度，顯示對於相術深信不疑。

❾　正如《後漢書》，卷十上〈皇后妃〉，頁 399，所謂西漢初時因循秦時後宮的稱號，但「婦制莫釐」。自武、元以後，「掖庭三千，增級十四」，但「妖倖毀政之符，外姻亂邦之迹」所在多有。

光外孫女，其能入宮為后主要是因霍光勢力之扶持，文中雖強調其「容貌端正」，但何謂「端正」，仍未有進一步闡述。**❿**

　　至東漢時，由於世家大族已逐漸形成，且由於前漢時後宮種種弊端，於是對於后妃入宮的容貌及身家均多所講究，根據《後漢書·皇后紀》記載：

> 漢法常因八月筭人，遣中大夫與掖庭丞及相工，於洛陽鄉中閱視良家童女。年十三以上，二十已下，姿色端麗，合法相者，載還後宮。擇視可否，乃用登御。**⓫**

可見采女的標準有：1.出生良家，2.年齡在十三至二十之間，3.姿色端麗，4.合於法相者。至明帝時，還又要求入宮嬪后「必先令德」，具備女德及無專權之困擾者。對於婦女之姿色首重於「端正」，而後才觸及「麗」；正如昭帝時上官皇后入宮，強調的是「容貌端正」。此處對於「合法相者」並未有進一步的說明，但在其後各皇后之相中，可以見其端倪。

　　東漢時對於相法仍十分重視，由明德馬皇后入宮的過程中，相術所居的地位可知。明德馬皇后為馬援之女，其幼時久疾，家人請人卜筮之，得到的結果是：「此女雖有患狀而當大貴，兆不可言也。」卜筮之後，又請相者為其看相，相者驚嘆其為貴相：「我必為此女稱臣。然貴而少子，若養它子者得力，乃當踰於所生。」透

---

❿　　《漢書》，〈外戚傳〉，頁3958。

⓫　　《後漢書》，卷十上〈皇后紀〉，頁400。

過卜筮、看相可以推斷馬皇后未來當大貴，相者甚至已點出其將為后，同時還能由相來推斷其少子，勸她撫養他人之子。❶由於馬援當時已死於軍中，家道中落，馬家十分渴望透過進女掖庭，再次振興家聲。於是上書朝庭，提及：

> 竊聞太子、諸王妃匹未備，援有三女，大者十五，次者十四，小者十三，儀狀髮膚，上中以上。皆孝順小心，婉靜有禮。願下相工，簡其可否。❸

要進入掖庭必須合於前述采女標準：出生良家、年齡在十三至二十之間、姿色端麗、合於法相者。馬家為功臣，其出身合於標準，三女年齡亦皆在十三至二十之間❹。性情亦強調符合女德之孝、順、敬、禮等特質。對於儀狀膚髮均有要求，且必須由相工鑑定之。馬皇后以美髮而著稱，根據《東觀漢記》稱她有「美髮」，她不但髮量豐、髮質美：「為四起大髻，但以髮成，尚有餘，繞髻三匝。」髮為生命力重要象徵，不論相術、醫書或房中對髮反映的生命狀態均極看重。（詳下文）其他如臉相上須平整無缺，馬皇后因「左眉角小缺」，卜筮即說是「有患狀」，因此「補之如粟」，而常稱

---

❷　《後漢書》，卷十上〈皇后紀〉，頁 407-408。

❸　《後漢書》，卷十上〈皇后紀〉，頁 408。

❹　《漢武故事》（《文淵閣四庫全書》，北京：商務印書館，2005 年），頁 18 則強調：「起明光宮，發燕趙美女二千人充之。皆取十五以上，二十以下。」與此略有差異。

疾⑮。五官須方正（馬皇后「方口」），身長以順為善（馬皇后身長「七尺二寸」）⑯。

　　章帝時竇皇后選入掖庭之過程，亦與馬皇后相類。竇皇后為竇融之曾孫，其父竇勳尚沘陽公主。父、祖死後，家道毀壞。家人渴望透過女子進掖庭，重振家風。但進掖庭最重要者為「相」，於是「數呼相工問息耗」。在相工均謂其「當大尊貴，非臣妾容貌」時，家人終於順利將之納於掖庭。從「進止有序」、「風容甚盛」的記載來看，其儀狀容色以及行事出處，均受肯定。⑰又如和帝時鄧皇后，其出身亦極顯貴，祖父為太傅，母親為光武帝陰皇后的從弟之女。根據史書記載，鄧皇后自幼即展現特殊才學和德性，她在六歲能通讀史書，十二歲時能通《詩》與《論語》。父亡守喪，能展現孝行：「晝夜號泣，終三年不食鹽菜，憔悴毀容」，其家世與德行均受贊揚。更重要的是根據相工所言，其相為「成湯之法」，擁有成湯之骨相。⑱在漢時強調能由骨體觀貴賤、壽夭，能有成湯之骨法，即意味著具有成湯之稟氣，受命不凡。如此斷語使得鄧后家人竊喜而不敢宣揚，並感嘆這是長久行善積德的善果：「家必蒙

---

⑮　眉不只需完整，同時為婦女美感與妝容所重，如《風俗通》記桓帝元嘉中「京師婦人作愁眉」，又如《西京雜記》所記：「卓文君妖冶好眉色，如望遠山」均著重於婦人眉色之美。詳參《太平御覽》，卷三六五〈人事·眉〉，頁 1682。

⑯　《列女傳》，卷一〈母儀傳·齊女傳母〉，頁 6a 即提及齊姜身形修長，被視為美人。傳母以「碩人其頎」來形容她，可見當時認為美感的身形以修長為上。此部分應還與前章探討長人象徵稟氣豐厚有關。

⑰　《後漢書》，卷十上〈皇后紀〉，頁 415。

⑱　《後漢書》，卷十上〈皇后紀〉，頁 418-419。

福」、「後世必有興者」。⑲於此亦能見出貴相於后妃進宮的關鍵性，因為儀容可以妝點，容禮可以調教，然而貴相則得之於天意和稟氣，無法強求。成湯骨法為男子之體相，此時用於女子亦屬非常、大吉之相。又如順帝梁皇后其入宮為貴人乃因相工茅通視其相為「日角偃月」，同時大史「卜兆得壽房，又筮得坤之比」所致。日為男子象徵，亦為男相之辭，在此處為「相之極貴」⑳。除了后妃進宮必須經過相工嚴格的鑑定，立貴人時亦須透過卜筮及相法。若要立為皇后，則對於相法及德行更為講究。從當時士人的角度，雖然特別強調良家與德性，但仍無法抹滅相法的重要性。如《後漢書・胡廣傳》，記載順帝時有四個貴人同時得寵，順帝無法決定立何人為后，於是希望透過卜筮，以神意來決定。當時大臣胡廣與尚書郭虔、史敞皆認為不可行。因為「恃神任筮，既不必當賢；就值其人，猶非德選」，於是對於立后標準有所說明：

> 夫岐嶷形於自然，俔天必有異表。宜參良家，簡求有德，德同以年，年鈞以貌，稽之典經，斷之聖慮。㉑

---

⑲　《後漢書》，卷十上〈皇后紀〉，頁 419。行善能得福佑，在當時似乎是普遍流傳的信仰，如順帝時梁皇后父，因預期她將顯貴，認為是：「我先人全濟河西，所活者不可勝數。雖大位不究，而積德必報。」詳參《後漢書》，卷十下〈皇后紀〉，頁438。

⑳　女子脫離女相而呈現男子的吉相，具有非常的神秘特質，若非大吉則為大凶，後文將提及女子而有男相的大凶情況，亦可反映非常之相的二極情況。

㉑　《後漢書》，卷四十四〈胡廣傳〉，頁 1505。

胡廣指出當時士人認為的東漢立后所應具足的條件有四：良家、有德、年齡、相貌。首重良家。所謂良家，即出身家世清白，但據前引皇后出身多為權臣大族，因此家世之顯貴，恐怕是其關注所在。其次為有德，指禮義教養及女德。再次為年齡。至於相貌不專指美貌，而指前文所謂之相法。士人雖努力將出身、德性置於前，但仍無法抹殺相貌的重要性。梁貴人最後因為良家子，家世顯貴：其為大將軍梁商之女，恭懷皇后弟之孫，故被選定立為皇后。《後漢書·皇后紀》對於皇后之家世有詳細的記載，亦為重家世之表現。至於皇后之相貌亦多所著墨，也可以看出相術在立后上具有重要的影響力。㉒

　　皇帝、皇后之吉相顯示其具有貴命，為其受命之象徵，同時亦與國運密切相關。有趣的現象是，《後漢書·皇后紀》有關皇后相之記載來看，東漢前期皇后多強調其貴相與異相，至於後期國政衰亂，對於皇后之相貌記載多極簡略或缺而不錄。顯示出貴相之說往

㉒　在後宮選妃上，相術往往發揮一定功能。胡廣所提的立后條件若與《左傳》，卷五十二〈昭公二十六年〉，頁 904 的立后條件相較：「昔先王之命曰：「王后無適，則擇立長，年鈞以德，德鈞以卜。王不立愛，公卿無私，古之制也。」當時立后的條件，先是嚴別適庶、貴賤，其次為長幼、德性，如若還不能作決定則交由卜筮，敬從天意。立太子，則依子以母貴為原則，若母親貴賤齊等，則以長幼作為定奪的標準，長幼齊等則以德為標準，若還無法定奪，則訴諸卜筮。此如《左傳》，卷四十〈襄公三十一年〉，頁 685-686 所記孟孝伯卒時，當時欲立敬歸之娣子公子裯，穆叔即表達反對的意見，認為：「大子死，有母弟則立之，無則長立，年鈞擇賢，義鈞則卜，古之道也。」當時立后、立大子最重要的是適庶、貴賤，其次為長幼，長幼等則以德性，仍無法決定則訴諸神意。所以訴諸神意是在防止私愛在其間穿鑿運作。而胡廣等大臣主張以相法取代卜筮，乃因漢時想法，天命已於相法中顯現。

往為統治者之神聖化及得天命之論述的一部分，異相、貴相乃象徵其稟氣不凡，得天命，因此盛世往往多異相。衰亂之世，據天人相感原理，必然人間多逆德與妖逆，此時之相亦與之相感，因此在士人詮釋及史家的敘事上，難有象徵太平盛世之貴相了。則相之詮釋與其時之社會文化乃至自然和諧與否相滲透，亦可見其端倪。東漢皇后特重於相，選后與相息息相關，與東漢後所流行的看相，聖人有聖相，以及德行可從相中得知的傳統有關。

　　漢代選后雖重於相，但對於細部的相法，除了上文幾則原則性提點，於史料上已難窺其貌，但由魏晉至唐代的醫書中，對於婦女之吉相有細緻的界定，可以作為參考：

> 白齒，目白黑分明，視瞻正直，眼不邪盼，聲大，小鼻正如篇，人中深長，氣香，眉如八字，面正方平，口下有黑子，肩上下相齊而不薄，舌廣，色如絳，有文理，身皮薄，滑潤，多肌肉，身體常溫，骨弱，節緩不顯，手足長肥，掌文如亂絲，行走正直，心口和順，頭足平直者，皆貴人相也。
> 又夾胘而陰大者，陰上高如覆杯，陰毛長而滑細順生者，陰有黑子，二千石之妻。乳大小口直夫，乳上下左右黑志，富相也。手中有黑志，又齒卅二以上，最貴相也。又足下有田井字者，為天下主也。如此者，大吉祥，福，必可娶之，慎勿放棄之。㉓

㉓　〔日〕丹波康賴編撰，沈澍農等校注，《醫心方校釋》（北京：學苑出版社，2001 年），卷二十四〈相女子形色吉凶法〉，頁 1482，引《產經》。

婦女之貴相中,對於五官、身形、目光、聲音、氣色、手、足之長短文理,行步之神態均有所界定,大體以直、方、正、大為宜。對於陰部、乳房之大小、形狀、陰毛、黑痣之相亦多所講究。但女相的關注焦點在於強調婦女之象如何能使丈夫獲得富貴、福壽、利祿。由於相術傳統往往具有傳承性,故而此說與漢代相術間的關係值得探究。

第二節　房中、男性養生角度
對女體好惡的思考

　　前文已指出相女之標準往往與房中與產育密切相關,而其間頗重「好女」。「好女」一詞於先秦至漢代使用頗多,如《戰國策》記載陳軫獻策於秦王,以「文繡千匹,好女百人,遺義渠君」[24],以惑亂其心志。「好女」與「文繡」相稱,應指容色美好之女子。《史記》「好女」一詞中凡六見,但似乎是對女子的美稱,並未多作界義。值得注意的是〈滑稽列傳〉中提及東方朔「徒用所賜錢帛,取少婦於長安中好女。率取一歲所者即弃去,更取婦」[25]此處所謂「好女」應有所揀擇標準,此處雖未言明其標準,但東方朔頗好「外家之語」,好「少婦」並多娶女,將其行為與漢代房中方技類對女體態度並觀,則頗一致。則此處「好女」很可能從房中益氣

---

[24]　《戰國策》(臺北:里仁書局,1990 年),卷四〈秦二・義渠君之魏〉,頁145。

[25]　《史記》,卷一百二十六〈滑稽列傳〉,頁 3205。

等角度理解。《漢書·貢禹傳》提及武帝時，「又多取好女至數千人，以填後宮」❷⑥，〈王商傳〉提及「秦丞相呂不韋見王無子，意欲有秦國，即求好女以為妻」❷⑦。〈外戚傳〉提及李夫人死後，武帝極為思念，於是請少翁致其神，「而令上居他帳，遙望見好女如李夫人之貌」。❷⑧此處「好女」均用於後宮女子，除了是女子美稱，應也顯示出帝王後宮女子經過揀擇的情況。又如《孔子家語》卷五〈子路初見〉：記孔子相魯時，齊人懼魯國將稱霸諸侯，於是「慾敗其政，乃選好女子八十人」❷⑨以供獻於魯公。此處「好女子」顯然經過揀擇，只是對擇取的標準未加明言。然而「好女」並不限用於後宮，好女一詞，應可通泛稱美好之女，尤其著眼於容色，故王充論深具美色者為不祥時，特別提及：「好女說心，好女難畜」、「好色惑心」❸⓪，此處所謂「好女」，主要著眼於好色。又如樂府中「秦氏有好女」的羅敷，所謂「好女」，主要聚焦於容色及性情的美好。《太平經》中亦提及「好女」：

> 天下之人好善而悅人者，莫善於好女也，得之迺與其共生子，合為一心，誠好善可愛，無復雙也。❸①

---

❷⑥　《漢書》，卷七十二〈貢禹〉，頁 3070。
❷⑦　《漢書》，卷八十二〈王商〉，頁 3372。
❷⑧　《漢書》，卷九十七上〈外戚傳·孝武李夫人〉，頁 3952。
❷⑨　楊朝明主編，《孔子家語通解》（臺北：萬卷樓圖書公司，2005 年），卷五〈子路初見〉，頁 247。
❸⓪　《論衡校釋》，卷二十三〈言毒篇〉，頁 959。
❸①　《太平經合校》，卷四十六〈道無價却夷狄法〉，頁 127。

於此「好女」指「好善可愛」能為共同生養子嗣的伴侶。雖於「好女」具體形象並未細部論及，但仍應就其容色及性情著眼。從上述可知，好女初或指容色、性情之美者，但此容色之美與相術、房中擇女亦頗相通，故而後宮擇女亦以好女稱之。從房中養生角度，則對「好女」之體相進行更嚴格的界定。

除了好女外，又有所謂玉女，如《呂氏春秋·貴直》中燭過與簡子之對答，提及惠公「淫色暴慢，身好玉女」，此處所用「玉女」當指容色美好之女。但漢代已流行將玉女視為女神之稱，如《春秋繁露·天地之行》提及：「若神明之致玉女芝英也」、漢宣帝時京師立有仙人玉女祠。❸❷女神之玉女亦有與房中補養相關者，如《禮·含文嘉》提及禹時有諸多瑞象，「神龍至，靈龜服，玉女敬養，天賜妾」，宋均注云：「玉女，有人如玉色也，天降精生玉女，使能養人。美女玉色，養以延壽」❸❸，則玉女與房中的關係明顯可見。又如《詩含神霧》提及：「太華之山，上有明星玉女，主持玉漿，服之成仙」❸❹。則從服食、仙道角度著眼。在漢魏六朝的房中術中，玉女與素女、玄女、采女同為重要的房中女神。❸❺具有容光美色之婦人，一方面象徵其精氣飽滿，另一方面則又意味著其

---

❸❷　《漢書》，卷二十五〈郊祀志〉，頁 1250。《春秋繁露義證》，卷十七〈天地之行〉，頁 461。

❸❸　安居香山、中村璋八輯，《緯書集成》（石家莊：河北人民出版社，1994年）《禮含文嘉》，頁 495。

❸❹　《後漢書》，卷五十九〈張衡列傳〉，頁 1931，注引。

❸❺　詳參邢東田，〈玄女起源、職能及演變〉，《世界宗教研究》1997 年第 3期。朱越利，〈房中女神的沉寂〉，《中國文化》19、20 期合刊（2000年）。

善於行陰陽之術，故而成為與房中密切相關的象徵。❸❻

　　先秦至漢代典籍中雖多次使用「好女」一詞，尤其後宮選女，往往稱之好女，此中應涵括擇取標準。由善於進言於武帝的東方朔對婦人的態度來看，亦能看出某些房中、方術與「好女」相關的訊息。根據《漢書・藝文志》房中有八家，百八十六卷❸❼，而《馬王堆漢墓醫書》中如《合陰陽》、《天下至道談》、《十問》、《養生》、《雜療方》、《胎產書》均與房中有關，亦可見出房中術於西漢時應已頗為盛行。然而「好女」成為專門術語，且與「惡女」相對，具有明確的擇取標準和鮮明的形象，還是在魏晉六朝至唐代的醫書及房中之術中。由於其間醫書頗多亡佚，而集結於唐代的《醫心方》卷二十八有關房中部分蒐集了不少漢代、魏晉至唐代的房中著作，以及從房中角度對女體的看法，如《玉房秘訣》、《洞玄子》、《素女經》、《玄女經》……等。《醫心方》還為擇女特立好女、惡女專章，以好女標準來看，《醫心方》引《玉房秘訣》沖和子之看法，強調女子在整體外貌看來須性情賢慧（「婉嫟淑慎」、「性美」），胖瘦高矮得宜（「濃纖得宜、修短合度」）。更細部來

---

❸❻　至後代如《抱朴子》其中提及仙人玉女，亦浸染丹道之色彩，此類文獻於《抱朴子》中極多，服丹有驗，則「仙人玉女，山川鬼神，皆來侍之」，詳參王明，《抱朴子內篇校釋》（北京：中華書局，1996 年），卷四，頁 75。又如頁 86：「小餌黃金法……服之三十日，無寒溫，神人玉女侍之，銀亦可餌之，與金同法。」

❸❼　詳參《漢書》，卷三十〈藝文志〉，頁 1778 此八家分別是：《容成陰道》二十六卷、《務成子陰道》三十六卷、《堯舜陰道》二十三卷、《湯盤庚陰道》二十卷、《天老雜子陰道》二十五卷、《天一陰道》二十四卷、《黃帝三王養陽方》二十卷、《三家內房有子方》十七卷。

說：

> 欲御女，須取少年未生乳，多肌肉，絲髮小眼，眼精白黑分
> 明者；面體濡滑，言語音聲和調而下者；其四肢百節之骨皆
> 欲令沒，肉多而骨不大者；其陰及腋下不欲令有毛，有毛當
> 令細滑也。❸❸

強調女子須「年少」、未曾生養子女、肌肉豐厚而骨小，髮絲濃
密、陰部及腋下無毛；即使有毛，必須細滑。眼睛有神、膚體光滑
潤澤，聲音和諧而細緻。《醫心方》又引《大清經》，好女之標準
與《玉房秘訣》大體一致。如性情須「婉順」、「專心和性」。此
處皆未特別強調美色，而著重身形、體態之合度。如《玉房指要》
即明白強調：「不須有容色妍麗也」，而著重在「年少未生乳而多
肌肉者耳」❸❾。《玉房秘訣》亦強調好女身形「不長不短，不大不
小」，年歲之極限在三十以前，未有生產經驗者。就細部來看，亦
強調「弱肌細骨」、「滑肉弱骨」。髮絲黑而亮澤（「絲髮黑」、
「髮澤如漆」）、陰部無毛（「陰上無毛」）、膚體光滑（「身滑如
綿」）、聲音言語細緻。但《太清經》較《玉房秘訣》更進一步強
調陰道的位置（「鑿孔欲高」、「孔穴向前」）以便於交接。同時特別
重視女子之多精液（「精液流涎」）及精液濃穠（陰湩如膏）等特質。
強調：「交接之時，精液流涎，身體動搖，不能自定，汗流四逋，

---

❸❸　《醫心方校釋》，卷二十八〈好女〉，頁 1744。
❸❾　《醫心方校釋》，卷二十八〈至理〉，頁 1712。

隨人舉止」為上選。若能得此類好女，將使男子即使不依房中之法
行事，亦能消極防止耗損精氣（「不為損」），就積極面來說，則能
達到：「生子豪貴」、「養性延年」的效果。

　　至於惡女的形象，往往正與好女相反，《玉房秘訣》指出：

　　　　若惡女之相，蓬頭齼面，槌項結喉，麥齒雄聲，大口高鼻，
　　　　目精渾濁，口及頷有高毛似鬢髮者，骨節高大，黃髮少肉，
　　　　陰毛大而且強，又多逆生，與之交會，皆賊損人。

並提及不應與之交接的惡女形象：

　　　　女子肌膚粗不御，身體癯瘦不御，常從高就下不御，男聲氣
　　　　高不御，股脛生毛不御，嫉妒不御，陰冷不御，不快善不
　　　　御，食過飽不御，年過卅不御，心腹不調不御，逆毛不御，
　　　　身體常冷不御，骨強堅不御，捲髮結喉不御，腋偏臭不御，
　　　　生淫水不御。❹

歸納其中要點主要從氣之豐沛與否、陰性特徵是否鮮明、性情是否
和諧等方面著眼。從性情是否和諧的角度，嫉妒將使心氣不和，影
響氣之採補，故列為不御對象。又如《產經》提及惡女之相：

　　　　女子不可娶者，黃髮、黑齒、息氣臭、曲行、邪坐、目大、

---

❹　《醫心方校釋》，卷二十八〈惡女〉，頁 1745。

雄聲、虎顏、蛇眼，目多白少黑，淫邪欺夫，黑子在陰上，多淫；及口上，愛他人夫，勿娶。大肱而陰大，胛夾而乳小，手足惡，必貧賤，夫勿娶。

厚皮骨強，色赤如絳，煞夫，勿娶。蛇行雀走，財物無儲，勿娶。小舌大頭，鵝行，欺夫，口際有寒毛似鬚，身體恒冷，瘦，多病者，無肌肉，無潤色，臂脛多毛，槌項、結喉、鼻高，骨節高顆，心意不和悅，如此之相，皆惡相也，慎勿娶，必欺虛氣夫，妨煞夫，貧窮多憂之相也。❹

婦女之惡相中，不但是婦女吉相的相反，同時亦往往呈現女子男相。女子擁有男子相中的雄聲、虎顏、臂脛多毛、槌項、結喉……等均被視為陰氣不足的徵象，陰氣不足，在房中採補、求子中多所不利，故被視為惡相。其次，由於房中與求子注重女體陰氣的豐沛，故而冷、瘦、無肌肉、無潤色等虛氣之相亦應避免。第三，惡女之相中可看出當時避惡的婦女形象，如淫邪、欺夫……等婦德有虧的形象，以及導致家內不和的性情者均應避免❷。多病、虛氣，容易使與之行房的丈夫虧耗精氣、無子，於房中、養生、產育均無

---

❹ 《醫心方校釋》，卷二十四〈相女子形色吉凶法〉，頁1482，引《產經》。

❷ 於民俗中如《睡虎地秦簡‧日書》亦可對照出民間對於惡妻的看法，如《睡虎地秦簡日書研究》〈星篇〉，頁109-112，其中提及二十八宿占娶妻生子之擇日狀況，娶婦不吉的狀況如：妻妒、妻貧、妻悍、妻多舌、妻為巫、妻不到、妻不寧、女子愛而口臭、棄。吉的狀況如：妻愛、多子、並往往還與生子連結，如「取妻，吉。以生子，肥」、「取妻，吉。以生子，為邑桀」等。

所得益，故被列於惡女之相。再者，若有貧賤、多憂之相，則無法感應、助益丈夫之名利、祿位，甚至妨煞丈夫，故而列入不娶之相。若由此來看，好女、惡女之相，不但關乎婦女自身德性、骨相中所呈現的命運、壽夭、貧賤，同時更密切關係於房中、產育、男性養生，乃至於是否能夠使男子富貴、仕途順遂等層面。

　　整體來看，採補的目的在於採他人之氣，以增益自身之氣，若採補對象氣少而衰，則未蒙其利將先受其害，對此類對象持敬謝不敏的態度。年齡與身心之成熟及稟氣厚薄有密切關係。女子婚嫁之理想婚齡集中於十四之後二十之前。如采女及立后，年齡為重要考量因素，婚齡以後宮的十三至二十歲，或一般的十五至二十歲為適中。❸主要與當時對於女體的氣血觀點與利於生育的角度著眼。如《黃帝內經》以女子七歲而齔，至十四歲而天癸至、任脈通，月事到，故而能產子。❹四十九之後「任脈虛，太衝脈衰少，天癸竭，地道不通」故而「形壞而無子」，生殖氣力枯竭❺，採女當以氣血

---

❸　婚齡應符應陰陽律動，因為男女結合實是宇宙中陰陽二氣的結合，故而能感應宇宙二氣之律動，也應符應宇宙運行之數。關於此詳參拙作《先秦至漢代婚姻禮俗與制度研究》（清華大學博士論文，2003 年），第一章。至魏晉時，十四之後二十以前結婚應仍為常態，如《晉書》，卷三〈武帝紀〉，頁63：「女年十七，父母不嫁者，使長吏配之。」

❹　《素問》，〈上古天真論〉，頁27。

❺　《素問》，卷一〈上古天真論〉，頁29。與東漢中後期的《太平經》所強調的：「天數五，地數五，人數五，三五十五，而內藏氣動。四五二十，與四時氣合而欲施，四時者主生，故欲施生。五五二十五，而五行氣足而任施，五六三十而強。故天使常念施，以通天地之統，以傳類，會三十年而免。老當衰，小止閉房內。」以五為生理循環之數，與《黃帝內經》男八女七有所不同，同時二十歲時雖欲施，但應至二十五歲才能「氣足」、「強」，容許

豐沛與否為重要依據。

　　若從房中採補的角度來看，年齡過大之女子，稟氣之充沛受到影響，因此在採補的過程中，往往無法使得男子受益；反倒是老夫少妻，則頗有助益。因此從男子養生與產育角度，均不贊成老妻少夫。《周易》〈大過〉卦，以老夫少妻及老婦少夫二組相比對，反應出當時人對於男女配匹的看法。如九二爻曰：「枯楊生稊，老夫得其女妻，无不利。」王弼注曰：「老夫更得少妻，拯弱興衰，莫盛斯爻」，孔疏：「老夫得少而更壯」、「女妻得老夫，是老夫減老而與少，女妻既得其老，則益長」對於老夫少妻持正面看法，認為少妻能使老夫得其助益而「更壯」。但對於老婦少夫則持反對的態度，與九二爻對比的是九五爻，其爻辭為「枯楊生華，老婦得其士夫，无咎无譽」，《象》辭更指出：「枯楊生華，何可久也？老婦士夫，亦可醜也。」孔疏認為：「婦已衰老，夫又彊大，亦是其益少也」。❹此從男子採補角度著眼。合氣之時，若老夫得少妻能得其補益，反過來說，少夫遇老婦則是其益甚少。❺從男性之氣的

　　其「任施」。此與《禮記·曲禮》：「二十曰冠，弱；三十曰壯，有室」正可以合而觀之。且思考男子身體之氣足與否，主要著眼於「通天地之統，以傳類」，主要從繼嗣、生子角度著眼，因此六十歲後，既無生子之能，故「免」施、「閉房」。詳參《太平經合校》，卷五十六至六十四，頁 217-218。

❹　孔穎達，《周易注疏》（臺北：藝文印書館，2001 年），卷三〈大過〉，頁 70-71。

❺　此如《醫心方校釋》，卷二十八〈房內〉，頁 1748 引《洞玄子》指出：「男年倍女，損女；女年倍男，損男」，若從男性角度，則女子自當以童、少為佳。

補益與否著眼，選擇交接之女子，其年齡應以年少為理想。

　　除了年少外，還須是未經性事之童女為佳。《馬王堆漢墓醫書》〈養生方〉，尚存二則檢驗婦女是否與男子有過性關係的方法：「取守宮置新甕中，而置丹甕中，令守宮食之。須死。×劃女子臂若身。即與男子戲，即不明。」❹應與當時強調貞潔及房中好童女的風氣有關。❹而前引醫書亦強調採補對象以年少、童女為佳，《玉房秘訣》更透過彭祖之口強調好女的基本標準為「不知道之女」、「童女」、「顏色亦當如童女」，年紀的要求是：「但苦不少年耳」，言下之意似乎是越年輕越好，但又再強調最好的採補年紀為「十四、五以上，十八、九以下」，年紀最高不可過卅，同時強調均不能有生產經驗者為佳。❺以童女為採補對象❺，著眼點乃為氣厚。以其年齡來看，即處於《黃帝內經》所謂天癸至陰氣初

---

❹　馬繼興，《馬王堆古醫書考釋》（長沙：湖南科學技術出版社，1992 年），〈養生方〉，頁 684-685。

❹　張華《博物志》與〈養生方〉一脈相承：「蜥蜴或名蝘蜓。以器養之，食以朱砂，體盡赤，所食滿七斤，治擣萬杵，點女人支體，終身不滅，唯房事則滅，故號守宮。《傳》云：東方朔語漢武帝，試之有驗。」此處亦可映證前文所提及有關東方朔娶好女事，乃從房中著眼。詳參《博物志校證》，頁51。

❺　《醫心方校釋》，卷二十八〈養陽〉，頁 1716。《備急千金要方》，卷二十七〈房中補益〉，提及「但得少年，未經生乳」。

❺　有關童女的定義當為未涉男女之事者。未涉男女事的童女其體液及經血，往往在製藥中具有特殊功效，如《馬王堆古醫書考釋》提及以童女月經布入藥，能治瘡病，詳參李貞德，〈漢唐之間醫方中的忌見婦人與女體為藥〉，《新史學》13 卷 4 期（2002 年 12 月），頁 1-35。

盛的女性❷，未經男女之道，且容色仍為童女、未有生產經驗者為
佳。

　　思考何謂惡女，主要從何種形象被視為氣衰竭的象徵著眼。癯
瘦、陰冷、年過卅、肌膚粗、黃髮少肉、蓬頭醜面，均列為禁止行
房的對象。毛髮、膚色、身形能觀氣之厚薄，一直是觀相的重點。
在醫書中如《黃帝內經‧五臟生成論》已指出顏色、毛、髮、指
爪、脣與五臟與經脈關係密切，可以反映身心之狀態。由於頭髮是
生命氣力之象徵，故而髮量豐沛、色黑而有光澤者為上選。反之白
髮、黃髮、赤髮、髮量稀少均被視為氣力衰弱的象徵。髮量豐沛，
其黑如漆，皮膚光澤，被認為藏氣豐沛的好女之相。如《左傳》
〈昭公二十八年〉叔向母舉有仍氏女甚美，主要焦點在於她「鬒
黑」、「光可以鑑」。所謂「鬒」，杜注為「美髮」、「稠髮」。
❸而「光可以鑑」指：「髮膚光色可以照人」。《詩經‧鄘風‧君
子偕老》以「鬒髮如雲」形容女子之美。而《馬王堆漢墓帛書‧養

---

❷　徵諸漢代至魏晉的實際婚齡往往頗早，房中之理想採補的年紀與實際採補之
　　齡是否有所差距仍值得探究。嚴善炤，《古代房中術的形成與發展──中國
　　固有「精神」史》（臺北：臺灣學生書局，2007 年），頁 119-128，提及南
　　北朝至唐代的醫方中不時出現童女、少女因性交而造成性器損傷及治療的方
　　藥，除了可能與當時婚齡較早的因素有關外，很可能還與房中好用童女、少
　　女的風氣有關。至於南北朝以前之醫書少見此方，很可能是資料殘缺保留有
　　限的緣故。

❸　《左傳》，卷五十二〈昭公二十八年〉，頁 912。《毛詩》，卷三之三〈鄘
　　風‧君子偕老〉，頁 111-112 以「鬒髮如雲」，形容女子之美，《毛傳》以
　　「鬒」指黑髮也，而如雲指「美長也」。髮量、髮之光澤、長度均為美髮的
　　重要指標。

生方》中特別提及「黑髮益氣」之方，文句雖多缺漏，已難完整解讀，但仍可看出時人將髮與氣密切關連，同時將白髮視為氣衰的象徵。故而希望透過藥方以增益其氣，使白髮復黑。❺而前引東漢明帝馬皇后，其相中最被看重者為美髮，髮量既豐沛又有光澤。《世說新語》記桓宣武平蜀，以李勢妹為妾，被激怒而充滿妒忌的正妻因其「髮委藉地，膚色玉曜」而為其美貌動容。❺「髮委藉地」指髮量既多又茂，「膚色玉曜」指不待妝粉，容光由內而發，皆是生命力旺盛的象徵。反之髮色蒼黃、赤髮、捲髮、蓬頭者，被視為惡女之相。❺

　　至於膚色，《詩經·衛風·碩人》中形容莊姜之美時提及其皮膚光澤、身形修長（碩、頎）：「手如柔荑、膚如凝脂、領如蝤

---

❺　《馬王堆古醫書考釋》（長沙：湖南科學技術出版社，1992 年），〈養生方〉，頁 719-720。此則製藥時間被限定在八月，充滿方術的意味。神秘的時間與製藥之療效應有密切關係，可惜文多闕漏，難以細部解讀。另一則是以醴酒藁本及牛膝等製作醴酒，以治白髮。

❺　余嘉錫，《世說新語箋疏》（臺北：仁愛書局，1984 年），第十九〈賢媛〉，頁 693。

❺　詳參林富士，〈頭髮、疾病與醫療：以中國漢唐之間醫學文獻為主的探討〉，《中央研究院歷史語言研究所集刊》，第 71 本第 1 分（2000 年 3 月），頁 67-127。以及江紹原，《髮鬚爪：關於它們的迷信》（臺北：東方文化書局，1971 年）。後代相書對於髮往往多所著墨，以髮質、髮量預示當事者之性情與運命。如號稱為陳摶編的《神相全編·論髮》，頁 135。對於髮與心性及命運的關係多所著墨。如認為：「毛髮欲得密而細，短而潤，黑而光，秀而香，乃貴人之相也」。同時以髮色及髮之質地、髮型預卜災禍如：「髮色黃者多妨剋」、「髮色赤者多災害」。「髮鬚亂生，狡詐人憎。髮中赤理，必主兵死，額髮亂垂，妨母之宜。鬢髮不齊，剋害妻兒。」

蟮、齒如瓠犀」。❺膚如凝脂白皙晶瑩為美，反之若膚質粗黑，則
為惡。又如《淮南子》形容美人如西施、陽文為：「曼頰、皓齒，
形夸骨佳，不待脂粉芳澤而性可說者」❺。強調美人之顏色不待妝
粉而自顯其美。《漢武故事》提及後宮美人「皆自然美麗，不假粉
白黛綠」❺。醫書更進一步將膚色反映五臟及身心狀況進行探討。
觀相者在此基礎上，以言美惡。至於身形當以修長為尚，象徵稟氣
不凡，漢代有崇尚長人的風氣（詳前章），並以長人為美。因此如
孟光形象「狀肥醜而黑」，則與當時美女形象背道而馳了。至於
冷、瘦、少肉、面色黑黶、年紀過大，不只象徵氣力衰微，甚至往
往是疾病的象徵。❻

　　氣之充沛固然十分重要，但更進一步來看，還應由陰性特徵是
否鮮明的角度，觀察陰氣是否豐厚，此為房中採補的重要關鍵。因
此對於具有雄性氣質、音聲、形體等形象，如男聲氣高、股脛生
毛、骨強堅、卷髮結喉……等男相、男性氣質形貌者皆被排除於行

---

❺　《毛詩》，卷三之二〈衛風‧碩人〉，頁 129。

❺　《淮南子集釋》，卷十九〈脩務訓〉，頁 1330。

❺　《漢武故事》，頁 18。雖是如此，漢代考古出土文物中仍有不少關於婦女梳
　　妝工具，亦可以顯現婦女梳妝之習尚，此部分雖為數頗多，但流於現象的細
　　瑣，不若由醫書典籍能提綱挈領，故此處不一徵引。

❻　婦女之病常以冷、虛為徵候，如《備急千金要方》（北京：人民衛生出版
　　社，1995 年），卷四〈婦人方〉，頁 56：「手足常冷，多夢紛紜，身體痺
　　痛，榮衛不和，虛弱不能動搖。」，又如卷四〈婦人方〉，頁 56：「治婦人
　　勞冷虛損，飲食減少，面無光色，腹中冷痛，經候不調，吸吸少氣無力，補
　　益溫中方」、卷四〈婦人方‧鍾乳澤蘭圓〉，頁 57：「治婦人久虛羸瘦，四
　　肢百體煩疼，臍下結冷，不能食，面目黯黑，憂恚不樂，百病方」，以冷、
　　虛、無色、無光、經候不調，為典型婦女疾病徵候。

房採補對象之外。前文指出髮量豐沛、黑而有光澤為上選。但對於身體他處尤其陰部及腋、股之體毛，則被視為雄性特質，應該盡量避免。[61]故好女多強調其陰腋無毛，其女性特質最為明顯，同時於交接時觸感最為敏銳。若陰、腋有體毛，則強調柔、順、細、滑等女性特質的表述，而於男性特質的表述如剛、逆、粗、卷則應極力避免。《大清經》尤其重視陰部及腋下之體毛，最上選者無毛，其次為「順而濡澤」，劣者「粗而不滑澤」，至若毛逆生，被認為此種女體陰氣衰少，與之交接「皆傷男」。也正因為如此，早在漢代的《馬王堆漢墓醫書》，〈養生方〉，即有去除陰毛之藥方三則：「去毛：欲去毛：新乳始沐，即先沐下，乃沐其密，毛去矣。」、「一曰：煎白頸蚯蚓，殼蜘蛛網及苦瓠，而淬鐵。即以汁傳之。」、「一曰：以五月拔，而以稱醴傳之。」[62]此處特別強調去除陰毛的方法，應與當時對於女子陰毛之態度與觀感有關。

除了體毛外，骨之粗細亦受到重視。以陰陽之角度來說，血與肉屬陰，而骨屬陽[63]，既希望陰氣充沛，故而肉應豐厚、肥白[64]，

---

[61] 時至今日仍將腋毛等視為男性氣質、情欲的象徵，而以無毛、脫毛，象徵無情欲、純潔的象徵。Kathryn Woodward 等著，林文琪譯，《認同與差異》（臺北：韋伯文化出版公司，2006 年），頁 326-435。

[62] 《馬王堆漢墓醫書》，〈養生方〉，頁 686-688。

[63] 如《禮記》，卷三〈曲禮上〉，頁 39-40，提及進食禮「左殽右胾」，所謂殽是帶骨肉，而胾是純肉切條塊。帶骨肉置於左，屬陽，而純肉置於右屬陰。

[64] 《備急千金要方》，卷二〈婦人方〉，頁 56：「凡婦人欲求美色，肥白罕比，年至七十，與少不殊者，勿服紫石英，令人色黑」，強調以肥白為美。其後並有補益之方：「治婦人五勞七傷，羸冷瘦削，面無顏色，飲食減少，貌失光澤。及產後斷緒無子，能久服，令人肥白補益方。」，亦以肥白為

而屬陽之骨則以少、弱為佳❻。最令採補者懼怕對象為「陰雄之類」，女子卻有男相，雌雄莫辨，此類形象「害男尤劇」。

　　就以上所言對婦女之髮、膚、身形貌等的觀點，其實融攝了氣及醫書中關於五臟及經絡等認識為基礎。這反映出當時所謂婦女之美醜實還融攝了諸如養生、產育與房中的觀點在其中。而此觀點在後宮相婦、擇婦時應發揮一定程度的影響。

　　除了對採補對象進行嚴格的揀擇外，同時採補對象還以多為好，強調多御、廣接，廣集陰氣以增益自身之氣。如《馬王堆醫書》收錄不少壯陽之方藥，其中如「食脯一寸勝一人、十寸勝十人」、「食脯四寸，六十五」❻強調行房人數多多益善。又如《馬王堆古醫書考釋》，〈十問〉，強調：「接陰將眾」，並輔以食補如：「繼以飛蟲，春雀圓子，興彼鳴雄，鳴雄有精」，如此則能使「玉策復生」❻。在此背景下，經生如鄭玄在註解禮書帝王后妃之

美，「羸冷瘦削，面無顏色」為惡。又如《醫心方校釋》，卷二十六〈美色方〉，頁 1633 中引錄美色諸方中，強調之美色形象為「細腰」、「曼澤肥白」、「嫵媚白好」、「潔白」。其中重點均在強調使人肥白之方。而引《葛氏方》：專治「面體黧黑，膚色粗陋，面血濁皮厚，容狀醜惡」，在治醜惡之方中，膚色之黑、粗、濁均被視為醜惡之象。

❻　《太平御覽》，卷三八一〈人事·美婦人下〉，頁 1759，引服虔《通俗文》：「容麗曰媌，形美曰嬌、容媚曰婠、南楚以好為娃、肥骨柔弱曰䠴娜，頰妍美曰嫵，媚容茂曰嫌。」骨之柔弱、肥軟，具有專屬的美稱，可見時人之品味。

❻　《馬王堆古醫書考釋》（長沙：湖南科學技術出版社，1992 年）《養生方》，頁 667 提及取雄雞製壯陽藥，每食其肉便能增補其氣。《養生方》，頁 730 又有以狗肉浸醋補氣、壯陽方，「食脯一寸」等文字與前述相類。

❻　《馬王堆古醫書考釋》，〈十問〉，頁 883。

數時強調階級越高者，后妃越多，並頻繁的行房，如諸侯階級
「取九女，姪娣兩兩而御，則三日也；次兩媵，則四日也，次夫
人專夜，則五日也」⑱、至於天子階級之后妃御見之法則是：「女
御八十一人當九夕，世婦二十七人當三夕，九嬪九人當一夕，三夫
人當一夕，后當一夕，亦十五日而遍，云自望後反之。」⑲頻繁的
行房當與採補養生及產育密切相關。⑳有關多御女的功效，主要在
於採擷眾氣，於房中術中屢屢被強調。後代如《醫心方》，卷二十
八房內部分提及「還御一女者，女陰氣轉微，為益亦少也」，同時
對所御之女亦有害，過分的採氣將使其「瘦瘠」，故須「一動輒易
女」㉑。《醫心方》並引《玉房指要》：「能得七八人便大有益
也」、「能御十二女而不復施泄者，令人不老，有美色。若御九十
三女而自固者，年萬歲矣。」倘若「接而勿施，能一日一夕，數十
交而不失精者」、「諸病甚愈，年壽日益」。㉒可說承自一貫態
度，而頗具鮮明代表性。

　　不論從產育與房中均關注氣之豐盈，以房中來看，氣之充盈，
才為採補的良好契機。房中採補時如何刺激女性陰道分泌物，使其
陰津滿溢，便於採補，成為關注焦點，也因此如《馬王堆漢墓帛

---

⑱　《禮記》卷二十八〈內則〉，頁533，鄭注。
⑲　《周禮》〈天官·九嬪〉，頁116。
⑳　如此頻繁的行房當與補氣及產育密切相關，詳參拙作〈漢代經師對媵婚制度
　　的理解及其主張的背景〉，《臺大中文學報》16期（2002年6月），頁49-
　　104。
㉑　《醫心方校釋》，卷二十八〈養陽〉，頁1716。
㉒　《醫心方校釋》，卷二十八〈和志〉，頁1720，引《玉房指要》。

書》〈養生方〉提及不少壯陰之方，又如《馬王堆古醫書考釋》〈雜療方〉，有五個壯陰之方，將方藥研磨成粉末，置於陰道中，以增益其能。❼❸《馬王堆古醫書考釋》，〈合陰陽〉交合採補之道，對女子的面色、氣息、身體反應、體液狀況均進行細部觀察。直至能激發女子「五欲之徵」顯現，體氣已充盈。此時：

> 備徵乃上。上揗而勿內，以致其氣。氣至，深內而上撅，以抒其熱，因復下反，毋使其氣泄，而女乃大竭。然后執十動，接十節，雜十脩，接形已沒，遂氣宗門，乃觀八動，聽五音，察十已之徵。❼❹

〈十問〉：

> 摶而肌膚，及夫髮末，毛脉乃遂，陰水乃至，濺彼陽勃，堅

---

❼❸ 《馬王堆古醫書考釋》〈雜療方〉，頁 758-761。另如頁 762 原文 15-18 文字脫落，但有「入前中，女子樂，欲之」、「入前中，女子甚樂」應為壯陰之方。此類記載不少，另可詳參馬繼興，《馬王堆古醫書考釋》（長沙：湖南科學技術出版社，1992 年），〈五十二病方〉，頁 680-681。如〈益甘〉中提及令女子服用「╳茯苓去滓，以汁肥猴」以「令益甘中美」。又有將藥物置於女性陰道中，促進陰津分泌。如「取牛□燔冶之，╳乾薑，菌桂」將之裝入布，置小囊中，用醋浸泡，並置入陰道中。又如用「╳汁，以牛若鹿□殼」置入陰道中。

❼❹ 《馬王堆古醫書考釋》（長沙：湖南科學技術出版社，1992 年），〈合陰陽〉，頁 983。

　　塞不死，飲食賓體，此謂復奇之方，通於神明。❼❺

採補之道還重在遲久，強調：「嬲樂之要，務在遲久」❼❻。並配合玉閉之術，自身精氣不外泄❼❼。透過保精不瀉、「遲久」，以使女子精氣盡釋。從男性角度之好惡論述，聚焦於採補，而達到氣之能量的攫取。❼❽壯陰之方，意在使女子至樂而氣能勃發，當女性陰津流出後，加以採補，能治畸病，同時使身心堅強、通透。❼❾透過多御童女、密集採補、玉閉之術，達到：「百疾弗嬰」、「長生」、「精氣淩健久長。神和內得，魂魄皇皇，五臟固博，玉色重光，壽

---

❼❺　《馬王堆古醫書考釋》，〈十問〉，頁 876。

❼❻　《馬王堆古醫書考釋》，〈天下至道談〉，頁 1072。

❼❼　《馬王堆古醫書考釋》，〈十問〉，頁 890：「長生之稽，慎用玉閉」、頁 892：「接陰之道，必心塞葆，形氣相保。故曰：一至勿瀉，耳目聰明……九至勿瀉，通於神明。唐代的《備急千金要方》，頁 489，將房中術之精神集中於多御與閉固，認為：「其法一夜十女，閉固而已，此房中之術畢矣。」

❼❽　魏晉至唐的房中書多強調使女子歡快，以「神和意感」，氣血充盈，陰津豐沛，以便於採補。因此又強調五徵、五欲、十動、四至、九氣……之法，以激發女體之氣，並觀女子精氣狀態。有關房中術的性質與反省，詳參李零，《中國方術考》（北京：東方出版社，2001 年）。李貞德，〈漢唐之間醫方中的忌見婦人與女體為藥〉，《新史學》13 卷 4 期（2002 年 12 月），頁 1-35。提及女體作為採補對象，及在製藥等神聖過程中扮演之角色。而何乏筆，〈能量的吸血主義——李歐塔、傅柯、德勒茲與中國房中術〉，《中國文哲研究集刊》25 期（2004 年 9 月），頁 259-286。賴錫三，〈陸西星的男女雙修觀與身體心性論：內丹男女雙修的批判性反思〉，《中正大學中文學術年刊》11 期（2008 年 6 月），頁 307-350。則從能量的奪取等角度，對於房中術中引生的權力及倫理的課題進行思索和批判。

❼❾　此部分校釋詳參《馬王堆古醫書墓考釋》〈十問〉，頁 876。

參日月,為天地英」的神秘效果。⑧

第三節　產育、養生角度對女體好、惡的思考

　　前文提及《列女傳》及〈皇后紀〉論及婦女之相,及後宮采女諸議題,對於婦女之儀狀、膚色、髮等均極關切,其間觸及何謂好相、何謂惡相等問題。所謂好相及惡相實與方技、房中等關係密切。而漢代之房中家與產育關係亦仍密切⑧,甚至東漢時之《太平經》還特別就生子著眼,強調:「男女樂則同心共生」、「相嬉相樂,然後合心,共生成,共為理,傳天地之統」,對於「不樂而強歡合,後皆有凶」⑧不同於此後道教修煉之發展。《太平經》從產育著眼,與前文從房中採補從精氣之擭取的角度仍有所不同。從產育及女體養生角度來看,最被關注者為女子是否容易受孕生養,以

---

⑧　《馬王堆古醫書考釋》,〈十問〉,頁 972。

⑧　如李建民,〈婦人媚道考——傳統家庭的衝突與化解方術〉,《新史學》7卷 4 期(1996 年),頁 1-30,將房中術之功能區分為:宜家、廣嗣、養生、成仙四部分。林富士將漢代房中分為四類:一、以講述交媾的技術,達到治病、養生、延年益壽,甚至長生不死為目的。二、生子之道。三、成仙之道。四、提供修習房中的醫藥之方。並指出漢代房中強調生育功能與房中之樂,至後代道教房中術中已經式微,道教房中術主要以「還精補腦」為主要觀念,著重於醫療和養生之功能。詳參〈中國早期道士的醫療活及其醫術考釋:以漢魏晉南北朝時期的「傳記」資料為主的初步探討〉,《中史研究院歷史語言研究所集刊》,第 70 本第 1 分(1992 年),頁 97、〈略論早期道教與中術的關係〉,《中央研究院歷史語究所集刊》,第 72 本第 2 分(2001年),頁 233。

⑧　《太平經合校》,頁 648-649。

及女子產子時的身心狀態、養胎諸議題。而從女子之養生角度，則往往以月水為核心，透過月水而緊密連結女子之身心狀況及產育等課題。**⑧⑧**

一、重視稟氣的厚薄與天、地、人之和諧

前文已經提及對婚育年齡的關注，除了符應陰陽運行的韻律外，還可從女體的氣血觀點與利於生育的角度著眼。故一般而言，女子以具生育能力的後一年開始適人為宜。從《黃帝內經》以女子七歲而齔，至十四歲而任脈通，月事到，故而能產子來看，婚齡當以此為重要依據。但皇室被視為稟氣較厚者，且用物精多，故而婚齡亦往往較早，而有法歲星之法。歲星循環一周為十二年，故魯公十二歲行成年禮**⑧④**。依據冠而後婚的原則，則十二以後即可成婚。至於民間女子婚嫁之理想婚齡應集中於十四之後二十之前**⑧⑤**，但此乃是就理想狀態而言，實際情況來看，漢代往往有早婚之俗。**⑧⑥**過早或過晚成婚，將會影響稟氣之厚薄，連帶使得產育及胎兒稟氣厚薄受到嚴重影響。至於性生活的停止，《禮記·內則》指：「妾雖

---

⑧⑧ 月水與經脈密切相關，晉代王叔和《脈經》強調月水為經絡之餘，並與津液密切相關。詳參《脈經校釋》（北京：人民衛生出版社，2009 年），卷九，頁 460-502。

⑧④ 魯公十二歲行成年禮，《左傳》，卷三十〈襄公九年〉，頁 529。

⑧⑤ 詳參拙作《春秋兩漢婚姻制度與禮俗研究》（清華大學中國文學研究所博士論文，2003 年）。

⑧⑥ 《漢書》，卷七十二〈王吉傳〉，頁 3064：「吉意以為：『夫婦，人倫大綱，夭壽之萌也。世俗嫁娶太早，未知為人父母之道而有子，是以教化不明而民多夭。』」

老，年未滿五十，必與五日之御」此處以五十歲作為婦女停止性生活的年紀，應與《黃帝內經》四十九歲後，天癸絕，故形壞無子，有相同考量，則五十之數當從產育角度進行考慮。

　　本論文第二章已提及，漢人認為人之稟氣厚薄關係著一生的命運與性情的良善與否，因此如何才能生下稟氣淳厚、骨相高貴、性情良善的孩子，最被關注。而人之受氣厚薄不但與父母當時的心性，身體狀況有關，亦在感通原理下與整個宇宙的狀態均有密切關係，故受氣一刻的天時、地利、人和極為重要，受氣時父母的身心狀態亦成為關注焦點。父母本身生子數量的多少及受孕時的身心狀態影響受氣的厚薄，如果母親生產數量過多，則胎兒所稟的氣則相對較少，如王充謂：「婦人疏字者子活，數乳者子死」、「疏而氣渥，子堅彊，數而氣薄，子軟弱也。」，並指出：產子過多而密，則會使胎兒「氣薄」，性情「易感傷」，身體虛弱（「獨先疾病，病獨不治」）。除了生子之密度影響母親的身體及胎兒稟氣外，母親於受氣時的心理狀態亦十分重要，如王充所謂：「懷子而前已產子死」，將使母親常處於感傷的情緒中，那麼會傷及母親身體並對受氣的胎兒產生感應，使胎兒先天稟氣即較薄**❽**。也因此，婦女若欲產子，則應在懷孕前調養身體，並在受氣時注重身心狀態，避免王充所謂：「受氣時，母不謹慎，心妄慮邪」的情況發生，以免「子長大狂悖不善，形體醜惡」**❽**。

---

❽　以上引文見於《論衡校釋》，卷一〈氣壽篇〉，頁29。

❽　《論衡校釋》，卷二〈命義篇〉，頁55。父母稟氣的豐沛與否深深影響著胎兒所受之氣的強弱，而父母之氣的狀態又受到他們自身稟氣與生理、心理諸多方面的影響。詳參馬繼興，《馬王堆古醫書考釋》（長沙：科學技術出版

　　除了人和外，天時地利極為重要。在受氣時，自然環境在消極
上不能有災變或異象，如打雷、山崩、地震、日月蝕……等，若有
此徵兆則會感應到胎兒上，使胎兒的性情和身體大受影響。此即王
充所謂遭命，於「初稟氣時遭凶惡」、「妊娠之時遭得惡物也」。
認為胎兒形體殘缺，或性情狂悖，均是在受氣時正遇到不好的感
應，而造成「氣遭胎傷」❽的結果。為了避免胎兒稟得惡氣，故
《禮記・月令》仲春時還特別提及：「先雷三日，奮木鐸，以令兆
民曰雷將發聲，有不戒其容止者，生子不備，必有凶災」❾防止於
天變時行房之政策。又如《周禮・地官・鄉師》提及：「凡四時之
徵令有常者，以木鐸徇於市朝」，所謂「徵令有常者」，鄭玄認為
是「田狩及正月命脩封彊，二月命雷且發聲。」再如《淮南子・時

　　社，1992 年），頁 781-803。石田秀實著，《氣・流動的身體》，前揭書。
　　醫書中對於身體之補養多所著墨，有關求育及產育時身體之補養，詳參李貞
　　德，〈漢唐之間求子醫方試探——兼論婦科濫觴與性別論述〉，《中央研究
　　院歷史語言研究所集刊》，第 68 本第 2 分（1997 年 6 月）。

❽　《論衡校釋》，卷二〈命義篇〉，頁 52-54：「瘖聾跛盲，氣遭胎傷，故受性
　　狂悖。羊舌似我初生之時，聲似豺狼，長大性惡，被禍而死。在母身時，遭
　　受此性，丹朱、商均之類是也。」在漢人的宇宙觀中，自然宇宙從來不是一
　　個獨立於人之外的客觀存在，而是息息相關，不斷地感通與互動，因此人事
　　行動必須與宇宙的韻律相配合。行房受孕是生命的開始，當然要格外注意大
　　宇宙的感應和變化。在受氣時，自然環境消極上不能有災變或異象，如打
　　雷、山崩、地震、日月蝕等，若有此徵兆則會影響到胎兒之受氣，使其在性
　　情和身體大受影響。在此想法下，若初生胎兒的形體殘缺或性情狂悖，通常
　　被認為是在受氣時「氣遭胎傷」、「遭得惡物象」所導致。其他如發生天變
　　如日月蝕、大旱等現象，更要削減嗜，禁止行房，以免影響胎兒性情。

❾　《禮記》，卷十五〈月令〉，頁 300。

則訓》高誘注提及：「以雷電合房室者，生子必有瘖聾，通精癡狂之疾」，均可見有關行房時的天變避忌在當時應頗普遍。行房時天變的禁忌至東漢仍存，如《太平經》特別提及行房時天變的避忌：「或當懷妊之時，雷電霹靂，弦望朔晦，血忌反支，以合陰陽，生子不遂，必有禍殃」❾❶，其中雷電霹靂，弦望晦朔均指常見的自然變動，而血忌反支則是特殊的時日禁忌。❾❷

在消極方面避免不當的受孕時機，在積極方面則須找尋好的時機，以使胎兒能有優異的稟賦和富貴的命格。好的時辰與天象感應密切相關，漢時認為眾星羅列實和人間世界相應，認為天上亦如人間一般有天廷，其官位的分佈亦和人間相應。並漸演生出人由星精所生的想法❾❸。王充不但認為人由星精氣所感生，而且人之富貴貧

---

❾❶　《太平經合校》，卷一一二〈寫書不用徒自苦誡〉，頁 572-573。

❾❷　反支日的禁忌在《睡虎地秦墓竹簡・日書》中已能見到，《睡虎地秦墓竹簡・日書》甲種有〈反支篇〉雖未明言當忌何事，但可以見出反支日的禁忌至少在戰國後期即已存在。至於「血忌」，王充《論衡校釋》，卷二十四〈譏日篇〉，頁 992-993：「假令血忌、月殺之日固凶，以殺牲設祭，必有患禍……如以殺牲見血，避血忌、月殺，則生人食六畜亦宜辟之」，主要指祭祀殺牲所應避忌之日，此日不能殺牲見血以祭祀，後代醫書對血忌日所涉及放血術，癰腫刺破或牲畜疾病的治療亦有所禁忌，詳參劉樂賢，《睡虎地秦簡日書研究》（臺北：文津出版社，1994 年）。

❾❸　鄭注中以太微五帝為帝王感生帝最具代表性，而早在其前王充就主張人受命於星氣說，《全後漢文》，卷五十五〈張衡・靈憲〉，頁 777（收於嚴可均校輯，《全上古三代秦漢三國六朝文》（北京：中華書局，1999 年））指出：「精種為星，星也者，體生于地，精成于天，列居錯峙，各有迺屬，紫宮為皇極之居，大微為五帝之庭……在野象物，在朝象官，在人象事，于是備矣……微星之數，蓋萬一千五百二十，庶物蠢蠢，咸得繫命」認為人由星精氣感生。

賤，所稟賦的才德均與所感生之星息息相關：「所稟之氣，得眾星之精」，又：

> 人稟氣而生，含氣而長，得貴則貴，得賤則賤，貴或秩有高下，富或貲有多少，皆星位尊卑小大之所授也，故天有百官，天有眾星，地有萬民，五帝、三王之精，天有王梁、造父，人亦有之，稟受其氣，故巧於御。❽

人的富貴、貧賤、稟賦決定於天象，如此受孕時的天象和時辰變得十分重要。此時天、地、人之和諧，對胎兒一生的性情、才德、命運具有決定性的影響。

　　整體來說，漢人重視整體自然大小宇宙的和諧，連帶也影響了產育的態度與禁忌。受孕的時辰、天象、父母的身心狀態、星辰的位置，均對胎兒未來的身體、面相、性情、命格、吉凶禍福、富貴貧賤……等造成影響，因此在行房受胎上有諸多禁忌，主要可從三個方面來看，一是自然宇宙的和諧。消極方面是沒有災異的發生；積極方面則是要求天時、地利、人和，使自然的大宇宙與人身小宇宙處於和諧狀態。二是人身小宇宙的和諧，這包括身心二方面，身體上至少要沒有疾病傷痛，積極面則要求健康和強壯（氣厚）；在精神和德性方面亦要維持在良好的狀態。三、什麼時辰行房可以達到良好的受孕的結果亦被重視，醫書、〈日書〉中對此均有所著

---

❽　《論衡校釋》，卷二〈命義篇〉，頁 48-49。

墨，為能達到利於受孕的結果，亦有相關養生採補之術。**❾❺**在氣化的宇宙觀下，受孕時的整體氛圍均會對胎兒的受氣造成影響，而星氣感生說發達後，相關的產育禁忌仍被保留，並更加統攝於星氣感生說下，持續發揮其影響力。

魏晉至唐代房中之求子總合了漢代合陰陽的避忌之術，對於合陰陽時之自然宇宙的狀態、父母之身心情況，以及合陰陽之時空、所值之星宿多所講究，並認為與所孕之子性情、壽夭、福禍密切相關。**❾❻**

婦女一旦受孕，則對胎兒之養護、胎教等多所關注，如《馬王

---

❾❺ 這包括了何時、何種身心狀態利於受孕、胎兒性別、稟性……等方面的講求。《馬王堆漢墓帛書·胎產書》提到適合行房的時日中，往往伴隨濃厚的經血禁忌，以及陰陽觀念的運用。如認為須於月經淨後三天以內行房利於生子，並且認為陽數日生男，陰數日生女。關於行房時日的主張，詳參李貞德，〈漢唐之間求子醫方試探——兼論婦科濫觴與性別論述〉，《中央研究院歷史語言研究所集刊》，第 68 本第 2 分（1997 年 6 月）。另外，《睡虎地秦簡·日書》記載了不少當時民俗中流傳的適當的行房時間與場所，並對某些特定時日所孕育的子女於未來貧富、社會地位、性格、氣質、相貌上進行預測。胎兒命運的富貴與否，亦受到居住的宅室、方位等的影響，如《睡虎地秦簡·日書甲種·相宅篇》指出：「廡居東方，鄉井，日出炙其蕡，其後必肉食。」就是透過家中宅室的方位，日照（光、陽）等情況推斷其對胎兒命運所造成的影響。〈日書〉中此類例子不少，詳參劉樂賢，《睡虎地秦簡日書研究》，頁 219。

❾❻ 詳參《醫心方》，卷二十八〈房內·求子〉，頁 1739-1744。其中特別強調交接當乘生氣之時，如《千金方》提及：「夜半後生氣時瀉精，有子皆男，必壽而賢明高爵也。」、「玉相日、貴宿日，尤吉」。至於房中的相關論述，可參考高羅佩（Gulik, R.H）著，李零、郭曉惠等譯，《中國古代房內考》（上海：人民出版社，1990 年）。

堆古醫書考釋》〈胎產書〉對於母體與胎產等問題有詳細論述，其中並詳細說明胎兒為氣之所化，並見物而化，以及轉胎等議題。**⑨**又如《大戴禮記・保傅篇》對胎教之法進行詳細規範，認為懷孕期對於行住坐臥，情緒控制均十分重要。**⑨**在此種基礎上，對孕婦的飲食乃至行為均有許多禁忌和趨避之法，甚至透過飲食和行為來對胎兒進行性別，性情，或相貌等種種的改變。甚至胎兒的富貴等亦可由時日、方位等選擇術對胎兒發影響，如《睡虎地秦簡・日書甲種・相宅篇》：「廡居東方，鄉井，日出炙其韓，其後必肉食。」**⑨**就是透過家中宅室的方位等以對胎兒命運發生影響。其他如《馬王堆漢墓帛書・胎產書》提及產後的埋胎等，亦能影響胎兒的壽夭與吉凶。**⑩**

二、重視女體氣血之豐盈與和諧

從產育角度，女體之稟氣豐厚與否往往成為關注焦點。氣之豐

---

⑨　詳參李貞德，〈漢唐之間求子醫方試論——兼論婦科濫觴與性別論述〉前揭文；石田秀實，《氣・流動的身體》（臺北：武陵出版社，1996 年）。

⑨　腹中的胎兒能與外界尤其是有親密關係的人產生互滲，故與其關係親密的人之言行往往對其造成深刻影響。許多民族均對懷孕時期與胎兒關係密切的人或事物有諸多禁忌，詳參列維・布留爾（Levy Bruhl）著，丁由譯，《原始思維》（北京：商務印書館，1997 年），第六章〈以受互滲律支配的集體表象為基礎的制度〉第五節：孩子與雙親間的互滲。關於懷孕、分娩和幼嬰的風俗。

⑨　劉樂賢著，《睡虎地秦簡日書研究》（臺北：文津出版社，1994 年），頁219。

⑩　詳參李建民，〈馬王堆漢墓帛書「禹藏埋胎圖」箋證〉，《中央研究院歷史語言研究所》65 卷 4 期（1994 年 12 月），頁 765-832。

盈對於採補大有助益，亦能生出稟氣豐厚的子嗣。但二者仍有差異，如養生、採補聚焦於氣的取得，因此對於童女、女子之年齡特別關注。而從產育角度之擇女，雖也在意女子之年紀，但又受到不少原始巫術的影響，對於某些形象的女子特別有好感，同時又認為善育應與稟性相關⑩。也在此種對女體的態度下，漢代士人甚至曾建議不育的帝王招納宜子婦人進宮生子的情況。如建始三年時，成帝苦無子嗣，而日食與地震等天災同時發生，谷永為廣求皇室之繼嗣，於是建議皇帝：

> 使列妾得人人更進，猶尚未足也，急復益納宜子婦人，毋擇好醜，毋避嘗字，毋論年齒。推法言之，陛下得繼嗣於微賤之間，乃反為福。得繼嗣而已，母非有賤也。後宮女史使令有直意者，廣求於微賤之間，以遇天所開右，慰釋皇太后之憂慍，解謝上帝之譴怒，則繼嗣蕃滋，災異訖息。⑫

由於成帝久無繼嗣，又有趙氏姐妹專房，故谷永建議帝王雨露均霑，以廣繼嗣。甚至進一步建議召納善於生子之婦人，不論其容色美醜，亦不管其是否曾經有過生育經驗、也不在意其年齡多寡，一切以生子為優先考量。谷永的建議反面襯出當時入宮婦女對於美

---

⑩　《左傳》，卷五十二〈昭公二十八年〉，頁 911，叔向將宗族人丁單薄一事，歸咎於母親娘家稟性不能多產所致，故而回絕娶母親娘家女子為妻的打算。此種想法顯示當時認為婦女多育可能與其稟性有關，於是在擇偶時對於女方家族生子甚少的情況，往往列入考量。

⑫　《漢書》，卷八十五〈谷永〉，頁 3452-3453。

醜、年紀等相關條件的重視。但谷永之建議並非特例，王鳳就曾將已曾婚配之婦女以宜子婦人的名義，納於後宮。因為此女為王鳳小妾之女弟，故而引起王章上書進諫，認為很可能造成皇室血脈之混亂。[103]此時血脈承傳之重要性凌駕於美色、女德等思考[104]。再如王莽曾私買侍婢，為維護聲名，竟託言將軍朱博無後，故代為尋求「種宜子」之婦人，並於當日將此女送至朱博家中。可見當時認為某些婦女天生較易懷孕生子，可以解開無子之困境[105]。與此相反，對於稟性不易懷孕之婦人，則十分避忌，如《太平經》論及行房擇女時，將女體比喻為土地：「施種於中，比若春種於地也」，認為有些女體如荒地，無法產育：

> 今無子之女，雖日百施其中，猶無所生也，不得其所生之處，比若此矣。是故古者聖賢不妄施於不生之地也，名為亡種，竭氣而無所生成。[106]

如此之女體則為不御之對象，因為於男子來說將造成竭盡精氣無所獲益的結果。宜子婦人於美色、房中之角度強調之年少、童女等原則有悖，亦於王室娶女強調的女德、儀態有間，但宜子婦人又象徵

---

[103]　《漢書》，卷九十八〈元后傳〉，頁 4020。

[104]　有關此問題還可詳參李貞德，〈漢唐之間求子醫方試論──兼論婦科濫觴與性別論述〉，《中央研究院歷史語言研究所集刊》68 卷 2 期（1997 年 6月），頁 283-367。

[105]　《漢書》，卷九十九上〈王莽傳〉，頁 4040。

[106]　《太平經合校》，附錄佚文，頁 733。

稟氣的富厚，於此又可找到房中、產育間的密切連結。於稟氣的角度可以看出德性、房中、產育三者既密切又有別的關係。

　　由養生來論述的女體，則著重於血氣論述。由於女性被認為以生育為重要職能，並且女性的生理徵候以血為主，因此醫書中關於婦女的生理論述集中於經血、胎產等方面，如《素問·上古天真論》：「二七而天癸至，任脈通，太衝脈盛，月事以時下，故有子。」以女子之任脈標幟其生命階段與狀態。任脈與經血、生育密切相關。❿《靈樞·五音五味》論述婦女之身體，強調：

> 衝脈、任脈皆起於胞中，上循背裏，為經絡之海。……血氣盛則充膚熱肉，血獨盛則澹滲皮膚，生毫毛。今婦人之生，有餘於氣，不足於血，以其數脫血也。⓬

將血視為論述女體的中心，並以血氣之盛與虧將形於皮膚、毛髮。《馬王堆古醫書考釋》〈養生方〉、〈雜療方〉、〈胎產書〉，論女體之好惡固然從氣之充盈與否著眼，然而月水與氣之充盈與否密切相關。《黃帝內經》雖然還未如唐宋以後逐漸將女體於男體外別立一方⓭，亦還未對婦女之氣血與其身心健康、產育進行整體性的

---

❿　李建民，《死生之域──周秦漢脈學之源流》（臺北：中央研究院歷史語言研究所，2001 年）、蔡璧名，《身體與自然──以《黃帝內經素問》為中心論古代思想傳統中的身體觀》（臺北：臺灣大學出版委員會，1997 年）。

⓬　《靈樞》，卷十〈五音五味〉，頁 640。

⓭　婦女雖別立一方，然而以唐代國家醫學教育來看，仍只有四科，婦科並未列其中，至宋代始增立婦科，而增至九科。詳參馬大正，《中國婦產科發展

細密論述,然而其由任、衝等脈解釋女體之階段與變化,已為往後婦女養生、產育奠定基礎⑩。又如張機《金匱要略・婦人雜病脉證並治》總論婦女得病的原因,不外虛、積冷、結氣等方面,由於體

史》(太原:山西科學教育出版社,1991 年)。費俠莉(Charlotte Furth)亦指出,《內經》中強調陰陽和諧互補,未特定以血作為男女身體的區隔,男性調氣,「婦人以血為主」,為宋代醫家逐漸演繹而成之學說。詳參費俠莉(Charlotte Furth),《繁盛之陰──中國醫學史中的性》(南京:江蘇人民出版社,2006 年),頁 59-84。

⑩ 唐以前雖未明白將男女身體分開論述,但男女身體往往因陰陽質性不同,故而在經絡及脈象、脈數、脈行之順逆上有所不同,如《素問》,卷四〈玉版論要〉,頁 335 觀病之色:「女子右為逆,左為從;男子左為逆,右為從。易,重陽死,重陰死」,男女觀病有左、右之別。此間牽涉男女身體受形之時陰陽相輔,而先後有別,發展於其後男子得陰而生,以血先行等論述,故而呈現於身體及氣脈的運行上,男女有別。又如《靈樞經》,卷四〈脈度〉,頁 280,提及蹻脈有陰陽,而歧伯認為「男子數其陽,女子數其陰,當數者為經,其不當數者為絡也」,又如脈行之順逆,男子以左為順,女子反之以右為順,再如《脈經校釋》(北京:人民衛生出版社,2009 年),卷一〈平脈視人大小長短男女逆順法〉,頁 12 引《千金翼》:「凡婦人脈常濡弱於丈夫……男左大為順,女右大為順」亦仍承襲男、陽、左,女、陰、右等傳統男女質性之論述。或如《難經・十九難》,頁 76 提及:「經言脈有逆順,男女有恒,而反者,何謂也?然男子生于寅,寅為木,陽也。男子生于申,申為金,陰也。故男脈在關上,女脈在關下,是以男子尺脈恒弱,女人尺脈恒盛,是其常也。反者,男得女脈,女得男脈。」亦呈現男女脈象上的差異。相關論述可參考,蔡璧名,《身體與自然──以《黃帝內經素問》為中心論古代思想傳統中的身體觀》,頁 82-83。以及李建民透過督脈凸顯男性的養生及房中等論述,有別於婦女所重之任脈,而循行之路徑男女亦有差異。詳參〈督脈與中國早期養生實踐──奇經八脈的新研究之二〉,收於李貞德主編,《性別、身體與醫療》(臺北:聯經出版事業公司,2008 年),頁 9-77。

虛而寒，導致積冷於身，使營衛之氣運行受阻，於是反應出的病徵即是「經候不勻」、「經水斷絕」以及諸多帶下之病。以及此三方面的失調可能引發上、中、下三焦多種疾病，若症狀在上，可能引生肺部疾病。在中焦，可能因體質不同而引生寒及熱病二種症狀。在下部，更直接影響女性的經期及生育能力。因此婦女的養生最重要部分的即在使氣血充盈，血脈通暢，避免使身體受寒氣入侵，因為「脈虛多寒」，將引生「三十六病，千變萬端」。並保持平穩的情緒，以免因情緒引發氣血失調，導致暈厥、癲狂等症候。⑪又如〈婦人產後病脈證治〉提及新產婦人之病，亦往往因「血虛」、「寒多」，導致於「亡陰血虛」所引起。⑫由於「婦人腹中諸疾痛」大要多由水濕太甚、血脈不通所致，因此以「當歸、芍藥散主之」⑬，其產育、疾病論述圍繞著血氣、經帶而展開。後代醫書如《褚氏遺書》於男女受形時，強調男子受形時：「陰血先至，陽精後衝，血開裹精，精入為骨」，與女子「陽精先入，陰血後參，精開裹血，血入居本」形成男以重精，女子以血為本等不同質性的身

---

⑪　郭靄春、王玉興編著，《金匱要略校注語釋》（北京：中國中醫藥出版社，1999 年），卷下〈婦人雜病脈證并治〉，頁 272。

⑫　同上，頁 259。

⑬　當歸與行血關係密切，如《神農本草經》（北京：學苑出版社，1995 年），卷二〈中經〉，頁 291，謂其能治「婦人漏下絕子」，寇宗奭編撰，《本草衍義》（北京：中華書局，1985 年），卷九，頁 43 更提及：「補女子諸不足」，至李時珍，《本草綱目》（北京：人民衛生出版社，1975 年），卷十四〈當歸〉，頁 833，則已明白指出：「當歸調血為女人要藥」，一方面強調婦女之疾主在調血，另一方面則彰顯當歸與調血的密切關係。

體。●又如《小品方》、《備急千金要方》對婦女的生理與性情的論述，往往聚焦於月水以及胎產問題上，對於女性生理本質與男性不同，及其致病所由亦以月水為中心。唐時孫思邈，《備急千金要方》特別為婦人另立一方，主要因為婦女須經歷「胎姙、生產崩傷之異」●與男子之身心狀態有極大不同。同時並分析婦女身體與男體之異，認為：「婦人之病，比之男子十倍難療」●。主要原因在於：

> 婦人者眾陰所集，常與濕居，十四已上，陰氣浮溢，百想經心，內傷五藏，外損姿顏。月水去留，前後交互，瘀血停凝，中道斷絕，其中傷墮，不可具論。生熟二臟，虛實交錯，惡血內漏，氣脉損竭。或飲食無度，損傷非一，或瘡痍未愈，便合陰陽。或便利於懸厠之上，風從下入，便成十二痼疾。●

其身心與男子有明顯不同：

> 男子者，眾陽所歸，常居於燥，陽氣遊動，強力施泄，便成

● 褚澄，《褚氏遺書》，收於《文淵閣四庫全書》（北京：商務印書館，2005年），第243冊，頁771。
● 孫思邈，《備急千金要方》（北京：人民衛生出版社，1995年），卷二〈婦人方〉，頁16。
● 《備急千金要方》，卷二〈婦人方〉，頁16。
● 《備急千金要方》，卷二〈婦人方〉，頁16。

　　　　勞損，損傷之病，亦以眾矣。若比之女人，則十倍易治。凡
　　　　女子十四已上，則有月事，月事來日，得風冷、溼熱、四時
　　　　之病相協者，皆自說之。不爾與治，悞相觸動，更增困也。⑩

分別由婦女之屬陰、居溼、性情、月水、飲食、居處、行房非時等
部分論婦女體質與致病之由。其中特別著重於胎產、月水、生理、
性情等部分，故曰：「四德者，女子立身之樞機，產育者，婦人性
命之長務」。其中以月水關係著婦女產育及身心狀況，其地位十分
凸顯。與男子相較，則陰陽本質有別、居處溼燥有異，以致於患病
治病之方亦不一。更重要的是其後醫家將婦女與男子身體進行不同
的論述：

　　　　男子以氣為主，女子以血為主。
　　　　氣之為病，男子婦人皆有之。惟婦人血氣為患尤甚，蓋人身
　　　　血隨氣行，氣一壅滯，則血與氣并，或月事不調。⑪

婦女身體除了與男子一樣以氣為其構形的重要依據外，其有別於男
子最顯著在於血的核心地位，而疾病往往以經血的徵狀呈現其端
倪。醫書中除了《備急千金要方》外，時代較早些的《小品方》、
《病源論》，以及較《備急千金要方》晚的宋朝《婦人大全良方》

---

⑩　　《備急千金要方》，卷一〈序例·治病略例第三〉，頁2。
⑪　　馬大正，《中醫婦科醫論醫案集》（北京：中醫古籍出版社，2006 年），頁
　　　74-75。

亦皆先論經帶而後敘胎產，視血氣為女性健康的指標。如《婦人大全良方》強調治病時，「男子調其氣，女子調其血」、「婦人以血為基本，氣血宣行，其神自清」**⓾**，並且認為婦女疾病診治的重要依據，與血氣密切相關的月水是婦女養生及產育的重要焦點。**⓬**甚至於修煉上思考女體精氣是否虧漏，以及如何面對此種有虧漏的身體，氣血均仍是核心問題。**⓬**

　　月水密切關係婦女之健康與養生，婦人疾病論述亦以月水為核心**⓭**，並嚴重關係產育及產後養護。婦人致病之由，除了從心性來說「嗜欲多於丈夫」、「慈戀愛憎、嫉妒憂恚，染著堅牢，情不自

⓾　陳自明，《婦人大全良方》（北京：人民衛生出版社，1996 年），卷一，頁12。

⓫　有關魏晉至唐宋的醫書中的論述次第，為先論經帶，後述產育，特別重視血氣等傳統，以及《醫心方》中由於特別著重於產育，對於《產經》多所引述，相較之下使得對月水的重視，比例相較中土醫家為輕，此乃因其國情不同而特別重視胎產所導致。詳參李貞德，〈《醫心方》論「婦人諸病所由」及其相關問題〉，《清華學報》34 卷 2 期（2004 年 12 月），頁 479-511。

⓬　有關道教修煉中如何思考女體，以女體經血於修煉中的意義和因應之道，詳參張珣，〈幾種道經中女人身體描述之初探〉，《思與言》35 卷 2 期（1997年 6 月），頁 235-265。

⓭　《備急千金要方》，卷四〈婦人方〉，頁 63：三十六疾，十二癥、九痛、七害、五傷、三痼不通。其中十二癥均與月經徵候相關。三痼，其一為羸瘦不生肌膚，其二為絕產乳。其三為經水閉塞。《備急千金要方》，卷四〈婦人方‧白堊圓〉，頁 64：「治女人腹中十二疾。一曰經水不時，二曰經來如清水，三曰經水不通。四曰不周時。五曰生不乳。六曰絕無子。七曰陰陽減少。八曰腹苦痛如刺。九曰陰中寒。十曰子門相引痛。十一曰經來凍如葵汁狀。十二曰腰急痛。」亦與月水及其徵候密切相關。

抑」⓬等種種性情上的特色，所導致「病根深，療之難差」的結果
外。此外，喜怒、憂勞、食飲無節、風寒均可造成內傷。就其身體
質性來說，則以月水為中心，論述疾病往往與冷、濕、合陰陽的狀
態不佳有關⓬。月水不僅能解釋婦女致病之由，並能將身心、性情
之情況反映於身體與容色上⓬，因此，醫書中往往透過月經徵候以
斷定身心狀況，並認為婦女諸疾皆是「經候不調」、「陰陽相勝」
所導致：

> 陰氣乘陽，則胞寒氣冷⋯⋯故令乍少而在月後。若陽氣乘
> 陰，則血流散溢⋯⋯故令乍多而在月前。當知其陰陽，調其
> 血氣，使不相乘，以平為福。⓬

⓬　《備急千金要方》，卷二〈婦人方〉，頁 16。

⓬　《備急千金要方》，卷二〈婦人方〉，頁 20：「婦人虛羸，血氣不足，腎氣
又弱，或當風飲冷太過。」《備急千金要方》，卷四〈婦人方·牡蒙圓〉，
頁 61：「治婦人產後十二癥病，帶下無子，皆是冷風寒氣，或產後未滿百
日，胞胳惡血未盡，便利於懸圍上，及久坐，濕寒入胞裹結在小腹，牢痛為
之積聚。」又如《備急千金要方》，卷四〈婦人方·白堊圓〉，頁 64：解釋
婦女得疾原因乃因：「月經不去或臥濕冷地，及以冷水洗浴，當時取快，而
後生百疾，或瘡瘻未瘥，便合陰陽，及起早作勞，衣單席薄，寒從下入
方。」致病之因為冷風、寒氣、濕，表現徵候常為月水不通、四肢懈惰。

⓬　如《備急千金要方》，卷四〈婦人方·慎火草散〉，頁 66 提及：「治崩中漏
下赤白青黑腐臭不可近。令人面黑，無顏色。皮骨相連，月經失度，往來無
常，小腹弦急，或苦絞痛上至心，兩脅腫脹，食不生肌膚，令人偏枯，氣息
乏少，腰背痛連脅，不能久立，每嗜臥困懶。」月水反映身體的疾病，並呈
現於面色上。

⓬　〔宋〕許叔微，《類證普濟本事方》，卷十，頁 152，收於《文津閣四庫全
書》（北京：商務印書館，2005 年）。

婦人除了以血為其身體論述的核心外,其質性屬陰亦極為顯題。如論婦女為「眾陰之所集」⓲,即為其例。婦人身體之質性既有別於男子,故在養生、治病之法上即與男子有所差異。而婦人身體之徵兆往往呈現於月水之徵上,故視查月水之狀況,可得知其身心狀況,以及陰陽氣血的諧調與否。養生之法強調於陰陽調和,以求其身心平和。故於食物、居處對於陰陽、寒熱的調和亦多所關注。⓳月水既為女體論述的核心,宋代論述婦女身體之大成者如《婦人大全良方》即強調:

> 大率治病,先論其所主,男子調其氣,女子調其血。氣血者,人之神也。然婦人以血為基本,苟能謹於調護,則血氣宜行,其神自清,月水如期,血凝成孕。⓴

以血為婦人身體論述的核心,若能善於調養,使陰陽、氣血、寒熱

⓲　〔宋〕王懷隱編著,《太平聖惠方》(臺北:新文豐出版公司,1980 年),卷七十〈治婦人虛損補益諸方〉,頁 6807。

⓳　於養生論述時,女性食補時所用之藥材應以行氣血為重點,所用之食物的質性亦受到文化論述脈絡的影響,而重在陰陽調和,血氣和順。其中如當歸為「調血為女人要藥」,其得名,其論述均與婦女的倫理位置,以及社會期望、身體論述密切相關。如婦女食療與當歸密切相關,而當歸之療效當置於文化脈絡中進行瞭解,有關當歸的性別化論述,詳參張珣,〈文化建構性、身體與食物:以當歸為例〉,《考古人類學刊》67 期(2007 年),頁 71-116。

⓴　陳自明,《婦人大全良方》(臺北:集文書局,1985 年),卷一〈調經門·產寶方序論第三〉,頁 6。

均能得其調和，則能達到神識清明，月水順時，順利受孕的結果。則月水與身體、精神，以及產育的密切關係，昭然可見。以此來看，女體之好在於心氣平和、神識明晰，月水如時，而能順利達成孕育子嗣的家族重任。

第四節　好女、惡女評價所涉角度的 複雜與融攝

　　何謂女體之「美」與「好」？不同的角度與視域對美的界義不只可能不同，彼此間甚至可能有極大的落差或矛盾；但又以極複雜的方式彼此融合。早在先秦時從「美」所具有極深的挑動人心欲望的力量來看，「美」同時具足了神聖與不潔的兩極特性。從儒家的角度來看，亦正視「美」色對欲望之挑動，於是一方面對於具有美色之女子進行禮教與身體規訓使欲望受到挑動之可能性受到限制；另一方面則對士人進行教育，將「美」轉化以道德之詮釋。於是世俗以為之美色，從道德角度來看，反成惡色，而世俗以為之「奇醜」，則轉化成對德性之試煉，甚至成為德性的展現（女子不自衒，男子不失德）。於此劉向《列女傳》極力將具有德性之女的醜貌進行誇張描寫，又極力將美色之女與不德相連。士人於此往往須透過對於世俗界定的醜女的欣賞，以及抗拒美色，以彰顯其「好德不好色」、德性基礎具備的形象。

　　從德性角度，容色易造成毀道的後果，成為應隱藏甚至不惜毀去的對象，然而若從產育、房中、養生、相術等角度，容色反轉為正面積極的力量。秦漢後宮採女、擇女所涉層面十分複雜，當時對

美貌的標準、產育角度、房中方技、德性角度、相術等問題，形成既差異又融合交織，互相影響的關係。但其中不乏互相衝突之處，以劉向《列女傳》中一個極為極端的例子來看，《列女傳》中述及鍾離春自薦於齊王時，曾對其容貌有極為誇大的描寫，而此誇大的容貌描寫能反映西漢時人認為的「極醜無雙」形象：臼頭、深目、長壯、大節、卬鼻、結喉、肥項、少髮、折腰、出胸、皮膚若漆。更糟糕的是此女已「行年四十無所容人」❸。劉向刻意要引起時人對女體及女性美的極強烈衝突感，以形成齊宣王好德不好色的評價。因此我們幾乎從此清單的相反處，看出當時人認為的美貌為何了。然而時人所謂的美貌與醜貌實有許多方術、醫書及房中的考量在其間。若從房中採補之角度來看，劉向所謂「極醜無雙」之女，不但年已四十，同時與房中所謂惡女形象多相重合如：結喉、少髮、皮膚若漆……等。結喉是男性的象徵，女性有此特徵，則為陰氣不盛之象。其他如身體冷瘦、黃髮少肉均反映生命力衰老、稟氣衰薄之相。《列女傳》在德色衝突與緊張的關係中，往往以醜女象徵不使男性失德、不自恃美色等有德狀態，然而此有德之醜女，在房中的角度卻為惡女。有趣的是，被視為敗德之女而立傳在〈孽嬖〉傳中的夏姬，「其狀美好無匹」，從道德心性的角度來看，將使人「迷惑失意」，但由劉向認為夏姬所以成為貴族爭取的對象，以致：「三為王后、七為夫人」，主要原因在於：「內挾伎術，蓋老而復壯者」❹，透露出漢人對夏姬的看法，已從春秋經傳的傳統

---

❸　《列女傳》，卷六〈齊鍾離春傳〉，頁 8b。

❹　《列女傳》，卷七〈孽嬖傳〉，頁 7a。

被視為極不祥的敗德存在，逐漸轉為房中好女形象。⑬

　　儒家並非完全不重視養生、房中之說，以《漢書·藝文志》來看，當時七略中方技類的書籍頗多，漢代經師注解帝王的性生活，亦往往強調養生與氣之飽滿，同時將其與求子、得好子相結合。若由此角度劉向《列女傳》中有德之醜女形象往往與房中之惡女形象相符，對帝王之健康與養生恐怕無所獲益；亦連帶對於產育發生不良影響。與此相反的是，陰氣及陰性形象豐厚的美婦人能於產育、養生上多所助益，但於德性的修養及家國之體制來說則充滿失序的

---

⑬ 夏姬形象的轉變，在房中的呈現，頗值得關注。如《全骨文》，卷一百六十七〈山海經圖贊·荀草〉，頁 2165，夏姬服荀草而色豔。《太平廣記》（北京：中華書局，1961 年），卷七十二〈道術·王旻〉，頁 447 亦為房中女神形象。後代雖有具美色之婦人與房中形象重合的現象，如於房中養陰一派，雖然漢代後頗為式微，但強調透過對男性精氣之採擷，能使婦女駐顏，《列仙傳》中之女丸，乃至道經中西王母形象均可為例。如《道藏》，第五冊，頁 75 引《列仙傳·女丸》，透過養性交接之術，「納諸年少，飲美酒，與止宿，行文書之法。如此三十年，顏色更如二十時」。又如《醫心方校釋》，卷二十八〈養陰〉，頁 1717 引《玉房秘訣》提及西王母為「養陰得道之人者也，一與男交而男立損病，女顏色光澤，不著脂粉」。然而從男子角度來說，此種採陽之婦女被視為恐怖的精氣擭取者。故如《醫心方》，卷二十八〈養陽〉，頁 1712，引素女之語，談到「御女當如朽索御奔馬，如臨深坑下有刃，恐墮其中」以愛精、守精為上。〈養陽〉，頁 1716，引《玉房秘訣》透過沖和子之言，強調：「養陽之家不可令女人竊窺此術」、「所謂利器假人，則攘袂莫擬也」。男子之願望是希望向玄牝擭取精氣，如《後漢書》，卷八十二〈方術·華陀〉，頁 2741，注引《列仙傳》提及容成公因善於取精於玄牝，故而「髮白復黑，齒落復生」。但不論採陰或採陽，採取精氣均有助於返老還童，因此從男性角度對於美婦人同時具有既深感興趣又充滿恐懼的矛盾心理。

風險。夏姬以至美的女色在漢代卻逐漸轉為房中神女，亦能見此中之態度與發展。對於美色的態度，政教及房中二者著眼點不同，一從德性，一從養生及補氣著眼。德性固然從心不放失的角度來看，對美色心存戒懼。但從養生及補氣角度著眼，亦不只是欲望的淫濫，而是從氣之充盈與否著眼。此處被認為的美女顯然具有使氣充盈的特徵和能力，因此能達到「老而復壯」的效果。至於前章所謂之毀容以守貞，於產育、養生、乃至於風俗、魂魄觀等角度來看，均有頗大的衝突。

　　由產育的角度來看，由於儒家強調宗法、倫理，因此養生、子嗣頗被看重。《漢書・藝文志》七略中方技類的書籍頗多；漢代經師注解帝王的性生活時，亦往往強調養生與氣之飽滿，同時將其與求子、得好子相結合。❸在漢代用氣為性、性成命定的背景下，子嗣之性情與稟氣與母親身心稟氣狀態密切相關，因此醫療養生與帝王求子及子嗣稟氣密切相關。就實際擇偶來看，先秦時在婚配對象的擇取上，重視婦女娘家是否素來生育豐厚，顯示當時人認為婦女多育可能與其帶來的稟氣有關。漢代甚至發生帝王不育，而招納宜子婦人進宮生子的情況。稟氣豐厚與否，能否多育，將會顯現在相與形骨之上。房中術中從採補角度所評斷之好女、惡女，與從生育

---

❸　士人從德性及節制欲望角度發言，於房中及採補來說亦往往衝突，如從德性及欲望之節制、減省後宮用度、婚姻如時等角度，均強調節制後宮人數，士人以此亦不斷進行規諫，但與房中、補氣角度則態度相衝突。有關士人極欲節制後宮人數的努力，歷來發言不斷，漢代相關文獻亦不少，具有代表性者，可參看《後漢書》卷三十下〈郎顗傳〉，頁 384-385、卷五十七〈劉瑜傳〉，頁 661-662、卷六十二〈荀爽傳〉，頁 732。

角度論及的女體之好、惡，二者雖有重疊處，但仍有著重點與評價的不同。有產子經驗之善產、多產婦人，於房中與男性養生中，即不是最佳選擇，未能補益其氣，所得子嗣的稟氣亦未必充足；但從產育角度來說，甚至可能成為交接的良品。士人主張宜子婦人入宮，恐怕由於求子心切，著眼於先得子嗣為宜的心理。但其間亦反映出從不同立場及角度來看，女體好惡及標準將會發生差異甚至矛盾的現象。亦可見出從道德、房中、產育等不同角度，對女體及所謂的美色、好惡即有不同的界定和詮釋。「美」、「醜」與「好」、「惡」原不是本質不變的存在，而是不同視角、功能、文化的思考下所型塑的產物。

第五章　秦漢桑中女形象所反映的
德色關係與政教議題

　　上面章節論及經史、方術中對女體美及女性形象的思考，可以
發現經史書中對女體的美與形象，多從德性角度著眼，乃至於世俗
認為甚有美色者，往往被認為帶有強烈毀家、敗德的危險。因此世
俗以為美好者，經史書中以為並不為真美好。經史書主張真正的美
好的容色，是以德潤身。認為婦人之容色應從德性角度著眼，若德
性與世俗所好的容色發生衝突，不惜毀容以呈現禮義之光輝。若從
方術角度來看，婦女容色之好惡往往與生育與房中密切相關。二者
的焦點在氣之豐盈與否，氣之豐盈對於採補大有助益，亦能生出稟
氣豐厚的子嗣。此時對於婦女之膚髮、身形往往從氣之厚薄角度進
行觀察。本章希望透過詩賦等不同文類所反映的女性形象進行對
比，以觀察不同文類間反映婦女形象及女體美的觀點及差異。❶在
德色關係探討中，桑林及神女之作所反映的婦女形象頗值得探討。

---

❶　不同文類間其風格往往呈現差異，但此風格亦隨文化脈絡及時風、價值觀演
　　變而不斷發生變動，文類間亦不斷進行互文；因此，此差異只是就某一時代
　　所呈現之風格進行分析，並非絕對不可跨越。

由原始豐產形象的桑中女、神女而逐漸透過道德、禮教角度進行再詮釋和創作，不只反映神話、民俗的豐富生命力，亦反映當時民風及士人對德色關係的態度與思考。本章於詩的部分，一方面由《詩》教的角度著眼，觀察漢代士人對於桑林等《詩》作之詮釋，以及道德角度解詩的特色。另一方面由樂府等民歌角度著眼，「樂府」官職所採集的民間及文士之作品，其中反映現實及文化的狀況，以及所呈現對婦女形象的思考，應可以和士人《詩》教的理想進行對話，並呈現雅俗的差異。流存著民間血液因子的《詩》與樂府所反映的婦女形象，與前章經史類文本所呈現雅正的婦女形象的風格差異，正可以反映《詩》在被經學化，以及政教論述下，有關德色議題的思考。至於漢賦中關於桑中女、神女及美人之作品，往往反映出士人對於君臣、政教關係的思考，同時又反映出士人對於德色議題的態度，與《詩》與樂府中的桑中女形象對比，又可透過敘述者的背景不同，呈現婦女形象與德色意涵之豐富性與多元性。

第一節　《詩》作中的桑中游女及採桑女
所反映的德色議題

《詩》保留了不少民風民俗，尤其與桑林有關之作，反映了民俗及豐產祭儀中男女情欲的活潑形象。但在被奉為經後，其地位受到尊崇，於是民俗與祭儀中的豐產與男女調嬉之作逐漸從道德的角度進行詮釋，詩序及經師的解經頗能反映此種由道德角度思考德色議題之特色。在道德的要求下，除了對桑中之作進行道德角度的批評和詮釋外，也進行著轉化，桑中女一反豐饒女的形象，成為貞

女，並於最難持守貞潔的桑林、桑中進行著貞潔的試煉和檢驗。於是《列女傳》中出現不少以採桑女為軸線的故事，一反淫佚形象，而成為道德的最好樣板。然而道德化的詮釋與教化畢竟無法完全抹去男女情欲之躍動，桑中之詩及桑林之作在樂府及民歌中又復活了新生命，一方面保留了《詩》桑中之作的活潑及男女調戲的傳統，另一方面則又浸染了漢代以後倫理的色彩，內蘊十分豐富。

一、與豐產儀典密切相關的桑中詩與男女調嬉

民俗祭儀與豐產儀式中保留了許多與豐產密切相關的風俗，如齊地之巫兒、桑間濮上之男女風俗。尤其桑林為「社」及繁育之地，與豐產祭儀、男女性儀典有密切不可分的關係。❷透過男女於社地上的調嬉、思春、交合，以再現宇宙之聖婚，復活宇宙之生命力。❸葛蘭言以農業豐產、族群生命力解釋《詩經》春秋二季於社地上的男女相咏，以及伴隨著的性愛儀典。透過春秋二季男女一搭

---

❷　詳參楊儒賓，〈吐生與厚德——土的原型象徵〉，《中國文哲研究集刊》20期（2002 年 3 月）、聞一多，〈高唐神女傳說之分析〉，《聞一多全集（一）》（臺北：里仁書局，1993 年），頁 81-116、孫作雲，〈九歌山鬼考〉，《清華學報》11 卷 4 期、陳夢家，〈高禖郊社祖廟通考〉，《清華學報》12 卷 3 期（1936 年 7 月）、葉舒憲，《高唐神女與維納斯》（北京：中國社會科學出版社，1997 年）、林素娟，〈土地崇拜與豐產儀典的性質和演變——以先秦至漢代為核心〉，《清華學報》39 卷 4 期（2009 年 12 月），頁 615-651。

❸　伊利亞德（Mircea Eliade）著，楊素娥譯，《聖與俗——宗教的本質》（臺北：桂冠圖書公司，2001 年），透過對神聖的複製，使得世俗世界亦能以神聖化。

一和的儀式❹，以刺激豐產，激發宇宙之生命力。❺在此背景下，《詩》中採桑女形象往往與男女思春、冶遊的性與豐產儀典密切相關。如《詩》〈桑中〉歌頌男女冶遊：「期我乎桑中，要我乎上宮，送我乎淇之上矣」，又如〈七月〉採桑女感嘆：「春日遲遲」，願與「公子同歸」。再如〈隰桑〉對於「君子」之愛戀極為動人：「既見君子，德音孔膠。心乎愛矣，遐不謂矣，中心藏之，何日忘之。」或如〈氓〉以桑興於女色，由桑之未落，喻女色正盛，亦喻桑事正盛。此時男女往往於桑間冶遊，故而士人戒桑女「無與士耽」。❻此類例子於《詩》作中保留極為豐富。

　　由於桑間、桑林與男女冶遊的傳統風俗有密切關係，也因此桑林、採桑成為男女情欲與愛戀的隱喻。於是傳說中的女始祖之感生或交歡地所在的桑林❼，具有濃厚的隱喻力量，如有關春秋時期申

---

❹　詳參葛蘭言（Granet, Marcel）著，趙丙祥、張宏明譯，《古代中國的節慶與歌謠》（桂林：廣西師範大學出版社，2005 年），〈詩經中的情歌〉。

❺　求育禮典中往往透過充滿性愛色彩的語言，以達到刺激豐產的效果。性愛的語言一方面具有語言的感染性和魔力，另一方面亦有別於日常語言，呈現有別於日常結構的存在狀態。有關儀典的非常特質及對結構的意義，詳參維克多·特納（Turner, Victor）著，黃劍波、柳博贇譯，《儀式過程——結構與反結構》（北京：中國人民大學出版社，2006 年）。

❻　《毛詩》，卷三之三〈氓〉，頁 135，孔疏：「言桑者，女功之所起，故此女取桑落與未落以興己色之盛衰。」

❼　如洪興祖，《楚辭補注》（臺北：漢京文化公司），〈天問〉，頁 97：「焉得彼嵞山女，而通之于臺桑？」，周之女始祖姜於扶桑履巨人之跡，而傳說中聖人生於空桑之中，緯書載孔子亦生於空桑之中，如安居香山、中村璋八輯，《緯書集成》（石家莊：河北人民出版社，1994 年），《春秋演孔圖》，頁 577：「孔子母徵在，游大澤之陂，睡夢黑帝使，請己往夢交。

公巫臣與夏姬私奔之事，時人透過「桑中之喜」，以喻「竊妻以逃」之事❽。《墨子》以桑林、雲夢為「男女之所屬而觀」之地。❾漢時高誘則認為「為桑山之林，能興雲作雨也」❿。雲雨亦為男女性愛之隱語，而求雨往往透過男女交合的儀典為之。⓫桑林、桑間男女之會，至漢代時仍有遺緒，如《漢書・地理志》提及當時風俗：「衛地有桑間濮上之阻，男女亦亟聚會，聲色生焉，故俗稱鄭衛之音」，而顏師古解釋「桑間濮上之阻」，謂：「阻者，言其隱阨得肆淫僻之情也」，一語道破桑間濮上男女之會的性質⓬。在禮教的薰染下，豐產儀典的採桑女形象也逐漸發生變化，由奔女（桑中之喜）而逐漸轉向禮教色彩的貞女，其間辯證於詩序、古詩與樂府中不少以桑林、桑中為題之作，可以得其端倪。

二、漢代從德性角度詮釋和創作桑中詩及採桑之作

㈠德性角度對桑中風俗的批評及政教上的勸農桑

　　桑林、桑中的男女之會，在政教及倫理的推行下，往往成為士人批評與警惕的對象，桑中、桑林之女子亦由豐產女神形象轉為淫

語：『女乳必于空桑之中』，覺則若感，生丘于空桑之中。」
❽　《左傳》，卷二十五〈成公二年〉，頁 428。
❾　孫詒讓，《墨子閒詁》（北京：中華書局，2001 年），卷八〈明鬼〉：「燕之有祖，當齊之社稷，宋之有桑林，楚之有雲夢也，此男女之所屬而觀也。」
❿　《呂氏春秋校釋》，卷九〈順民〉，頁 482。
⓫　如《春秋繁露義證》，〈求雨〉，頁 436 求雨之法有：「令民夫婦皆偶處」。
⓬　《漢書》，卷二十八下〈地理志〉，頁 1665。

佚形象。如《呂氏春秋》將女始祖塗山女與禹通之於臺桑及簡狄受孕事，視為佚女形象：

> 禹行功，見塗山之女，禹未之遇而巡省南土，塗山氏之女乃令其妾待禹于塗山之陽。女乃作歌，歌曰：「候人兮猗」，實始作為南音。**⓭**

至於簡狄則以「佚女」稱之**⓮**。此處塗山女之形象與事蹟與漢賦中神女自薦枕籍，頗有類同之處**⓯**（神女形象詳下文）。

除了將豐產女神轉為淫佚之女，並從勸喻角度重新解讀採桑之情境。從男子的角度來看，桑林之會成為勸戒男子勿好色，以免顧此失彼的最好樣本。如《列子》舉桑林調情之例，提醒君王勿顧此失彼：

> 晉文公出會，欲伐衛，公子鋤仰天而笑。公問何笑，曰：「臣笑鄰之人有送其妻適私家者，道見桑婦，悅而與言。然顧視其妻，亦有招之者矣，臣竊笑此也。」公寤其言，乃

⓭　《呂氏春秋校釋》，卷六，〈音初〉，頁 334-335。

⓮　同上，頁 335。

⓯　聞一多透過此則塗山女之形象與《詩・曹風・侯人》以及〈高唐賦〉之神女自薦枕籍形象相聯結，詳參《聞一多全集・神話與詩》，〈高唐神女傳說之分析〉，頁 81-116。

止。引師而還，未至，而有伐其北鄙者矣。⓰

《說苑》裡亦以桑中男女互相吸引的情態，勸戒男子勿好色：

> 當桑之時，臣鄰家夫與妻俱之田，見桑中女，因往追之，不
> 能得，還反，其妻怒而去之，臣笑其曠也。⓱

其敘述與《列子》如出一轍，可見當時以桑中、桑林進行勸戒頗為普遍，甚至成為格套。又如葛洪，《抱朴子》卷二十五，則特別透過桑中、雲夢之淫風，談防淫之要：

> 古人鑒淫敗之曲防，杜傾邪之端漸，可謂至矣。修之者為君
> 子，背之者為罪人。然禁疏則上宮有穿窬之男，網漏則桑中
> 有奔隨之女。縱而肆之，其猶烈猛火於雲夢，開積水乎萬
> 仞。其可撲以蕁萲，遏以撮壤哉。⓲

　　上宮、桑中、雲夢成為情欲之火、淫欲之水泛濫之地，成為士君子之德性實踐之用功處。但此等情欲泛濫之處，正也是桑蠶供給之處，桑蠶供給為衣食之基礎。就政教上來說，轉動關注焦點，努力將婦女之桑蠶、織作之事轉為供給祭服、調服心性的勞動。如

⓰　楊伯峻，《列子集釋》（北京：中華書局，1979 年），卷八〈說符〉，頁
　　246-247。
⓱　《說苑校證》，卷九〈正諫〉，頁 224。
⓲　《抱朴子外篇校箋》，卷二十五〈疾謬〉，頁 625。

《周禮·天官·內宰》：

> 中春，詔后帥外內命婦始蠶于北郊，以為祭服。❶

《禮記·祭義》有關養蠶、奉蠶種及獻繭、製衣的過程充滿神聖性。《漢舊儀》中對於皇后率群妃親桑之儀式有詳細記載。❷《後漢書·禮儀志》有「祠先蠶，禮以少牢」之禮，注引丁孚《漢儀》提及當時桑蠶儀式：

> 皇后出，乘鸞輅，青羽蓋，駕駟馬，龍旂九斿，大將軍妻參乘，太僕妻御，前鸞軿車，皮軒闟戟，雒陽令奉引，亦千乘萬騎。車府令設鹵簿駕，公、卿、五營校尉、司隸校尉、河南尹妻皆乘其官車，帶夫本官綬，從其官屬導從皇后。置虎賁、羽林騎，戎頭、黃門鼓吹，五帝車，女騎夾轂，執法御史在前後，亦有金鉦黃鉞，五將導。桑于蠶宮，手三盆于繭館，畢，還宮。❸

春蠶時車容十分盛大，皇后乘鸞輅，並駕駟馬，其他後宮婦人及命婦乘官車，而至於蠶宮。谷永提及「四月壬子，皇后蠶桑之日

---

❶　《周禮》，卷七〈天官·內宰〉，頁113。
❷　有關於此請參看拙作《空間、身體與禮教規訓——探討秦漢之際的婦女禮儀教育》（臺北：臺灣學生書局，2006年），第五章。
❸　《後漢書》，〈禮儀志〉，頁3110。

也」㉒可見至漢時仍有四月蠶桑的禮儀。㉓除了皇后桑蠶禮，以象徵婦道之織作，並供給祭服，調服心性，使心性不放佚。宮庭婦女亦須時時從事桑蠶取絲、織紝之工作，以供王、后之祭服。嬪婦所作之織紝成果，並有官府對其質地、品質、數量加以記錄。㉔至於貴族婦女亦將織紝視為重要的婦女教育，士人婦女於衣著上亦隨時配戴織紝之針線，以安守本分㉕。春秋時以婦道著名魯敬姜即指出：治道的要點即在使各階層臣民皆能勞而不淫，各安其位；其中婦女之勞動即以織紝呈現。勤於織紝是女德的展現，同時也是貞潔的象徵。魯敬姜因專注於織紝，而獲孔子贊許為「不淫」。㉖又如劉向《列女傳》特別強調陳寡孝婦「紡績以為家業」、樂羊子妻，夫在外求學七年不返，「妻在家以戶織」。禮教期許婦女不論夫遠在外或夫亡時均能以織紝專心持家。勤於織紝之婦女反映了專注、勤勞、不淫的女德形象。由於織紝為象徵女德的工作，因此賢女在

㉒　《後漢書》，〈禮儀志〉，頁 3110，注引。

㉓　然而由《漢書》，卷九十八〈元后傳〉，頁 4030 所記王莽為討好元帝王皇后，於是使其「春幸繭館，率皇后列侯夫人桑。」的情況來看，西漢末年桑蠶禮儀應沒有固定的舉行。

㉔　詳參《周禮》，〈天官·內宰〉、〈女御〉、〈典婦功〉、〈典絲〉、〈典枲〉，頁 113、122、123-124。

㉕　《禮記》，卷二十七〈內則〉，頁 518，婦女之衣著「右配箴、管、線、纊」等女工織紝之物，既具有象徵性，又反映了婦女的職責與分工。

㉖　織紝為婦女象徵性的儀典，即使貴族婦女亦不例外，此如《國語》，卷五〈魯語下·公父文伯之母論勞逸〉，頁 205-208，魯敬姜所指出的婦女透過織紝而不放逸。而孔子亦贊敬姜「不淫」。後宮婦女之織紝亦透過查核制度，以進行獎懲，達到落實的功效。有關於此詳參拙作《空間、身體與禮儀規訓——探討秦漢之際的婦女禮儀教育》，第四章。

勸喻丈夫，教育子女時亦往往以織紝為喻，知名的孟母故事，以及前章所引劉向《列女傳》中的樂羊子妻喻樂羊子勉力向學，均為其例。

織紝亦有實際經濟的需要，在史書記載中，往往成為婦女最重要的工作。如《漢書・食貨志》提及婦人冬閑時有相聚紡績的風俗：「婦人同巷，相從夜績，女工一月得四十五日」。荀悅指出透過「帝耕籍田，后桑蠶宮」的象徵性儀典，使得：「國無遊人，野無荒業，財不賈用，力不妄加，以周人事，是謂養生。」❷也正因為將耕桑視為治民的基礎，士人往往批評當時淫侈的風氣，而強調施政者應使社會風氣回到重農桑之本業，如此民風質樸，而衣食供給豐足，是富強之基礎。如仲長統提及的：「急農桑以豐委積，去末作以一本業」❷❸又如王符批評當時輕農桑而重商賈的社會風俗：

> 一夫不耕，天下受其飢；一婦不織，天下受其寒。
> 本末不足相供，則民安得不飢寒？飢寒並至，則民安能無姦軌？姦軌繁多，則吏安能無嚴酷？嚴酷數加，則下安能無愁怨？愁怨者多，則咎徵並臻，下民無聊，而上天降災，則國危矣。❷❾

由治理眾民來看，重視農桑可使供給充足，衣食足而後知禮義，故

---

❷　《後漢書》，卷六十二〈荀悅〉，頁 2059。
❷❸　《後漢書》，卷四十九〈仲長統〉，頁 1653。
❷❾　《後漢書》，卷四十九〈王符〉，頁 1633。

而姦宄不生；反其道而行，則動搖國本。可知從政教的角度來看，婦女之桑蠶及織紝不但離桑中情欲的淫佚形象甚遠，並且一轉而成為透過勞動以不放逸、不淫的象徵。貴族婦女透過勞動以供給祭服，庶民婦女透過桑蠶等勞動以供給衣服。桑蠶成為勞動的象徵，成為調服心性的方式，以及治國的基礎。

㈡濃郁道德色彩的採桑女形象

政教上雖然從勞動、衣服供給、調服心性等角度鼓勵桑蠶，但桑林、桑中既有淫亂的「記憶」，又是撩撥原始欲望的叢林，其精魂往往不絕如縷，力量之強大往往使人失德，於是道德是否穩定，亦要在此險峻處中見真章。桑林至此一轉又成為士人眼中宣揚德性教化的試煉場。而被試煉者往往為婦女。男子於此類採桑故事中，不只是具有性吸引力的異性，採桑的曠野、春日亦往往激發春情，同時此類故事中的男子還往往呈現出世俗中崇尚的階級、權力、金錢、美好的外形及盛裝之打扮等特質，再次大大加深其誘惑性（此與樂府中之羅敷形象採桑女之盛妝異曲同工）。而採桑女在異性的吸引，以及諸多因素之誘惑下，如何拒絕誘惑而守住婦德，成為彰顯其德性最好的時刻。於是透過女子於桑林中的行為，以檢驗其是否貞靜自守，往往成為宣揚女德、女教者樂於論述的焦點。如〈七諫〉中提及：「路室女之方桑兮，孔子過之以自侍」，王逸的解釋是：「言孔子出遊，過於客舍，其女方采桑，一心不視。喜其貞信，故以自侍」。❸⓪劉向輯錄《列女傳》中，特別收錄一則孔子三次檢驗阿谷處女貞潔的故事，應即是孔子檢驗採桑女傳說的再衍繹：

---

❸⓪　《楚辭補注》，卷十三〈七諫〉，頁 245。

阿谷處女者，阿谷之隧浣者也，孔子南游，過阿谷之隧，見處子佩璜而浣，孔子謂子貢曰：「彼浣者其可與言乎？」抽觴以授子貢，曰：「為之辭以觀其志」，子貢曰：「我北鄙之人也，自北徂南，將欲之楚，逢天之暑，我思譚譚，願乞一飲，以伏我心」，處子曰：「阿谷之隧，隱曲之地，其水一清一濁，流入於海，欲飲則飲，何問乎婢子？」授子貢觴，迎流而挹之，投而棄之，從流而挹之，滿而溢之，跪置沙上，曰：「禮不親授」，子貢還報其辭，孔子曰：「丘已知之矣」。**❸❶**

　　另外二次考驗，孔子命子貢透過調琴、贈予財物試探阿谷處女，皆為阿谷處女所拒，孔子最後對阿谷處女的評價是知禮而不淫。《列女傳》並引詩「南有喬木，不可休息，漢有游女，不可求思」，以作為註解。阿谷處女的不淫展現在不與男性攀談、不接受其餽贈，與男性相遇，隨時保持不親授受的原則。不親授受原則能有效阻斷男女間的於情感上的穿鑿、作意、畫蛇添足等非分之想的可能性，也因此能阻斷其後衍生的種種情感的發展和糾纏，故男女之防以此為基礎**❸❷**。此貞靜寡言的女德形象，與樂府詩中活潑而頗多言辭交鋒的採桑女，形象大有差別。

　　從宣揚道德和男女之防的角度，《列女傳》中不只一次提及採

---

❸❶　梁端校注，《列女傳》，卷六〈辯通·阿谷處女〉，頁 5a。

❸❷　《禮記》，卷二十七〈內則〉，頁 520：男女授受不親，故「非祭非喪，不相授器」，即使喪期授受，亦十分謹慎，「女受以篚，其無篚則皆坐奠之。」

· 310 ·

桑女，但不是對其容貌的美好進行強調，對衣著的記載亦付之闕如，反而強調其醜怪，其形象嚴肅而剛正，並以道德自守，嚴辭拒絕追求者。完全不似《詩經》及《樂府》採桑之作風格的喜氣、活潑。以〈齊宿瘤女〉為例，劉向對其容貌記述的最大的特徵為：「項有大瘤」，此外一概不提。「大瘤」顯然不是可以激起情欲想像的形象，反倒是男子展現好德不好色的努力之時機。其事件為：

> 初閔王出游至於東郭，百姓盡觀。宿瘤女採桑如故，王怪之，召問曰：「寡人出遊，車騎甚眾，百姓無少長皆棄事來觀，汝採桑道旁，曾不一視，何也？」對曰：「妾受父母教採桑，不受教觀大王」王曰：「此奇女也，惜哉宿瘤」女曰：「婢妾之職，屬之不二，予之不忘，中心謂何？宿瘤何傷？」王大悅之，曰：「此賢女也」命後車載之。女曰：「賴大王之力，父母在內，使妾不受父母之教而隨大王，是奔女也，大王又安用之？」王大慚曰：「寡人失之」又曰：「貞女一禮不備，雖死不從」於是王遣歸，使使者加金百鎰，往聘迎之。❸❸

記述一開始，即強調宿瘤女專心一意採桑，對於王侯車騎之盛「曾不一視」，此種非禮勿視、專心一意的婦女形象與東漢樂府的羅敷活潑、潑剌的形象頗有差距。（〈陌上桑〉一開始即強調羅敷之容飾，且強調眾人皆為之駐足、屏息以待，詳後文。）其次，對於女子容色的描寫

---

❸❸　《列女傳》，卷六〈辯通·齊宿瘤女〉，10a。

集中於大瘤上。閔王嘆惜有德之女而項上竟有大瘤，而採桑女則強調自己的德性非項上之大瘤可以抹去或減殺。展現典型好德不好色的精神。（與〈陌上桑〉作者強調羅敷之美色有極大的不同。）閔王被宿瘤女的德性感動後，決定娶以為妻。而宿瘤女則強調聘則為妻，奔則為妾，閔王應依禮而行，遵從「父母之命，媒妁之言」。齊宿瘤女並對奔女的德性持懷疑的態度：「大王安用之？」不只如此，宿瘤女再三表明「貞女一禮不備，雖死不從」的決心，使得閔王最終只能依禮而行。此則婦女形象與禮書要求的婦女貞靜守禮形象若合符節。

除了齊宿瘤女外，劉向還記了陳國另一採桑女，故事結構與孔子遇阿谷女、閔王齊遇宿瘤女相類，仍為一位貴族男女行經桑林，對於採桑女的貞潔考驗。晉大夫調戲採桑女：「女為我歌，我將舍汝」，採桑女先後為其歌二首：「墓門有棘，斧以斯之，夫也不良，國人知之，知而不已，誰昔然矣。」、「墓門有梅，有鴞萃止，夫也不良，歌以訊止，訊予不顧，顛倒思予」其間充滿對求愛者的諷喻和無奈的情緒。評論者認為其行為合乎「貞正而有辭，柔順而有守」的典範，並且引《詩》：「既見君子，樂且有儀」，以對其行為合度表達贊許。❸❹儘管呈現於言辭交鋒，然而此言辭風格雅正，並訴求以道德，毫無輕佻與情欲游移之空間，故評者以「貞正」、「有守」譽之。

---

❸❹　《楚辭補注》，卷三〈天問〉，頁 107，王逸亦言及解居父事，但略有不同，解居父於時，「過陳之墓門，見婦人負其子，欲與之淫泆，肆其情欲」，婦人於是引詩刺之曰：「墓門有棘，有鴞萃止」、「言墓門有棘，雖無人，棘上猶有鴞，汝獨不愧也」。

　　透過採桑女的拒絕挑逗，以彰顯婦人守貞的故事中，最動人心魄，同時亦最能看出劉向所欲傳達的貞順形象者，為秋胡妻故事：

> 潔婦者，魯秋胡子妻也。既納之五日，去而宦於陳，五年乃歸。未至家，見路傍婦人採桑，秋胡子悅之……秋胡子謂曰：「力田不如逢豐年，力桑不如見國卿。吾有金，願以與夫人。」婦人曰：「嘻，夫採桑力作，紡績織紝，以供衣食，奉二親，養夫子，吾不願金。所願卿無有外意，妾亦無淫泆之志，收子之齎與笥金」秋胡子遂去。❸❺

劉向描寫秋胡妻在陌生男子搭訕時「採桑不輟」，完全不予理會，意使對方知難而退。當對方繼續糾纏時，則心繫於奉親、養子，強調無淫泆之志。此處完全不見秋胡妻容貌及衣著之描寫，同時還凸顯其不好金錢的心行。金錢在此處為欲望之象徵，男子欲以金贈婦人，以勾引其欲望。而採桑婦人之「不願金」即是對欲望的拒絕。當秋胡妻歸家後知悉勾引己者竟為甫於婚後即離家，五年不歸的丈夫，她嚴辭歷數其行為的不孝、不義：「悅路傍婦人，下子之裝，以金予之，是忘母也；忘母不孝」、「好色淫泆，是污行也，污行不義」。並指出孝義兩悖之人，即違反「忠」之稟性，不忠則無由治人：「夫事親不孝，則事君不忠；處家不義，則治官不理」，以其預言秋胡子將不得善終。於是表明心跡：「子改娶矣，妾亦不嫁」，由於劉向《列女傳》的貞婦典範中，夫等同於天與君，妻子

---

❸❺　故事見於《列女傳》，卷五〈節義·魯秋潔婦〉，頁 6b-7b。

無由求去天、變天；亦無再嫁之義，但又無法再事無義之人，秋胡
妻在絕望下，最終只得投河，選擇死亡以免去倫理上的困境。秋胡
妻的貞潔事蹟在武梁祠畫像中與梁節姑姐、齊義繼母、京師節女、
無塩醜女鍾離春、梁高行、魯義姑姐、楚昭貞姜並列。內蒙古和林
格爾漢代墓壁畫中也有秋胡子妻、代趙夫人等畫像。❸ 可見在當時
流傳甚廣。《西京雜記》亦記秋胡事，精神大體與劉向《列女傳》
一致，但將離家五年改為遊宦三年。由後人仿秋胡妻故事之詩亦可
見當時對此事之評價，如傅玄《秋胡行》，盛贊秋胡婦為烈婦，其
在其婚後三日即「泠泠守空房」，但仍採桑以自持，當行人因其美
色而欲以黃金誘惑她時，「烈烈貞女忿，言辭厲秋霜」，最後因丈
夫負心且悖德，清濁異源，無法久處，於是「引身赴長流」，傅玄
評介此事為：「彼夫既不淑，此婦亦太剛」。❸ 雖然對於秋胡妻之
剛烈是否符合女順之典範似乎有所微詞，但透過秋胡妻形象，其在
夫為官時操持家務、勞動採桑，其在面對誘惑時的不為所動、其以
道德、倫理角度數落丈夫的嚴正，以及其捨生而守義的決絕，將採
桑女的道德形象推向了極致。❸

---

❸ 王昶輯，《金石萃編》卷二十《漢》十六《武梁祠堂畫像題字》（北京：中
　國書店出版社，1985 年），頁 1-41。

❸ 郭茂倩，《樂府詩集》（臺北：里仁書局，1981 年），卷三十六〈秋胡
　行〉，頁 530。

❸ 檢驗貞潔的故事在中國傳統中時常出現，其所反映的思維及類型，可參考江
　寶釵，〈論中國文學中「考驗貞潔」之故事類型及其意涵〉，《中國學術年
　刊》14 期（1993 年 3 月），頁 211-235。

㈢典雅的《詩》教與《詩》桑中作之再詮釋

桑間之音若從道德角度來評論，是淫聲、亡國之聲，其情欲流淌，男女無別與禮樂的根本精神的呈現極大的衝突，因此推行禮樂之教者，往往對於鄭衛之音，有所箴砭：

> 桑間、濮上、鄭、衛、宋、趙之聲並出，內則致疾損壽，外則亂政傷民，巧偽因而飾之，以營亂富貴之耳目。庶人以求利，列國以相間。故秦穆遺戎而由余去，齊人餽魯而孔子行。至於六國，魏文侯最為好古，而謂子夏曰：「寡人聽古樂則欲寐，及聞鄭、衛，余不知倦焉。」子夏辭而辨之，終不見納，自此禮樂喪矣。❸❾

桑間為衛地，濮上指濮水之上❹⓿，鄭、衛、宋、趙之音被視為淫聲❹❶。「淫」指情欲之過度和泛溢。過度而無節的情欲，就自身來說，將折損生命力，導致疾病而折損壽命。就國家政教來說，則使人為徇耳目之欲而有種種偽詐之行。連帶導致人與人間及國與國間的衝突和征伐。人情之常對縱情恣欲等口體之養、男女之事往往受其誘惑和牽引，而徇於耳目口體之欲時，對於禮樂典雅之教往往顯

---

❸❾　《漢書》，卷二十二〈禮樂志〉，頁 1042。

❹⓿　《禮記》，卷三十七〈樂記〉，頁 665 鄭注：「濮水之上地有桑間者，亡國之音於此之水出也。」並引述桑間濮上之典故來自「殷紂使師延作靡靡之樂，已而自沈於濮水」之傳說，並指出「桑間」在「濮陽南」桑間濮上之音，即為商紂時亡國之音。

❹❶　《漢書》，卷二十二〈禮樂志〉，頁 1042，應劭及顏師古注。

得意興闌珊。即使被認為好古而禮賢的魏文侯，亦難免聞雅正之樂時昏昏欲睡，聞淫聲時樂不知倦。桑間之聲既被視為淫聲，在十分重視詩教，乃至童蒙教育時即已讀詩的漢代，與桑林有關的詩作該如何詮釋？則反映了士人對於詩教的態度。

漢人往往從教化角度對於桑中詩作進行詮釋和批評。如〈桑中〉詩作中：「期我乎桑中，要我乎上宮，送我乎淇之上矣。」春秋時對於此詩之理解，是從男女相悅、相會的角度。故《左傳·成公二年》申公巫臣欲與夏姬成婚，盡室以行，途中遇申叔跪，申叔跪言其有「桑中之喜」，並斷言其將「竊妻以逃」，可見〈桑中〉在當時被視為男女相會、悅愛之詩。但男女相會、男女無別在禮教中，即被視為「淫僻」，須待禮教以分之、別之。於是從禮教角度，〈樂記〉認為「鄭衛之音」為「亂世之音」，「桑間濮上之音」為「亡國之音」。「桑間濮上」往往為男女相會、相和之所，初時未必專指〈桑中〉之詩，但小序引述其意解釋〈桑中〉，認為此詩乃為「刺奔」而作，是因為「衛之公室淫亂，男女相奔」、「相竊妻妾」，而造成「政散民流」的教訓而來。❷《漢書·地理志》引〈桑中〉：「送我淇上」，並云：「衛地有桑間濮上之阻，男女亦亟聚會，聲色生焉，故俗稱鄭衛之音」，鄭玄還進一步指出此詩作於衛之「宣惠之世」，其時男女相奔成風。此後如顏師古認為，所謂：「桑間濮上之『阻』」，指的是「隱阨」之所，使得男

---

❷ 《左傳》，卷二十五〈成公二年〉，頁 428。故而如朱熹，《詩集傳》（臺北：藝文，1974），卷三〈桑中〉，頁 121，即認為「桑間」之音乃指〈桑中〉之作，故而「小序亦用〈樂記〉之語」。

女「得肆淫僻之情」，皆從道德角度進行批評。又如〈十畝之間〉言「桑者閑閑兮」、「桑者泄泄兮」，而興起「與子還兮」、「與子逝兮」之歎。毛傳認為「閑閑」指「男女無別往來之貌」，「泄泄」指「多人」之貌，則此詩為描寫桑林中男女熙攘往還，熱絡相會之詩。但小序認為此詩主要意旨為「刺時」，因為「其國削小，民無所居」，此乃從政教角度著眼。而鄭箋則從小序的脈絡詮釋此詩，認為對比古制之一夫百畝，此詩為一夫十畝，故而地狹人眾，後來之解此詩者往往探討理想井田之法與田制，並引出「田疇之樂」以及勸農桑等種種政教意涵。

除了將桑林、桑中詩以勸農桑及政教角度進行詮釋，將桑林、採桑之作以賢君、賢臣、隱士角度進行解釋，在漢代亦極為普遍❸。如〈汾沮洳〉提及「彼汾一方，言采其桑。彼其之子，美如英；美如英，殊異乎公行」，小序認為指在「刺儉」、「其君儉以能勤，刺不得禮也。」孔疏解釋為：「其君好儉，而能勤躬自采菜，刺其不得禮也。」❹認為此詩旨在砭刺國君過儉而失禮，孔疏

---

❸ 以採桑者隱喻賢君、賢臣、隱士，其置於男性政教的脈絡下，與採桑者隱喻豐產儀典中男女之歡情，二者來源域雖皆為採桑者，但目標域不同，而二目標域之間又可以進行映射和連結，如採桑中的男女關係與男性政教下的君臣關係之連結。在隱喻之解讀上，有關整體實存情境佈局的變異，如「不同的生活場域中，而有認知側重面向不同的跨領域的整頓與瞭解」、「不同語文生活場域間」解讀、譯述、借用過程，造成認知取景的差異與隱喻之變異、轉化；同時隱喻詮釋亦應注意上下文脈等問題。有關此部分詳參鄧育仁，〈生活處境中的隱喻〉，《歐美研究》35 卷 1 期（2005 年 3 月），頁 97-140。

❹ 《毛詩》，卷五之三〈魏·汾沮洳〉，頁 207-208。

基本上承小序的脈絡而進行理解。至於《韓詩外傳》則認為旨在歌頌，君子「盛德而卑」、「有主善之心，而無勝人之色」、「德足以君天下而無驕肆之容，行足以及後世，而不以一言非人之不善」，則此詩成為歌頌賢人、隱士之作。**⑤**詩中三段言及彼子異乎「公路」、「公行」、「公車」，皆為貴族階級、仕宦之象徵**⑥**。彼子極美，勝於一般對於貴族權位、容飾之美好。極「美」之美，究竟從階級、容貌、服飾抑或是道德角度進行理解，於詩之前後脈絡並沒有明確提點。若從容貌、服飾理解，未嘗不可能漢代樂府〈陌上桑〉一般，透過對於貴族身分及容飾的極力抒寫，以更對比凸顯所思慕者之殊勝與美好。但漢代解詩者選擇從德性角度進行理解，亦呈現其解詩以言志之用心。又如〈小雅·隰桑〉三個段落先提及隰桑之盛，而後緊接提及「既見君子」之樂，最後以「心乎愛矣，遐不謂矣，中心藏之，何日忘之」作結。就其字面解釋，似乎像是男女情詩，但小序認為旨在諷刺幽王時「小人在位，君子在野」的時風，故而興起「思見君子」之感。鄭玄則認為此詩採興之

---

⑤ 此說至後代仍有承者，如魏源提及：「據《外傳》之言，蓋歎沮澤之間有賢者隱居在下，采蔬自給，然其才德實出乎在位公行、公路之上，故曰雖在下位而自尊，超乎其有以殊於世。」認為此詩旨在歌頌隱士高潔之行。詳參王先謙，《詩三家義集疏》（臺北：明文書局，1988 年），卷七〈汾沮洳〉，頁 401。

⑥ 《毛詩》，卷五之三〈魏·汾沮洳〉，頁 207，「公路」，毛傳認為指「車也」，為貴族身分之象徵，與「公行」指「從公之行」，「公族」指公之族屬，一脈相承。鄭箋對於「公路」所指與毛傳略有不同，認為是「主君之軒車」，公行則為「主君兵車之行列」，「公族」指主君同姓之昭穆輩，雖略有小異，但三者指貴族之身分及威儀之象徵則同。

手法，桑林之茂美，取其「庇蔭」以隱喻「賢人君子不用而野處，有覆養之德」❹，則野地桑林成為有德君子隱居之所，成為農桑養民之象徵。

　　以道德角度解釋男女之詩，為漢代解詩常有之現象❹，如〈將仲子〉，小序認「刺莊公」之作。認為指鄭莊公不聽祭仲之勸，最後釀成其弟叔段亂國之事。三家詩均從此角度進行解釋，鄭箋亦無異議。❹然而觀全詩均未見扣合之歷史事件，如此之解〈將仲子〉主要將詩中之「仲子」解為「祭仲」，然而歷史人物中以「仲」等行輩為稱者，數量何其多？何以知其所指為「祭仲」？解詩者並未作進一步說明。朱熹即認為「仲子」為「男子之字」，並引莆田鄭氏語，認為此詩乃為「淫奔者之辭」。❺而王先謙則認為此詩乃是「詩人感於君國之事，託為男女之詞」❺，已承認此詩表面上乃指男女之情，其君國之事為詩意之興發。如此之解釋正好可以應合傳統香草美人以喻君臣及道德角度解詩之傳統。又如〈溱洧〉詩中明言士與女相會、相謔、相贈之作，並強調「洵訏且樂」。同時溱與洧為鄭國境內二水之名，「渙渙」，毛傳認為指「春水盛」之貌。鄭箋指出：「仲春之時，冰以釋水，則渙渙然」，仲春、春水皆為

---

❹　《毛詩》，卷十五之二〈隰桑〉，頁 515。

❹　有關詩序與教化的關係，可參考梅家玲，〈「毛詩序」「風教說」探析——兼論其與六朝文學批評之關係〉，《臺大中文學報》3 期（1989 年），頁 489-526。

❹　有關鄭箋及三家詩之說，詳參王先謙，《詩三家義集疏》（臺北：明文書局，1988 年），卷五〈將仲子〉，頁 337-338。

❺　《詩集傳》，卷四〈將仲子〉，頁 193-194。

❺　《詩三家義集疏》，卷五〈將仲子〉，頁 337。

情欲流淌的隱喻。在春水盈盈的河畔，男女相贈以「勺藥」，「勺藥」應與男女間情愫有關，故而鄭玄認為此詩指男女相會「相與戲謔，行夫婦之事，其別則送女以勺藥，結恩情也。」，在在可以看出此詩與春時男女冶遊密切相關；春季、春水、勺藥與豐產、好合之意象密切相關。但男女之野合，若從禮教角度，則為淫佚之行。小序認為此詩主要在諷刺「男女相棄」、「淫風大行」之詩。鄭玄並認為此詩描寫為男女失偶的情況下，「感春氣」而來的淫佚之行。但就詩中來看，完全不見失偶、相棄的痛苦，反而瀰漫春日冶遊的輕快。此種解詩反映出漢代士人將春日男女相會的豐產儀式從道德角度進行砭刺和訓解的風氣。再如王風周南之〈汝墳〉提及「未見君子，惄如調飢」，毛傳認為「惄」為「飢」之意，鄭箋則更明白指：「未見君子之時，如朝飢之思食」，由於男女之情欲渴望往往以飲食之飢渴為喻，故此處就詩表面意涵應與男女情事相關。又下段提及「魴魚頳尾，王室如燬，雖則如燬，父母孔邇」，後二句與〈將仲子〉：「仲可懷也，父母之言亦可畏也」有異曲同工之妙。但何謂「魴魚頳尾」，毛傳認為指：「魚勞則尾赤」，鄭玄引申其義認為是：「君子仕於亂世，其顏色瘦病如魚勞則尾赤」。但觀《左傳·哀公十七年》引：「如魚竀尾，衡流而方羊」，鄭眾認為是：「魚勞則尾赤，方羊遊戲，喻衛侯淫縱」❺❷，則魚與男女情欲象徵關係密切。同時就「魚」的意象來看，往往與

---

❺❷　《毛詩》卷一之三〈周南·汝墳〉，頁 43-44，鄭箋、孔疏。《左傳》，卷十六〈哀公十七年〉，頁 1045 孔疏引。

豐產生殖密切相關，成為男女性愛之隱語。❺❸以思念之飢渴、耽心被離棄，以及魚與情欲之隱喻來看，此詩所述應為男女情欲之事。但小序認為此詩為：

> 道化行也。文王之化行乎汝墳之國，婦人能閔其君子，猶勉之以正也。❺❹

《魯》詩亦認為此詩旨在贊美周大夫之妻能匡夫於道。因為「生於亂世，不得道理而迫於暴虐，不得行義然而仕者，為父母在也。」❺❺因為生於亂世，迫於「父母孔邇」，故而須極為勞苦的行公務。鄭玄將「魴魚赬尾」進行再次訓解：

> 君子仕於亂世，其顏色瘦病，如魚勞則尾赤。所以然者，畏王室之酷烈，是時紂存。

並解「父母孔邇」為：

> 辟此勤勞之處，或時得罪，父母甚近，當念之以免於害，不能為疏遠者計也。

---

❺❸　詳參《聞一多全集·神話與詩》（臺北：里仁書局，2000 年），〈說魚〉，頁 117-138。

❺❹　《毛詩》，卷一之三〈汝墳〉，頁 43。

❺❺　《詩三家義集疏》，卷一〈汝墳〉，頁 56。

以凸顯士君子勤於公務之形象。則「魴魚赬尾，王室如燬」等形容情欲之熾烈語，轉而為士人稟公行孝之形象，思君子極為飢渴的女子，轉而為勸諫丈夫「國家多難，惟勉強之，無有譴怨，遺父母憂」的匡夫以道的賢妻。漢代此類解詩的例子極多，此處不一一例舉。《詩》作許多來自民間，又經過文人的潤色和詮釋❺❻，因此，如國風等作品往往仍殘存民風男女的慕戀與豐產儀典的痕跡。先秦至漢代尚未發展為後代的純文學觀念，因此「文學」指文章濟世之學，在漢代與淑世、言志傳統密切相關。《詩》在漢代成為貴族及士人的重要讀物，在童蒙初學及女子教育均讀《詩》的情況下，《詩》成為教育的重要環節。如此背景下，詩序、漢人對《詩》的傳記、箋注往往從透露出許多值得深究的訊息，如何詮釋《詩》反映出漢人對於道德及教化的態度與看法。

---

❺❻ 《詩》是否出於民間？有關此問題，可詳參屈萬里，〈論國風非民間歌謠的本來面目〉，《詩經研論集》（臺北：臺灣學生書局，1992 年），頁 19-38。此篇文章由形式不類民間歌謠、用雅言、用韻、語助詞、代詞的使用，推論國風諸詩經過雅化的過程。因此其體例及用詞之風格，多少染上貴族典雅的風格；故《詩》儘管可能采自民間，但亦經宮廷樂師之編輯而成。如《國語》，卷一〈周語上〉有采詩、獻詩之事：「天子聽政，使公卿至於列士獻詩……庶人傳語」、〈晉語〉；「吾聞古之王者，政德既成，又聽於民，於是乎使工誦諫於朝，在列者獻詩使勿兜，風聽臚言於市，辨妖祥於謠，考百事於朝，問謗譽於路。」亦反映出詩由民俗而逐漸轉入典雅殿堂的風格與特色。此問題進一步詳細論述又見於葉國良，〈詩經的貴族性〉，《經學側論》（新竹：國立清華大學出版社，2005 年），頁 37-61。

第二節　民歌樂府、古詩中的
桑中之作及德色議題

一、與桑林、桑中有關的作品及其特色

　　前章在論及女德問題時，首要焦點在於德色的衝突。儒家強調好德不好色，就男子來說，不沉溺於美色，並選擇具禮義教養的女子與之配匹。就女子來說，當以禮儀、道德修身，隱藏美色，若美色與德性發生衝突，寧可捨棄美色。前章所述《列女傳》中醜女具備德性，而美女往往具有使人失德的性質，美色與德性二者具有強烈衝突性，在劉向記述的烈女形象中，同時具備美色者與德性者微乎其微。但《列女傳》畢竟是以儒家思想寫成的教化性文本，與挾帶庶民情趣及文人情色想像的古詩樂府、賦作仍有差距。在詩賦作品中多極盡描寫婦女容色之好，同時具美色之女子，往往亦不失為貞德之女，德色關係的緊張感，大為緩解。詩賦描寫女子不僅著重容色美麗，亦喜描述衣著鮮麗、舉止活潑、言辭伶俐的形象，與禮教及《列女傳》、《女誡》中安貧、衣著簡素、不苟訾、不苟笑、言語嚴肅的貞女形象有很大的差別。其守貞亦透過言語的機鋒、喜劇的特質呈現，**❺❼**與禮教歌頌的守貞婦女動輒毀容、自盡以成就貞德的血淋淋形象亦有天壤之別。同時古詩、樂府中的女性不但自身

---

❺❼　透過言辭之交鋒，突破禮教之禁令與男女之防，達到鬆動僵固結構，而灌注以新的生命活力，有關言辭交鋒與淫言穢語對於禮教的鬆動與狂歡特質，詳參巴赫金著，李兆林、夏忠憲譯，《拉伯雷研究》（石家莊：河北教育出版社，1998 年）。

守貞，對於丈夫另有所愛亦反應激烈，與《列女傳》中對於丈夫另有所愛的不妒、經史書中強調因不妒，能使丈夫雨露均霑的修養❸，亦差距甚遠。

先秦詩歌中的桑林主題常出現奔女、游女，而至漢代以後桑林主題仍然餘韻裊裊，雖然婦女之形象，因其所屬的時代背景而有所轉變，奔女、游女漸轉為守節之女，但男女調嘻的餘味仍存，以最具有典範特色的羅敷形象來看：

> 日出東南隅，照我秦氏樓。秦氏有好女，自名為羅敷。羅敷
> 憙蠶桑，採桑城南隅。青絲為籠係，桂枝為籠鈎。頭上倭墮
> 髻，耳中明月珠。緗綺為下裙，紫綺為上襦。行者見羅敷，
> 下擔捋髭鬚；少年見羅敷，脫帽著帩頭。耕者忘其犁，鋤者
> 忘其鋤。來婦相怨怒，但坐觀羅敷。使君從南來，五馬立踟
> 躕。使君遣吏往，「問是誰家姝？」「秦氏有好女，自名為
> 羅敷」「羅敷年幾何？」「二十尚不足，十五頗有餘」使君
> 謝羅敷：「寧可共載不？」羅敷前置辭：「使君一何愚，使
> 君自有婦，羅敷自有夫。東方千餘騎，夫婿居上頭。何用識
> 夫婿，白馬從驪駒。青絲繫馬尾，黃金絡馬頭。腰中鹿盧
> 劍，可直千萬餘。十五府小史，二十朝大夫。三十侍中郎，
> 四十專城居。為人潔白皙，鬑鬑頗有鬚。盈盈公府步，冉冉

---

❸ 如《毛詩》，卷一之二〈螽斯〉，頁 35，螽斯，漢人註解從不妒、廣子嗣來解讀。可參考拙作〈漢代經師對媵婚制度的理解及其主張的背景〉，《臺大中文學報》，16 期（2002 年 6 月），頁 49-104。

府中趨。坐中數千人，皆言夫婿殊。❺❾

先以整體風格來看，此詩的活潑情調，應與其來自民間的活潑生命力有關，❻❶沈約（441-513）於《宋書》卷二十一引述名為《羅敷》的詩歌，並註明為「古辭」❻❶。郭茂倩《樂府詩集》名為〈陌上桑〉，詩歌內容主要為「羅敷喜蠶桑，採桑東南隅。」為桑林中採桑之作。前文已經提及採桑之作具有濃厚的豐產儀典的積澱，因此，〈陌上桑〉不但是勞動、著重蠶桑的顯示，同時亦勾引起採桑女與豐產、性、奔女、淫佚等一連串意象的親密關係。淫佚之採桑女受到禮教的薰染，雖以拒絕男子的貞女形象出現，但語言之潑刺，色澤之明麗，風格以喜劇方式呈現❻❷，則仍保留了神話及豐產儀典的餘韻。

以〈陌上桑〉中之羅敷形象的描寫來看，極盡盛妝之飾：「青

---

❺❾ 《樂府詩集》，卷二十八〈陌上桑〉，頁 410-411。

❻❶ 如房玄齡等撰，《晉書》（臺北：鼎文書局，1979 年），卷二十三〈樂志〉，頁 716 指出：「凡樂章古辭，今之存者，並漢世街陌謠謳，江南可採蓮，烏生十五子，白頭吟之屬是也。」

❻❶ 沈約，《宋書》（臺北：鼎文書局，1979 年），〈樂志三〉，頁 617 稱此作為〈艷歌羅敷行〉。《玉臺新詠》卷一做〈日出東南隅行〉。

❻❷ 弗萊（Northrop Frye）融鑄心理、人類學的視野與研究成果，提出原型批評的視野，認為時序反映宇宙生命之主題，並且以原型的形式存在於神話及文學的敘事結構中。將春、夏、秋、冬四季以日之出生與死亡分為黎明、天頂、日落、黑暗各階段。春季與再生、復活以及擊敗黑暗、嚴冬與死亡之神話密切相關。表現在文學的主題上則為喜劇類型。詳參諾思羅普·弗萊（Northrop Frye）著，陳慧、袁憲軍、吳偉仁譯，《批評的解剖》（天津：百花文藝出版社，2006 年），頁 225-350。

絲為籠係，桂枝為籠鉤。頭上倭墮髻，耳中明月珠。緗綺為下裙，
紫綺為上襦。」極盡美飾，與前章強調賢女的清簡形象大不相同。
此種描述透過行者、少年、耕者、鋤者、使君等男性的觀看的角度
呈現，透露出羅敷為男性觀看者的欲望之所在（與禮教中極力隱藏自身
之貞女有極大不同）。其中採桑之竹籠、桂枝亦透顯出桑林、神聖植
物的特殊氛圍。❸而明月之珠除了華美之飾盛外，還與「月」與
「珠」所帶有的豐厚陰性象徵有關❹，亦應合桑中所具有的豐產之

---

❸ 桂具有神聖的特殊性，如《楚辭補注》，〈九歌·湘夫人〉，頁 67：「桂棟
 兮蘭橑，辛夷楣兮藥房。」湘夫人所居以神聖草木桂、蘭、藥等為之。由森
 立之，《本草經考注》（上海：上海科學技術出版社，2000 年），頁 56-
 58、164-165、400-402，桂能「治百病」、「和顏色」，久服能使人「輕身
 不老」，「面生光華媚好，如童子」。蘭能使人「益氣輕身，不老，通神
 明」。藥，洪興祖認為是「白芷」，能使人「長肌膚」而面部「潤澤」。均
 與豐產、再生密切相關。亦可與桑林之氛圍相應。

❹ 月為陰性的象徵，在神話、儀式上多所運用，詳參艾勒斯（Eisler, Riane），
 《聖杯與劍：男女之間的戰爭》（北京：中國社會科學出版社，1995 年）。
 由《禮記·昏義》來看，天子為日之象徵，后為月之象徵，月與女性及女性
 的生育力密切相關。因此經師如鄭玄等主張於產育、后宮行房中，夫人與群
 妃均「仿月紀」。至於珠，《國語·楚語下》提及玉與珠有禦水旱、庇廕嘉
 穀的神秘功能。珠與玉均有抵禦邪氣及再生的功能，因此於喪葬、飯含時往
 往被使用，以祈死者靈魂得以不死而再生，《周禮》，卷二十〈典瑞〉，頁
 316 提及：「大喪，共飯玉，含玉」，所含之玉，其形制「璧形而小」，鄭
 司農認為含玉有璧、琮之形。可再參考《周禮》，卷六〈玉府〉，頁 96：
 「大喪供含玉」，鄭注。除了天子含用璧，飯碎玉外，諸侯含亦以璧，詳參
 《禮記》，卷四十一〈雜記〉，頁 727：「含者執璧將命」、《周禮》，卷
 二〈大宰〉，頁 37。除了用玉外，亦有用珠者，如《左傳·成公十七年》記
 聲伯夢河神賜予瓊瑰而食之，淚下化為珠玉盈滿懷中。聲伯認為是個凶兆，
 因為瓊為玉、瑰為珠，食珠、玉正為死後含珠玉的象徵，可見春秋時期卿大

暗流。古詩與樂府中頗多對女子容色及衣飾的著意描述，即使是〈羽林郎〉中的烈女胡姬，雖然拒絕追求者的態度十分剛烈，但人物出場時，描寫亦十分華麗：

> 胡姬年十五，春日獨當壚。長裾連理帶，廣袖合歡襦。頭上藍田玉，耳後大秦珠。兩鬟何窈窈，一世良所無。一鬟五百萬，兩鬟千萬餘。❻❺

　　胡姬之出場首先著墨即為年紀、春日。胡姬正值任脈通、天癸動的思春之年，其季節則為萬物豐產的春季。值得注意的是，胡姬之描寫透過男性觀視而極盡誇富之能事，具有極強的視覺性。〈陌上桑〉亦還不時流露誇富的意味，從羅敷拒絕使君的追求，以誇耀丈夫之儀表、富貴、官職，希望追求者知難而退中，卻也不時流露出樂府作者對黃金、儀表、官位等條件的重視。❻❻其與禮書、《列女傳》、《女誡》中受到嚴格之禮教規訓，女子寡言笑、寡欲、清簡，面對男子搭訕時須迴避形成強烈對比。不只如此，羅敷之美使得世人為之駐足，而忘記了眼前的工作：「少年見羅敷，脫帽著帩頭。耕者忘其犁，鋤者忘其鋤。來歸相怒怨，但坐觀羅敷。使君從

夫有以珠、玉為含的現象。

❻❺　《樂府詩集》，卷六十三〈雜曲歌辭・羽林郎〉，頁 909。

❻❻　清代的吳景旭從道德角度對〈陌上桑〉中的羅敷形象進行批評：「使若其夫不有東方騎，不為侍中郎，不作專城居，乃得從使君之載歟？」詳參吳景旭，《歷代詩話》（臺北：臺灣商務印書館，1986 年），卷二十四，頁165。

南來，五馬立踟躕。」男因美色而廢耕、怠職往往正是禮教所極欲避免的情況，而此種尤物之女往往使人破壞禮教及倫理秩序而成為可怕的存在。《羽林郎》中胡姬反映潑剌直斥霍家奴的行為，不惜以生命為代價：「不惜紅羅裂，何論輕賤軀。男兒愛後婦，女子重前夫。人生有新故，貴賤不相逾。多謝金吾子，私愛徒區區。」則又與其前所強調的盛飾容冶之充滿欲望的形象成為強烈對比。二則作品雖然皆反映女子以貞潔自持的形象，同時又較強調女性面對誘惑時的倫理趨向，但其中均瀰漫一種節奏歡快、活潑的情調，男女對話風格潑剌。此時禮教中強調的美色與德性的衝突暫時被打破了，具有誘惑性的女子，同時也是守德之女，可知儒家守禮義及守貞想法轉至民間、詩歌中形象變得更為活潑歡快。❻❼但從禮教的角度，對此種轉變往往顯得不安，於是如傅玄改寫〈陌上桑〉之作的〈豔歌行〉，因受到禮教影響而發生人物形象上改動的狀況，其將美色使人忘耕的部分刪去，卻也使得喜感頓時減殺。更重要的是，原作的羅敷與使君之對話充滿潑剌的生命力，改作後只剩下：

> 遣吏謝賢女：「豈可同行車」斯女長跪對：「使君言何殊！
> 使君自有婦，賤妾有鄙夫。天地正厥位，願君改其圖。」❻❽

羅敷一轉而為貞女形象，其未與男子有過多的攀談，更未誇耀丈夫

---

❻❼ 同時《陌上桑》、《羽林郎》、秋胡戲妻故事還反映東漢末官員橫行民間，調戲民女的社會現實。

❻❽ 《樂府詩集》，卷二十〈豔歌行〉，頁 417-418。

的儀表、官職種種，而立刻以「天地正厥位」向男子彰示倫常之道，使得男子知難而退。**⑲**此種改動反映出從禮教角度觀看〈陌上桑〉的不安與焦慮。

　　不論從禮教角度所湧起的不安如何強烈，桑林之精魂始終不絕如縷，〈陌上桑〉後以羅敷及採桑為主題的創作及仿作之作品很多**⑳**，亦往往歌頌美色之好、感嘆蠶飢之急切。蠶與春季之繁育儀典及產育意象密切相關，蠶飢、桑萎喻春情之急切，難可等待。**㉑**此類主題影響頗遠，如南北朝後之作品《采桑度》，敘述「蠶生春三月」時採桑女姿容正盛：「冶遊採桑女，盡有芳春色，姿容應春媚，粉黛不加飾」，此時歡情漫溢，故而「語歡稍養蠶」、「桑葉常不周」，蠶飢正是歡情漫溢所致，又隱喻當事者之情飢。而當事者成其好合：「春日採桑時，林下與歡俱」，使得勞動之蠶事荒

---

⑲　此番改動使得梁啟超於《中國之美文及其歷史》（北京：東方出版社，1996年），第一章〈古歌謠及樂府〉，頁 63，批評其「臭腐得不可嚮邇」。

⑳　如以〈陌上桑〉、〈採桑〉、〈艷歌行〉、〈羅敷行〉、〈日出東南隅〉為題進行創作，內容多為採桑女情懷、美人姿貌、男女情思與怨情，形式上多採五言體。有關魏至唐代仿作情況的歸納，詳參劉德玲，《樂府古辭的主題與流變──以漢至唐為斷限》（臺北：花木蘭文化出版社，2008 年），頁134-138。

㉑　歌頌美色之好，在此類作仿作中最為顯題，此處不一一例舉。至於言蠶飢者亦為一再出現之關鍵詞，如《樂府詩集》卷二十八〈相和歌辭〉，頁 412-418，引〔梁〕吳均：「蠶飢妾復思，拭淚且提筐」、王筠：「春蠶朝已老，安得久彷徨」、七名氏：「蠶飢心自急，開奩妝不成」、常建：「非但畏蠶飢，盈盈嬌路傍」、姚翻：「桑間視欲暮，閨裏遽飢蠶」、劉邈：「蠶飢日欲暮，誰為使君留」、沈君攸：「南陌落光移，蠶妾畏桑萎」、〔陳〕顧野王：「使君徒遣信，賤妾畏蠶飢」。

怠,終致:「養蠶不滿百,哪得羅繡襦」、「爛熳不成絲,徒勞無所獲」的結果。❷此詩點出具有繁育意象的「春日」,帶有濃厚繁育意象的「蠶」,以及男女野合的歡快場景,與先秦時之桑林之會男女實是一脈相承。

　　轉動採桑女形象,如前文所述還有一種重設策略,即是將採桑美人之形象從君臣遇合的角度進行理解和體會,透過「美女者,以喻君子」,從「君子有美行,願得明君而事之」的角度進行敘事和詮釋。如曹植〈美女篇〉所述:「美女妖且閑,采桑歧路間」,其間雖然對其姿容美色有不少華麗描寫:「攘袖見素手,皓腕約金環。頭上金爵釵,腰佩翠琅玕。明珠交玉體,珊瑚間木難」,其神采亦靈逸生動:「顧眄遺光采,長嘯氣若蘭」。眾人雖為之傾倒、忘餐,但此等美人心「慕高義」,感嘆「求賢良獨難」,終至「盛年處房室,中夜起長歎」❸,其對德色關係之瞭解轉而深刻豐富。至魏晉南北朝時文風上對神女、採桑女容色有極多細緻描述,著重其美感之欣趣,採桑女之形象及採桑之作的風格亦有不少轉變,少了男女的言辭交鋒、道德的試煉,而多了細緻的容色、儀態描寫。❹採桑之作的風格變化與東漢士人於賦作中既歌頌神女之美色,又承繼先秦以來透過神女以進行勸諫及發抒君臣關係的傳統有關,而

---

❷　《樂府詩集》,卷四十八,頁 709。

❸　《樂府詩集》,卷六十三〈美女篇〉,頁 912-913。

❹　如《樂府詩集》,卷二十八〈日出東南隅行〉,頁 419,此詩雖承〈陌上桑〉、〈豔歌行〉而作,但通篇最令人印象深刻的為容色、衣著、儀態之細膩描寫:「美目揚玉澤,峨眉象翠翰。鮮膚一何潤,秀色若可餐。窈窕多容儀,婉媚巧笑言。」

細描神女容色、儀態之美的風氣，又與東漢文風的轉變正相應合。
（詳後文）

　　桑中之作風格的轉變，除了豐產儀典的遺緒外，亦受到所處時代文化、風俗的影響。如東漢張衡一方面作兩都賦等歌頌帝國宏圖霸業之作，另一方面於詩有〈同聲歌〉、〈四愁詩〉等作品，應是受到房中風氣影響❼❺。《同聲歌》明顯在歌頌男女相合，與其另一首詩作：「天地烟熅，百卉含蕤，鳴鶴交頸，睢鳩相和。處子懷春，精魂回移，如何淑明，忘我實多。」❼❻實是一脈相承：

> 邂逅承際會，得充君後房，情好新交接，恐慄若探湯。不才勉自竭，賤妾職所當。綢繆主中饋，奉禮助蒸嘗。思為莞蒻席，在下蔽匡牀。願為羅衾幬，在上衛風霜。洒掃清枕席，鞞芬以狄香。重戶結金扃，高下華燈光。衣解巾粉御，列圖陳枕張。素女為我師，儀態盈萬方。眾夫所希見，天老教軒皇。樂莫斯夜樂，沒齒焉可忘。❼❼

此詩歌頌男女房中之樂，《樂府解題》謂：「言婦人自謂幸得充閨房，願勉供婦職，不離君子，思為莞簟……繢繪枕席，沒齒不忘焉」，但又不能免俗的指此詩主要在「以喻臣子之事君也」。雖然後人認為張衡〈四愁詩〉主要在「效屈原以美人為君子」、「思以

---

❼❺　林富士，〈略論早期道教與房中術的關係〉，《中國文哲研究集刊》72 卷 2 期（2001 年 2 月），頁 233-300。

❼❻　《後漢書》，卷五十九〈張衡列傳〉，頁 1930。

❼❼　《樂府詩集》，卷七十六〈同聲歌〉，頁 1075。

道術為報」❼❽，具有強烈寄託之意。然而《同聲歌》等寫作卻直接
對男女合氣進行歌頌，於賦作中此時期之作品對於女色之態度亦較
其前有所轉變，反映出社會風氣轉變，房中術之背景對創作的影
響。❼❾（詳後文）

二、古詩、樂府詩中豐富、活潑的女性形象

　　古詩、樂府中的婦女形象頗多來自民間的情調，其間所反映女
性之形象，可與經史書中所記述的女德形象相互映證，亦能由其間
風格之同異理解民風與禮教間的關係。

　　秋胡故事點出禮教角度婦人若遇人不淑，若不堪與仁義俱失者
共處，亦無法再嫁，只能以死解脫其間困境。但在詩歌中所表現的
庶民情調則常違背劉向《列女傳》及《女誡》之不妒，而能和於室
人，能使丈夫廣接、廣施，以達到繁育子嗣的通達知禮形象。詩作
中不時強調男子亦應鍾情和貞定，否則婦女即以強烈態度回應，如
〈上邪〉：

　　　　上邪，我欲與君相知，長命無絕衰。山無陵，江水為竭，冬
　　　　雷震震，夏雨雪，天地合，乃敢與君絕。❽⓪

---

❼❽　逯欽立輯校，《先秦漢魏晉南北朝詩》（臺北：木鐸出版社，1983 年），卷
　　　六〈四愁詩〉，頁 180。逯欽立指出詩前之序乃「後人偽託，而非張衡所
　　　作」，並舉王觀國《學林》為證。

❼❾　林富士，〈略論早期道教與房中術的關係〉，《中國文哲研究集刊》72 卷 2
　　　期（2001 年 2 月），頁 233-300。

❽⓪　《先秦漢魏晉南北朝詩》，卷四〈上邪〉，頁 160。

〈有所思〉：

> 有所思，乃在大海南，何用問遺君，雙珠玳瑁簪。用玉紹繚
> 之，聞君有它心，拉雜摧燒之。摧燒之，當風揚其灰。從今
> 以往，勿復相思，相思與君絕。雞鳴狗吠，兄嫂當知之。秋
> 風肅肅晨風颸，東方須臾高知之。**⑧**

又如〈白頭吟〉：「皚如山上雪，皎若雲間月，聞君有兩意，故來
相決絕」，並重申「願得一心人，白頭不相離」。**⑧**以上詩中女子
對情感的強烈與坦率與《詩經》國風的精神較為相近，與禮教期待
之婚前嚴守男女之防，即使與家族內男子亦極力防嫌態度相去甚
遠。也正因此至後代學者詮釋〈有所思〉時，往往感到不安，在詮
釋上亦從有所寄託的角度進行詮釋。如將〈有所思〉詮釋為徒言離
思，甚或從孝道角度進行詮釋。**⑧**或如將〈白頭吟〉理解為：「自
傷清直芬馥，而遭鑠金玷玉之謗」，從君臣關係以喻「君恩以薄」

---

⑧　《先秦漢魏晉南北朝詩》，卷四〈有所思〉，頁 159-160。

⑧　《樂府詩集》，卷四十一〈相和歌辭〉，頁 600。

⑧　郭茂倩，《樂府詩集》（臺北：里仁書局，1981 年），卷十六〈鼓吹曲辭·
有所思〉，頁 230。《樂府解題》選提及〔齊〕王融〈如何有所思〉、
〔梁〕劉繪〈別離安可再〉均僅言離思而已。而〔宋〕何承天〈有所思篇〉
提及：「有所思，思昔人，曾、閔二子養養親」則主在傳達：「生罹荼苦，
哀慈親之不得見也。」可見〈有所思〉之作至後代之擬作往往隨其情境而有
新的生命，並不限於男女之情，甚至在詮釋漢代此〈有所思〉之作時亦受其
存在情境影響而從亂離或孝親等角度進行理解和詮釋。

的角度進行詮釋。**❽**

詩歌中之女子形象往往磊落明快,再舉〈隴西行〉為例:

> 好婦出迎客,顏色正敷愉。伸腰再拜跪,問客平安不?請客
> 北堂上,坐客氈氍毹。清白各異樽,酒上玉華疏。酌酒持與
> 客,客言主人持。却略再拜跪,然後持一杯。談笑未及竟,
> 左顧勅中廚。促令辦粗飯,慎莫使稽留。廢禮送客出,盈盈
> 府中趨。送客亦不遠,足不過門樞。取婦得如此,齊姜亦不
> 如,健婦持門戶,亦勝一丈夫。**❽**

其間雖然提及婦女宴客時於「北堂」上、「異樽」、「足不過門
樞」等禮教規範。然而詩作一開頭形容婦女之顏色敷愉、迎客、共
飲、送客等行為則並不合禮教規範。由其中親自主饋:「左顧勅中
廚。促令辦粗飯」顯現健朗的民間風格**❽**,詩作末尾言「健婦」、
「持門戶」、「勝丈夫」,亦非禮教之言,也與貴族用語風格不
同。因此後代若從禮教角度進行評點則往往有異言,如《采菽堂古
詩選》卷二陳祚明:

> 迎客豈婦人之事,今始終訓酢,成禮而退,如此真異事,不

---

❽ 《樂府詩集》,卷四十一〈相和歌辭〉,頁 599-600,《樂府解題》舉〔宋〕
　　鮑照、〔陳〕張正見、〔唐〕虞世南所作,以為評論。

❽ 郭茂倩,《樂府詩集》,卷三十七,頁 542-543。

❽ 郭茂倩,《樂府詩集》,卷三十七,頁 542 引吳兢《樂府解題》:「始言婦
　　有容色,能應門承賓;次言善於主饋;終言送迎有禮。」

　　欲斥言譏之，末四句反用稱美語，寓諷於頌。**⑧**

與其以「寓諷于頌」如此曲折方式進行解釋，不如從詩歌所反映的階級生活不同，以及詩歌之風格不同於經史文獻之典雅守禮來看，恐怕更為恰切。從禮儀的角度，婦人能否迎客，婦人的活動空間，以及使用酒樽等規範均與此詩中的婦女形象頗有差距。而樂府、漢賦中極盡侈麗的婦女形象，也與禮書規範有別，這或許能從漢代時民間男女風氣較放鬆，庶民對富貴華飾之渴慕，以及士人的情色想像著眼，甚至還保留了民俗豐產祭儀中的狂歡性質。

　　至於漢代樂府及古詩中常常出現的浪子、蕩子，以及思婦情感描寫，如《文選》，卷二十九〈青青河畔草〉：「昔為倡家女，今為蕩子婦。蕩子行不歸，空牀難獨守。」、〈東城高且長〉：「蕩滌放情志，何為自結束。燕趙多佳人，美者顏如玉。」除了倫理意識淡薄的角度，更應置於漢末亂離的背景下進行理解。**⑧**

　　除了民風的特色及時代的背景，禮教亦不時滲透民間生活，有關婦女生活之描寫頗多女德的觀念和形象滲透其中。在禮書中，婦女最重要的工作及職掌即為織紝，織紝既象徵著宇宙的繁育，同時能夠供給祭祀及家內之衣物，更重要的是透過織紝，以使婦女免於淫佚。因此不論貴族或平民婦女均以織紝為其重要工作。在詩作中一再出現婦女織紝的形象，甚至還將之作為評斷婦女賢能與否的標

---

⑧　陳祚明評選，李金松點校，《采菽堂古詩選》（收於《續修四庫全書》，上海：上海古籍出版社，2002 年），卷二，頁 621。

⑧　桀溺，〈牧女與蠶娘──論一個中國文學題材〉，見錢林森編，《牧女與蠶娘──法國漢學家論中國古詩》（上海：上海古籍出版社，1990 年）。

準。如古詩〈上山採蘼蕪〉中下堂妻問前夫，新婦如何，前夫比較
二女子的優劣主要從織紝著眼：「新人雖言好，未若故人姝。顏色
類相似，手爪不相如」、「新人工織縑，故人工織素。織縑日一
匹，織素五丈餘。將縑來比素，新人不如故。」⑧。又如東漢古詩
〈焦仲卿妻〉中，歷述劉蘭芝婦德之好，先鋪陳其：「十三能織
素，十四學裁衣。十五彈箜篌，十六誦詩書。」，讚賞其精通女
工、詩書、音律。但十七嫁為人婦後，則主要描寫：「雞鳴入機
織，夜夜不得息。三日斷五疋，大人故嫌遲。非為織作遲，君家婦
難為。」織紝成為其生活之寫照。⑩女子之織紝又得到天官中之星
象的保障，是神聖的複製，星神織女「纖纖擢素手，札札弄機杼」
⑩既與當時對宇宙秩序、豐產之神話密切相關，⑫同時亦將婦女之
織紝與神聖化育相關聯，在此關聯中又將之美學化了。

　　詩作中又往往反映其時社會文化中對女德的觀感，如班固《詠
史》對緹縈救父的行為十分賞識，發出：「百男何憒憒，不如一緹
縈」的讚嘆。⑬而樂府中又有對婦女行復讎義舉的讚嘆，如〈秦女

---

⑧　《先秦漢魏晉南北朝詩》，卷十二〈古詩五首・上山採蘼蕪〉，頁 334。

⑩　《樂府詩集》，卷七十三〈焦仲卿妻〉，頁 1034。《先秦漢晉南北朝詩》，
　　卷十〈古詩為焦仲卿妻作〉，頁 283。歐陽詢著，汪紹楹校，《藝文類聚》
　　（上海：上海古籍出版社，1999 年）〈人部・閨情〉，卷三十二，頁 563，
　　〈孔雀東南飛〉。

⑩　李善注，《文選》（臺北：五南圖書公司，1994 年），卷二十九〈古詩十九
　　首〉，頁 744。

⑫　小南一郎著，孫昌武譯，《中國的神話傳說與古小說》〈西王母與七夕傳
　　承〉（北京：中華書局，1993 年），頁 1-128。

⑬　《先秦漢魏晉南北朝詩》，卷五〈班固・詠史〉，頁 170。

休行〉贊嘆女休「為宗行報讎」、「殺人都市中」的義舉。❹此與漢時重復讎背景，以及視復讎為忠與孝等德性的實踐風氣有關。❺

　　儘管古詩及樂府受到民風影響，其風格與婦女形象與禮教所崇尚有許多差異，但亦不能完全自外於禮教之薰陶。東漢時禮教推行漸深入民間，透過孝廉擇才，使得孝廉成為入仕重要管道的背景下，對於婦女之德性要求亦相對較嚴。東漢社會風氣對於嫌貧愛富的女性形象的譴責，似乎較西漢更為嚴苛。在西漢時朱買臣妻、陳平嫂嫌貧愛富似乎未引起多大的社會譴責，但至東漢，如《後漢書·獨行列傳》中李充因家貧而和兄弟六人同食共衣，妻子因家貧認為「難以久安」，而考慮以所積聚之私財「分異」，此事竟引發休妻的後果。李充在處理此事時假借「呼鄉里內外，共議其事」，而使其婦置酒宴客，動用群眾力量，當眾休妻，也可看出當時的社會風習與西漢時已有不同。此種社會風氣的差異，亦反映在作品所呈現的風格差異上。東漢詩作頗多描寫妻子操持家庭、生死不渝的形象。如〈婦病行〉妻子臨終托孤：「屬累君兩三孤子，莫我兒飢且寒，有過慎莫笪笞，行當折搖，思復念之。」❻〈豔歌何嘗行〉以白鵠作比，描寫夫妻生離死別。丈夫悲嘆：「樂哉新相知，憂來

---

❹　而晉代之傅玄亦仿作歌頌龐氏之烈婦：「猛氣上干雲霓，仇黨失守為披攘，一市稱烈義，觀者收淚並慨慷」，終至贊嘆：「百男何當益，不如一女良。」詳參《樂府詩集》，卷六十一〈秦女休行〉，頁886-887。

❺　李隆獻，〈兩漢復仇風氣與《公羊》復仇理論關係重探〉，《臺大中文學報》27期（2007年12月），頁71-121、林素娟，〈先秦為君、父復讎所涉之忠孝議題及相關經義探究〉，《漢學研究》24卷1期（2006年6月），頁35-70。

❻　《樂府詩集》，卷三十八〈婦病行〉，頁566。

生別離，踽踽顧群侶，淚下不自知」，妻子則安慰丈夫：「念與君別離，氣結不能言。各各重自愛，遠道歸還難。妾當守空房，閉門下重關。若生當相見，亡者會黃泉。」**❾⁷**〈神烏賦〉亦以烏作比，述說夫妻生死不渝的情感。〈箜篌引〉老婦為瘋癲的丈夫殉情**❾⁸**。〈東門行〉中貧困已極，婦人仍發出：「他家但願富貴，賤妾與君共餔糜」之歎。**❾⁹**一方面反映出當時社會生活的具體情狀，另一方面亦歌頌婦女不論貧病均不離夫等安貧、貞潔形象。再如古詩〈孔雀東南飛〉反映漢末建安時期婦女的婚姻生活與家長權力等問題。劉蘭芝不得婆婆喜愛，若根據《禮記・內則》：「子甚宜其妻，父母不說，出。」的原則，以及《大戴禮記・本命》：「婦有七去」其中不順父母可去之。劉蘭芝只得被迫離婚再嫁，最終殉情而死**❿**。死前仍留下「君當作磐石，妾當作蒲葦，蒲葦紉如絲，磐石無轉移」之語**❿❶**。一方面傳達禮教的甚深規範，另一方面亦傳達出對

---

❾⁷　《樂府詩集》，卷三十九〈豔歌何嘗行〉，頁 576-577。

❾⁸　崔豹，《古今注》（臺北：臺灣商務印書館，1966 年），頁 757 記錄其詩本事：「朝鮮津卒霍里子高妻麗玉所作也。子高晨起刺船，有一白首狂夫，披髮提壺，亂流而渡，其妻隨而止之，不及，遂墮河水死。於是援箜篌而鼓之，作《公無渡河》之曲，聲甚悽愴，曲終，亦投河而死。霍里子高還，以其聲語其妻麗玉，麗玉傷之，乃引箜篌而寫其聲，……名曰：「《箜篌引》」。詳參《先秦漢魏晉南北朝詩》，《漢詩》，卷九〈樂府古辭・箜篌引〉，頁 255。

❾⁹　《樂府詩集》，卷三十七〈東門行〉，頁 55。

❿　而史書中不順父母被休棄亦頗多例。如《睡虎地秦墓竹簡》（北京：文物出版社，2001 年）〈封診式〉，頁 155-156 有關遷子、告子條中的判列顯示父母掌握子女身體權，若發生不孝的情況，可交由法律處理，甚至流放。

❿❶　《藝文類聚》，卷三十二〈人部・閨情〉，頁 563。

劉蘭芝甚深的同情，而凸顯家長權力的專斷。於此亦能看出詩作的
角度與禮教的角度終究仍有差異。

第三節 漢賦桑林、神女之作 所反映的情色想像與倫理觀

賦作中有不少關於神女的形象以及與情色相關的作品，形成神
女論述的傳統。[102]就由創作的動機與形式來看，往往與諷諫及政治
上君臣關係的投射有密切的關係。尤其〈離騷〉將君臣關係透過男
女關係進行隱喻，於是棄婦成為逐臣之隱喻，求女轉成求賢君或惜
賢才[103]，棄婦與逐臣之隱喻成為士人抒情、言志、勸諫重要的傳
統。透過性別的模擬與轉換，以呈現士人於政治及君臣遇合等關係
中的複雜感受，如學者所謂：

> 女性化意象在辭賦中，也許就成為同是男性的君臣雙方，彼
> 此交涉的身分籌碼，賦家如何出場，君王又是如何觀看，性

---

[102] 學者論述賦作中的神女形象，如張淑香，〈邂逅神女——解〈老殘游記二
編〉逸云說法〉，《中國文學的多層面探討》，《語文·情性、義理學國際
學術會議論文集》（臺北：臺大中文系，1996 年）。鄭毓瑜，〈美麗的周旋
——神女論述與性別演義〉，《性別與家國——漢晉辭賦的楚騷論述》（上
海：上海三聯書店，2006），頁 1-53。

[103] 如康正果，《風騷與絕情》（臺北：雲龍出版社，1991 年），以《離騷》中
之棄婦比喻為失意臣子的「政治失戀」。游國恩，《楚辭論文集》〈楚辭女
性中心說〉（臺北：九思出版社，1977 年），頁 192。指出臣子與君之關
係，往往以妻妾比之於夫的傳統。

別的模擬與轉換，生動地刻劃了政治場中的角力網絡。**⑩**

學者並指出透過男女失遇以喻君臣不合的寫作策略：

> 其實君臣雙方本來都是男性，「求女」的男／女關係與「求
> 君」的男／男關係正可以同時並置，交互比對，而反過來在
> 消極煩憂的現實曲調中，突出「求君」（同性相求）的積極想
> 望。**⑩**

其中又往往透過對話或對話性以展現君臣權力關係的施展以及權力
的複雜對應關係。**⑩**但本文主要焦點不在論述神女類賦作的寫作策
略及作品風格等問題，此類問題學者亦已有不少研究成果。本部分
主要承繼上文有關桑中情色形象，以及關於士人對女體及情色等議
題的思考。雖然士人有關神女之作具有濃厚的政治色彩及諷諫傳
統，但透過敘述以投帝王所好並包裝勸諫的功能，亦能反映出士人
心中對於女色、女體之觀看，及透過觀看反映出的情色心理及欲望
圖式**⑩**。而此圖式中又往往受到當時倫理觀及政教文化的拉扯，傳

---

⑩ 鄭毓瑜，《性別與家國──漢晉辭賦的楚騷論述》（上海：上海三聯書店，
2006 年），頁 6-7。

⑩ 《性別與家國──漢晉辭賦的楚騷論述》，頁 11。

⑩ 《性別與家國──漢晉辭賦的楚騷論述》，頁 4。

⑩ 文學作品中所反映的女性身體美，往往透過男性觀看的視角，反映了男性作
者的淫窺及情色想像。有關約翰·伯格（Berger, John）《觀看的方式》（臺
北，麥田出版社，2005 年）。

達出士人的情色想像和倫理位置。

　　上文已言及採桑女詩作中反映出原始繁育儀典的聖婚遺跡，而神女之作亦見雲夢社祭之繁育儀典的影子，學者亦已點出其聖婚的特質❿。除了聖婚儀典的餘風流傳，神女之形象又在不同的文化脈絡及倫理位置中被不斷論述和重作，在論述和重作的過程中採桑女、神女之形象不斷受到士人心中的女體、女色觀及所屬階級的倫理位置的影響，而呈現不同的敘事策略與風貌。如〈離騷〉之後，採桑女、神女之作在漢代最具代表性的要屬宋玉〈高唐賦〉、〈神女賦〉、〈登徒子好色賦〉，枚乘〈梁王菟園賦〉、司馬相如〈美人賦〉。此類作品對於女體及情色層面頗為著重，〈離騷〉以女德形象、求女之行進行諷諫，並隱喻君臣關係的傳統，在宋玉以後，乃至漢代士人於賦作中雖亦大量使用女性之描寫，但著眼於女色之大量細描和鋪排，使得〈離騷〉以來以棄婦、求女等角度進行諷諫和高度君臣關係隱喻的傳統發生轉化。女色逐漸轉為對帝王權威的展現，原來的濃烈的諷諫傳統逐漸被鋪鋪陳揚麗之風所淡化，甚至造成勸百諫一的後果❿。〈高唐賦〉、〈神女賦〉論者已多，就〈高唐賦〉來看，「高唐」為「雲夢中高唐之臺」⓾，實為神女

---

❿　黃奕珍，〈從「聖婚」觀點看懷王與巫山神女的關係〉，《中國文學研究》8
　　期（1994 年 5 月），頁 197-212。

❿　如《史記·屈原列傳》所謂屈原死後，楚國有宋玉、唐勒、景差皆以辭賦見
　　稱，然而「終莫敢直諫」。如張衡作〈西京賦〉、〈東京賦〉，一方面展現
　　帝國之雄偉，同時又進行諷諫，但辭賦鋪張揚麗之風，往往造成勸百諷一的
　　後果。故揚雄等欲透過漢賦進行諷諫者，終不免發出「賦者，童子彫蟲篆
　　刻，壯夫不為」的呼聲。

⓾　《漢書》，卷五十七〈司馬相如傳〉，頁 2544，注引孟康說。

觀，為神女棲遲之所。李善認為此賦透過假設其事而「風諫婬惑」。⑪透過楚襄王與宋玉的對話，經由宋玉點出了先王游高唐臺而晝寢時夢神女自薦枕席之事。神女自謂巫山之女，而巫山之女據李善注為赤帝女姚姬⑫，據《山海經》所記：名為「女尸」之帝女，死後化為「䔄草」，「服之媚于人」。據袁珂注引〈高唐賦〉瑤姬之言：「我帝之季女，名曰瑤姬，未行而亡，封于巫山之臺，精魂為草，實曰靈芝」⑬姚姬與男女之媚愛關係密切，而神女「旦為朝雲，暮為行雨」之自況，雲與雨均與性愛的象徵相關。雲夢、高唐之地本為男女冶遊之地，⑭高唐之女化為瑤草，為男女情事之媚藥，凡此種種均與男女情事密切相關。而自薦枕席之高唐女透過宋玉的口述，自然挑起了楚襄王極大的欲望。由高唐之臺位於雲夢，與宋之桑林均為男女冶游之處，楚先王於雲夢與巫山女夢交之事，亦有深厚傳統。而〈神女賦〉記楚襄王在宋玉所述故事感發下，對於雲夢的神女之遇充滿期待，宋玉於夜夢中遇神女，對神女

---

⑪ 〔梁〕蕭統編，〔唐〕李善注，《文選》（臺北：五南圖書公司，1994年），〈高唐賦〉，頁 471。

⑫ 據《文選》，〈高唐賦〉，頁 471 李善注所引《襄陽耆舊傳》指出：「赤帝女曰姚姬，未行而卒，葬於巫山之陽，故曰巫山之女。」未成年而卒之女，自薦枕席，其後楚王立觀以祭祀之，學者或以為是冥婚女。如謝聰輝，〈高唐賦中未婚神女神話的民俗意義〉，《中國學術年刊》18 期（1997 年 3月），頁 241-272。

⑬ 袁珂，《山海經校注》（上海：上海古籍出版社，1980 年），卷五〈中山經·姑媱山〉，頁 143。

⑭ 聞一多，〈高唐神女傳說之分析〉，《聞一多全集（一）》（臺北：里仁書局，2000 年），頁 81-116。

之美好，有十分動人的敘述❶。由於太過美好，「狀甚奇異」，因此與夢者初時無法描述，必須「撫心定氣」才能「復見所夢」。亦由於太過美好，無法逼視，對神女之描述並非停格在五官上的細緻描繪，而多為贊嘆之辭：「諸好備矣」、「難測究矣」、「上古既無，世所未見」「瓌姿瑋態，不可勝贊」、「五色並馳，不可殫形」、「詳而視之，奪人目精」。其後對於神女之盛妝姿態有十分細膩華美的描述。此描述投帝王之所好，傳達出君臣對於情色的想像，在此脈絡下，對於從道德角度「有甚美者必有甚惡」之訓誡，似乎顯得多餘而折煞風景。因為君王在此脈絡下，恐怕對於美色所可能帶來的巨大危險之教訓置若罔聞。而宋玉為楚王賦神女，在有關美色之描述後，強調「懷貞亮之絜清兮，卒與我乎相難」、「歡情未接，將辭而去，遷延引身，不可親附」，充滿魅惑力量的神女「似近而既遠」、「若將來而復旋」。神女的矜持與似近實遠，在漢賦中不斷出現，若從情色心理來看，飄忽如夢未落形質的情色之思，恐怕更能使經歷者悵然若失，餘恨無窮。若從君臣關係或諷喻

---

❶　此部分究竟為楚襄王夢神女或宋玉夢神女，由「其夜王寢」開始一連五個王與玉字是否互訛，學者有許多討論。五臣本認為「王寢」、「白玉」等字，王與玉互訛，簡宗梧，《神女賦探究》，收於《漢賦史》（臺北：東大圖書公司，1993 年），頁 115 亦認為神女賦前之序，自「其夜王寢」以下五處玉與王相訛誤。鄭毓瑜亦採此看法。如此校正後夢與神女遇者為宋玉，配合底下宋玉賦神女，並以神女諷陳君王，似乎較為順當。學者亦以此校正解宋玉透過神女論述行希望君王由美色而轉入德性之探求，鄭毓瑜之解釋詳參《性別與家國──漢晉辭賦的楚騷論述》，頁 16-19。但此解亦仍有些值得細思之處，一來若此處為宋玉遇神女，與前〈高唐賦〉之先王遇神女，則形成君臣共事一女的尷尬，同時與〈高唐賦〉之先王遇神女，結構上似乎不甚相應。

的角度來看，則宋玉所要傳達的是對美色的反思，以及君臣關係中
的破裂與挫折感。而就桑林、神女等主題來看，早期桑林之女的歡
快失去了，承載了漢代以後的社會環境及文化脈絡、君臣關係、禮
教審視的厚度和重量。

　　如果說高唐賦、神女賦傳達出瑰麗的情色想像以及士人對在位
者的諷喻，那麼在〈登徒子好色賦〉中對於何謂美色？德色關係如
何？進行了更進一層的思索。此賦透過登徒子、宋玉、章華大夫三
者對於女色態度的差異著眼，進行德色的深度思考。登徒子向楚王
非毀宋玉：「體貌閑麗，口多微辭，又性好色」，希望國君勿使其
出入後宮。宋玉對楚王答辯時將焦點置於好色上，對於「體貌閑
麗，口多微辭」則以「受之於天」、「所學於師」，輕輕帶過。可
見其時君臣最關注的焦點在於「好色」的問題上，「好色」顯然對
於士人的德性及評價具有殺傷力；其出入後宮亦是對統治者權力的
挑戰。然而何謂好色？登徒子與宋玉態度顯然不同。登徒子批評宋
玉形貌美麗，口才便給，愛好美色。而宋玉則就登徒子妻形貌醜陋
而反唇相譏：「其妻蓬頭攣耳，齞脣歷齒。旁行踽僂，又疥且
痔」。登徒子對於如此醜妻卻還「悅之」、「使有五子」，明指登
徒子「飢不擇食」。對比於宋玉自誇，美色當前，投懷送抱，卻一
心不亂，何者較易為色所惑？高下立判。觀宋玉形容東家之子的美
色是：「增之一分則太長，減之一分則太短，著粉則太白，施朱則
太赤。眉如翠羽，肌如白雪，腰如束素，齒如含貝，嫣然一笑，惑
陽城，迷下蔡」，宋玉對於東家之子的描寫透過極為具象的方式強
調其身高、姿態、容色、笑容，同時對其眉、肌、腰、齒均透過比
喻之法，具象描述。面對此等美人，宋玉卻顯得十分矜持：此美人

「登牆闚臣三年，至今未許也」。觀二者對美色的態度透露出極為
有趣的訊息，若由前章從道德角度論德色關係，以及《列女傳》等
對美色的態度來看，美色對於德業是負面而有殺傷力的，因此若能
節制對美色的欲望，才能在德業上專心有成。如此來說，登徒子娶
醜妻，應比況於齊王娶鍾離春，展現棄美色取德義的典範，但此處
反被譏為好色以致飢不擇食，且品味低下。宋玉並不透過對醜女的
忍受而彰顯德性，反倒透過對美色的著意描繪，以及美人的投懷送
抱，凸顯美色當前不為所惑的定力。若從欲望的角度來看，即使登
徒子娶醜妻是壓抑欲望以成就德業的行為，登徒子所為仍然展現過
多的壓抑和對峙感，也就是越壓抑越顯出其對自身欲望的焦慮、恐
懼，和對心性穩定度的沒有把握。至於宋玉在美色當前還能不為所
動，其化被動的壓抑為主動的面對，調節自身之色欲的能力顯然更
雍容而有餘，就此來說，宋玉的「境界」應較登徒子為高。

　　至於章華大夫其對美色的態度較宋玉又別有轉進。其自述少年
時曾遠遊，「周覽九土，足歷五都」，其「從容鄭衛溱洧之間」閱
美無數。與其相較，宋玉所述之美人為鄰家女，二者對美色之眼界
大小的差異即被點出。章華大夫於春末群女出桑之時，游走於鄭衛
溱洧之間，逢遇郊野之採桑女。前文已言及春桑時正是婚育儀典之
時，透過男女無別以促進自然的豐育。章華大夫於此歡情氾溢的整
體大氛圍中，比之於宋玉於自家牆內接受誘惑，恐怕是對欲望更大
的挑戰，難度更高而更不易自守。章華大夫對其與採桑女的遭遇過
程的描述是：

　　　　此郊之姝，華色含光。體美容冶，不待飾裝。臣觀其麗者，

因稱詩曰：遵大路兮攬子袪，贈以芳華辭甚妙。於是處子怳

若有望而不來，忽若有來而不見，意密體疏，俯仰異觀，含

喜微笑，竊視流眄。復稱詩曰：寤春風兮發鮮榮。絜齋俟兮

惠音聲。贈我如此兮，不如無生。

由宋玉對美女容色之描繪與章華大夫之採桑女出場的對比，章華大
夫對美色的傳達未落入具體物象之細部描繪，未如宋玉一般對美人
之眉、肌、腰、齒具體比會，其不著重於形象、「不待裝飾」，而
著重精神相感。因此其對美色之體會與宋玉聚焦之形體容色不同，
強調精神相轉，頗有朦朧之美。章華大夫與採桑女之相接，亦非肉
欲之相接，而是心有靈犀之相通，因此：「意密體疏，俯仰異觀，
含喜微笑，竊視流眄」，二者形體相隔遙遠，但精神相求相會。當
事者雖然亦仍有其欲色之渴求，但由於採桑女自潔而矜莊，即便希
望「贈以芍藥，欲結恩情，而女不受」**⑯**，使得二者僅能「以微辭
相感動，精神相依憑」。愛欲之煎熬使得追求者感嘆「不如無
生」。但美色終究無可貪戀，在「目欲其顏，心顧其義」下，還是
只能「揚詩守禮，終不過差」。章華大夫所述之採桑女與前文所述
從德性教訓下的採桑女形象大不相同，德性教喻下的採桑女，透過
風流、多金之貴族的強力誘惑，而專心守正顯其德性。此處之採桑
女化被動為主動，其「怳若有望而不來，忽若有來而不見」，使得
當事之男子備受煎熬。所以如此，一方面展現其時士人對情欲特質
的瞭解，在既是誘惑又是拒絕，既是渴望又不可及間，將肉體之欲

---

⑯ 《文選》，〈登徒子好色賦〉，頁481，李善注。

轉為絕望的激情，再轉為守禮的自律，透過守禮的自律，而更顯美
女之為美，不因人欲之消耗而失去神聖性，亦不因人欲之放浪而蒙
塵。其點出美色之為「美」，不在肉體之感官，而在精神之相接相
感，亦在對美的喟嘆中，精神莊矜自斂，而不敢褻玩，終於轉為守
禮以成就此美色。如此說來，美之體驗帶給了經驗者極大的精神莊
嚴感，透過情欲終究無法完全得逞，機緣短暫，而正因其短暫使當
事者往往留下極深刻的心靈印記。此於漢賦中言神女、採桑女透過
夢境之迷離恍惚，透過高度的想像，透過可望而不可及，透過短暫
的姻緣創造出情色的美感。此美感已無法純從色欲角度去體會，而
帶有更高的精神性和美學的體味。與前文劉向等道德角度將其從欲
念的勾引來說，顯出了更正面而積極的意涵。因此李善認為：「此
賦假以為辭，諷於婬也」。既然旨在諷諫，恐怕還是難逃君臣關係
的脈絡，若從君臣關係之脈絡詮釋此賦，則對美色之提昇，從肉欲
轉精神固然是對君主勸喻的苦口婆心。而其中美人之難以捉摸，雖
對其充滿熱情，但始終可望而不可及，亦道盡君臣關係中的宛轉與
內心之煎熬。

　　〈登徒子好色賦〉所彰顯出的情色觀至司馬相如所戲仿的〈美
人賦〉中更為顯豁⑰。其中對於何謂不好色，以及對儒墨等有關美
色的態度之評價有更直接的表白。〈美人賦〉中將〈登徒子好色
賦〉中章華大夫及宋玉二者融而為一。透過與儒墨對美色態度的對

---

⑰　〈美人賦〉雖仿於〈登徒子好色賦〉然其又透過戲仿（parody），對於原作
　　的美色觀、德色關係有新了的解讀和態度，同時透過戲仿，亦使作品進入文
　　本的高度互文的詮釋過程。士人所以對此類作品進行仿作，有其強烈的存在
　　感以為其動力。

比，以及東鄰女、桑中女的極盡誘惑，呈現所謂不好色的真義。尤其值得注意的是，當梁王問及司馬相如與孔墨之徒的不好色有何差異時，司馬相如的回答是：

> 古之避色，孔墨之徒，聞齊饋女而遐逝，望朝歌而迴車，譬猶防火水中，避溺山隅，此乃未見其可欲，何以明不好色乎？⑱

此處批評從道德角度為了防止情欲之動，而對美色恐若洪水猛獸的態度。真正不好色不在逃避美色，亦不在使自己完全隔絕於色欲之誘惑，壓抑與禁絕永遠有緊張感，亦永遠難以免於「百密一疏」的危險；更重要的是，壓抑禁絕亦無法證明心性之穩定與專一。司馬相如於是直接面對美色的誘惑，其於「鰥處獨居，室宇遼廓，莫與為娛」的孤獨時刻，面對「雲髮豐豔，蛾眉皓齒，顏盛色茂」的東鄰之女的誘惑，其誘惑較〈登徒子好色賦〉中宋玉所面對的鄰家女更進一層，除了「登垣而望臣」，更進一步「欲留臣而共止」。面對如此美人的投懷送抱，儘管歷時三年，司馬相如仍不為所動，堅持「棄而不許」。長時間的誘惑，證明了受考驗者心性的堅定和專一，不為外在欲望所擾亂。不但如此，司馬相如還強調能打動自己的唯有德義，其奔赴梁王即在於「慕大王之高義」，而在奔赴德義的過程中，無論如何的誘惑，均不能使其脫離對德義之追尋和嚮往。於是在奔赴梁王，命駕東來的過程中，所受到的誘惑，亦被其

---

⑱　《全漢文》，卷二十二〈司馬相如·美人賦〉，頁 245。

堅貞之德性與向道的決心——克服。司馬相如在此時營造了一個對
士人極為險峻的色誘氛圍，其透過「途出鄭衛，道由桑中，朝發溱
洧，暮宿上宮」，鄭、衛、桑中、溱洧、上宮等鄘、邶、衛、鄭等
地均為男女相奔，欲望流溢之處，此處不但將桑中之男女歡燕的整
體氣氛帶出，同時還顯示了這一路對感官情欲所具有的眾多挑逗和
誘惑；此路程中的色欲誘惑亦隱喻士人向道過程中的色欲考驗⑲。
而其所遇的上宮之女，更是對感官極大的誘惑：

> 上宮閒館，寂寥雲虛，門闔晝掩，曖若神居，臣排其戶而造
> 其堂，芳香芬烈，黼帳高張。有女獨處，婉然在牀。奇葩逸
> 麗，淑質豔光。覩臣遷延，微笑而言曰：「上客何國之公
> 子，所從來無乃遠乎？」遂設旨酒，進鳴琴，臣遂撫絃為幽
> 蘭白雪之曲，女乃歌曰：「獨處室兮廓無依，思佳人兮情傷
> 悲，有美人兮來何遲，日既暮兮華色衰，敢託身兮長自
> 私。」玉釵挂臣冠，羅袖拂臣衣，時日西夕，玄陰晦冥，流
> 風慘冽，素雪飄零。閒房寂謐，不聞人聲。于是寢具既設，
> 服玩珍奇，金鉔薰香，黼帳低垂，袵褥重陳，角枕橫施。女
> 乃弛其上服，表其褻衣，皓體呈露，弱骨豐肌，時來親臣，
> 柔滑如脂。⑳

---

⑲　事件結構隱喻往往透過空間的移動映射存在狀態的改變，在此過程中，心理
　　之轉變透過空間移動而隱喻之，行走之路徑亦即採取之面對方法與態度，詳
　　參張榮興、黃惠華，〈心理空間理論與「梁祝十八相送」之隱喻研究〉，
　　《LANGUAGE AND LINGUISTICS》6 卷 4 期（2005 年），頁 681-705。
⑳　《全漢文》，卷二十二〈司馬相如・美人賦〉，頁 245。

此時所有氛圍均在使受試煉者迷失心性，苟且於欲望。香氣、美色、華服、音樂、佳釀、珍奇寶物、膚觸⋯⋯無一不是對感官的極大的誘惑和考驗。偏偏此時，日已西斜，遠道而來的旅人處於困倦之際，正是心性脆弱之時。欲要離去，宮外「流風慘冽」不適再上征程。此時寢具已設，旁又無人，隱微之處，亦少了人言可畏及社會臺前表演的種種扮演需要和約束❶，「為人」之種種面具卸除，正是人欲發動而德性功夫最難之處，此時正考驗出學者「為己」工夫之時。但絕色美人不只玉體橫陳於床，同時透過音聲相感，唱敘寂寞幽情，透過樂的神秘感通❷，香氣的迷離恍惚，使人離於平時之分明意識，而進入迷幻幽虛之境。美人不但主動要求以身相許，同時還身體力行，先透過音樂以感惑人，又透過衣冠的交疊，象徵形體的重合。再透過衣裳的件件褪去，私密之服呈露，終至玉體裸露。其形體「弱骨豐肌」，正是當時房中上品，給經驗者極大的視覺誘惑。而美人玉體的主動接觸，其膚觸的「柔滑如脂」，是對身體欲望的直接催喚。在此目眩神迷之時，眼、耳、鼻、舌、身、意均已為欲望所蠱惑盈滿之時，受考驗者其心性工夫如何？底蘊如何？將無可逃避。而此賦之主人公「脈定于內，心正于懷，信誓旦旦，秉志不回」，終至「翻然高舉，與彼長辭」。一方面顯露其堅無可摧的專一貞正之心性，另一方面亦顯現出其向道（高義）之決

---

❶ 有關人於臺前之活動，往往受到社會眼光之影響，詳參高夫曼（Erving Goffman）著，徐江敏、李姚軍譯，《日常生活中的自我表演》（臺北：桂冠圖書公司，2004年）。

❷ 樂具有感通合同之神秘力量，詳參江文也著，楊儒賓譯，《孔子的樂論》（臺北：喜馬拉雅研究發展基金會，2003年）。

心。

　　〈美人賦〉雖仿作〈登徒子好色賦〉，然而其通篇均對焦於「不好色」的命題，指出愈是艱困的考驗和巨大的誘惑，愈能顯現向道者的心志的堅定及德性的貞一。其間所反映的美色誘惑及桑女形象均較〈登徒子好色賦〉更積極主動而更對焦於色欲。但於〈登徒子好色賦〉中透過章華大夫與採桑女之關係，將美色轉為能提升精神的莊矜和以禮守貞的精神向度則不顯；於此而來的君臣關係及心靈幽微的深度和轉折亦不顯。美色於此又回到肉欲、色欲的層次，須要受試煉者一次又一次於試煉場中超克欲望，歷劫歸道，透過對美色的超克以證明其向道的決心以及成就其德性生命的莊嚴。而此類主題在漢賦中不時出現，既透過豔麗女子的描寫與侍宿，傳達當時士人對於女色及情欲的想像和渴望，但又透過受試煉者的拒絕，而顯出受試煉者通過考驗；或透過神女的飄忽不定，而諷喻在上位者，並轉而提升情色的層次。

　　士人固然透過體驗者對美色肉欲的拒絕，將美的層次提升，轉為「揚詩守禮，終不過差」。然而貴族對婦女之美的渴望恐怕仍多是色欲的滿足，如枚乘之〈梁王菟園賦〉寫極樂到暮的景象，亦透過採桑婦女之「便娟數顧」、「神連未結，已諾不分」，而寫相求之強烈欲望。但終至「桑萎蠶飢，中人望奈何」，「桑萎蠶飢」乃是性渴望的隱語，採桑女仍以主動挑逗和性渴望的形象出現。⓰又如李延年對武帝歌北方有佳人，贊嘆其美色：「一顧傾人城，再顧傾人國」，儘管美色於治國功業上具有危險和殺傷力，但篇末卻結

⓰　《全漢文》，卷二十〈梁王菟園賦〉，頁236。

在「寧不知傾城與傾國，佳人難再得」的感嘆中。顯見道德角度對美色的勸戒，在此被「執迷不悟」的轉為對美色的難得和肯定。武帝聞此歌不但未能戒懼，反倒充滿期待：「善，世豈有此人乎？」⓬❹也正在此背景下，世人在創作上所含有的諷諫意圖，往往需要透過美色之描寫以切入核心意圖。如枚乘之〈七發〉中述楚太子有疾，醫者認為其疾乃因「久耽安樂，日夜無極」、「縱耳目之欲，恣支體之安」，導致「傷血脈之和」、「邪氣襲逆，中若結轖」的結果。並特別提及「皓齒娥眉」實為「伐性之斧」，楚國太子時常「越女侍前，齊姬奉後，往來游醮，縱恣于曲房隱間之中」，對於食色住行奢華放恣，導致「四支委隨，筋骨挺解，血脉淫濯，手足墮窳」的反應。⓬❺可悲的是，即使欲望傷伐身心，士人欲引起上位者之興趣仍不得不投其所好，以便於循循誘導。故而此賦透過極寫耳、目、遊宴、色欲、畋獵之至樂引起太子興趣⓬❻，而漸引導至觀濤而見道，最終才論「天下之釋微，理萬物之是非」⓬❼。作賦者勸諫之意圖及其策略，顯然可見。〈七發〉之後，如傅毅〈七激〉亦透過徒華公子病，而玄通子為其講論「天下之至妙，列耳目之通好，原情心之性理，綜道德之彌奧」，其中提及之美色仍與〈七

⓬❹　《漢書》，卷九十七〈孝武李夫人〉，頁3951。

⓬❺　《全漢文》，卷二十〈七發〉，頁237。

⓬❻　此處若從隱喻的魔力著眼，由於以身體經驗隱喻抽象的概念，或透過詞語隱喻身體行動，於是此隱喻之詞語往往能帶起極大的情感能量，如此可透過詞語進行身心的治療。此處或可解釋為透過極盡感官的詞語隱喻之魔力，以及誦賦之聲音振動的感通，以使聽者能達到感官欲望的滿足，在此詞語、音聲的振動和滿足中，而帶動情感之參與與轉化，達到治療、淨化之效果。

⓬❼　《文選》，卷三十四〈七發〉，頁865-875。

發〉性質一致為「圖身之謬」❶❷❸。而崔駰之《七依》亦極食色、堂
室之好，有關美色部分甚至提及：「美人進□□□□以承宴，調歡
欣以解容，迴顧百萬，一笑千金。振飛縠以舞長袖，裊細腰以務抑
揚。」如此聲色之好，竟使得：「孔子傾于阿谷，柳下忽而更婚，
老聃遺其虛靜，揚雄失其太玄」❶❷❾，雖旨在強調聲色之極致，使得
守禮有道者均失其心緒。然而如此鋪張聲色之情，多少流於遊戲之
作，對比於儒家傳統的好德不好色，此處以孔子作為調侃的對象，
似乎顯示東漢賦家在作賦時透過道德包裝的外衣而遂行內心之情
欲，傳統對士人德色之要求，在此辯證曲折的有所突破；對於所謂
勸諫之傳統，亦流於形式。無怪揚雄要感嘆：「賦者，童子彫蟲篆
刻，壯夫不為」❶❸❶。而傅玄更分析〈七發〉之作後，仿作者眾，其
間雖有優秀之作，但亦有流於形式而有破道之言，導致諷喻的精神
漸失的現象：

> 昔枚乘作七發，而屬文之士，若傅毅、劉廣世、崔駰、李
> 尤、桓麟、崔琦、劉梁之徒，承其流而作之者紛焉。七激、
> 七興、七依、七疑、七說、七蠲、七舉之篇，通儒大才，馬
> 季長、張平子亦引其源而廣之。馬作七屬，張造七辯，非張
> 氏至思，比之七激，未為劣也。七釋僉曰妙焉，吾無間矣。
> 若七激、七依之卓轢一技，七辯之纏縣精巧，七啟之奔逸壯

---

❶❷❸　《全後漢文》，卷四十三〈傅毅〉，頁 706。
❶❷❾　《全後漢文》，卷四十四〈崔駰・七依〉，頁 714。
❶❸❶　《後漢書》，卷五十四〈楊賜〉，頁 1782，注引《法言》。

麗，七釋之情密閑理，亦近代之所希也。摯虞〈文章流別論〉曰：七發造於枚乘，借吳楚以為客主，先言出輿入輦，歷痿之損，深宮洞房，寒暑之疾，靡漫美色，宴安之毒，厚味暖服，淫躍之害，宜聽世之君子。要言妙道，以疏神導體。蠲淹滯之累，既設此辭，以顯明去就之路。而後說以聲色逸遊之樂，其說不入，乃陳聖人辯士講論之娛，而霍然疾瘳。此固膏粱之常疾，以為匡勸，雖有甚泰之辭，而不沒其諷諭之義也。其流遂廣，其義遂變，率有辭人淫麗之尤矣。崔駰既作〈七依〉，而假非有先生之言曰，嗚呼！揚雄有言：「童子雕蟲篆刻」，俄而曰：「壯夫不為也」。孔子疾小言破道，斯文之族，豈不謂義不足而辯有餘者乎？賦者將以諷，吾恐其不免於勸也。[131]

極盡女色的豔情之作，原本欲要勸誡淫欲之害，但在士人的競作之下，「淫麗尤甚」，勸誡之義大失，甚至反有鼓動欲望的嫌疑。由於與東漢時期的文風及漢末的社會風氣的改變，同時道教、房中等修煉風氣的影響下，士人對女色及德色觀感發生變化[132]，於作品中多所呈現，如漢末之通五經、貫六藝的張衡，作二京賦以諷諫天下之踰侈，但亦作了〈同聲歌〉：「列圖陳枕張，素女為我師，儀態盈萬方。眾夫所希見，天老教軒皇。樂莫斯夜樂，沒齒焉可忘。」

---

[131] 《藝文類聚》，卷五十七〈雜文三〉，頁 1020，引傅玄〈七謨序〉。

[132] 帝王對仙道之追求，於《史記·封禪書》、《漢書·郊祀志》中有鮮明的呈現。對帝王之求仙及統治權力的歌頌，於賦作中也已存在，如〈高唐賦〉、〈大人賦〉即具有濃烈的求仙色彩，反映當時帝王神仙風氣的盛行。

同聲相應，同氣相求，同聲歌為對合氣之歌頌，與房中、合氣密切相關，其中列圖索驥行房，素女、軒皇等為師，此詩與房中、合氣密切相關。再如〈七辯〉中提及：「假明蘭燈，指圖觀列，蟬縣宜愧，夭紹紆折，此女色之麗也」❸此中女體、女色亦與房中角度密切相關。在此脈絡下，張衡對以色事人的態度恐怕與劉向等從德性角度的詮釋有很大的差別。此種風氣影響下，東漢末至魏晉士人賦作神女往往極寫其美色，同時強烈表達與其交合的願望，如張衡〈定情賦〉強調「夫何妖女之淑麗」，又如蔡邕〈協和婚賦〉強調夫婦之交乃是「情性之至好」、「神明之所使」，而其中之女子形象為「麗女盛飾，曄如春華」。楊修〈神女賦〉希望能與「玄媛之逸女」媒合，感嘆於此良夜「微諷說而宣諭，色歡懌而我從」。又如蔡邕〈檢逸賦〉之強調女色之美：「夫何姝妖之媛女」、「普天壤其無儷」，而對面情色之態度為「晝騁情以舒愛，夜託夢以交靈」。陳琳之〈止欲賦〉強調逸女「色曜春華，豔過碩人」，而興起「若交好而通靈」之歎。再如陳琳〈神女賦〉歌頌：「感仲春之和節，嘆鳴雁之噰噰。申握椒以貽予，請同宴乎奧房」，認為此乃：「順乾坤以成性」。❹「順乾坤以成性」之說，與《太平經》

---

❸　《全後漢文》，卷五十五〈張衡・七辯〉，頁 775。

❹　此時士人於美色往往多所歌頌，以妖、麗、豔、逸、盛飾歌頌女子，恐怕為劉向等德性角度評價婦人者所不取，並與劉向等所傳達之夫婦之義及婦德形象、德色關係均大有差別；而盼望與之「交靈」、「通靈」則又傳達士人之情色想像。也在漢末社會及思想的特殊背景下，以及士人對於情志之反省風氣下，漢末通儒馬融，生徒千數，但性情任達，不拘儒者之節，其講經時，往往「前授生徒，後列女樂」，以其為鄭玄師，且儒生眾多，猶能如此任情而為，雖屬個人行徑，但亦看出當時士林風氣對於德與色之思考較前期亦發

強調的合男女以促成豐產的角度一致，同時亦與房中養生的傳統相
關。亦說明對於美色的態度與思考除了與文體之形式與特色的呈現
外，亦反映了時代及社會文化之氛圍與脈絡。

　　儘管社會文化背景提供了情色想像的溫床，但值得注意的是，
不只是詩賦中充滿了以色試道的故事，從仙道修煉的角度，女色仍
然為須要超越的對象❶❸❺，東漢中後期的《太平經》亦一再提及玉女
試道的故事。修煉者面對美色時能否自持，成為檢驗其道行的關
鍵。如：

> 復數試人以玉女，使人與其共遊，已者共笑人賤，還反害人
> 之軀。❶❸❻

> 或賜與美人玉女之象，為其作色便利之，志意不傾。復令大

生轉化。在此風氣下亦較能理解崔駰如何竟敢以學者津津樂道的孔子檢驗阿
谷貞潔事，進行顛覆之玩笑？有關《太平經》及房中對於男女之防及女色的
觀點，已於前章觸及，此處不再贅言。以上引文事例詳參《後漢書》，卷六
十上〈馬融列傳〉，頁 1972。《全後漢文》，卷五十三〈張衡‧定情賦〉，
頁 769、卷五十一〈楊修‧神女賦〉，頁 757、卷六十九蔡邕〈協和婚賦〉、
〈檢逸賦〉，頁 853、卷九十二，陳琳〈止欲賦〉，頁 967、卷九十二〈陳
琳‧神女賦〉，頁 968。

❶❸❺　又如張衡之〈七辯〉仿〈七發〉而以女色成為仙道之試煉，「美人妖服」、
「侍夕先生」如此「女色之麗」，俗世之人頗難拒絕，然而求仙者形象為
「背世絕俗，唯誦道篇」，以女色成為必須超越的試煉。張衡，〈七辯〉，
詳參《全後漢文》，卷五十五，頁 775。

❶❸❻　《太平經合校》，卷七十一〈致善除邪令人受道戒文〉，頁 288。

　　小之象，見其形變，意相隨念其後生，此為不成之道。⑱

至魏晉時不好美色，往往在士人階層中傳為美談。種種敘述均反映
在文化背景中，士人對德色關係的思考，以及透過德色關係彰顯君
臣關係、色欲的昇華、向道的決心⋯⋯等更豐富而深刻的意涵。

---

⑱　《太平經合校》，卷一百十四〈九君太上親訣〉，頁 595。有關玉女試道，
　　湯用彤認為乃受佛教《四十二章經》之影響，然觀此桑林及神女之作中，試
　　道之作頗為常見，實與士人思索德色議題密切相關。詳參湯用彤，〈《太平
　　經》與佛教〉，《漢魏兩晉南北朝佛教》，頁 75。

結　論

　　先秦至漢代有關身體之文化論述，以及所崇尚之身體形象、身
體鑑賞與品評，牽涉層面頗為複雜，從禮教、道德、政治、社會、
家庭倫理、養生、產育、修煉……等不同角度往往呈現不同的觀看
視角及考量。而不同階級、性別、社會文化、風土、時代背景下對
於身體教育、身體美之鑑賞，以及身體之好惡評價亦往往反映出個
人教養、家國背景及整體時代的文化與品味。不同的視域對身體之
美與好的界義不只可能不同，彼此間甚至可能有極大的落差和矛
盾。本書分別從先秦至漢代禮儀、政教、數術、性別等角度著眼，
探討不同視角、功能、社會背景下所詮釋的身體美好、醜惡之觀
點，以及身體美與德性間的關係，以彰顯文化論述的複雜層面。

　　從先秦至漢代禮儀、政教角度思考身體，主要以儒家為核心。
學者將儒家身體觀原型分為二源三派：氣化的身體以及社會化身體
之二源論述；以及由氣化身體而論心氣化的身體、自然氣化的身
體。至於社會化的身體則從禮義與威儀等身體的文化和社會層面著
眼。本論文在思考不同角度對身體的評點，亦涵括了氣化的身體及
社會化身體之面向。論文第一章論禮儀教化下的身體，以及政教上
對於禮儀身體的推崇，在觀人及擢才上的影響與應用。第二章則論
自然氣化的身體於觀人、相人等層面的呈現。至於婦女部分，雖置

於家族倫理脈絡，但基本上仍不離此範疇。將身體論述及觀人從禮儀、數術等角度進行分章析論，乃為說理方便，於實際文化的互動中，則呈現複雜的交融面貌。書中細部論述，由於牽涉層面複雜，故不在此重複，以下僅簡要歸納重點進行說明。

一、從政教角度思考威儀、容禮的身體

先秦至漢代思考士人的身體，威儀、容禮始終具有核心地位，其與政教密切相關，並深刻影響觀人與擢才。先秦時期貴族所強調的「禮」，最初與事神儀式有密切的關係，國祚來自天命，統治權力亦因天命的神聖賦予而成立，在此背景下，行儀式時威儀堂堂的身體除了展現事神之專注外，由於「禮不下庶人」，與神聖溝通的權力集中於貴族階級，行儀式為貴族階級的身分象徵。而是否行禮如儀又牽涉是否能事神致福，因此儀式中之儀文、行止與吉凶密切相關，不但是統治階級的象徵，更是家國吉凶的重要徵兆。貴族階級的行禮儀文，同時還是政教的表徵，透過禮儀的實行，以及禮文、名分的差異，使得各階級皆得其分際，倫理亦可得其分明。在此背景下，禮儀之別異特別被看重，貴族的威儀亦特別被講究，認為是治國的大經大法。

春秋時期論禮多從國家政教的脈絡著眼，著重於儀式及容儀等層面，但士人、君子不能滿足於「禮」的形式意義，於是將形式義歸於「儀」，而有「禮」之本的叩問與追求。至於何謂合禮？禮的精神為何？春秋時期「禮」的精神在士人的自覺下，逐漸由著重形式義、外爍義轉為向內的自律以及精神的自覺。雖然此時對於「禮」之本的思考仍然從國家之治理角度著眼，不離政教脈絡，與

孔子所提之「仁」，孟子提出之心性論及工夫論，以言四端、養氣與踐形，透過形－氣－志，以言德性通透的身體、宇宙性的身體有極大的差異，更與思孟學派所論的內聖工夫有質的差異。

　　容禮及威儀的身體強調執禮者的精神狀態和容色的表現與國家政教的關係，此種教養，雖然可由不斷的身體訓練而成為習性，但在過程中往往仍有禮儀之形式與其內在精神是否相稱之質疑，又有執禮者是否具有自覺的疑慮。而在儒學論述中，如孔子之「仁」，孟子與思孟後學強調心性道德的修養達到圓滿時，自然能由內充盈於外，成就德性的身體與氣象。此與容禮之由外而內之規訓工夫有所不同。學者研究指出：《孟子》強調德性的身體實是中和之氣的顯現，此時已無外內之別，而均為氣之體現。生命、魂魄、精神、身體均為氣之所化，其與天地之氣息息相關，既受天地之氣的感通與影響，同時內在之平和、精純（心全）亦將使得五臟之氣飽滿平和，彰顯於身體即為形全：九竅通明、皮膚裕寬，耳目聰明，筋信而骨強，精氣飽滿平和的身體。此時身體之氣已非一般氣質之性，而是轉化為與存在同流的精氣流行狀態，此時即心是氣、即身是氣，於此經驗擴充精氣而能萬物畢得的宇宙性身心狀態。在尊德性的傳統中，身體為德行所薰染的身體，德性則是透過身體而彰顯，《管子》〈心術〉、〈內業〉更提及心中之心，全形，帛書《德行》、《五行》等又將道德實踐意識化與精神化。透過精氣的基礎而使身心一如，並與宇宙、天道相融合。也在此基礎上聖人的身體必有不同的氣象，身體美由德性的角度著眼，而工夫實踐則集中於心與氣。於是身體為氣之所化，心亦為氣化之精純者。身與心並非主客的關係，此心通達宇宙之氣，其德性至精至粹則為宇宙氣化流

行之道體。

德性的身體既可感天動地，亦可以感染滲透於人，形成生命之氣象。反過來說，若外在行事不如禮，在有諸內必形諸外的原則下，亦出顯現內在的失序；另一方面不如禮之行亦將導致內在精純之氣受到污染和散佚。在此身體觀下，人的語言、意志、與內部之氣一體呈現，難以割裂分劃。存在的底層均為氣之流通，當聖人體道，能與宇宙之氣冥然而同化，與天地同流，而臻於聖境時，浩然之氣將使身體成為聖化的身體，言語成為聖化的言語，具有強烈氣之感通，超越個體之有限性，而達於普遍性。此時聖人可以穿透生命共同氣之底層，也因氣之感通、同體而講知言。因此精神及生命狀態蘊涵於身體與語言的表現中，當身心狀態得其充盡，語言亦不只是符號的能指與所指的活動，而是意義的體現，於此而論知言養氣。於德性身體之脈絡下，觀人之容儀中，身體的各部分均能反映身心的狀況，如容貌、氣象、音聲均為精氣的流動與彰顯。心治與不治將於形中呈現，形亦為德性之氣所彰顯。透過德性之踐履，身體為內在德性所朗照，而呈現出聖人氣象。在此背景下，養形即養神，形神共養即治身。觀身體各部位中，「目」又居於重要地位。孟子強調觀眸子及言行，聲音為內在之氣的振動的直接呈現，可以洞燭人內在之狀態與心念之變化。此種身體觀對於觀人、人物品評、身體美學上提供了許多洞見，也豐富了先秦至漢代關於形神、觀人、身體等論述。

春秋至戰國時期對於「禮」的精神重新思考和反省，以及德性身體的踐形觀、以氣為身體之基礎等論述，其將容儀的展現視為內在性情或氣的呈顯，影響頗為深遠。但德性身體與威儀身體仍有心

性、工夫上的差異，漢代論禮儀的身體與國家政教的關係往往承春秋時論禮、威儀以及荀子論禮之路數。如荀子論「禮」特重於「分」與「養」，欲透過「分」與「養」使國家達於秩序。又如荀子論性惡，以強調禮義師法之教，強調性情與欲望調節之重要性，特重於禮義、師法、聖王、賢君等外王之教，實承繼春秋以來從國家政教角度論禮之路數。由於荀子強調外王之教，重視國家治理以及禮義的身體在社會中的展現，希望透過禮義師法而真積力久，最終達致「身禮一體」的理想狀態。此時身體的視聽言動均成為禮義的彰顯，禮義內化為身心的習性，即所謂「化性起偽」。此類論述在漢代頗受到統治階層關注，對於國家治理、禮義身體的教化、觀人、擢才均影響深遠。漢初開國論「禮」多承荀子路數，如叔孫通制禮定朝儀，論禮著重於儀文，同時具有法家統治的精神揉雜其中。又如賈誼論禮強調「禮」之「分」，重視別異的精神，以及階級之別。至於司馬遷論禮亦主要從階級身分之文飾，以區分尊卑、貴賤著眼，透過仁義來「誘進」百姓向善。再如董仲舒論禮強調「禁」與「教」，以上在論禮時，對於君主的權威性、階級的鞏固、儀式的象徵性、容禮的習染與教化均多所強調，與《荀子》論禮的性質與精神相近。

　　由於重視禮於社會、倫理關係中之實踐，因此對於身體在群體中的高度象徵性極為重視，在此背景下，漢代士人極重威儀容禮的身體，詮釋禮經亦往往從容禮的角度。如叔孫通定朝儀、賈誼的《新書》的〈容經〉、〈服疑〉等篇章、董仲舒的重視名及倫理的分異及表現，或如《春秋繁露・服制》，其與《漢書・儒林傳》亦均反映出當時士人及統治者對於容禮的關切。衣著、髮飾、行止、

容色……均是階級身分與名分的象徵，差異的符號象徵著身分階級的不同，建構出秩序分明的倫理關係，在此脈絡中，容禮的失序即權力的失序。

春秋時期論禮及觀容儀時已經注意到：容禮與威儀是內在狀態的彰顯，同時實踐禮儀的過程中，透過不斷的踐履和薰習，又將再次型塑身心，並成為政教上統治身分與權力的象徵。漢代論禮及容儀強調有諸內必形諸外，因此由外的容儀表現即可瞭解執禮者身心之狀態。此如東漢經學家鄭玄在論威儀時強調：「密審於威儀」者，「其德必嚴正」，因此可以「外占而知內」。漢代有諸內必形諸外之說，多從論威儀的角度進行理解，並以氣化的身體為基礎。此時對於觀身體、容色、眸子所牽涉層面豐富許多，不但是禮義調教內化的結果，還是自然氣化身體、宇宙性身體的展開。雖然漢人論性情主要由氣化宇宙論著眼，強調稟氣天生，故而強調聖賢之骨體形貌，於政教上頗多運用。而於傳統儒家孔孟論修身與道德實踐較無真切把握。但於觀人上，亦強調聖賢與宇宙之氣同流，強調觀眸子、有其內必形諸外，同時亦引述《孟子》知言、觀眸子等文獻，則《孟子》等身體觀亦於漢人觀人之法及形式上有所影響與啟發。至於先秦儒者強調宇宙性身體的思考，至漢代逐漸轉向儀式、容體與宇宙圖式及神秘之數的對應，並於政教上運用廣泛。並將之納入擢才領域，對士風造成不少影響。

此時觀人，往往強調有其內必形諸外，由待人接物時形於外的容色、眼神、聲音、舉止、神態，推知其人之性情、德性、能力，甚至吉凶運命。其中又以「目」最被關注，如《左傳》重視行禮時「目」光的表現。又如《國語》、《淮南子》、《說苑》論形神關

係時，強調眉睫與內在密切相關。再如漢代賈誼論容儀亦以「目」
為焦點。「目」為精神之孔竅，故而目光所及，形體從之。目光清
澈無染，亦即內在清澈無染的顯現。對於「目」的觀察除了與禮儀
的身體密切相關，還為德性身體的展現，同時以精、氣、神等向度
為基礎。

　　除了「目」之流轉透露內在之精神外，先秦到漢代觀人、論人
對於日常行止態度、容色均進行細密觀察。如《大戴禮記解詁·文
王官人》提出的觀人標準有「觀誠」「考志」「視中」「觀色」
「觀隱」「揆德」等六徵。《呂氏春秋·論人》更是細密的提及論
人之法：於內為八觀六驗，於外為六戚、四隱。透過人之行止、應
對、情感表達以觀人，大體仍不離禮儀等觀人的層次。此種風氣持
續影響著漢代的觀人之法，在擢才上亦廣被運用。漢代選材在容禮
及儀狀上多所講求。西漢初年劉邦在《求賢詔》中提及賢才的標準
為：行、儀、年，容禮、儀態頗被關注。《漢書·儒林傳》亦強調
「儀狀端正」的重要。

　　除了由儀文等角度觀人外，體貌本身在觀人上亦極受重視，威
儀堂堂的身體為統治身分的重要象徵，同時在漢代氣論及神聖血統
觀下，亦具有特殊的象徵意涵。因此儀貌不凡即象徵著稟氣不凡，
此稟氣不凡往往又與神聖權力的賦予密切相關。此身體觀展現為舉
材上對於相貌的關注，在察舉取士以及魏晉的識人上均頗凸顯。於
是漢人入仕、擢才，對於身體儀態、氣度十分看重。尤其漢代「用
氣為性，性成命定」的背景下，稟氣厚薄不同，體貌、顏色、壽夭
等亦不相同。擁有權力者亦應稟氣不凡，表現於體態上即是擁有儀
態不凡的身體。此部分與氣化的身體及數術身體觀結合，於擢才、

立後上影響深遠。細部來看漢人所崇尚的形體之美，端正、偉岸、長大、碩、肥……等形象，由於被視為稟氣豐厚，成為漢人十分欣賞的形象。除了身形壯碩外，鬚髮被視為生命氣力的象徵，鬚髮濃密，被視為生命氣力豐茂，被認為是體貌美的表徵。與稟氣豐厚象徵相反的如體形矮小、少鬚眉……者被認為缺乏威儀，稟氣單薄，是醜陋的象徵。更嚴重的是形體的受損或殘疾者，稟氣受到虧缺、污染，不但被視為醜的象徵，並且還帶有不祥之氣，其中頗多禁忌，形體殘疾不但難登大雅，於仕宦之路無望，甚至參與家族祭祀均發生不少困難。

二、從自然氣化角度思考身體與觀人

思考德性身體的宇宙性時，氣化的身體為感通、踐形之基礎。此氣化與德性宇宙之天道流行，以及道德自覺根源之心密切相關。因此通過存心、養氣、慎獨等工夫，能將身心擴充與宇宙同流。若就自然氣化的角度來看，醫書中思考人之身體為氣所賦形，萬物亦均為氣所化，並透過氣之聚散生命得以繁育、變化。由於人與萬物皆宇宙之氣所賦形，五臟之氣與天地風雷谷雨等自然之氣相通，實即天地自然之氣所聚，故而彼此相感相應。陰陽、四時、日月之氣變化無窮，相應的人身之氣亦因之變化。風土、食物不同，營氣隨之充虛盈虧；生命之階段、臟腑之狀態以及相應之作息均與血氣密切相關。身體於自然中之感知往往透過隱喻以影響認知，並又進一步型塑身心之經驗與身體感。

人與宇宙既為一氣之所化，其結構亦復相類，人身小宇宙是大宇宙圖式的再現，而自然宇宙亦如人身一般，有其經脈及生命。在

氣化宇宙觀的盛行下，宇宙圖式由神聖之「數」得其彰顯，不只是經脈、五臟、六腑應合天數，甚至人體與自然之象亦相感應，為自然之象的複製。身體為流動之氣所賦形，五臟亦復如此，胎兒於出生之前，胚胎時期五臟已逐漸生成，而有五官、五臟、五竅……之說，外顯的身體，骨、肉、皮膚、耳、目之竅亦由五臟而逐漸衍生成形，五臟之變亦將呈現於形體上，且於五官上連動呈現影響。此種氣的身體觀深受戰國以後陰陽、五行、五色、五方等對應之說的影響。五臟之質性分以五行屬之，而彼此形成生剋關係，並又與五味、五色、五音………相應，成為極複雜彼此生剋影響的系統。

由於五臟、五官、五色等呈現連動的關係，五臟之狀態，往往呈現在形體上，而五臟之狀態又與內在氣性、情緒息息相關。因此形體的健康、明朗與否，與五臟之氣的運行，以及內外之氣相互的影響密切相關。五臟各有臟氣，為神、魂、精、營安居之場所，又與四時相關，於是天地四時之氣深深影響五臟之運行，同時影響精神、魂魄、志意，身心精神的狀態。由於各臟之氣不同，對應出五音、五味、五色亦不相同。分別影響脈、皮、骨、筋、肌而彰顯於面、毛、髮、爪、唇等形體上。內在意念的造作、與天地之氣的互動，亦深深影響體內氣之運行。身體之毛、髮、指爪、脣、顏色均可反映五臟的狀態，而五臟之和諧亦將呈現於容色、毛髮、指爪、口脣的豐澤和榮色上。也正因此形體的榮枯、氣色，一方面是身體是否與宇宙之氣處於和諧關係的彰顯，另一方面又是情緒、意念、行止、出處能否協調參贊於宇宙之氣化的表現。如能符應宇宙之氣化，則顯現為神清氣爽、身體健康、氣色豐潤、行止合度、心念單純。反之，則又有不同的呈現。也因此形體、容色、精神、聲調均

成為觀人所重視的焦點；甚至配合五行成為相術中觀人吉凶、貴賤、壽夭的重要根據。如氣色與聲調之質性，分屬於五行，並以五行生剋作為論斷，可以占性情、壽夭。由於五行、四時之氣相滲相感，而具於人身，因此觀聲氣、容色可以知人性情、吉凶、疾病及身心狀態。也因此不論面部、手足、行步的姿態、聲氣皆可以列入相法之中。於此亦可看出此種氣化身體觀、數術化的身體對於觀人、相術上的重要性。

也正因五臟與情、神、魂、魄、志密切相關，甚至為其奧藏之所，五臟不僅與五官連動，而且亦在人的整體形貌上顯現。其中又以眸子特別為人所關注。前文於容儀及德性身體之彰顯時，目為精神之通孔，於數術的身體觀中，「目」之重要性亦可透過五行與五臟之關係而得到理解。根據五行對應五方、五色、五季等圖式，東方屬木，其所對應五臟為肝。因為肝在五臟中為「魂之居」，是血氣之本，在五臟中居於關鍵的地位，故而與肝相對應的「目」亦於五官中居於主導地位。但五臟與五行相配之說不只一套，五臟中以肝為主的說法，亦非唯一。其他尚有以心、胃、腎為主等說法，分別採居「中」、飲食之氣、太一生水之說。以「心」為五臟之主者，於儒家之身體觀及工夫論中頗為重要。以脾胃為五臟之主者，則從飲食所獲得的食物之氣進行理解，於修煉的身體頗有影響。以為腎主者，因其五行之性屬水，透過天一生水說，腎與之相應，其於人身小宇宙中亦具有主生的力量。此身體觀展現五臟與身心、容色乃至宇宙的密切關係，成為觀容色與身體的基礎。

三、與識人、擢才密切相關的相術

　　早在先秦，由人之相貌、骨體來論斷吉凶禍福的相術即已十分發達。甚至在人出生時透過相貌音聲即可斷言性情、吉凶、壽夭、貧賤。其時論相貌音聲多以動物為喻，透過長相與音聲斷言其人性情，仍殘留有原始思維中圖騰崇拜，以及交感巫術的運用。因此形貌音聲若具有某些凶猛動物之相，其性情亦將感染其凶殘之性，如「蠆目」、「虎目」、「豺目」、「鴟目」……均為凶殘之相。豺狼及虎、熊均被視為凶殘掠食者，有其音聲或相貌者，被視為有其凶殘貪婪之性。然而凶殘與勇猛往往一線之隔，因此論證勇士的驍勇之相，往往亦與驍勇動物之相相關。此外如豺聲、豕喙、鳶肩、牛腹，亦透過模擬等交感巫術原理對擁有此相者性情進行論斷。如豕視、豕喙均被視為貪婪之相，虎屬性勇猛，故而虎目、虎頸、虎吻、虎肩均與勇猛之相有關。豺被視為貪殘之物，故而與豺相關之相均感染此種貪殘的特質。鳶肩為鴟肩上疏之相，亦因鴟性凶殘而論證其性情凶殘。

　　除了觀相上往往以動物隱喻其性情，遠古聖王或開國聖君亦往往以神聖動物之身形作為其不凡的印記，如傳說中伏羲牛首、女媧蛇軀、皋繇鳥喙、孔子牛唇、夏禹蛇身……均以神聖動物為喻。神聖動物之身體部位不同，所隱喻意涵亦往往有別，如牛腹被視為貪婪，而牛首、牛唇則被視為神聖。在原始思維中，聖王具備某些神聖動物的特徵就同時擁有了神聖特殊的能力，同時亦象徵處於與自然和諧一體的狀態，以對比於文明發展後統治者所強調禮教威儀的身體形象。在氣化的身體觀下，亦顯現聖王的稟氣不凡，具有授命

之相。

　　先秦至西漢民俗中相術的傳統雖然發達，但儒家傳統仍強調學，反對命定論及相術，如荀子非相而勸學，漢儒董仲舒以下亦強調「學」的可能性，西漢人才拔擢著重在容禮層面，相術雖在風俗中存在，但並不為士人所樂道。相術至東漢，有別於西漢，逐漸為士人所接受，不再只是閭里小道，而成為察舉識人的重要標準。東漢時期從容禮、威儀、教養、德性等角度識人仍然發達，史書及人物品評時對容貌威嚴、美麗或特異形容的特別描述亦可以看出識人之品味。在實際的識鑑之術上，漢代觀相往往揉雜了原始思維中模擬巫術的遺緒，同時深受數術化身體的影響。甚至典禮、儀式之舉行，威儀的身體亦受此陰陽五行對應之影響而逐漸符號化、規格化，於是禮儀的身體與相術的身體、陰陽氣化的身體逐漸交融。此時論人不再只由禮儀、威儀、孝道、德性的角度，由於陰陽五行說的盛行，星神崇拜的發達，宇宙觀的演變、受命、讖緯之說的流行，使得東漢以後，論氣稟天生，強調聖賢具有天生的稟賦，因此對於人物美的品鑑較前漢更重視從相術等角度進行。此時的相術在先前已有的基礎上對相與命的形上基礎進行論述，如人為星氣感生、感生帝之說，在用氣為性、性成命定主張下，形骨、體貌往往成為觀人、觀壽夭、吉凶的重要依據。由於異人稟得異氣故不同於芸芸眾生，在骨相上自然也迥異於常人，也在此基礎上論證異人必有異相。在讖緯之風盛行後，統治者往往努力型塑聖王的神聖相貌，以論證其受命之說。漢代追述的遠古聖王及孔門人物亦往往與星精及天文之象關係密切，其身形亦往往應合星斗及神秘數字之象，並附會分野、五德終始⋯⋯等說法，以增加受命的神聖性。承

繼東漢士人之人物鑑識風氣，魏晉之識人更形豐富，除了重視德性，以及由德性外顯的身體氣象外，禮教型塑的身體、以及充滿命定論而與原始相術密切相關的身體、漢代陰陽五行配合下數術層面的身體均留下深刻的印記。此在《人物志》、《世說新語》等觀人之書中，以及史書記載中，有豐富的呈現。也反映出漢末至魏晉觀人的理論實是融鑄前代的豐富文化基礎層累而來。

　　整體來說，觀人及相術中，形體、骨相以及神態、行止均居於重要地位。其中形體為內在狀態的彰顯，有其內必顯於外，是禮儀身體典範論述的重要場域；更是德性身體的踐形。身體的形貌、聲氣、言語、意態能彰顯出身心的狀態、情性、德性、社會階層、教養⋯⋯等諸多層面。甚至在氣化宇宙論及「用氣為性，性成命定」的背景下，形體、骨相還透露出壽夭、貧富、貴賤⋯⋯等諸多天機；而天人相副與陰陽五行對應論的背景，亦對觀人、相術亦造成深遠影響。觀人、相人，不但關係著知人論事，同時還影響情性觀、聖人形象的論述。在察舉制度盛行的背景下，觀人、相人又與人材的拔擢關係密切。而東漢末年士人對氣節的強調，又與人才之品評相互加乘。至魏晉人物品評不但吸納了前代禮儀的身體及相術的特點，在清談、言不盡意、名教與自然的論述背景下，士人階層中對於美學的身體形象與向度更加著意，對比於身體符碼的型塑與控制，透露出許多值得深究的豐富性，成為極具特色的風景。

　　男子之相與其仕途頗有關係，而漢代擇后，亦十分重視「相」。女子入宮時，對「相」之貴賤、吉凶十分看重，強調「容貌端正」。至東漢時，由於世家大族已逐漸形成，且由於前漢時後宮種種弊端，於是對於后妃入宮的容貌及身家均多所講究，采女的

標準有： 1.出生良家， 2.年齡在十三至二十之間， 3.姿色端麗， 4.合於法相者。東漢時對於相法仍十分重視，認為天命於相法中顯現，於是對於帝王及后妃之相均極關注，由《後漢書·皇后紀》有關皇后相之記載亦可窺出端倪。有趣的現象是，對於東漢前期皇后的記載多強調其貴相與異相，至於後期國政衰亂，對於后之相貌記載多極簡略或缺而不錄。顯示出貴相之說往往為統治者之神聖化及得天命之論述的一部分。

四、從德色關係思考女性身體美

從德性、容禮、相術、氣化的身體觀論身體之美惡，雖未有嚴格的性別之分，然而仍有著重點的不同。男性之身體之論述與其德性及仕途密切相關，女性之身體論述則更集中於家庭倫理、產育等層面。在論及身體美，男女有別，男性身體美與德性、權力不但不構成衝突的緊張關係，在漢人的身體稟氣觀下，往往還與特殊稟氣及神聖性結合，也因此美男子不但在威儀上具備美好特質，在容禮上具備治人的能力，同時亦象徵著稟氣不凡，具有特殊而美好的天賦，此天賦往往與權力結合，於神聖權力建構上多所呈現。至於具有美色的女體，則往往顯現出嚴重的德色衝突。

從原始思維的角度來看，極致的美物往往具有非凡的特質，因此同時具有神聖與不祥兩極的特性，就其神聖性來看，其與特殊、非凡稟賦有關，但就其不祥來看，此特殊稟賦往往轉出特異的稟性以及邪惡眼和爭奪等種種問題。尤其在封建制度及家國男性傳承的傳統下，殊異之男體與絕色之女體，往往具有此神聖及不祥的兩極特性，由於從男性視角立論，因此殊異之男體往往具有神聖性及特

殊性，並與統治權力結合。但在相同的脈絡下，殊異之女體往往具有邪惡的特質，深具破壞統治秩序的隱憂。因此，世俗所認為的婦女之美色往往意味著不祥和亂源，而此不祥和亂源往往從男性立場及家國角度進行思考。早在先秦即流傳至美之物往往具有難以掌握的特殊力量，就物自身來說往往具有神秘性，其神秘非常的力量往往能「移人」，使人心志惑亂，若非具有大德、心性穩定之人，不足以承受美物所帶來的誘惑。美物不只惑亂其擁有者，亦將引起他人之嫉羨而導致爭奪，於是擁有至美之物，往往可能成為爭奪力量的中心，其結果往往導致亂亡。也因此至美之物往往被視為神聖或不祥的特殊存在。絕色女子被視為至美之物，其出生所具有的神秘性，其媚惑心性、以及引生的爭奪的力量一直成為論述的焦點。

　　由於美色往往帶來惑亂心性以及現實上種種違禮的紛爭，禮書角度往往極力杜絕美色引起的非分之想，以使美色所可能帶來的蠱惑力降至最低。因此除了對行禮空間及婦女參與儀典進行限制，以防止男女之接觸造成美色對家國秩序之挑戰外，另外還須透過對女性身體嚴格的教養以避禍，而避禍之方則是透過禮教以使得婦女深居於內而不外見，同時貞靜自守、不苟笑、不苟訾、嚴於男女之防……。禮教由防堵角度以隱藏美色的侵害，但百密終究難防一疏，斧底抽薪之法，恐怕還須從德性和價值立場對「美」重新界定，使世俗認定之「美色」轉為「惡色」，使男女不再競逐世俗之美色而轉向於追尋真正的體貌之美。也因如此態度，《列女傳》於〈孽嬖傳〉中負面的女性形象，多記其形貌美色，並述其具有失德、亂國的不祥特質，失德與美色有密切關係。正面之女性形象多不強調美色，若記載其容色則多為醜女，難得具有美色與德行的婦

女如梁寡高行，最終亦以毀容，來逃脫美色所帶來的負面力量，以及德色間的矛盾關係。禮書及史書最為推崇的婦女德性為貞順。史書之《列女傳》強調婦女守貞不再嫁，實有透過典範人物之塑造與詮釋宣揚守貞的期望。婦女守貞之時，容色又再次成為焦點。在實踐貞順之德時，美色往往具有重大的阻礙，尤其夫亡守貞不嫁，婦女往往聚焦於將容貌毀去，以斷絕誘惑。守貞與容貌的毀去、欲望的去除，乃至生命的捨棄有密切不可分的關係。於此亦可見出德與色的緊張關係。史書中此類記載極多，除了反映當時士人對於德色關係的看法，同時也透過教化，深化此種對婦人容色、身體的觀點。

　　不只對婦女要求「正色」，從士人角度，為表達高行，士人往往刻意展現好德不好色的德性。世俗所認為之美色，從德性的角度往往反成惡色，反之，世俗認定之醜色，反因具備德性而謂之美好。士人為標榜德性，往往崇尚清簡，甚至士風所至，清簡往往成為博取令名的展現。不好色被視為士人德性的基礎，士人如能展現好德不好色的態度，往往受到輿論的推崇，否則其德性亦往往受到連帶的懷疑。

　　女體之「美」既轉向德性角度進行思考，那麼應當繼續追問的是：何種形象的女體具備德性之美？此德性的內容為何？漢代以後的史書為婦女立傳由德性的角度著眼，於此提供了許多足供思考的面向。既從德性角度思考女性美，而德性的內容主要以貞、順、義為主要焦點，尤其貞順為婦德之典範。而貞順之中又以貞為史書所極力著墨，所謂「貞」不但指丈夫生前能專心不二，篤於道義，於丈夫死後亦當守貞，持節撫孤。然而是否能守貞則牽涉頗為複雜，

士人如劉向者固然要求婦女於夫亡後仍應絕對守貞，若無舅姑、無子，則應自殺，以免於失貞之風險。然而若就漢時流傳禮書、法律、經濟層面來看，則並不反對婦女再嫁，甚至往往發生守寡婦人娘家逼嫁的情況；其中不乏經學門第者。統治者的態度亦極曖昧，雖然褒揚守貞不嫁之婦人，但又不時發生官吏逼寡婦再嫁的情況。可知守貞不嫁之美德固然為士人、經學者所高舉，然而落於現實，則牽涉多端，顯示出思考女體及女德問題不應從單一角度進行單薄的推論，其間牽涉複雜而多元的層面。對女體美之評價牽涉十分複雜，不同的脈絡與角度可能產生不同的評斷。若女體之美，取決於德性，而此德性之內容又牽涉多方，則對於女體之思考亦連帶具有十分豐富而複雜的面向。

五、由養生、產育思考女體之好惡

　　醫書所關懷的自然氣化之身體，實為秦漢身體觀之基礎。在此基礎上，因功能不同，對身體之好惡評斷亦不相同。如由房中、產育角度論女體之好惡，與從德性角度論身體即頗有差異。根據《漢書·藝文志》房中有八家，百八十六卷，而《馬王堆漢墓醫書》中如《合陰陽》、《天下至道談》、《十問》、《養生》、《雜療方》、《胎產書》均與房中有關，可見出房中術於西漢時應已頗為盛行。從《馬王堆漢墓醫書》及魏晉六朝至唐代的醫書及房中之術中，好女主要從陰氣是否豐沛、陰性特徵是否鮮明、性情是否和諧、能否利於採補……等方面著眼。在此前提下，女子須「年少」、未曾生養子女、肌肉豐厚而骨小，髮絲濃密、陰部及腋下無毛；即使有毛，必須細滑。眼睛有神、膚體光滑潤澤，聲音和諧而

細緻。至於惡女的形象，正與好女相反，呈現精氣衰竭的特徵，如
癯瘦、陰冷、年過卅、肌膚粗、黃髮少肉、蓬頭　面等形象。與精
氣衰竭的女體行房，對男子氣之補益不利，故被列為禁止行房的對
象。

　　氣之充沛固然十分重要，但更進一步來看，陰氣是否豐厚，更
為房中採陰補陽的重要關鍵。陰氣豐厚與否將呈現於形體上，因此
採補上對於具有雄性氣質、音聲、形體等形象，如男聲氣高、股脛
生毛、骨強堅、卷髮結喉……等男相、男性氣質形貌者皆被排除於
行房採補之外。除了體毛外，骨之粗細亦受到重視。以陰陽之角度
來說，血與肉屬陰，而骨屬陽，既希望陰氣充沛，故而肉應豐厚、
肥白，而屬陽之骨則以少、弱為佳。最令採補者懼怕對象為「陰雄
之類」，女子有男相，雌雄莫辨，此類形象「害男尤劇」。

　　若從產育角度思考女體之好惡，稟氣豐厚亦為關注焦點。氣之
豐盈對於採補大有助益，亦能生出稟氣豐厚的子嗣，故房中有求子
一支，亦可得其脈絡。但二者仍有差異，如養生、採補聚焦於氣的
取得，因此對於童女、女子之年齡特別關注。而從產育角度之擇
女，雖也在意女子之年紀，但又受到原始思維的影響，對於某些形
象的女子特別有好感，同時又認為善育應與稟氣相關。也在此種對
女體的態度下，漢代宮廷甚至曾發生帝王不育，而以宜子婦人進宮
生子的情況，此時產育與血脈承傳之重要性凌駕於美色、女德等思
考。宜子婦人的事件反映出與從房中角度強調年少、童女等原則不
同的態度，亦於王室娶女強調的女德、儀態有間。但宜子婦人又象
徵稟氣的富厚，於此亦可看出德性、房中、產育三者既密切連結又
有差異的關係。

　　由產育角度來論述的女體，著重於血氣論述。由於女性被認為以生育為重要職能，並且女性的生理徵候以血為主，因此醫書中關於婦女的生理論述集中於經血、胎產等方面。婦女身體除了與男子一樣以氣為其構形的重要依據外，其有別於男子最顯著在於血的核心地位，而疾病往往以經血的徵狀呈現其端倪；並且為婦女疾病診治的重要依據。血與氣密切相關，與血氣密切相關的月水是婦女養生及產育的重要焦點。此處對女體髮、膚、身形……等好惡之評價，是以醫書氣之身體觀為基礎；並在此基礎上融攝了諸如養生、產育與房中的觀點在其中。此觀點在後宮相婦、擇婦以及士人評價女體時應發揮一定程度的影響。

六、詩、賦、史傳不同文類下
呈現的女體美與德色思考

　　史書記載值得稱揚的婦女事跡往往從女德著眼，而所擇取之女德形象，往往與記敘者之身分背景及其文化脈絡有密切的關係。由於詩文載道、史可徵驗興衰的傳統，歷史之撰作具有強烈教化意圖，其所示教的對象為何？發言者之身分、階級、性別，往往影響其取材及詮釋。以劉向《列女傳》、班昭《女戒》、《後漢書·列女傳》來看，不同的時代、社會階級、作者才性、性別，文化脈絡，以及所要示教對象的不同，使得其中對女德之詮釋，以及有德婦女之形象的評斷，亦往往有所差異。更不論不同的文類，其間所反映的風格及婦女形象亦將有所差異。以《詩》有關桑中之作來看，原與原始宗教及豐產儀典密切相關，至漢代在詩教以及尊經的要求下，對於《詩》的訓解即發生變化，往往從道德角度進行論述

和批評。或將桑林、桑中詩以勸農桑及政教角度進行詮釋，或將桑林、採桑之作以賢君、賢臣、隱士等角度進行解釋。至於漢代士人創作的採桑之作中，桑林至此一轉而成為士人眼中宣揚德性教化、檢驗貞潔，宣揚女德、女教的最好道場。

先秦詩歌中的桑林主題常出現奔女、游女，其豐產儀典的餘韻，仍在民間殘存。至漢代以後桑林主題之作，於民歌樂府中仍然餘音裊裊；但亦受時代風氣影響及女德形象的薰染，而發生變化。奔女、游女漸轉為守節之女，但男女調嬉的餘味仍存。以最具有典範特色的〈陌上桑〉來看，不但是勞動、著重蠶桑的顯示，同時亦反映出採桑女與豐產、男女、性、奔女、淫佚等一連串密切的關係。雖受到禮教的薰染，而呈現拒絕男子的貞女形象，但語言之潑剌，色澤之明麗，風格以喜劇方式呈現，則仍保留了神話及豐產儀式的韻味。樂府詩的桑中女形象與漢代士人對有關桑林《詩》的道德詮釋兩相比較，不但可見出時代風氣、雅俗之別，亦可將樂府詩中有關婦女的德色形象的思考，與士人《詩》教的理想進行雅俗的對話和補足。

至於漢賦中時常出現的神女及美人主題之作品，早由〈離騷〉始即樹立了以男女關係隱喻君臣關係的傳統，以棄婦、求女形象隱喻君臣關係，棄婦與逐臣之隱喻成為士人抒情、言志、勸諫重要的傳統。漢賦中大量女色書寫往往反映出士人對於君臣、政教關係的思考，同時又反映出士人對於德色議題的態度。經由不斷被創作的神女及美人賦作，傳達當時士人對於女色及情欲的想像和渴望。或透過受試煉者對美色的拒絕，而顯出受試煉者通過考驗，篤志守道。或又透過神女的飄忽不定，轉而提升情色的層次。或以君臣關

係的類比，抒發情志，諷喻在上位者。漢賦中大量之女色與想像與德性角度思考之女色態度往往有所差異，尤其至東漢末士人賦作大量極寫女子之妖、豔、逸、麗、盛飾，以及強烈的與之交合的願望，不但於〈離騷〉之求女及棄婦——逐臣之隱喻與諷諫傳統有所扭轉，亦與宋玉之〈神女賦〉、〈登徒子好色賦〉，司馬相如之〈美人賦〉等關於德色議題的態度有所不同，此與東漢時期的文風及漢末的社會風氣的改變，同時道教、房中等修煉風氣的影響有關，亦可說明德色關係之思考與社會、文化脈絡的密切關係。此類作品中所傳達出之德色思考亦可與《詩》與樂府中的桑中女形象進行對比，以觀察因社會階層、敘述者的背景不同，所帶出豐富的婦女形象觀點與德色意涵。

七、身體鑑賞與評論所涉角度的複雜與融攝

前述從不同角度思考身體之好惡與觀人，其間不乏差異甚至矛盾處，但在實際觀人與評點的運用上又往往互相融攝。漢代觀人，雖仍承先秦由威儀、容禮、荀子禮學等傳統下，重視政教外王角度，但對於氣化的身體，所開展的宇宙向度的身體，原始思維義下的身體、數術的身體亦皆有所承繼開展。尤其陰陽數術的身體對於容禮、相術亦多所影響，而且往往於擢才上發生一定的效力。至東漢到魏晉士人觀人、論人時，所融攝的層面非常豐富，政治、社會、德性、氣化、數術的身體觀，相互融攝，成為豐富多元而複雜的景觀。

若從性別角度觀察何謂女體之「美」與「好」，不同的角度與視域以極複雜的方式彼此融合。如秦漢後宮採女、擇女所涉層面十

分複雜，當時對美貌的標準、產育角度、房中方技、德性角度、相術等問題，既差異又呈現融合交織，互相影響的關係。但就其差異的角度來看，亦透露出不同角度對於身體好惡及評點的迥異思考。如從德性角度來看，容色易造成毀道的後果，於士人往往透過好德不好色的行為，標榜自身向道之形象。於經史文獻中，不論士人或婦女均透過對「色」之超克以展現德性。但展現在賦作中，意涵顯然較經史角度更為豐富。如〈登徒子好色賦〉、〈美人賦〉並不強調一味逃避美色的誘惑，而應在美色的挑逗與試煉中，彰顯受試煉者的心性穩定與否，愈是艱困的考驗和巨大的誘惑，愈能顯現向道者的心志的堅定及德性的貞一。於此《列女傳》標榜娶醜妻以彰顯德性反落於下乘。更進一層者，強調真正的美色，並不落於形體，而在於高度的精神美感。如〈登徒子好色賦〉中透過章華大夫與採桑女之關係，將美色提升至精神的高度；並彰顯君臣關係及心靈幽微的深度。不論將美色置於肉欲、色欲的層次，或是提升至精神的高度，受試煉者均須一次又一次於試煉場中超克小我之欲望，歷劫歸道，透過對美色的超克或昇華，以證明其向道的決心以成就其向道的生命。在此背景下，賦作中頗多士人透過美色試道的作品。於是《列女傳》中透過採桑女以進行的婦道試煉，在士人賦作中，轉成對君臣關係的投射，對自我情志的抒發，對德色關係的思考，以及展現向道的決心，將色欲昇華……等更豐富而深刻的意涵。

　　若從產育、房中、養生、相術等角度來看，容色並不為負面的存在，反而轉為正面積極的力量；其與德性角度思考之女體及女色呈現尖銳衝突。以劉向《列女傳》中一個極為極端的例子來看，《列女傳》中述及鍾離春自薦於齊王時，曾對其容貌有極為誇大的

描寫，而此誇大的容貌描寫能反映西漢時人認為的「極醜無雙」形象：臼頭、深目、長壯、大節、卬鼻、結喉、肥項、少髮、折腰、出胸、皮膚若漆。更糟糕的是此女已「行年四十，無所容人」。劉向刻意要引起時人對女體及女性美的極強烈衝突感，以形成齊宣王好德不好色的評價，並基於德色的緊張關係，而將醜女視為有德，將美女與失德劃上等號。但仔細推究，此中醜女形象往往與房中之惡女形象相符。而漢時人思考女體乃至選后實已涵攝許多方術、醫書及房中的考量在其間。同時儒家並非完全不重視養生、房中之說，以《漢書‧藝文志》來看，當時七略中方技類的書籍頗多，漢代經師注解帝王的性生活，亦往往強調養生與氣之飽滿，同時將其與求子、得好子相結合。其時經生論婚齡、行房、產育，氣之飽滿與否亦為關注核心。在此背景下，《列女傳》中所列醜女對帝王之健康與養生恐怕無所獲益；亦連帶對於產育發生不良影響。與此反相的是，陰氣及陰性形象豐厚的美婦人能於產育、養生上多所助益，但於德性的修養及家國之體制來說則充滿失序的風險。夏姬至美的女色從德性角度為禍端、孽子，於漢代卻逐漸轉為房中神女，亦能見此中之差異與矛盾。若從東漢末至魏晉賦作中，對於女色之美的強烈歌頌，以及合氣的想像與願望來看，所傳達的不只是士人的情色想像，還與房中、修道的風氣盛行有關。在此背景下，從德性角度而衍生的毀容以守貞之舉，於史書中頗被稱頌，但於產育、養生、乃至於風俗、魂魄觀等角度，則顯然持否定態度。

　　不只是德性角度與產育、養生、房中、求子之間對女體與美色的思考有重大差異。即使產育、房中、求子間，雖均關注氣之充盈與否，但仍有著重點的不同。從房中術採補角度所評斷之好女、惡

女,與從生育角度論及的女體之好、惡,二者雖有重疊處,但亦有
著重的不同。舉例來說,在漢代用氣為性、性成命定的背景下,子
嗣之性情、壽夭與母親身心及稟氣狀態密切相關。漢時相信某些婦
女天生稟性即善生子,此於形骨將有所顯現,於是在擇婦時須納入
考量。若發生無子的情況,則可選擇已多育子女之婦人以解危之。
如漢成帝苦無後嗣,谷永曾建言以宜子婦人進宮,不論其美醜,亦
不管其是否有過生育經驗、亦不計較其年齡多寡。王鳳甚至還將曾
經婚配之婦人以宜子婦人名義納入後宮。王莽亦曾將其侍婢以宜子
婦人名義贈予將軍朱博。若從氣的豐沛角度與採補著眼,已產子之
善產、多產婦人,在房中與養生之採補中,即不是最佳選擇,未能
達到補益其氣的效果,亦由於其多產,故而子嗣的稟氣亦未必充
足。但皇室能接受宜子婦人,恐怕由於求子心切,著眼於先得子嗣
為宜的心理。其間亦反映出若從道德、相術、房中、產育等不同立
場及角度著眼,對身體好惡及評鑑標準亦將隨之變化,彼此甚至發
生矛盾的現象。從不同角度,對女體及所謂的美色、好惡之界定和
評價即有差異。可以看出「美」、「醜」與「好」、「惡」並非本
質不變的存在,其與文化脈絡、視角……等諸多因素息息相關,透
過觀視,主體顯露其位置;透過詮釋,賦予了意義與價值,並在政
教的脈絡下進行不斷的身心薰染與調教,以成就文化豐盈、意義多
元的身體。

參考書目

一、專書（按作者姓氏筆劃排序）

上海師範大學古籍整理組校點，《國語》，臺北：里仁書局，1981 年。

孔穎達，《毛詩正義》，臺北：藝文印書館，2001 年。

孔穎達，《周易注疏》，臺北：藝文印書館，2001 年。

孔穎達，《尚書正義》，臺北：藝文印書館，2001 年。

孔穎達，《禮記注疏》，臺北：藝文印書館，2001 年。

方向東，《大戴禮記匯校集解》，北京：中華書局，2008 年。

王　明，《太平經合校》，北京：中華書局，1992 年。

王　明，《抱朴子內篇校釋》，北京：中華書局，1996 年。

王先謙，《荀子集解》，北京：中華書局，1996 年。

王先謙，《詩三家義集疏》，臺北：明文書局，1988 年。

王利器，《呂氏春秋注疏》，成都：巴蜀書社，2002 年。

王孝廉，《中國的神話世界》，臺北：時報文化出版公司，1992 年。

王孝廉，《中國的神話與傳說》，臺北：聯經出版事業公司，1977 年。

王叔和，《脈經》，臺北：臺灣商務印書館，1974 年。

王健文，《奉天承運——古代中國的「國家」概念及其正當性基礎》，臺北：東大圖書公司，1995 年。

王國維，《觀堂集林》，石家莊：河北教育出版社，2002 年。

王肅注，《孔子家語》，臺北：世界書局，1991 年。

王聘珍，《大戴禮記解詁》，北京：中華書局，1998 年。

王鳴盛，《十七史商榷》，上海：上海書店出版社，2005 年。

王懷隱編著，《太平聖惠方》，臺北：新文豐出版公司，1980 年。

司馬遷著，司馬貞索隱、張守節正義、裴駰集解，《史記三家注》，臺北：
　　鼎文書局，1979 年。

朱　熹，《詩集傳》，臺北：藝文印書館，1974 年。

江文也著，楊儒賓譯，《孔子的樂論》，臺北：喜馬拉雅研究發展基金會，
　　2003 年。

江紹原，《髮鬚爪：關於它們的迷信》，臺北：東方文化書局，1971 年。

牟宗三，《心體與性體》，臺北：正中書局，1970 年。

牟宗三，《名家與荀子》，臺北：臺灣學生書局，1979 年。

牟宗三，《荀學大略》，臺北：中央文物供應社，1953 年。

何　寧，《淮南子集釋》，北京：中華書局，1998 年。

余英時，《中國知識階層史論·古代篇》，臺北：聯經出版事業公司，1980
　　年。

余嘉錫，《世說新語箋疏》，上海：上海古籍出版社，1993 年。

吳景旭，《歷代詩話》，臺北：臺灣商務印書館，1986 年。

呂不韋著，高誘注，華沅校，《呂氏春秋》，上海：上海古籍出版社，1996
　　年。

呂思勉，《中國制度史》，上海：上海教育出版社，1985 年。

呂思勉，《中國社會史》，上海：上海古籍出版社，2007 年。

宋鎮豪，《中國春秋戰國習俗史》，北京：人民出版社，1994 年。

李　昉，《太平廣記》，北京：中華書局，1961 年。

李　零，《中國方術考》，北京：東方出版社，2001 年。

李　零，《中國方術續考》，北京：東方出版社，2001 年。

李又寧、張玉法編，《中國婦女史論文集》第二輯，臺北：臺灣商務印書
　　館，1988 年。

李定生、徐慧君校釋，《文子校釋》，上海：上海古籍出版社，2004 年。

李延壽，《北史》，臺北：鼎文書局，1983 年。

李昉等撰，《太平御覽》，北京：中華書局，1998 年。

李建中、高華平著，《玄學與魏晉社會》，石家莊：河北人民出版社，2003年。

李建民，《死生之域──周秦漢脈學之源流》，臺北：中央研究院歷史語言研究所，2001年。

李建民，《方術醫學歷史》，臺北：南天書局，2000年。

李貞德主編，《性別、身體與醫療》，臺北：聯經出版事業公司，2008年。

李時珍，《本草綱目》，北京：人民衛生出版社，1975年。

李素平，《女神・女丹・女道》，北京：宗教文化出版社，2004年。

李善注，《文選》，臺北：五南圖書公司，1994年。

李滌生，《荀子集釋》，臺北：臺灣學生書局，1988年。

李豐楙、朱榮貴主編《中央研究院中國文哲所中國文哲論集──性別、神格與臺灣宗教論述》，臺北：中央研究院中國文哲研究所，1997年。

李豐楙、劉苑如主編，《空間、地域與文化──中國文化空間的書寫與闡釋》，臺北：中央研究院中國文哲研究所，2002年。

杜正勝，《從眉壽到長生──醫療文化與中國古代生命觀》，臺北：三民書局，2005年。

杜正勝，《古代社會與國家》，臺北：允晨文化公司，1992年。

杜正勝，《編戶齊民──傳統政治社會結構之形成》，臺北：聯經出版事業公司，1990年。

沈括注，胡道靜校證，《夢溪筆談校證》，北京：中華書局，1959年。

沈　約，《宋書》，臺北：鼎文書局，1979年。

沈文倬，《宗周禮樂文明考論》，杭州：浙江大學出版社，1999年。

汪繼培，《潛夫論箋校正》，北京：中華書局，1997年。

邢　昺，《論語注疏》，臺北：藝文印書館，2001年。

邢玉瑞，《《黃帝內經》理論與方法論》，西安：陝西科學技術出版社，2004年。

邢義田，《秦漢史論稿》，臺北：東大圖書公司，1987年。

周祖謨，《方言校箋》，北京：中華書局，1993年。

周策縱，《古巫醫與「六詩」考——中國浪漫文學探源》，臺北：聯經出版
　　事業公司，1989 年。

房玄齡等撰，《晉書》，臺北：鼎文書局，1979 年。

林素英，《喪服制度的文化意義：以《儀禮喪服》為討論中心》，臺北：文
　　津出版社，2000 年。

林素英，《古代祭禮中的政教觀：以《禮記》成書前為論》，臺北：文津出
　　版社，1997 年。

林素英，《古代禮儀中的生死觀：以《禮記》為主的現代詮釋》，臺北：文
　　津出版社，1997 年。

林素娟，《空間身體與禮教規訓——探討秦漢之際的婦女禮儀教育》，臺
　　北：臺灣學生書局，2006 年。

林素娟，《神聖的教化——先秦兩漢婚姻禮俗中的宇宙觀、倫理觀與政教論
　　述》，臺北：臺灣學生書局，2011 年。

林富士，《漢代的巫者》，臺北：稻鄉出版社，1999 年。

林聰舜，《西漢前期思想與法家的關係》，臺北：大安書局，1991 年。

河北醫學院校釋，《靈樞經校釋》，北京：人民衛生出版社，2009 年。

邱豐森編，《女丹心法與導引神功》，臺北：玄真道學出版社，1991 年。

金春峰，《漢代思想史》，北京：中國社會科學出版社，1997 年。

信立祥，《漢代畫像研綜合研究》，北京：文物出版社，2000 年。

洪漢鼎，《當代哲學詮釋學導論》，臺北：五南圖書公司，2008 年。

洪興祖，《楚辭補注》，臺北：漢京文化出版社，1983 年。

范　曄，《後漢書》，臺北：鼎文書局，1978 年。

凌揚藻，《蠡勺編》，北京：中華書局，1985 年。

孫作雲，《詩經與周代社會研究》，北京：中華書局，1966 年。

孫思邈，《備急千金要方》，北京：人民衛生出版社，1995 年。

孫詒讓，《周禮正義》，北京：中華書局，2000 年。

孫詒讓，《墨子閒詁》，北京：中華書局，2001 年。

徐　灝，《說文解字注箋》，臺北：廣文書局，1972 年。

徐復觀，《中國人性論史》，臺北：臺灣商務印書館，1988年。

徐復觀，《中國經學史的基礎》，臺北：臺灣學生書局，1990年。

徐復觀，《兩漢思想史》，臺北：臺灣學生書局，1990年。

栗　勁，《秦律通論》，濟南：山東人民出版社，1985年。

班固著，顏師古注，《漢書》，臺北：鼎文書局，1979年。

祝平一，《漢代的相人術》，臺北：臺灣學生書局，1990年。

袁　珂，《山海經校注》，上海：上海古籍出版社，1980年。

馬大正，《中國婦產科發展史》，太原：山西科學教育出版社，1991年。

馬大正，《中醫婦科醫論醫案集》，北京：中醫古籍出版社，2006年。

馬王堆漢墓研究小組，《馬王堆漢墓帛書・五行》，北京：文物出版社，
　　　1974年。

馬繼興，《馬王堆古醫書考釋》，長沙：湖南科學技術出版社，1992年。

寇宗奭編撰，《本草衍義》，北京：中華書局，1985年。

崔　豹，《古今注》，臺北：臺灣商務印書館，1966年。

常金倉，《周代禮俗研究》，臺北：文津出版社，1993年。

常璩撰，任乃強校注，《華陽國志校補圖注》，上海：上海古籍出版社，
　　　1987年。

康正果，《風騷與絕情》，臺北：雲龍出版社，1991年。

張　華，《博物志校證》，臺北：明文書局，1984年。

張一兵，《明堂制度研究》，北京：中華書局，2005年。

張永鑫《漢樂府研究》，南京：江蘇古籍出版社，1992年。

張家山二四七號漢墓竹簡整理小組編，《張家山漢墓竹簡》，北京：文物出
　　　版社，2001年。

張從軍，《黃河下游的漢畫像石藝術》，濟南：齊魯書社，2004年。

曹旅寧，《秦律新探》，北京：中國社會科學出版社，2002年。

曹旅寧，《張家山漢律研究》，北京：中華書局，2005年。

曹道衡，《中古文學史論文集》，北京：中華書局，2002年。

曹道衡，《漢魏六朝辭賦》，臺北：群玉堂出版公司，1992年。

梁啟超，《中國之美文及其歷史》，北京：東方出版社，1996 年。

梁端校注，《列女傳》，臺北：臺灣中華書局，1981 年。

梅家玲，《世說新語的語言與敘事》，臺北：里仁書局，2004 年。

莊英炬、吳文祺著，《漢代武氏墓群石刻研究》，濟南：山東美術出版社，
　　　1995 年。

許叔微，《類證普濟本事方》，收於《文津閣四庫全書》，北京：商務印書
　　　館，2005 年。

許慎著，段玉裁注，《說文解字注》，臺北：藝文印書館，2005 年。

許維遹校釋，《韓詩外傳集釋》，北京：中華書局，2005 年。

郭茂倩，《樂府詩集》，臺北：里仁書局，1981 年。

郭慶藩，《莊子集釋》，臺北：木鐸出版社，1983 年。

郭靄春、王玉興編著，《金匱要略校注語釋》，北京：中國中醫藥出版社，
　　　1999 年。

陳　立，《白虎通疏證》，北京：中華書局，1997 年。

陳　壽，《三國志》，臺北：鼎文書局，1978 年。

陳久金，《中國星座神話》，臺北：臺灣古籍出版社，2005 年。

陳自明，《婦人大全良方》，北京：人民衛生出版社，1996 年。

陳奇猷，《呂氏春秋新校釋》，上海：上海古籍出版社，2002 年。

陳奇猷，《韓非子集釋》，高雄：復文圖書公司，1991 年。

陳東原，《中國婦女生活史》，上海：上海文藝出版社，1990 年。

陳夢家，《殷墟卜辭綜述》，北京：中華書局，1998 年。

陳摶秘傳，袁忠徹訂正，《神相全編》，臺北：新文豐出版公司，1989 年。

陳遵媯，《中國天文學史》，上海：人民出版社，2006 年。

傅亞庶，《劉子校釋》，北京：中華書局，1998 年。

彭　衛，《漢代婚姻形態》，西安：三秦出版社，1988 年。

彭美玲，《古代禮俗左右之辨研究——以三禮為中心》，臺北：文津出版
　　　社，1997 年。

曾美雲，《六朝女教問題研究——以才性、南北、妒教為中心》，臺北：臺

灣大學中國文學研究所博士論文，2001年。

馮　時，《中國天文考古學》，北京：中國社會科學出版社，2001年。

黃　暉，《論衡校釋》，北京：中華書局，1996年。

黃俊傑，《孟學思想史論》，臺北：中央研究院中國文哲研究所，2006年。

黃俊傑，《東亞儒學史的新視野》，臺北：臺灣大學出版中心，2004年。

黃展岳，《古代人牲人殉通論》，北京：文物出版社，2004年。

黃進興，《優入聖域——權力，信仰與正當性》，臺北：允晨文化公司，
　　　2003年。

黃懷信、張懋鎔、田旭東撰，《逸周書彙校集注》，上海：新華書店，2008
　　　年。

逯欽立輯校，《先秦漢魏晉南北朝詩》，臺北：木鐸出版社，1983年。

楊　勇，《世說新語校箋》，臺北：正文書局，2000年。

楊　寬，《西周史》，臺北：臺灣商務印書館，1999年。

楊　權，《新五德理論與兩漢政治——「堯後火德」說考論》，北京：中華
　　　書局，2006年。

楊伯峻，《列子集釋》，北京：中華書局，1979年。

楊明照，《抱朴子外篇校箋》，北京：中華書局，1996年。

楊朝明主編，《孔子家語通解》，臺北：萬卷樓圖書公司，2005年。

楊筠如，《九品中正與六朝門閥》，收於《民國叢書》第三編，1991年。

楊儒賓，《儒家身體觀》，臺北：中央研究院文哲所，1996年。

楊儒賓、祝平次編，《儒學的氣論與工夫論》，臺北：臺灣大學出版中心，
　　　2005年。

楊儒賓、黃俊傑編，《中國古代思維方式探索》，臺北：正中書局，1996
　　　年。

楊儒賓編，《中國古代思想中的氣論及身體觀》，臺北：巨流圖書公司，
　　　1997年。

葉國良，《經學側論》，新竹：國立清華大學出版社，2005年。

葉國良、李隆獻、彭美玲著，《漢族成年禮及其相關問題研究》，臺北：大

安出版社，2004年。

葉國良、夏長樸、李隆獻，《經學通論》，臺北：大安出版社，2005年。

葉舒憲，《亥日人君》，北京：社會科學文獻出版社，1998年。

葉舒憲，《高唐神女與維納斯》，北京：中國社會科學出版社，1997年。

葉舒憲、田大憲，《中國神秘數字》，北京：中國社會科學出版社，1996
年。

葛　洪，《抱朴子》，臺北：世界書局，1956年。

詹鄞鑫，《神靈與祭祀——中國傳統宗教綜論》，南京：江蘇古籍出版社，
2000年。

賈公彥，《周禮注疏》，臺北：藝文印書館，2001年。

僧　佑，《弘明集》，臺北：新文豐出版公司，1986年。

廖育群，《黃帝八十一難經》，瀋陽：遼寧教育出版社，1996年。

睡虎地秦墓竹簡整理小組，《睡虎地秦墓竹簡》，臺北：里仁書局，1981
年。

福州市人民醫院校釋，《脈經校釋》，北京：人民衛生出版社，2009年。

聞一多，《聞一多全集·神話與詩》，臺北：里仁書局，2000年。

褚　澄，《褚氏遺書》，《文淵閣四庫全書》，第243冊，北京：商務印書
館，2005年。

趙　翼，《廿二史劄記》，北京：中華書局，2001年。

趙世瑜，《狂歡與日常——明清以來的廟會與民間社會》，北京：三聯書
店，2002年。

趙岐注，孫奭疏，《孟子注疏》，臺北：藝文印書館，2001年。

趙敏俐，《兩漢詩歌研究》，臺北：文津出版社，1993年。

趙敏俐，《周漢詩歌綜論》，北京：學苑出版社，1993年。

劉文典，《淮南鴻烈集解》，北京：中華書局，1989年。

劉文淇，《春秋左氏傳舊注疏證》，臺北：明倫出版社，1971年。

劉向集錄，《戰國策》，臺北：里仁書局，1990年。

劉向撰，向宗魯校證，《說苑校證》，北京：中華書局，2000年。

劉欣寧，《由張家山漢簡《二年律令》論漢初的繼承制度》，臺北：臺灣大
　　學出版中心，2007年。

劉苑如，《身體、性別、階級：六朝志怪的常異論述與小說美學》，臺北：
　　中央研究院中國文哲研究所，2002年。

劉琳校注，《華陽國志校注》，成都：巴蜀書社，1984年。

劉詠聰，《兩漢時期「女禍」觀》，香港：香港大學哲學博士論文，1989
　　年。

劉詠聰，《德、色、才、權——論中國古代女性》，臺北：麥田出版社，
　　1998年。

劉增貴，《漢代豪族研究——豪族的士族化與官僚化》，臺北：臺灣大學歷
　　史系博士論文，1984年。

劉增貴，《漢代婚姻制度》，臺北：華世出版社，1970年。

劉增貴主編，《法制與禮俗》，臺北：中央研究院歷史語言研究所，2002
　　年。

劉德玲，《樂府古辭的主題與流變——以漢至唐為斷限》，臺北：花木蘭文
　　化出版社，2008年。

劉樂賢，《睡虎地秦簡日書研究》，臺北：文津出版社，1994年。

歐陽詢撰，汪紹楹校，《藝文類聚》，上海：上海古籍出版社，1999年。

蔡璧名，《身體與自然——以《黃帝內經素問》為中心論古代思想傳統中的
　　身體觀》，臺北：臺灣大學出版委員會，1997年。

衛　宏，《漢舊遺》，臺北：臺灣商務印書館，1965年。

鄭毓瑜，《性別與家國——漢晉辭賦的楚騷論述》，上海：上海三聯書店，
　　2006年。

魯士春，《先秦容禮研究》，臺北：天工書局，1998年。

黎翔鳳，《管子校注》，北京：中華書局，2006年。

蕭統編，李善注，《文選》，臺北：五南圖書公司，1994年。

錢　玄，《三禮通論》，南京：南京師範大學出版社，1996年。

錢　穆，《兩漢經學今古文平議》，臺北：東大圖書公司，1983年。

錢林森編，《牧女與蠶娘──法國漢學家論中國古詩》，上海：上海古籍出版社，1990 年。

閻振益、鐘夏校注，《新書校注》，北京：中華書局，2000 年。

應劭撰，王利器校注，《風俗通義校注》，北京：中華書局，1981 年。

瞿中溶，《漢武梁祠畫像考》，北京：北京圖書館出版社，2004 年。

瞿同祖，《中國法律與中國社會》，臺北：里仁書局，1984 年。

簡宗梧，《神女賦探究》，《漢賦史》，臺北：東大圖書公司，1993 年。

魏　收，《魏書》，臺北：鼎文書局，1987 年。

魏　徵，《隋書》，臺北：鼎文書局，1979 年。

嚴可均校輯，《全上古三代秦漢三國六朝文》，北京：中華書局，1999 年。

嚴善炤，《古代房中術的形成與發展──中國固有「精神」史》，臺北：臺灣學生書局，2007 年。

蘇　輿，《春秋繁露義證》，北京：中華書局，2007 年。

饒宗頤，《中國史學上之正統論》，臺北：宗青圖書公司，1979 年。

顧炎武，《日知錄集釋》，上海：上海古籍出版社，2006 年。

顧頡剛，《孟姜女故事研究集》，臺北：漢京文化公司，2004 年。

二、外文及翻譯著作

Dundes Alan, "Wet and dry, the evil eye", *The Evil Eye: a Casebook*, New York and London: garland, 1981.

Kathryn Woodward 等著，林文琪譯，《認同與差異》，臺北：韋伯文化出版公司，2006 年。

下見隆雄，《劉向「列女傳」の研究》，東京：東海大學出版會，平成元年。

小南一郎著，孫昌武譯，《中國的神話傳說與古小說》，北京：中華書局，1993 年。

小野澤精一、福永光司、山井涌編著，李慶譯，《氣的思想：中國自然觀和人的觀念的發展》，上海：上海人民出版社，1990 年。

山田業廣，《素問次注集疏》，北京：學苑出版社，2004 年。

山崎純一著，《中國女性史資料の研究──「女四書」と「新婦譜」三部書》，東京：明治書院，昭和 61 年。

丹波康賴編撰，沈澍農等校注，《醫心方校釋》，北京：學苑出版社，2001年。

巴塔耶（Georges Bataille），《色情史》，北京：商務印書館，2003 年。

巴赫金著，李兆林、夏忠憲譯，《拉伯雷研究》，石家莊：河北教育出版社，1998 年。

卡西勒（Ernst Cassirer）著，于曉譯，《語言與神話》，臺北：桂冠圖書公司，1998 年。

弗雷澤（J. G. Frazer）著，汪培基譯：《金枝──巫術與宗教之研究》，臺北：久大文化公司、桂冠圖書公司聯合出版，2002 年。

皮埃爾·布迪厄（Pierre Bourdieu）著，《國家精英：名牌大學與群體精神》，北京：商務印書館，2004 年。

皮埃爾·布迪厄（Pierre Bourdieu）著，蔣梓驊譯，《實踐感》，南京：譯林出版社，2003 年。

石田秀實，《氣·流動的身體》，臺北：武陵出版社，1996 年。

伊利亞德（Mircea Eliade）著，楊素娥譯，《聖與俗──宗教的本質》，臺北：桂冠圖書公司，2001 年。

伊利亞德著，楊儒賓譯，《宇宙與歷史──永恒回歸的神話》，臺北：聯經出版事業公司，2000 年。

列維·布留爾（Levy Bruhl）著，丁由譯，《原始思維》，北京：商務印書館，1997 年。

吉拉爾（René Girard）著，馮壽農譯，《替罪羊》，北京：東方出版社，2002 年。

安居香山、中村璋八輯，《緯書集成》，石家莊：河北人民出版社，1994年。

安德魯·斯特拉桑（Anderw J.Strathern），王偉業、趙國新譯，《身體思想》，瀋陽：春風文藝出版社，1999 年。

牟斯（Marcel Mauss）著，汪珍宜、何翠萍譯，《禮物：舊社會中交換的形式與功能》，臺北：遠流出版事業公司，1989年。

米德（George Herbert Mead）著，胡榮、王小章譯，《心靈、自我與社會》，臺北：桂冠圖書公司，1995年。

艾勒斯（Riane Eisler），《聖杯與劍：男女之間的戰爭》，北京：中國社會科學出版社，1995年。

帕瑪（Richard E. Palmer）著，嚴平譯，《詮釋學》，臺北：桂冠圖書公司，1992年。

哈布瓦赫（Maurice Halbwachs）著，畢然、郭金華譯，《論集體記憶》，上海：上海人民出版社，2002年。

約翰・柏格（Berger, John）著，吳莉君譯，《觀看的方式》，臺北：麥田出版社，2005年。

約翰・奧尼爾（John O'neill），張旭春，《身體形態——現代社會的五種身體》，瀋陽：春風文藝出版社，1999年。

埃利亞斯（Norbert Elias）著，王佩莉、袁志英譯，《文明的進程：文明的社會起源和心理起源的研究》，北京：三聯書店，1998年。

海登・懷特（Hayden White）著，陳永國、張萬娟譯，《後現代歷史敘事學》，北京：中國社會科學出版社，2003年。

馬克・勒伯（Mare Le Bot），湯皇珍譯，《身體意象》，瀋陽：春風文藝出版社，1999年。

馬塞爾・毛斯（Marcel Mauss）著，佘碧平譯，《社會學與人類學》，上海：上海譯文出版社，2003年。

高夫曼（Erving Goffman）著，徐江敏、李姚軍譯，《日常生活中的自我表演》，臺北：桂冠圖書公司，2004年。

高羅佩（Gulik, R.H.）著，李零、郭曉惠等譯，《中國古代房內考》，上海：上海人民出版社，1990年。

莫里斯・梅洛龐蒂（Maurice Merleau-Ponty）著，姜志輝譯，《知覺現象學》，北京：商務印書館，2001年。

莫里斯·梅洛龐蒂（Maurice Merleau-Ponty）著，龔卓軍譯，《眼與心：身體現象學大師梅洛龐蒂的最後書寫》，臺北：典藏藝術家庭公司，2007年。

傅柯（Michel Foucault）著，劉北成、楊遠嬰譯，《規訓與懲罰——監獄的誕生》，臺北：桂冠圖書公司，2003年。

博藍尼（Michael Polanyi）、浦洛施（Harry Prosch）撰，彭淮棟譯，《意義》，臺北：聯經出版事業公司，1984年。

森立之，《本草經考注》，上海：上海科學技術出版社，2000年。

菲奧納·鮑伊（Fiona Bowie）著，金澤、何其敏譯，《宗教人類學導論》，北京：中國人民大學出版社，2004年。

費俠莉（Charlotte Furth），《繁盛之陰——中國醫學史中的性》，南京：江蘇人民出版社，2006年。

葛蘭言（Marcel Granet）著，趙丙祥、張宏明譯，《古代中國的節慶與歌謠》，桂林：廣西師範大學出版社，2005年。

雷可夫（George Lakoff）、詹森（Mark Johnson）著，周世箴譯注，《我們賴以生存的譬喻》，臺北：聯經出版事業公司，2006年。

漢斯－格奧爾格·加達默爾（Hans-Georg Gadamer）著，洪漢鼎譯，《真理與方法：哲學詮釋的基本特徵》，臺北：臺北：時報文化出版公司，1993年。

瑪麗·道格拉斯著，黃劍波、盧忱、柳博斌譯，《潔淨與危險》，北京：民族出版社，2008年。

維克多·特納（Victor Turner）著，黃劍波、柳博贇譯，《儀式過程——結構與反結構》，北京：中國人民大學出版社，2006年。

諾伊曼（Erich Neumann）著，李以洪譯，《大母神》，北京：東方出版社，1998年。

諾思羅普·弗萊（Northrop Frye）著，陳慧、袁憲軍、吳偉仁譯，《批評的解剖》，天津：百花文藝出版社，2006年。

蘇珊·朗格（Susanne K. Langer）著，劉大基譯，《情感與形式》，臺北：商

鼎文化出版社，1991 年。

三、單篇論文（按作者姓氏筆劃排序）

Kleinman, Arthur 著，張珣譯，〈文化建構病痛經驗與行為：中國文化內的情感與症狀〉，《思與言》，37 卷 1 期，1999 年 3 月。

山崎純一，〈作為女訓書的漢代《詩經》──《毛詩》與《列女傳》的基礎性研究〉收於，李寅生譯，《日本學者論中國古典文學》，成都：巴蜀書社，2005 年。

中村璋八撰，陳鴻森譯，〈漢碑裏的緯書說〉，《孔孟月刊》，23 卷 6 期，1985 年 2 月。

王明珂，〈女人、不潔與村寨認同：岷江上游的毒藥貓故事〉，《中央研究院歷史語言研究所集刊》，第 70 本第 3 分，1999 年 9 月。

甘懷真，〈魏晉時期的安靜觀念──兼論古代威儀觀的發展〉，《臺大歷史學報》，20 期，1996 年 11 月。

伍振勳，〈荀子的「身、禮一體」觀──從「自然的身體」到「禮義的身體」〉，《中國文哲研究集刊》，19 期，2001 年 9 月。

伍振勳，〈從語言、社會面向解讀荀子的「化性起偽」說〉，《漢學研究》，26 卷 1 期，2008 年 3 月。

朱越利，〈房中女神的沈寂〉，《中國文化》，19、20 期合刊，2000 年。

朱曉海，〈漢賦女交際場景中兩性關係鉤沈小記〉，《臺大文史哲學報》，55 期，2001 年 11 月。

朱曉海，〈論劉向《列女傳》的婚姻觀〉，《新史學》，18 卷 1 期，2007 年 3 月。

朱曉海，〈孔子的一個早期形象〉，《清華學報》，32 卷 1 期，2002 年 6 月。

朱曉海，〈荀學一個側面──「氣」的初步摹寫〉，《中國古代思想中的氣論及身體觀》，頁 451-483。

朱曉海，〈漢賦漢俗互注示例並推論〉，《清華學報》，新 30 卷 2 期，2000 年 6 月。

林富士，〈六朝時期民間社會所祀「女性人鬼」初探〉，《新史學》，7 卷 4 期，1996 年 12 月。

林聰舜，〈西漢郡國廟之興廢——禮制興革與統治秩序維護之關係之一例〉，《第三屆漢代文學與思想學術研討會論文集》，臺北：國立政治大學中國文學系，2000 年。

林麗真，〈魏晉人對傳統禮制與道德之反省〉，《臺大中文學報》，4 期，1991 年 6 月。

凌純聲，〈中國古代神主與陰陽性器崇拜〉，《民族學研究集刊》，8 期，1959 年。

唐長孺，〈九品中正制度試釋〉，《魏晉南北朝史論叢》，北京：三聯書店，1962 年。

唐長孺，〈魏晉南北朝的君父先後論〉，《魏晉南北朝史論拾遺》，北京：中華書局，1982 年。

夏長樸，〈堯舜其猶病諸——論孔孟的聖人觀〉，《臺大中文學報》，6 期，1994 年 6 月。

孫作雲，〈九歌山鬼考〉，《清華學報》，11 卷 4 期，1936 年。

徐福全，〈儀禮士喪禮既夕禮儀節研究〉，《國立師範大學國文研究所集刊》，24 號，1980 年 6 月。

栗山茂久，〈身體觀與身體感——道教圖解和中國醫學的目光〉，《古今論衡》，3 期，1999 年 12 月。

袁　俐，〈宋代女性財產論述〉，《中國婦女史論集》續集，臺北：稻鄉出版社，1991 年。

張　亨，〈荀子禮法思想試論〉，《臺大中文學報》，2 期，1988 年。

張　亨，〈莊子哲學與神話思想——道家思想溯源〉，《思文之際論集：儒道思想的現代詮釋》，臺北：允晨文化公司，1997 年。

張　珣，〈文化建構性別、身體與食物：以當歸為例〉，《考古人類學刊》，67 期，2007 年。

張　珣，〈幾種道經中女人身體描述之初探〉，《思與言》，35 卷 2 期，

　　　　1997 年。

張　珣，〈文化建構性別、身體與食物：以當歸為例〉，《考古人類學刊》，67 期，2007 年。

張彬村，〈明清時期寡婦守節的風氣──理性選擇的問題〉，《新史學》，10 卷 2 期，1999 年 6 月。

張淑香，〈邂逅神女──解〈老殘游記二編〉逸云說法〉，《語文，情性，義理──中國文學的多層面探討國際學術會議論文集》，臺北：臺大中文系，1996 年。

張壽安，〈嫂叔無服？嫂叔有服？──「男女有別」觀念的鬆動〉，《十八世紀禮學考證的思想活力──禮教論爭與禮秩重省》，臺北：中研究近史所，2001 年。

張榮興、黃惠華，〈心理空間理論與「梁祝十八相送」之隱喻研究〉，《LANGUAGE AND LINGUISTICS》，6 卷 4 期，2005 年。

張蓓蓓，〈世說新語別解──任誕篇〉，《國立臺灣大學文史哲學報》，38 期，1990 年 12 月。

張蓓蓓，〈世說新語別解──容止篇〉，《國立臺灣大學文史哲學報》，37 期，1989 年 12 月。

梅家玲，〈「毛詩序」「風教說」探析──兼論其與六朝文學批評之關係〉，《臺大中文學報》，3 期，1989 年。

梅家玲，〈依違於婦德與才性之間──「世說新語・賢媛篇」的女性風貌〉，《婦女與兩性學刊》，8 期，1997 年 4 月。

梅家玲，〈漢晉詩歌中「思婦」文本的形成及相關問題〉，《國立臺灣大學文史哲學報》，44 期，1996 年 6 月。

陳建樑，〈《左傳》鄭、服分野說攷辨〉，《漢學研究》，13 卷 2 期，1995 年 12 月。

陳夢家，〈高禖郊社祖廟通考〉，《清華學報》，12 卷 3 期，1936 年 7 月。

陳夢家，〈商代的神話與巫術〉，《燕京學報》，20 期，1936 年。

陳鴻森，〈「韓詩遺說」補遺〉，《大陸雜誌》，85 卷 4 期，1992 年 10

月。

陳麗桂，〈《春秋繁露・循天之道》所顯現的養生之理〉，《中國學術年
　　刊》，19 期，1998 年 3 月。

陳麗桂，〈先秦儒道的氣論與黃老之學〉，《哲學與文化》，33 卷 8 期，
　　1996 年 8 月。

陳麗桂，〈道家養生觀在漢代的演變與轉化──以《淮南子》、《老子指
　　歸》、《老子河上公章句》、《老子想爾注》為核心〉，《國文學
　　報》，39 期，2006 年 6 月。

勞悅強，〈《孝經》中似有還無的女性──兼論唐以前孝女罕見的現象〉，
　　《中國文哲研究集刊》，24 期，2004 年 3 月。

彭　衛，〈論漢代的血族復仇〉，《河南大學學報》，4 期，1986 年。

彭美玲，〈君子與容禮──儒家容禮述義〉，《臺大中文學報》，16 期，
　　2002 年 6 月。

彭美玲，〈近代民間婚禮或不親迎問題之研究〉，《文史哲學報》，52 期，
　　2000 年 6 月。

游國恩，〈楚辭女性中心說〉，《楚辭論文集》，臺北：九思出版社，1977
　　年。

湯用彤，〈《太平經》與佛教〉，《漢魏兩晉南北朝佛教》，臺北：臺灣商
　　務印書館，1998 年。

湯用彤，〈讀人物志〉，《魏晉玄學論稿》，《魏晉思想》，臺北：里仁書
　　局，1984 年。

費俠莉（Charlotte Furth）著，蔣竹山譯，〈再現與感知──身體史研究的兩
　　種取向〉，《新史學》，10 卷 4 期，1999 年 12 月。

馮　時，〈分野體系的建立與發展〉，《中國天文考古學》，北京：中國社
　　會科學出版社，2001 年。

黃俊傑，〈孟子後學對心身關係的看法──以馬王堆漢墓帛書《五行篇》為
　　中心〉，《清華學報》，20 卷 1 期，1990 年 6 月。

黃俊傑，〈荀子非孟的思想史背景──論「思孟五行說」的思想內涵〉，

《國立臺灣大學歷史系學報》，15 期，1990 年。

黃俊傑，〈馬王堆帛書《五行篇》「形於內」的意涵〉，收於《中國古代思想中的氣論及身體觀》，臺北：巨流圖書公司，1997 年。

黃俊傑，〈中國古代思想史中的「身體政治學」：特質與涵義〉，《歷史月刊》，1999 年 10 月。

黃俊傑，〈中國思想史中「身體觀」研究的新視野評楊儒賓編《中國古代思想中氣論及身體觀》〉，《中國文哲研究集刊》，20 期，2002 年 3 月。

黃奕珍，〈從「聖婚」觀點看懷王與巫山神女的關係〉，《中國文學研究》，8 期，1994 年 5 月。

黃應貴，〈儀式、習俗與社會文化——人類學的觀點〉，《新史學》，3 卷 4 期，1992 年 12 月。

逯耀東，〈《世說新語》與魏晉史學〉，《魏晉史學的思想與社會基礎》，臺北：東大圖書公司，2000 年。

楊儒賓，〈《管子》〈心術下〉、〈內業〉兩篇的精氣說與全心論〉，《中國古代思想中的氣論及身體觀》，臺北：巨流圖書公司，1997 年。

楊儒賓，〈吐生與厚德——土的原型象徵〉，《中國文哲研究集刊》，20 期，2002 年 3 月。

楊儒賓，〈道家的原始樂園思想〉，《漢學研究》，1996 年 3 月。

楊儒賓，〈道與玄牝〉，《臺灣哲學研究》，2 期，1999 年 3 月。

楊儒賓，〈德之行與德之氣——帛書《五行篇》、《德聖篇》論道德心性與形體的關聯〉，《中國古代思想中的氣論及身體觀》，臺北：巨流圖書公司，1997 年。

楊儒賓，〈論孟子的踐形觀〉，《儒家身體觀》，臺北：中央研究院中國文哲研究所，2003 年。

楊儒賓，〈太極與正直——木的通天象徵〉，《臺大中文學報》，22 期，2005 年 6 月。

楊儒賓，〈知言、踐形與聖人〉，《清華學報》，新 23 卷 4 期，1993 年。